电子商务法

DIANZI SHANGWUFA

姚维振◎著

安徽师范大学出版社

·芜湖·

责任编辑：胡志恒
装帧设计：丁奕奕
责任印制：郭行洲

图书在版编目（CIP）数据

电子商务法/姚维振著．—芜湖：安徽师范大学出版社，2014.4
ISBN 978－7－5676－1113－9
Ⅰ.①电…　Ⅱ.①姚…　Ⅲ.①电子商务—法规—中国—高等学校—教材　Ⅳ.①D922.294

中国版本图书馆 CIP 数据核字（2014）第 064904 号

电子商务法
姚维振　著

出版发行：安徽师范大学出版社
芜湖市九华南路 189 号安徽师范大学花津校区　　邮政编码：241002
网　　址：http：//www.ahnupress.com/
发 行 部：0553－3883578　5910327　5910310（传真）　E－mail：asdcbsfxb@126.com
印　　刷：安徽芜湖新华印务有限责任公司
版　　次：2014 年 4 月第 1 版
印　　次：2014 年 4 月第 1 次印刷
规　　格：700×1000　1/16
印　　张：21
字　　数：377 千
书　　号：ISBN 978－7－5676－1113－9
定　　价：40.00 元

前言

伴随着互联网的普及，电子商务作为一种商务活动，现在越来越被人们接受和重视。电子商务运用信息网络，活动中信息的应用、收集、储存和传递与传统商务有较大区别，但电子商务从本质上看还是一种商务活动，其活动的准则、规则毫无疑问应当受到法律的规范，要受现有的司法体制管辖。由于电子商务很多活动是在虚拟网络空间完成的，使得传统法律的某些规则难以直接适用或变得无意义，同时又有一些新的问题产生，需要新的法律来加以解决，已有的和将来可能制定出来的调整电子商务的法律规范就构成了电子商务法，对这加以研究的学科即电子商务法学。

我从2010年开始从事电子商务法教学和研究，感觉适合本科和专科学生的电子商务法教材并不多见。原因主要有：一是定位不明确，很少有针对本科和专科学生的学习特点；二是理论和实务的结合不紧密；三是对国外的电子商务相关法律关注过多，对国内电子商务法问题的探讨不足等。基于这些原因，我对历年的教学和研究的内容进行总结，编写这本《电子商务法》。实事求是地说，对电子商务法无论是理论的构建还是具体法律法规的制定和完善仍然处于一个探索阶段，尤其是我国还没有真正对电子商务进行立法的情况下，要有效而充分地对电子商务法进行分析与理论探讨难度较大，本书的写作也仅仅希望能够为建立电子商务发展的良好法律环境尽绵薄之力。

本书力图结合实际案例来进行分析研究，在体系上，每章之前编写了案例，全书共分十二章：第一章电子商务法概述；第二章电子商务法律关系；第三章电子合同法律制度；第四章电子签名与电子认证法律制度；第五章电子支付与结算法律制度；第六章电子商务税收法律制度；第七章电子商务市场规制法律制度；第八章电子商务网络广告法律制度；第九章网络人格权保护法律制度；第十章网络知识产权保护法律制度；第十一章电子证据法律制度；第十二章电子商务交易纠纷解决及司法管辖。为了加深章节内容的学习，在每章之后安排了思考题。

电子商务法是一个新法学领域，大量的新问题尚待进一步研究，尤其是在我国没有框架性立法的情形下，书中错漏在所难免，恳请读者给予批评指正。

本书可广泛适用于电子商务、法学、贸易、管理、信息技术等专业专科、本科生使用，在适用中可针对不同的对象对本教材进行取舍。本书也可供从事实务或研究工作的人员阅读参考。

本书得到了安徽机电职业技术学院院长姚本先教授、大连理工大学刘艺工教授、芜湖市中级人民法院民二庭陈刚副庭长、安徽宇浩律师事务所杨伟律师的支持和帮助，在此一并表示感谢！

本书写作过程中参阅了大量的文献及网上资料，在此，向各位作者表示敬意和诚挚的感谢。由于时间、水平的限制，本书肯定会存在许多不足与问题，希望各位读者对本书的错误与问题提出意见及建议，我将虚心接受。

姚维振

2014 年 2 月 15 日于芜湖

目　录

第一章　电子商务法概述

【案例导入】被指卖过期“碧欧泉”京东商城成被告[①]

冯先生于2012年12月1日在“京东商城”网上购买了欧莱雅公司生产的“碧欧泉透晶焕肤精华素”两支，价格合计398元。2012年12月2日，冯先生收到货物，但至今未收到发票。冯先生称该产品外包装盒上中文注明的限制使用期限为2015年3月1日。因担心产品真伪和质量问题，冯先生遂向“碧欧泉”香港客服电话询问相关信息，客服人员根据产品包装盒上所印的批号告知冯先生，该产品的生产日期是2009年1月22日，保质期三年，即产品使用期限已于2012年1月22日届满。得知结果后，冯先生又电话咨询“碧欧泉”内地客服，答复是产品限制使用期限以瓶身标注的日期为准，当冯先生追问该产品的生产日期时，客服答复不清楚，当进一步追问产品批号的含义时，客服未告知。

冯先生为此十分愤慨，并就此向欧莱雅公司投诉，但欧莱雅公司答复表示从未在中国大陆销售过该产品，并且否认和京东商城的第三方店铺有合作关系。冯先生认为，他尽管无法确认该产品的真伪及来源，但至少可以确认该化妆品销售时已超过保质期。于是冯先生将北京京东世纪信息技术有限公司（以下简称京东公司）、欧莱雅（中国）有限公司（以下简称欧莱雅公司）诉至法院，以消费欺诈为由要求两公司双倍赔偿货款398元、公证费1 000元。北京朝阳区法院正式立案受理。

【思考】网上销售假冒伪劣商品欺诈消费者是否承担法律责任？冯先生以京东公司和欧莱雅公司作被告是否妥当？我国现行的《消费者权益保护法》能否适用电子商务？

---

① 案例来源：http：//www.chinaeclaw.com/readarticle.asp？id＝20883

第一节　电子商务法的概念、调整对象和适用范围

一、电子商务法的概念

由于电子商务活动的发展变化异常迅速，而人们对它的认识需要有个过程，况且各人的观察角度不同，因而电子商务法还没有出现一个普遍被接受的定义，目前对电子商务法定义可以从广义、狭义两个方面理解。

（一）广义的电子商务法

广义的电子商务法，是与广义的电子商务概念相对应的，它包括了所有调整以数据电讯方式进行的商事活动的法律规范。其内容极其丰富，至少可分为调整以电子商务为交易形式的，和调整以电子信息为交易内容的两大类规范。前者如联合国的《电子商务示范法》（亦称狭义的电子商务法），后者的内容更是不胜枚举，诸如联合国国际贸易法委员会的《电子资金传输法》、美国的《统一计算机信息交易法》等等，均属此类。需要指出的是，电子商务的形式性规范，与以电子信息为内容的实体性规范之间的关系，犹如行政诉讼法与行政法那样，其形式规范可以一部法典或法律而制定，但其实体性规范由于涉及面极广，无法以统一的法典或单行法律予以囊括，而只能分别以单行法律、法规，甚至是判例的形式出现，也可能融合在其他部门法的规范之中。虽然广义的电子商务法概念，有时在应用时比较通俗、方便，特别是在对涉及将电子商务法作为一个法律群体给予称谓时似乎易于使用，但是，在具体的立法与司法中却比较难以运用。一方面，不可能制定一部调整对象如此广泛的电子商务法，同时，也不可能在某一具体的案件中，将这样广义的电子商务法适用于其中。

（二）狭义的电子商务法

如果从联合国及世界各国，以“电子商务法”或“电子交易法”命名的法律文件的内容上分析，其间存在着明显的共性，即它们所解决的问题，都集中于诸如计算机网络通讯记录与电子签名效力的确认、电子鉴别技术及其安全标准的选定、认证机构及其权利义务的确立等方面。这些实质上都是解决电子商务交易的操作规程问题的规范。所以，从便于立法和研究角度出发，

有理由认为，电子商务法是调整以数据电讯（DATA MESSEGE）为交易手段而形成的因交易形式所引起的商事关系的规范体系。由于电子商务法有广狭两种含义，当具体遇到电子商务法这一术语时，应注意区别其语境理解与使用，不可一律对待。

二、电子商务法的调整对象与适用范围

（一）电子商务法的调整对象

任何法律部门或法律领域，都以一定的社会关系为其调整对象。电子商务法作为新兴的商事法律制度概莫能外。在以口头和传统书面为主要商事交易手段之时，交易形式问题并没有成为商法的独立的调整对象，而是由程序法中的证据制度来解决的，并且只是在当事人就该类问题发生纠纷，不能自行处理，提交法院或仲裁机构时，才适用这些规范。因为在口头和传统书面条件下，交易形式问题相对简单，当事人之间因交易形式的选用，所产生的权利义务关系一目了然，没有必要由专门的法律对之进行调整。但是，随着电子计算与通讯技术的发展及其广泛的商业化应用，商事交易形式问题变得越来越多样性、复杂化，已经到了必须由专门的法律规范对之调整的地步。私法之所以调整这种因数据电讯的使用而引起的商事关系，就是因为现代化商事交易手段的运用，已经形成了绝大部分重要的商事关系中的不可分割的部分。无论是证券交易、票据流通、公司的运作，还是银行、保险、投资等行业的营业，都丝毫不能离开数据电讯手段，以产生实体交易法律关系。特别是随着因特网的广泛应用，甚至将会出现如果不以专门的电子商务法来对之进行调整，就可能严重阻碍商事关系发展的情况。也就是说电子交易形式关系，已经成为必须由法律调整的重要的社会关系。这是电子商务法产生的重要原因之一。

通常，在描述某一法律部门或领域的概念时，往往免不了要提及其特定的调整对象。笔者认为，电子商务法是调整以数据电讯为交易手段而形成的以交易形式为内容的商事关系的规范体系。也就是说，以数据电讯为交易手段而形成的以交易形式为内容的商事关系，就是电子商务法调整的对象。

数据电讯本来是一个计算机通讯方面的专业术语，简单地说就是电子信息的总称，但在电子商务法中它有着特定的含义。联合国国际贸易法委员会在《电子商务示范法》中所给数据电讯的定义是：“就本法而言，（A）数据

电讯，是指以电子手段、光学手段或类似手段生成、发收或储存的信息，这些手段包括但不限于电子数据交换（EDI）、电子邮件、电报、电传或传真。”当以数据电讯为交易手段，即为无纸化形式时，一般应由电子商务法来调整。

电子商务是一个内涵十分丰富，外延非常广泛的概念，而狭义的电子商务法的任务是，在电子通讯技术的商业化应用上，建立一个使之顺畅运行的法律平台，亦即要从法律上造成一个使各种通讯技术，都能畅通无阻的应用于其中的商事交易活动的环境。它本质上是电子网络精神在法律上的实现。

从广义上来理解，电子资金传输、电子化的证券交易等，都属于电子商务关系，但这些具体的商事交易关系，却并不单纯由狭义的电子商务法来调整，而同时亦属于证券法、金融法的调整范围。因为这类关系中的数据电讯，并不是仅仅作为交易手段而应用的，它同时也表现为证券、货币等交易标的，即是作为交易内容而应用的。

电子商务法，是商法在计算通讯环境下的发展，是商事法新的表现形式，它必然以商事关系为其调整对象的，但是该种商事关系又有着以下一些特点：

其一，它是以数据电讯为交易手段的商事关系。换言之，凡是以口头或传统的书面形式所进行的商事关系，都不属于电子商务法的调整范围。

其二，该商事关系是由于交易手段的使用而引起的，一般不直接涉及交易方式的实质条款。因为交易手段只是交易行为构成中的表意方式部分，而并非法律行为中的意思本身，亦不充当交易标的物。

其三，该商事关系并不直接以交易的标的为其权利义务内容，而是以交易的形式为其内容，即因交易形式的应用而引起的权利义务关系。诸如对电子签名的承认、对私用密钥的保管责任等，均属此类。

需要说明的是，任何分类都是相对的。当数据电讯既作为交易手段，又成为交易内容时，这种狭义电子商务法调整对象的确定，就显得不够准确，甚至是很别扭的了。此时，电子商务交易中的对象与手段在数据电讯上似乎合二为一了。即便是在这种特殊情况下，狭义电子商务法的概念，也仍然是有用的，因为作为交易手段的数据电讯的规范方法，与作为交易对象的电子信息的规范制度，是有区别的。

（二）电子商务法的适用范围

1. 从交易手段上看

电子商务法的适用范围，就是以数据电讯所进行的、无纸化的商事活动领域，换言之，仅仅是以口头或传统的书面形式所进行的商事活动，都不属于电子商务法调整的范围。随着电子通讯技术的日益发展与创新，以及电子商务活动的多元化发展，电子商务法的适用范围，也将越来越广。

联合国国际贸易法委员会《电子商务示范法》在第一条中规定："本法适用于在商务活动方面使用的、以一项数据电文为形式的任何种类的信息。"曾在其《示范法实施指南》中又解释道：电子商务是"无纸化的"贸易形式，也就是说，电子商务法是适用于"无纸化"贸易关系的。然而，无纸化是相对于纸面形式的交易活动而言的。如果以有无纸面来判断电子商务活动的话，那么口头交易也是无纸化的，这种划分方法，虽然形象、明白，但却不够严密。倒是用数据电讯来解释电子商务法的适用范围更为贴切。美国《统一电子交易法》第三条 A 款规定："本法适用于与任何交易相关的电子记录与电子签名"。而韩国《电子商务基本法》第三条则规定："本法适用于所有使用电子信息进行的买卖或交易。"数据电讯只不过是电子信息、电子记录、电子签名的上位概念。

2. 从行为主体上看

一般而言，电子商务法作为商法的分枝，应调整平等主体的当事人之间的交易关系。无论是商人（商事主体）之间的电子商务关系，还是商人与非商人（通常指消费者）之间的电子商务关系，都应属于电子商务法的适用范围，对这一问题尚未达成统一意见。就目前而言，商人之间的电子商务关系较为普遍，这是由于此类主体较早、较多地占有了电子商务资源的缘故。所以，有关的"EDI 协议"等，都是为他们而度身定做的。但是，随着电子商务应用的不断普及，将有大量的商人与非商人之间的电子商务交易关系发生。电子商务法针对此种关系，可能要考虑到消费保护的问题。事实上，欧盟、韩国等，已经在其电子商务法中，充分注意了这一问题。

值得斟酌的是，商人与政府之间的有关商事管理活动，是否属于电子商务法的适用范围。美国许多州的电子商务法，都将这部分关系纳入了电子商务法的范畴，而联合国国际贸易法委员会的《电子商务示范法》，则明显将这类活动排除在电子商务法的范围之外。如果以商品交易法的观点来观察，这些商事管理活动，并不是典型的电子商务交易活动，应当划归其他的法律部门调整。当然，这并不是说不能在同一部电子商务法规中有所规定，相反，为了立法和执法上的方便，很可能将两类不同性质的法律规范，交叉规定在同一部法律里，这种情况在现代立法中并不鲜见。不过，在理论上应当分清二者的性质。

第二节　电子商务法的特征

电子商务法本质上是商人法，它具有以下两个基本特征：其一，它以商人的行业惯例为其规范标准；其二，它具有跨越任何国界、地域的，全球化的天然特性。而这两点恰恰是商人法的特征所在。

就电子商务法的行业惯例性来讲，是指通常的法律，都不可能为其规定十分具体的行为规范。因为电子商务领域内的业务标准，将随着计算通讯技术的发展不断地更新、升级，制定过于僵化的条款，只能羁绊其发展，而以行业普遍通行的惯例作为其行为的规范，才是可行的方式。民法可能为人的行为能力制定一个几十年甚至上百年不变的标准，譬如完全行为能力人的年龄标准，即是如此。公司法可能为某种类型的公司的设立规定几年，甚至十几年不变的条件。仅以我国公司法上的注册资金为例，就是十年一贯制。而这些精确的、长期凝固的规范，对电子商务法来说，都是不可思议的。摩尔定理告诉人们，计算技术的发展是每 18 个月，其性能增长一倍，而其价格将减少一半。电子商务法与那些“刚性法”相比，应当是“柔性”的，是随着计算通讯技术和电子商务业务的发展不断更新的规范。当然，在当代和未来的商人法的行业标准中，并不能将电子商务的行业规则，作为唯一的规范渊源，国际和国内的立法机构，还应当对之予以审查，在其中增加一些诸如保护消费者等方面的内容。

就电子商务法的全球化特征来看，没有任何一个法律领域的调整对象像电子商务这样，是“天马行空”任意驰骋的，一切对电子商务所设置的人为的疆域，都是徒劳无益的。因此，电子商务法也就必须要顺应这种特性而制定。换言之，对电子商务的规范，必须以全球性的解决方案，为其发展铺平道路。某一国家、某一地区所制定的电子商务法，都只能算作是“局域网”，而理想的“因特网”式的电子商务法，则有待于全球化的，电子商务法上的“IP/TCP”式的法律制度的形成与推广。联合国国际贸易法委员会所制定的

《电子商务示范法》和正在起草的《电子签名规则》，正是向着这一方向努力的尝试。

电子商务法作为商事法律的一个新兴的领域，除了具有上述特质之外，与其他的商事法律制度相比较，还存在着一些具体的特点，大致有以下几方面。

一、程式性

电子商务法作为交易形式法，它是实体法中的程式性规范，主要解决交易的形式问题，一般不直接涉及交易的具体内容。电子交易的形式，是指当事人所使用的具体的电子通讯手段；而交易的内容，则是交易当事人所享有的利益，表现为一定的权利义务。在电子商务中以数据讯息作为交易内容（即标的）的法律问题复杂多样，需要由许多不同的专门的法律规范予以调整，而不是电子商务法所能胜任的。比如数据讯息在电子商务交易中，既可能表示货币，又可代表享有著作权的作品，还可能是所提供的咨询信息。一条电子讯息是否构成要约或承诺，应以合同法的标准去判断；能否构成电子货币，应依照金融法衡量；是否构成对名誉的损害，要以侵权法来界定。而电子商务法对交易中的电子讯息代表的是何种标的，在所不问。所以说，电子商务法是商事交易上的程式法，它所调整的是当事人之间因交易形式的使用，而引起的权利义务关系，即有关数据电讯是否有效、是否归属于某人；电子签名是否有效，是否与交易的性质相适应；认证机构的资格如何，它在证书的颁发与管理中应承担何等责任等问题。这些规范的主要作用，都是给电子商务的开展提供一个交易形式上的“平台”，将传统纸面环境下形成的法律价值，移植于电子商务中。

从民商法角度看，这些电子商务法规范所解决的都是商事意思表达程式方面的问题，并没有直接涉及交易的实体权利义务。至于其交易内容如何，狭义电子商务法不可能对之进行全面规范，而应由相应的法律予以调整。以美国的《统一电子交易法》为例，全文只有21条，主要规定了电子记录、电子签名，及电子合同的效力、归属、保存等电子商务交易环境下的特殊性问题。而与此同时，美国州法统一委员会还颁布了一部以电子信息交易的实体内容为主的《统一计算机信息交易法》，该法分为9个部分，共有106条，对以计算机信息为标的的交易问题，作了较全面的规定，简直是一部“电子版”的合同法。二者相较，《统一电子交易法》的程式性，就愈显突出。此外，从联合国国际贸易法委员会的《电子商务示范法》和新加坡的《电子交易法》来看，也都是以规定电子商务条件下的交易形式为主的。

二、技术性

在电子商务法中，许多法律规范都是直接或间接地由技术规范演变而成的。比如一些国家将运用公开密钥体系生成的数字签名，规定为安全的电子签名。这样就将有关公开密钥的技术规范，转化成了法律要求，对当事人之间的交易形式和权利义务的行使，都有极其重要的影响。另外，关于网络协议的技术标准，当事人若不遵守，就不可能在开放环境下进行电子商务交易。所以，技术性特点是电子商务法的重要特点之一。倘若从时代背景上看，这正是21世纪知识经济在法律上的反映。技术规范的强制力，导源于其客观规律性，它是当代自然法的主要渊源，理想的实证法只能对之接受，而不能违抗。

三、开放性

从民商法原理上讲，电子商务法是关于以数据电讯进行意思表示的法律制度，而数据电讯在形式上是多样化的，并且还在不断发展之中。因此，必须以开放的态度对待任何技术手段与信息媒介，设立开放型的规范，让所有有利于电子商务发展的设想和技巧，都能容纳进来。目前，国际组织及各国在电子商务立法中，大量使用开放型条款，和功能等价性条款，其目的就是为了开拓社会各方面的资源，以促进科学技术及其社会应用的广泛发展。它具体表现在：电子商务法的基本定义的开放、电子商务法基本制度的开放，以及电子商务法律结构的开放这三个方面。

四、复合性

这一特点是与口头及传统的书面形式相比较而存在的。电子商务交易关系的复合性，导源于其技术手段上的复杂性和依赖性。它表现在通常当事人必须在第三方的协助下，完成交易活动。比如在合同订立中，需要有网络服务商提供接入服务，需要有认证机构提供数字证书等。即便在非网络化的、点到点的电讯商务环境下，交易人也需要通过电话、电报等传输服务来完成交易。或许有企业可撇开第三方的传输服务，自备通讯设施进行交易，但这样很可能徒增成本，有悖于商业规律。此外，在线合同的履行，可能需要第三方加入协助履行。比如在线支付，往往需要银行的网络化服务。这就使得电子交易形式具有复杂化的特点。实际上，每一笔电子商务交易的进行，都必须以多重法律关系的存在为前提，这是传统口头或纸面条件下所没有的。它要求多方位的法律调整，以及多学科知识的应用。

此外，如果按照通常的商法论著所作的“二元”划分法，即将商事法律规范划分行为法与主体法两大类，那么电子商务法应当属于行为法。不过，它调整的不是直接涉及实体权利义务的行为，而调整的是交易形式上的行为，是实体法中具有程式性意义的行为规范。

第三节　电子商务法的基本原则

关于电子商务法的基本原则的主张或观点，大致可以分为两个方面，其一为立法所依据或体现的原则，其二为学者们的理论观点。

有关的立法主张主要如下。第一，UECIC 的相关规定。公约序言第 6 段提到了指导贸易法委员会在电子商务领域所有工作的两项原则：技术中性和功能等同。技术中性原则系指公约的用意是为以电子通信形式生成、存储或传输信息的所有实际情况做出规定，无论使用的是何种技术或媒介。为此，公约的规则是“中性”规则；也就是说，这些规则不依赖于或不预先假定使用特定类型的技术，而是可适用于所有类型信息的沟通和存储。技术中性还包括“媒介中性”，公约的重点是推动“无纸”通信手段，办法是提供标准，使其按标准等同于纸面文件，但公约的用意不是改变纸面通信的传统规则，也不是为电子通信另外创立实体规则。第二，《电子商务示范法》。关于《电子商务示范法》所依据的一般原则，以下所列虽不详尽，但似可予以考虑：(1) 促进各国间和各国内部的电子商务；(2) 认可以新信息技术手段达成的交易；(3) 促进和鼓励采用新信息技术；(4) 促进法律统一；(5) 支持商务活动。这些原则大致可归纳为开放原则、协调原则、中立原则及鼓励、促进原则。第三，黄进教授主持起草的《中国电子商务法（示范法）》。该示范法确立的电子商务法基本原则或立法原则有：媒介中立原则、技术中立原则、信息安全原则、个人资料保护原则、功能等同原则及当事人意思自治原则。

学者们的代表性研究观点主要如下：第一，中立原则、自治原则及安全原则；第二，全球性原则、中立原则、自治原则、开放和兼容原则、安全原则；第三，开放原则、协调原则、安全原则，以及鼓励、促进与引导等原则；

第四，电子商务的立法原则只有中性原则，包括技术中性和媒体中性原则。国外学者的代表性观点则认为电子商务法的基本原则主要是最小化原则、非实质性原则、功能等同原则、技术和实施中立原则及当事人自治原则。

上述观点虽然在哪些是基本原则方面不大相同，但在所共同提及的原则的内涵方面却是基本一致的。下面对中立原则、自治原则、安全原则进行分析。

一、中立原则

电子商务法的基本目标，归结起来就是要在电子商务活动中，建立公平的交易规则。这是商法的交易安全原则在电子商务法上的必然反映。电子商务既是一种新的交易手段，同时又是一个新兴产业。面对其中所蕴涵的，深不可测的巨大利益的诱惑，可以说没有哪个企业是无动于衷的。各种利益集团、各种技术，以及各个利益主体都想参与其中，在这个无比广阔的舞台上施展才华，谋取便利。其具体参与者有硬件制造商、软件开发商、信息提供商、消费者、商家等，不一而足。而要达到各方利益的平衡，实现公平的目标，就有必要做到如下几点：

1. 技术中立

电子商务法对传统的口令法以及非对称性公开密钥法，以及生物鉴别法等认证方法，都不可厚此薄彼，产生任何歧视性要求。同时，还要给未来技术的发展留下法律空间，而不能停止于现状，以至闭塞贤路。譬如新计算机的问世、新一代高速网络的出现等，都将考验电子商务法的技术中立性。这是在总结了传统书面法律要求的经验教训后，而得出的方针。当然，该原则在具体实施时，会遇到许多困难。而克服这些具体困难的过程，也就是技术中立原则实现的过程。

2. 媒介中立

媒介中立与技术中立紧密联系，二者都具有较强的客观性，并且一定的传输技术，与相应的媒介之间是互为前提的。媒介中立，是中立原则在各种通讯媒体上的具体表现，所不同的是，技术中立侧重于讯息的控制和利用手段，而媒介中立则着重于讯息依赖的载体。后者更接近于材料科学。从传统的通讯行业划分来看，不同的媒体可能分属于不同的产业部门，如无线通讯、有线通讯、电视、广播、增值网络等。而电子商务法，则应以中立的原则来对待这些媒介体，允许各种媒介根据技术和市场的发展规律而相互融合，互相促进。只有这样，才能使各种资源得到充分的利用，从而避免人为的行业垄断或媒介垄断。开放性因特网的出现，正好为各种媒介发挥其作用提供了理想的环境，达到兴利除弊，共生共荣。

3. 实施中立

这是指在电子商务法与其他相关法律的实施上，不可偏废；在本国电子商务活动与跨国际性电子商务活动的法律待遇上，应一视同仁。特别是不能将传统书面环境下的法律规范（如书面、签名、原件等法律要求）的效力，放置于电子商务法之上，而应中立对待，根据具体环境特征的需求，来决定法律的实施。如果说前述技术中立和媒介中立，反映了电子商务法对技术方案和媒介方式的规范，具有较强的客观性，那么对电子商务法的中立实施，则更偏重于主观性。电子商务法如同其他规范一样，其适用离不开当事人的遵守与司法机关的使用。

4. 同等保护

此点是实施中立原则在电子商务交易主体上的延伸。电子商务法对商家与消费者，国内当事人与国外当事人等，都应尽量做到同等保护。因为电子商务市场本身是国际性的，在现代通讯技术条件下，割裂的、封闭的电子商务市场是无法生存的。

一言以蔽之，电子商务法上的中立原则，着重反映了商事交易的公平理念。其具体实施将全面展现在当事人所依托于开放性、兼容性、国际性的网络与协议，而进行的商事交易之中。

二、自治原则

允许当事人以协议方式订立其间的交易规则，是交易法的基本属性。因而，在电子商务法的立法与司法过程中，都要以自治原则为指导，为当事人全面表达与实现自己的意愿，预留充分的空间，并提供切实的保障。譬如以《电子商务示范法》第四条为例，就规定了当事人可以协议变更的条款。其内在含义是：除了强制性的法律规范外，其余条款均可由当事人自行协商制定。其实，《电子商务示范法》中的强行规范不仅数量上很少，而且其目的也仅在于消除传统法律为电子商务发展所造成的障碍，为当事人在电子商务领域里充分行使其意思自治而创造条件。换言之，《电子商务示范法》的任意性条款，从正面确定权利，以鼓励其意思自治，而强制性条款，则从反面摧毁传统法律羁绊，使法律适应电子商务活动的特征，更好地保障其自治意思的实现。可以说是一正一反，殊途同归。

三、安全原则

保障电子商务的安全进行，既是电子商务法的重要任务，又是其基本原则之一。电子商务以其高效、快捷的特性，在各种商事交易形式中脱颖而出，具有强大的生命力。而这种高效、快捷的交易工具必须以安全为其前提，它不仅需要技术上的安全措施，同时，也离不开法律上的安全规范。譬如电子商务法确认强化（安全）电子签名的标准，规定认证机构的资格及其职责等具体的制度，都是为了在电子商务条件下，形成一个较为安全的环境，至少其安全程度应与传统纸面形式相同。电子商务法以对数据电讯效力的承认，来消除电子商务运行方式的法律上的不确定性，以至于根据电子商务活动中现代电子技术方案应用的成熟经验，而建立起反映其特点的操作性规范，其中都贯穿了安全原则和理念。

第四节　电子商务法的性质与地位

一、电子商务法的性质

电子商务法是调整以数据电讯为交易手段而形成的以交易形式为内容的商事关系的规范体系。也就是说，电子商务法调整的对象是一种私法上的关系。从总体上应属于私法范畴，不过其规范体系中，又包含一些具有行政管理性质的规范，如认证机构的许可与监管等，所以，从公私法化分的角度上看，电子商务法应属公私法之融合。

二、电子商务法在商法中的地位

（一）电子商务法是交易形式法

电子商务法是商法的组成部分，按组织法与行为法划分，电子商务法应在性质上属于行为法，或者说是交易行为法。更确切地说，则应是交易形式法。比如美国、新加坡、澳大利亚等国将其电子商务法定名为“电子交易法”，这并不是一种巧合，而是有其道理的。电子商务法主要调整以数据电讯为交易手段而形成的以交易形式为内容的商事关系。从一定意义上说，它具有程式性的特点，所以必须同其他相应的商事法律配合，以调整具体的电子商务法律关系。

（二）电子商务法将在21世纪的商事法中占主导地位

随着电子通讯与计算机技术的飞速发展和广泛应用，电子商务法将在商事法领域里起着越来越重要的作用。可以毫不夸张地说，21世纪的商法将是一个以电子商务法占主导地位的商法的时代。这一断言，绝非夸大其词。对此，不仅可从电子商务技术应用与市场的迅猛发展中，察觉到其巨大的动力，而且可从国际组织和世界各国的异常活跃的电子商务法中，找到确实的论据。瞻望前途，电子商务法将随着电子商务活动的发展，渗透到每一种乃至每一个社会关系中，发挥其不可替代的重要作用。

第五节 电子商务给我国法律制度带来的挑战

一、电子商务对合同法提出的挑战

电子商务的成长首当其冲会给作为商法基础的合同法带来严峻的考验，涉及电子合同的法律规定、电子签名是否有效等问题。

（一）交易双方的识别与认证

这主要是针对B2B（电子商务的一种模式，即商业对商业，或企业间的电子商务模式）而言。电子合同与书面合同的一个很大不同是交易双方不一定见面，而是通过互联网来签订电子合同。通过互联网订立电子合同的最大难点就是交易双方的身份确认问题。这个问题可以通过认证中心来解决，并且很多国家都已经实施了该项措施。由于认证中心所处的位置，要求它必须具有公正、权威、可信赖性，并且它所承担的义务和责任必须得到法律的承认。我国应完善立法以促使电子签名的使用及认证机构运作的标准化。

（二）交易的合法与合同的生效

电子商务中许多交易是在互联网上执行的，并不需要现实的实物交割。这就涉及交易是否合法以及对这样的交易监管的问题。另外电子合同的生效问题也与此有关，如果合同违法，那么必然不受合同法保护。同时合同的生效还涉及如何才算生效的问题。电子商务的交易要符合法律的要求，不能是采取非法手段牟利的商务行为。所以首先应使商家做到避免违法的行为发生。另外国家也应该加大对互联网的监管力度，制定相应的法律法规，防患于未然。在合同生效问题上，现在基本也达成了一致认可。电子承诺到达速度很快，投邮和到达几乎同时，因此在生效时间上一般不会存在很大分歧。对于生效地点问题，因为数据电文的接受地点比较容易确定，所以联合国国际贸易法委员会所制定的《电子商务示范法》中就是采取承诺到达地点作为生效地点。

（三）电子签名的有效性

我国虽在合同法中用“功能等同”原则对电子签名的有效性予以承认，但是在证据法中却没有提及，存在着一定的法律漏洞问题。电子签名采取什么形式才算有效的问题，我们可以借鉴美国电子签名法中的技术中立原则，即电子商务法对传统的口令法、非对称性公开密钥加密法、智能卡法以及生物鉴别法等，都不可厚此薄彼，产生任何歧视性要求，同时还要给未来技术的发展留下法律空间，而不能停止于现状。

（四）电子合同的确认

电子合同虽具有方便、快捷、成本低等优点，但是也存在着一定的风险。网络安全只是一个相对的概念，无论多么安全的加密或其他网络安全防范技术，理论上都有被攻破的可能。而且网络病毒或其他人为因素，都可能导致电子合同丢失，所以尽量采取书面合同的形式来对电子合同给予确认。

二、电子商务对消费者权益保护法的挑战

（一）网上买卖双方地位不对等

网上购物中，消费者不得不面对经营者根据自己的利益预先设定好的格式合同。合同的条款往往是经营者利用其优越的经济地位制定的有利于自己而不利于消费者的霸王条款。这些条款通常包括诸如免责条款、失权条款、法院管辖条款等，其实质是将合同上的风险、费用的负担等尽可能地转移到消费者身上。消费者选择同意后，如果交易后产生了纠纷，商家就会以此来对抗消费者的投诉，使消费者处于很不利的地位。

法律追求的是公平和正义，我们要保护消费者的权益，但不能认为所有的网上消费纠纷都应保护消费者的权益。在解释格式条款时，应抛弃传统的绝对化的解释，要采取更加灵活的判断标准。同时消费者在进行网络消费时，也应尽到一定的义务，否则就要承担一定的法律责任。经营者在提供格式合同时，应尽可能地将交易要素准确、适当地传送给消费者。这种告知应充分考虑到大多数消费者的网络知识水平，使大多数消费者无须进行专业培训就能读懂或理解其内容，从而避免因误解而产生消费纠纷。

（二）消费者交易安全难以得到保障

电子商务中，消费者是通过电子支付方式完成交易的，这就要求消费者必须拥有电子账户。网上交易的安全性是消费者普遍关心的一个热点问题。消费者往往希望能简单快捷地完成交易，但又担心自己的经济利益因操作不当或黑客入侵而遭受损失。

因此，必须采取有效的措施发现交易系统隐患，防范黑客的侵入；要逐步建立健全以信息安全、网络安全为目标，加密技术、认证技术为核心，安全电子交易制度为基础的、具有自主知识产权的电子商务安全保障体系；要建立一个专门的全国性的认证体系，权威、公正地开展电子商务认证工作，确认从事电子商务活动的企业身份的合法性、真实性和准确性。

（三）网络欺诈和虚假广告泛滥成灾，消费者购物后退赔艰难

在电子商务中，消费者对产品的了解只能通过网上的宣传和图片，对产品的实际质量情况和产品本身可能存在的隐蔽瑕疵、产品的缺陷缺乏了解，使得消费者在网上订购后，还要等待实际交货时才能确认是否与所订购的商品一致，容易导致实际交货商品的质量、价格、数量与所订购的商品不一致。出现此类问题消费者要向经营者退货或索赔，首先需要商务网站提供经营者的详细信息资料，但商务网站常常以商业秘密为由拒绝提供经营者的详细信息资料，消费者对此毫无办法。对此，我们可以综合运用各种手段，建立事前预防和事后制裁相结合的防治体系，通过制定特殊的规则，严格禁止网络消费欺诈和虚假广告，给消费者提供一个诚信的电子交易环境。

三、电子商务对刑法的挑战

在电子商务活动中，信息共享和信息安全是一对矛盾。虽然我们可以通

过采取降低共享程度的方法来达到控制网络信息安全问题的目的，但这是因噎废食，显然是不可取的。因此，应主动构筑包括刑事法律控制在内的面向网络环境的信息安全保障体系来控制网络信息安全问题。

刑法作为一种规范性的手段，它的运用具有滞后性的特点，即它通常是在某一危害社会的行为已经不为其他法律所调整或不足以调整的情形下，作为一种更为强制性的调整手段出现。由于刑法采用的是刑罚手段，所以对网络信息安全问题，尤其对计算机犯罪问题来说，刑法控制是最具强制性、最为严厉的手段，它在整个法律控制体系中起到一种保障和后盾的作用。当前电子商务的发展对刑事立法带来一系列挑战。

（一）现有量刑幅度和刑罚种类的不足

应当对刑罚种类进行创新，即引入资格刑；也可以广泛地适用财产刑和资格刑，即没收与犯罪有关的一切物品、设备，剥夺犯罪人从事某种职业、某类活动的资格，作为一种附加刑，其期限的长短，可考虑比照现有资格刑中关于剥夺政治权利的规定来确定。例如禁止任何ISP（服务提供商）接纳犯罪分子或者禁止犯罪分子从事与计算机系统有直接相关的职业等。

（二）刑事管辖面临的难题

网络无国界，使计算机犯罪分子轻易地就可以实施跨国界的犯罪。随着互联网的不断发展，跨国犯罪在所有的计算机犯罪中所占的比例越来越高，由此带来了刑事管辖的难题。我国刑法在目前很难对境外从事针对我国的计算机网络犯罪产生效力，因此加强国际间司法管辖权的协调就显得十分必要。

（三）单位犯罪的处理问题

虽然对待单位犯罪是可以对危害行为的直接实施者、参与者以及主管人员等个人犯罪依法追究刑事责任，但是此种处理方式毕竟不是久远之计，因而完善刑事立法，从立法上明确规定单位可以构成计算机犯罪是解决这一问题的最佳选择。

四、电子商务对我国税法提出的新挑战

电子商务使企业经营活动打破地域、国界、时间、空间的限制，经营跨地区和跨国业务的公司数量剧增，原本无力开拓国际业务的中小企业也能通

过网络进入国际市场。从这个意义上讲，网络化加速了国际贸易全球化的进程。电子商务销售额的迅速增加，也给我国的流转税税源开辟了新的天地。但是，我们也必须看到，日益发展的电子商务也对我国传统税收提出了新的挑战。

（一）电子商务使纳税义务的确认模糊化

由于电子商务具有匿名性、难以追踪性、全球性、管理非中心化的特点，且信息在互联网上的传递可能经由许多国家，在现有条件下甚至无法确认最终销售商和顾客，因此给查明电子商务纳税人身份带来困难。

（二）电子商务使税收管理复杂化

具体表现在：商业中介课税点减少，增大了税收流失的风险；无纸化电子商务对传统税收稽查方法提出了挑战。

（三）税务机关获取信息的难度加大

由于计算机网络平台上的电子商务对于交易安全有特殊的要求，所以计算机加密技术得到不断创新，广泛应用到电子商务上，纳税人就可以用超级密码和用户双重保护来隐藏有关信息，这使得税务机关搜集资料变得更加困难，税务审计工作也变得越来越复杂。

（四）法律责任难以界定

电子商务运行模式，无论从交易时间、地点、方式等各个方面都不同于传统贸易的人工处理运作模式。现行税收征管方式的不适应，将导致电子商务征税法律责任上出现空白地带，对电子商务的征、纳税方如何承担法律责任将无从谈起，从而势必造成法律执行的失衡，最终影响税收征管工作。

五、电子商务对程序法的挑战

电子商务是通过因特网或专有网络系统进行不受时间、空间和地域限制的业务往来，并利用电子货币进行支付的交易方式。那么，如何确立发生纠纷的管辖权？如何确立电子合同签订生效的时间地点？数据电文极易修改且不留痕迹，如何确认电子合同的原件？数据电文的承认、可接受性和是否可以作为证据？我国现有法律除了新颁布的《合同法》承认电子合同合法有效外，对上述大多数法律问题未做出规定。在电子商务中，卖方可以在网上设立电子商城销售货物，买方可以通过手机、电视、电脑等终端上网，在设于因特网上的电子商城购物。电子商务的发展对现行程序法提出了许多挑战。

随着电子商务的发展，当事人所在的地点对纠纷解决来说往往变得不太重要，解决国际电子商务纠纷，应当朝着制定统一的国际民事诉讼程序和统一实体规范的方向发展，这样才能真正解决全球电子商务所产生的纠纷。

六、电子商务对隐私权保护的挑战

随着电子商务的应用和普及，有些商家在利益驱使下在网络应用者不知情或不情愿的情况下采取各种技术手段取得和利用其信息，侵犯了上网者的隐私权。在这种环境下，侵犯隐私权的手段不断创新，而且越来越隐蔽。因此，我国必须通过专门立法、鼓励行业自律与教育网络使用者的方式，建立个人数据的法律保护制度。网络隐私数据如何得到安全保障，这是任何发展电子商务的国家都面临的问题。信息时代保护网络隐私权的原则应当是力求平衡——既要保证隐私权不受侵犯，又不能使保护隐私成为信息自由流通从而发挥其经济价值的障碍。当前，以电子商务为代表的网络经济不仅在中国还处于萌芽期，就世界范围而言，也处在由幼稚向成熟发展的探索期，这样一个相对理性的调整时期，正是立法工作可以谨慎而积极开展的时机。因此，法律的完善就成了网络经济调整的重要一环。

由于互联网本身没有国界，因此有关网络各种规范的法律在管辖权、国际司法协作等方面必然遇到国际协调问题。美国和欧盟在隐私权保护上的分歧，已危及到美国企业是否能够进入欧盟电子商务领域活动。从欧盟与美国关于网络与电子商务中隐私权的矛盾我们可以看出，保护网络与电子商务中的隐私权需要国际协调，即一方面需要让我国的法律给我国用户及外国用户以完善的隐私权保护，另一方面，我们也需要其他国家的法律与机构来保护我国用户的隐私权。此外，我们还可以看到，美国作为网络的倡导者与控制者，之所以在保护隐私权上并不十分积极，就是因为美国可以通过这种方式来掌握其他国家用户的隐私与秘密，以达到控制其他国家企业的目的。所以这就要求我们一方面尽快完善我国的隐私权保护体系，另一方面与一些相应国家进行协调，提出对我国用户网上隐私权保护的要求与标准，以尽快完善我国市场经济的法制环境，为我国市场经济的顺利发展创造良好环境。

第六节　电子商务立法现状和发展趋势

一、世界电子商务立法现状

20 世纪 90 年代初，互联网商业化和社会化的发展，从根本上改变了传统的产业结构和市场的运作方式，电子商务出现了前所未有的增长势头。联合国国际贸易法委员会在 EDI 规则研究与发展的基础上，于 1996 年 6 月通过了《电子商务示范法》。这个示范法为各国立法人员提供了一整套国际上能够接受的电子商务规则。例如，如何消除以无纸方式交流重要法律信息的一系列法律障碍，其中包括这些信息的法律效力或合法性的不确定性；如何为电子商务创造一个更加安全的运作环境等。示范法也可用来解释妨碍电子商务的现有国际公约和其他国际机制。示范法的颁布为逐步解决电子商务的法律问题奠定了基础，为各国制订本国电子商务法规提供了框架和示范文本。

自 1996 年以来，在联合国《电子商务示范法》制定之后，一些国际组织与国家纷纷合作，制定各种法律规范，形成了国际电子商务立法的高速发展期，其成果主要体现在以下四个方面。

（一）WTO 的三大突破性协议

1986 年开始的关贸总协定乌拉圭回合谈判最终制定了《服务贸易总协定》。《服务贸易总协定》的谈判产生了一个《电信业附录》。这一附录的制定开始了全球范围内电信市场的开放。WTO 建立后，立即开展了信息技术的谈判，并先后达成了三大协议。

1.《全球基础电信协议》

该协议于 1997 年 2 月 15 日达成，主要内容是要求各成员方向外国公司开放其电信市场并结束垄断行为。

2.《信息技术协议（ITA）》

该协议于 1997 年 3 月 26 日达成，协议要求所有参加方自 1997 年 7 月 1 日起至 2000 年 1 月 1 日将主要的信息技术产品的关税降为零。

3.《开放全球金融服务市场协议》

该协议于 1997 年 12 月 31 日达成，协议要求成员方对外开放银行、保险、证券和金融信息市场。在 WTO 历史上，一年内制定三项重要协议是史无前例的，这三项协议为电子商务和信息技术的稳步有序发展确立了新的法律基础。

（二）国际性组织加快制定电子商务指导性交易规则

随着电子商务的发展，现有的国际商务惯例已远远不能满足商业往来的需要。近年来，国际商会正以大部分精力集中抓紧制定有关电子商务的交易规则，以促进国际贸易的安全进行。目前，国际商会已于1997年11月6日通过《国际数字保证商务通则（GUIDEC）》，该通则试图平衡不同法律体系的原则，为电子商务提供指导性政策，并统一有关术语。国际商会目前正在制定的还有《电子贸易和结算规则》等交易规则。

WTO对于贸易领域的电子商务已提出了工作计划，特别针对服务贸易提出了重点解决的几个问题，如电子商务定义、司法管辖权、电子商务分类、协议签署等，至于其他如关税、个人隐私、安全保证、国民待遇、公共道德等问题也提出了讨论和研析。

（三）地区性组织积极制定各项电子商务的政策

目前已经或正在制定电子商务政策的主要是经济合作与发展组织（OECD）、欧盟等地区性组织和国家。1997年4月15日，欧盟委员会提出了“欧盟电子商务动议”（A European Initiative in Electronic Commence），就发展电子商务的问题阐明了欧盟的观点。该文件强调在欧盟范围内建立一个适于电子商务的法律与管制框架，管制应该深入到商业活动的每一个环节中，任何影响电子商务活动的问题都应该予以重视。这些问题包括数据安全、隐私、知识产权保护，以及透明和温和的税收环境。欧盟应该积极与国际组织及其他国家的政府加强对话，确保形成一个全球一致的法律环境，共同打击网络国际犯罪。

1998年10月，OECD公布了3个重要文件：《OECD电子商务行动计划》、《有关国际组织和地区组织的报告：电子商务的活动和计划》、《工商界全球商务行动计划》，作为OECD发展电子商务的指导性文件。欧盟则于1997年提出《关于电子商务的欧洲建议》，1998年又发表了《欧盟电子签字法律框架指南》和《欧盟关于处理个人数据及其自由流动中保护个人的指令》（或称《欧盟隐私保护指令》），1999年发布了《数字签名统一规则草案》。这些地区性组织通过制定电子商务政策，努力协调内部关系，并积极将其影响扩展到全球。

（四）世界各国积极制定电子商务的法律法规

为了解决网络发展带来的种种法律问题，许多国家在立法上采取措施。一方面对原有法律进行修订和补充，另一方面针对电子商务产生的新问题，制订新的法律。后一方面的工作最初是从电子签字开始的，即通过立法确认数字签名的法律效力。1995 年美国犹他州制定了世界上第一部《数字签名法》，随后英国、新加坡、泰国、德国等上开展了这方面的立法。此后，各国针对电子商务的有关问题，如公司注册、税收、交易安全等都制定了相当一批单项法律和政策规则。

随着网络经济的迅猛发展，电子商务立法引起了各国政府的重视。许多国家开始制定综合性的法律以促进和规范电子商务的发展。据联合国国际贸易法委员会（UNCITRAL）统计，截至 2000 年 9 月底，已经有十余个国家和地区通过了综合性的电子商务立法。它们是：新加坡《电子商务法》(1998)、美国伊利诺斯州《电子商务安全法》(1998)、美国《统一电子商务法》(1999)、加拿大《统一电子商务法》(1999)、韩国《电子商务基本法》(1999)、百慕大群岛《电子交易法》(1999)、哥伦比亚《电子商务法》(1999)、澳大利亚《电子交易法》(1999)、中国香港特别行政区《电子交易法令》(1999)、法国《信息技术法》(2000)、菲律宾《电子商务法》(2000)、爱尔兰《电子商务法》、斯洛文尼亚《电子商务和电子签字法》等。

二、我国电子商务立法现状

（一）我国涉及计算机与网络安全的行政法规

我国的计算机立法工作开始于 20 世纪 80 年代。1981 年，公安部开始成立计算机安全监察机构，并着手制定有关计算机安全方面的法律法规和规章制度。1986 年 4 月开始草拟《中华人民共和国计算机信息系统安全保护条例》(征求意见稿)。1991 年 5 月 24 日，国务院第 83 次常委会议通过了《计算机软件保护条例》。1994 年 2 月 18 日，国务院令第 147 号发布了《中华人民共和国计算机信息系统安全保护条例》，为保护计算机信息系统的安全，促进计算机的应用和发展，保障经济建设的顺利进行提供了法律保障。

针对互联网的迅速普及，为保障国际计算机信息交流的健康发展，1996 年 2 月 1 日国务院发布了《中华人民共和国计算机信息网络国际联网管理暂行规定》提出了对国际联网实行统筹规划、统一标准、分级管理、促进发展的基本原则。1997 年 5 月 20 日，国务院对这一规定进行了修改，设立了国际联网的主管部门，增加了经营许可制度，并重新发布。1997 年 6 月 3 日，国务院信息化工作领导小组在北京主持了召开“中国互联网络信息中心成立暨《中国互联网络域名注册暂行管理办法》发布大会”，宣布中国互联网络信息中心（CNNIC）成立，并发布了《中国互联网络域名注册暂行管理办法》和《中国互联网络域名注册实施细则》。1997 年 12 月 8 日，国务院信息化工作领导小组根据《中华人民共和国计算机信息网络国际联网管理暂行规定》，制定了《中华人民共和国计算机信息网络国际联网管理暂行规定实施办法》，详细规定国际互联网管理的具体办法。与此同时，信息产业部也出台了《国际互联网出入信道管理办法》。

1997 年 10 月 1 日起我国实行的新刑法，第一次增加了计算机犯罪的罪名，包括非法侵入计算机系统罪，破坏计算机系统功能罪，破坏计算机系统数据、程序罪，制作、传播计算机破坏程序罪等。这表明我国计算机法制管理正在步入一个新阶段，并开始和世界接轨，计算机法的时代已经到来。

2000 年 9 月，国务院审议并通过了《中华人民共和国电信条例（草案）》和《互联网内容服务管理办法（草案）》，规范电信市场秩序，加强对互联网内容服务的监督管理，维护国家安全、社会稳定和公共秩序。

（二）我国电子商务的立法状况

1. 新《合同法》

1999 年 3 月我国颁布了新的《合同法》，其中，涉及电子商务合同的有三点：

（1）将传统的书面合同形式扩大到数据电文形式。第十一条规定：“书面形式是指合同书、信件以及数据电文（包括电报、电传、传真、电子数据交换和电子邮件）等可以有形地表现所载内容的形式。”也就是说，不管合同采用什么载体，只要可以有形地表现所载内容，即视为符合法律对“书面”的要求。这些规定，符合国际贸易委员会建议采用的“同等功能法”。

（2）确定电子商务合同的到达时间。《合同法》第十六条规定：“采用数据电文形式订立合同，收件人指定特定系统接收数据电文的，该数据电文进入该特定系统的时间，视为到达时间；未指定特定系统的，该数据电文进入收件人的任何系统的首次时间，视为到达时间。”

（3）确定电子商务合同的成立地点。《合同法》第三十四条规定："采用数据电文形式订立合同的，收件人的主营业地为合同成立的地点；没有主营业地的，其经常居住地为合同成立的地点。"

2. 我国重要的电子商务法律法规

我国电子商务经历了从无到有，其发展过程中国家政策的监管起到了至关重要的作用，在政策的正确引导下，电子商务才得以不断地发展壮大。2009 年中国电子商务市场交易额达到 3.54 万亿元，国内使用第三方电子商务平台的中小企业用户规模已经突破 1 250 万，而中国网购用户的规模已经突破了 1.3 亿人。从 2004 年开始，我国电子商务政策法律的建设走入了一个新的阶段。在这个新的阶段中，从国家层面、各部委层面、各省市层面来看，整个电子商务法的发展都有了非常大的突破。

以下对中国电子商务研究中心对我国颁发的一些重要电子商务法律法规进行简要介绍。

中国电子商务重要法规盘点

	颁布时间	颁布部门	具体名称	所属领域
1	2004 年 8 月	国家商务部	《中华人民共和国电子签名法》	电子认证
2	2005 年 4 月	中国电子商务协会	《网上交易平台服务自律规范》	网上交易
3	2005 年 6 月	中国人民银行	《支付清算组织管理办法》	网上支付
4	2005 年 10 月	中国人民银行	《电子支付指引（第一号）》	网上支付
5	2007 年 3 月	国家商务部	《关于网上交易的指导意见（暂行）》	网上交易
6	2007 年 12 月	国家商务部	《关于促进电子商务规范发展的意见》	电子商务
7	2008 年 4 月	国家商务部	《电子商务模式规范》和《网络购物服务规范》	电子商务
8	2009 年 11 月	国家商务部	《关于加快流通领域电子商务发展的意见》	电子商务
9	2010 年 6 月	国家工商总局	《网络商品交易及有关服务行为管理暂行办法》	网上交易
10	2010 年 6 月	中国人民银行	《非金融机构支付服务管理办法》	网上支付

◎图表编制：中国电子商务研究中心　　◎官方网站：B2B. TOOCLE. COM

2004 年 8 月 28 日，第十届全国人大常委会第十一次会议表决通过了《中华人民共和国电子签名法》，于 2005 年 4 月 1 日起施行。《电子签名法》首次赋予可靠电子签名与手写签名或盖章具有同等的法律效力，并明确了电子认证服务的市场准入制度。

2004 年年底，在国务院办公厅信息化领导小组第四次会议上，温家宝总理主持通过了《关于加快电子商务发展的若干意见》。意见阐明了发展电子商务对我国国民经济和社会发展的重要作用，提出了加快电子商务发展的指导思想和基本原则，还提出了一系列促进电子商务发展的具体措施。

2005 年 3 月 31 日，国家密码管理局颁布了《电子认证服务密码管理办法》。

2005 年 4 月 18 日，中国电子商务协会政策法律委员会组织有关企业起草《网上交易平台服务自律规范》正式对外发布。

2005 年 6 月，央行发布了《支付清算组织管理办法》(征求意见稿)。

2005 年 10 月 26 日，中国人民银行发布了《电子支付指引（第一号)》，意在规范电子支付业务，规范支付风险，保证资金安全，维护银行及其客户在电子支付活动中的合法权益，促进电子支付业务健康发展。

2006 年颁布的《中华人民共和国国民经济和社会发展第十一个五年规划纲要》将“积极发展电子商务”作为一项重要的任务提出来。强调“建立健全电子商务基础设施、法律环境、信用和安全认证体系，建设安全、便捷的在线支付服务平台”。

2006 年 5 月，中共中央办公厅、国务院办公厅发布了《2006—2020 年国家信息化发展战略》。

2006 年 6 月，商务部公布了《中华人民共和国商务部关于网上交易的指导意见》(征求意见稿)，有效地避免了网上交易面临的交易的安全性问题。

2007 年 3 月 6 日，商务部发布了《关于网上交易的指导意见（暂行)》。其目的是为了贯彻国务院办公厅《关于加快电子商务发展的若干意见》文件精神，推动网上交易健康发展，逐步规范网上交易行为，帮助和鼓励网上交易各参与方开展网上交易，警惕和防范交易风险。

2007 年 6 月，国家发展和改革委员会、国务院信息化工作办公室联合发布我国首部《电子商务发展“十一五”规划》。

2007 年 12 月 17 日，国家商务信息化的主管部门商务部公布了《商务部关于促进电子商务规范发展的意见》。该意见出台的目的在于，希望能够促进电子商务规范发展，引导交易参与方规范各类市场行为，是防范市场风险、化解交易矛盾、促进电子商务健康发展。

2008 年 4 月，中共中央办公厅、国务院办公厅印发的《国民经济和社会发展信息化“十一五”规划》提出，要放宽市场准入，加强政策引导，鼓励社会资金参与信息化建设。营造良好的财税政策环境，鼓励社会资金投向信息资源公益性开发以及公共信息服务平台建设。进一步完善对信息服务领域的各项扶持政策。

2008 年 4 月 24 日，为规范网上交易行为，促进电子商务持续健康发展，国家商务部起草了《电子商务模式规范》和《网络购物服务规范》。

2008 年，加大对电子商务的监管力度，北京工商局出台了《关于贯彻落实〈北京市信息化促进条例〉加强电子商务监督管理意见》，并有望被工商部门今后逐步在全国推行。

2009 年 4 月，央行、银监会、公安部和国家工商总局联合发布了《关于加强银行卡安全管理预防和打击银行卡犯罪的通知》，这被视为是在为牌照发放预热。这似乎预示着国家监管部门开始真正着手加强对于第三方支付企业的监管力度。

2009 年 11 月，商务部发布了《关于加快流通领域电子商务发展的意见》，明确了政府部门对电子商务的引导和扶持政策。提出要扶持传统流通企业应用电子商务开拓网上市场，培育一批管理运营规范、市场前景广阔的专业网络购物企业，扶持一批影响力和凝聚力较强的网上批发交易企业。

2010 年 6 月 1 日，国家工商总局出台了《网络商品交易及有关服务行为管理暂行办法》，其中明确规定，通过网络从事商品交易及有关服务行为的自然人，应提交其姓名和住址等真实身份信息。该《办法》的出台将促进网络商品交易及有关服务行为的健康发展，自 2010 年 7 月 1 日起施行。

2010 年 6 月 21 日，中国人民银行出台了《非金融机构支付服务管理办法》，要求第三方支付公司必须在 2011 年 9 月 1 日前申请取得《支付业务许可证》，且全国性公司注册资本最低为 1 亿元。《非金融机构支付服务管理办法》的出台意在规范当前发展迅猛的第三方支付行业，对于行业规范发展将起到引导作用。

无疑，上述国家各部委出台一系列的政策法规，为我国电子商务的长期、健康、有序的发展提供了强有力的制度保证与标准规范。

三、电子商务立法的发展趋势

电子商务的法律保障问题，涉及两个基本方面。第一，电子商务首先是一种商品交易，其安全问题应当通过民商法加以保护；第二，电子商务交易是通过计算机及其网络而实现的，其安全与否依赖于计算机及其网络自身的安全程度。我国目前还没有出台专门针对电子商务交易的法律法规，究其原因，是上述两个方面的法律制度尚不完善，因而，面对迅速发展的电子商务新的交易方式难以出台较为完善的安全保障规范性条文。

然而，电子商务的跳跃式发展亟待原有法律制度的完善。将来高新技术的竞争会越来越激烈，发展电子商务，已不再是单纯的技术问题，而是关系到国家经济生存发展的又一次严峻挑战。通过专门立法，使国家在下个世纪的市场竞争中占据有利地位，已成为世界各国政府的共识。我国传统的“先改后立”的立法思想和技术，对于高新技术的推广来说是弊大于利的。电子商务技术，一方面可以说它已经基本成熟，因为在正常情况下，这种技术已经能够保证交易的安全进行；但另一方面，这种技术又随着计算机网络技术的不断发展而不断更新，具有相对的不稳定性。这种二重性使得电子商务的推广具有一定的难度。因此，电子商务立法必须具有超前性和独立性，以打消人们对电子商务交易安全性的恐惧心理。

我国现行涉及交易安全的法律法规主要有四类：

（1）综合性法律。主要是《民法通则》和《刑法》中有关保护交易安全的条文。

（2）规范交易主体的有关法律。如《公司法》、《国有企业法》、《集体企业法》、《合伙企业法》、《私营企业法》、《外资企业法》等。

（3）规范交易行为的有关法律。包括《经济合同法》、《产品质量法》、《财产保险法》、《价格法》、《消费者权益保护法》、《广告法》、《反不正当竞争法》等。

（4）监督交易行为的有关法律。如《会计法》、《审计法》、《票据法》、《银行法》等。

我国法律对交易安全的研究起步较晚，且长期以来注重对财产静态权属关系的确认和静态的安全保护，未能反映现代市场经济交易频繁、活泼、迅速的特点。虽然上述法律制度体现了部分交易安全的思想，但大都没有明确的交易安全的规定，在司法实践中也没有按照这些制度执行。如《民法通则》第六十六条规定的“本人知道他人以本人的名义实施民事行为而不做否认表示则视为同意”，体现了交易安全中表见代理的思想，但却没有形成一套清晰的表见代理制度。在立法和司法解释上，背离交易安全精神的规范大量存在。在立法上，如《民法通则》第五十八条、《经济合同法》第七条关于民事行为无效的规定，过分扩大民事行为无效的范围，有损于交易主体对其交易行为的合法性信赖即交易安全利益。在司法解释方面，1987 年 7 月 21 日最高人民法院《关于在审理经济合同纠纷案件中具体适用〈经济合同法〉的若干问题解答》中，明显过分偏置于静态的安全，而忽视动态的安全，背离交易安全保护的精神。

为保证电子商务活动得以正常进行，政府需要提供一个透明的、和谐的商业法律环境。法制环境应着眼于保护交易公平，保护平等竞争，保护消费者免受欺诈之苦，保护知识产权免受侵权之害和保护个人隐私，制定鼓励监督、有助调节、打击犯罪的行之有效的一套办法。

目前我国急需制定的有关电子商务的法律法规主要有：买卖双方身份认证办法、电子合同的合法性程序、电子支付系统安全措施、信息保密规定、知识产权侵权处理规定、税收征收办法以及广告的管制、网络信息内容过滤等。

（1）买卖双方身份认证办法。参与电子商务的买卖双方互不相识，需要通过一定的手段相互认证。提供交易服务的网络服务中介机构也有一个认证问题。目前急需成立类似于国家工商局之类的机构统一管理认证事务，为参与网络交易的各方提供法律认可的认证办法。而且，目前各网络服务中介机构成立的虚拟交易市场为提高自身的可信度，大都冠以“中国××市场”的头衔。随着电子商务市场的急剧扩大，加强这方面的法律规范也迫在眉睫。

（2）电子合同的合法性程序。电子合同是在网络条件下当事人之间为了实现一定目的，明确相互权利义务关系的协议。它是电子商务安全交易重要保证。其内容包括：①确证和认可通过电子手段形成的合同的规则和范式，规定约束电子合同履行的标准，定义构成有效电子书写文件和原始文件的条件，鼓励政府各部门、厂商认可和接收正式的电子合同、公证文件等。②规定为法律和商业目的而作出的电子签名的可接受程度，鼓励国内和国际规则的协调一致，支持电子签名和其他身份认证手续的可接受性。③推动建立其他形式的、适当的、高效率的、有效的合同纠纷调解机制，支持在法庭上和仲裁过程中使用计算机证据。

（3）电子支付。电子支付是金融电子化的必然趋势。美国现在80%以上的美元支付是通过电子方式进行的。我国目前尚无有关电子支付的专门立法，仅有中国人民银行出台的有关信用卡的业务管理办法。为了适应电子支付发展的需要，需要用法律的形式详细规定电子支付命令的签发与接受，接受银行对发送方支付命令的执行，电子支付的当事人的权利和义务，以及责任的承担等。

（4）安全保障。电子商务的迅速发展，对交易安全提出了更高的要求。强化交易安全的法律保护已是立法的一项紧迫任务。①在民法基本法的立法上，应反映出交易安全的理念。为此，要大胆借鉴和移植发达国家电子商务保护交易安全的成功经验和制度，并结合我国的实际情况，构造一套强化交易安全保护的法律制度。②在商事单行法的立法上，可以基于商法的特别法地位及其相对独立性，满足商法中商业行为较高的交易安全要求，在某些方面可以适当突破民法基本法中的某些制度，以期强化这方面的交易安全保护。③在计算机及其网络安全管理的立法上，应针对电子商务交易在虚拟环境中运行的特点，明确提出电子商务交易安全保护的法律措施。④在法律解释上，当务之急是全面清理最高人民法院所作出的司法解释，剔除不利于交易安全的结论，并在以后的解释中注重考虑交易安全的因素。⑤在条件成熟的时候，制定保护电子商务交易安全的专门法规文件。

此外，对于保密法、知识产权保护法、税法、广告法等，也有一个内容修改和范围扩充的任务。

【本章思考题】

1. 简述目前我国电子商务的立法状况。
2. 怎样理解电子商务法概念?
3. 与其他的商事法律制度相比较，电子商务法的特征表现为哪些?
4. 试述电子商务法中的中立原则。
5. 简述电子商务的发展对我国现行法律制度带来哪些挑战。

第二章　电子商务法律关系

【案例导入】网友上传侵权小说，网站成“帮凶”①

2013 年，红极一时的小说《失恋 33 天》在上海一家网络科技公司经营的网站上供网友们免费下载，这家网站上还能找到多本热门网络书籍。

经书作者鲍晶晶授权获得《失恋 33 天》独家信息网络传播权的北京君和天下咨询有限公司、经作者尹建莉授权获得《好妈妈胜过好老师》独家信息网络传播权的北京中作华文数字传媒股份有限公司和《历史是个什么玩意儿》作者袁腾飞分别作为原告将这家网络科技有限公司诉至上海杨浦区法院。经过公证证据保全，原告在这家网络科技公司自营的网络平台上搜索到涉案作品，并将涉案作品下载到手机中后，可在手机上阅读。原告认为被告此举侵犯了原告对涉案作品享有的信息网络传播权，分别要求被告赔偿经济损失 6 万元至 9 万元不等。

法庭调查发现，在这家公司经营的网络平台上搜索，能找到涉案作品的多个版本，没有统一名称格式，上传者也各不相同，可认定是网友自行上传的，而且作品都注明了原作者信息。但法院审理后认定，涉案作品属于畅销书籍，被告应当知道涉案作品的明确著作权归属，普通网络用户无权将作品编辑成软件上传至网络供人下载，该公司应当注意到上传的作品存在侵犯著作权的可能性。

这家网络公司仅于开发者条款中要求上传人具有著作权，而在软件审查过程中并没有针对涉及作品著作权内容进行任何形式的审查，也没有采取任何预防侵权的合理措施，法院认定该公司对上传者侵害涉案作品信息网络传播权构成应知，需承担帮助侵权责任。

【思考】上海这家网络科技公司没有上传非授权书籍，法院判定其承担侵权责任是否“无辜”？网站的义务是什么？

---

① 案例来源：2013 年 4 月 19 日《新闻晚报》。

第一节　电子商务法律关系概述

一、法律关系概念

法律关系是法律调整主体的行为形成的一种法律上的权利、义务关系。

法律关系是根据法律规范建立的一种社会关系。首先，法律规范是法律关系产生的前提。如果没有相应的法律规范存在，就不可能产生法律关系。其次，法律关系不同于法律规范调整或保护的社会关系本身。社会关系是一个庞大的体系，其中有些领域是法律所调整的（如政治关系、经济关系、行政管理关系等），也有些是不属于法律调整或法律不宜调整的（如友谊关系、爱情关系、政党社团的内部关系）。再次，法律关系是法律规范的实现形式，是法律规范的内容（行为模式及其后果）在现实社会生活中得到具体的贯彻。换言之，人们按照法律规范的要求行使权利、履行义务并由此而发生特定的法律上的联系，这既是一种法律关系，也是法律规范的实现状态。在此意义上，法律关系是人与人之间的合法（符合法律规范的）关系。这是它与其他社会关系的根本区别。

法律关系由法律关系主体、法律关系内容（权利义务）和法律关系客体三要素构成。

二、电子商务法律关系的特点

电子商务法律关系，就是由法律法规调整的、在电子商务活动中形成的以权利与义务为内容的社会关系。

电子商务法律关系具有以下三个特点。

（一）电子商务法律关系是商事法律关系的组成部分

商事法律关系：指一定社会中通过市场经营活动而形成的社会关系，主要包括商事组织关系和商事交易关系。

商事法律关系的主要标志是商人和商行为。商人，是以自己名义实施商行为并以此为常业的人。在我国，商人主要包括：①个体工商户和个人独资企业；②合伙企业：与独资公司相对，由两个或两个以上的自然人通过订立合伙协议，共同出资经营、共负盈亏、共担风险的企业组织形式。③公司和其他形式的企业法人。④联营企业：联营企业指两个及两个以上相同或不同所有制性质的企业法人或事业单位法人，按自愿、平等、互利的原则，共同投资组成的经济组织。⑤外商投资企业：依照中华人民共和国法律的规定，在中国境内设立的，由中国投资者和外国投资者共同投资或者仅由外国投资者投资的企业。商行为，就是适用商事法律规范的营利行为。从本质上讲，商行为就是市场中经常化、专门化和规范化的行为。

电子商务作为现代商业行为，与传统商业行为的区别不是本质层面的，而是现象和手段层面的。电子商务是以“电子”为手段，以“营利”为目的的商事行为，电子商务行为本质是商事行为，电子商务法律关系属于商事法律关系。

（二）电子商务法律关系具有公法和私法相结合的特点

从法律规范调整的社会关系来看，公法调整的是国家与公民之间、政府与社会之间的各种关系，主要体现为政治关系、行政关系及诉讼关系等。私法调整私人之间的民商事关系即平等主体之间的财产关系和人身关系。

一般来说，在国家与公民、政府与社会之间的关系中，国家和政府是公共权力的代表，对各种社会公共事务实施管理并向公众提供服务，但这些管理和服务并非管理者随心所欲，而是应当纳入法治的范围。公法的基本内容就是为规范国家权力和政府行为而存在的，其根本目的是通过控制公权力来维护私权利。与公法中所面对的国家与公民、政府与社会之间非平等的社会关系不同，私法所调整的民商事关系是平等主体之间的财产关系和人身关系，它是人们日常私人生活状况的法律体现。法律对民商事关系的调整遵循的是人格独立、地位平等、行为自愿以及公平、诚实信用等基本原则。

在电子商务活动过程中，国家工商行政部门要对有关主体审查、备案、注册，监管部门对电子商务活动的监管行为，税收部门对电子商务经营行为征收税款行为等属于公法调整范畴。在电子商务活动中更多的是合同行为，涉及财产内容的是绝大多数，电子商务活动中也有可能出现侵害交易主体的人格利益行为，所以电子商务法律关系具有公法和私法相结合的特点。

（三）电子商务法律关系具有国际性

电子商务主要是在互联网（Internet）上进行的，而互联网是由一些使用公用语言互相通信的计算机连接而成的全球网络，由于互联网通讯的快捷性，使得国际贸易变得容易，在一个电子商务交易平台上进行贸易的既有本国人又有外国人，电子商务法律关系具有国际性的特点。

传统上法律的管辖具有地域性的特点。而电子商务活动借助于网络空间，传统上的管辖边界不能适用，使得任何一个国家的法律在适用的时候都难以适从。

三、电子商务法律关系的分类

电子商务，涵盖的范围很广，一般可分为企业对企业（即 B to B），企业对消费者（即 B to C），个人对消费者（即 C to C），企业对政府（B to G）等 4 种模式。相应地，电子商务法律关系可以分为 4 类：企业与企业之间的电子商务法律关系；企业与消费者之间的电子商务法律关系；个人与消费者之间的电子商务法律关系；企业与政府之间的电子商务法律关系。前三者一般体现为合同法律关系，企业与政府之间的电子商务法律关系相对较为复杂，可能是合同关系也有可能是行政法律关系等。

第二节　电子商务法律关系的主体

电子商务主体，是指以营利为目的，借助电脑技术、互联网技术与信息技术实施商事行为并因此而享有权利和承担义务的法人、自然人和其他组织。

广义的电子商务主体，既包括商事主体，也包括消费者、政府等非商事主体。狭义的电子商务主体，则仅指电子商务中的商事主体，即电子商务企业。

电子商务企业有两种类型：一类是采取电子商务交易手段的传统企业；一类是为电子商务交易提供基础设施服务和辅助服务的现代互联网服务企业（ISP），如互联网联结商（IAP）与互联网内容提供商（ICP）、网吧等。

电子商务交易事务是指电子商务交易主体之间所从事具体的商务活动。例如，询价、报价、转账支付、广告宣传、市场调研、商品运输等。

一、电子商务交易者

电子商务交易者主要指出卖人和买受人。

（一）电子商务交易者和传统商务交易者的区别

电子商务中的商务交易主体与传统商务交易主体相比既有共性，也有个性。共性是二者都是商事主体，电子商务行为仍是商事行为。在传统民商事法律关系中，其交易主体具有以下基本特征：法律地位平等；主体意思的自主性；主体范围的广泛性；权利义务的一致性。

电子商务交易主体与传统商事交易主体的主要区别是：

（1）电子商务交易主体进入电子商务市场的难度要小于传统商事交易主体进入传统有形市场。这是由于进入开放的互联网是件很容易的事情。

（2）电子商务交易主体运用电子手段达成营利目的，而传统商事交易主体运用面对面或非电子网络的手段达成营利目的。

（3）电子商务交易主体在网络空间中的表现形式丰富多样，且与主体人格利益联系紧密。在网络空间中，域名、网站、网页等形象性标志成为显著性社会识别标志。

（4）电子商务交易主体开展商事活动可以跨越地域的限制，交易对象多于传统商事主体，但也因此存在新的不信任因素的问题，比传统商事交易主体面临更多的市场机遇，但同时也伴随着市场风险、道德风险、违约诱惑和欺诈陷阱等问题。

（5）从行政监管层面来看，电子商务交易主体比起传统商事交易主体更容易应用电子技术、信息技术和网络技术规避法律和监管。

从此可以看出，法律必须建立一套规则来确定电子商务交易主体的真实性，完善交易主体的市场准入机制，维护电子商务市场的良好秩序。

电子商务交易绝大多数情况下是一种合同关系，判断电子商务交易的主体是判断合同双方的当事人，即谁是出卖人、谁是买受人。

（二）传统商务交易者的民事主体资格

传统法律中对于交易者民事主体资格有一些基本法律规定，比如民法中的民事主体资格法定原则、商法中的商事主体的市场准入法定原则。

民事主体资格也可以称为民事主体能力。其具体的法律含义是：民事主体享有民事权利和承担民事义务的能力。法律对这种能力分为两个种类，即民事权利能力和民事行为能力。民事权利能力是指民事主体依法享有民事权利和承担民事义务的资格；民事行为能力是指民事主体以自己的行为享有民事权利和承担民事义务的资格。

1. 自然人民事主体资格

自然人的民事权利能力具有以下特征：①平等性。《民法通则》第十条规定："自然人的民事权利能力一律平等。"民事权利能力的平等，是机会的平等，它赋予了自然人同样的参与民事活动的机会，并不谋求结果的平等。②法定性。民事权利能力就是自然人的生存资格。自然人的民事权利能力源自法律的规定，它不可能通过当事人的自由约定而取得。③人身性。根据法律规定，自然人的民事权利能力始于出生，终于死亡，与自然人的生命相始终，与自然人的人身不可分离。④不可转让性。自然人的民事权利能力是不可转让的，当事人自愿转让、抛弃的，均无任何法律意义，法律也不承认其效力。

我国《民法通则》规定，基于自然人的年龄、智力和精神健康状况的不同，将自然人的民事行为能力划分为：完全民事行为能力、限制民事行为能力和无民事行为能力三种。①完全民事行为能力，是指自然人能够通过自己独立的行为享有民事权利和设定民事义务的能力。完全民事行为能力人包括：满18周岁的成年人；16周岁以上不满18周岁，能以自己的劳动收入为主要生活来源的人。②限制民事行为能力，限制民事行为又称不完全民事行为能力，是指自然人在一定范围内具有民事行为能力，超出一定范围便不具有相应的民事行为能力。限制民事行为能力人包括：10周岁以上的未成年人，其可以进行与他的年龄、智力相适应的民事活动，其他民事活动由法定代理人代理，或者征得他的法定代理人同意；不能完全辨认自己行为的精神病人。不能完全辨认自己行为的精神病人是限制民事能力人，其可以进行与他的精神健康状况相适应的民事活动，其他民事活动由他的法定代理人代理，或者征得他的法定代理人的同意。但是限制民事行为能力人接受奖励、赠与、报酬等对本人有利，并且不设定负担的民事行为应认定为有效。③无民事行为能力，是指自然人不具有以自己的行为取得民事权利和设定民事义务的能力。无民事行为能力包括：不满10周岁的未成年人；不能辨认自己行为的精神病人。无民事行为能力人，由他们法定代理人代理民事活动。

2. 法人民事主体资格

法人民事权利能力从法人成立时产生，到法人终止时消灭。具体来说，法人依法成立标志着法人开始具有民事权利能力。法人终止其民事权利能力即归于消灭。任何法人的终止，依法都应进行清算，在法人清算阶段，法人的民事权利能力并不消灭，而是由清算组织享有与法人清算有关的民事权利能力。需要办理注销登记的法人，在清算完结，依法办理了注销登记手续并公告后，法人终止，其民事权利能力消灭。法人的民事权利能力受法人的宗旨、性质及业务范围的限制。《民法通则》第四十二条规定："企业法人应当在核准登记的经营范围内从事经营。”根据《民法通则》第四十九条规定的精神，企业法人超出核准登记的范围进行经营的是非法经营，企业法人及其法定代表人应受相应的法律制裁。法人民事行为能力始于法人成立，消灭于法人终止。法人的民事权利能力还受法律和行政命令的限制。

法人的民事行为能力的内容和范围与法人的民事权利能力的内容和范围具有一致性。法人的民事权利能力的内容和范围受到法律、行政法规以及本身宗旨、业务范围的限制，法人的民事行为能力的内容和范围也受到同样的限制。法人的民事行为能力由法人机关实现。法人机关，是指依照法律、章程或条例规定的不需要特别委托而能够以法人的名义进行民事活动的集体或个人。法人的法定代表人，是指依照法律或者法人组织章程的规定，代表法人行使职权的负责人。法人的民事行为能力是通过法定代表人的具体代表行为得以实现的。

3. 法人民事主体资格与自然人民事主体资格的区别

二者民事权利能力的区别：①鉴于法人与自然人具有不同的自然属性和社会属性，自然人具有的某些民事权利能力法人不可能拥有，而法人具有的某些民事权利能力自然人也不具有。如生命权、健康权、肖像权、继承权、受抚养权等专属于自然人而不能为法人所享有，经营金融业务的权利专属于法人而自然人不能享有。②民事权利能力开始、终止的标准不同。依照我国《民法通则》的规定，法人的民事权利能力从法人成立时开始，到法人终止时消灭；自然人的民事权利能力依据出生这一事实产生，至死亡之日消灭。③自然人的民事权利能力所有人皆平等地享有，而法人的民事权利能力的内容和范围由于其宗旨、性质、业务范围的不同可能有所不同。

二者民事行为能力的区别：①二者开始和终止的时间要求不同。法人的民事行为能力自法人成立时开始，到法人终止时消灭，而自然人必须达到法定年龄，具备相应智力时才能取得民事行为能力。②法人有民事权利能力则具有相应的民事行为能力，而自然人在权利能力方面具有普遍一致性，在行为能力方面却有不同情形。依照我国《民法通则》的规定，自然人的民事行为能力依照年龄和精神健康状况分为完全民事行为能力、限制民事行为能力和无民事行为能力三种，故自然人有民事权利能力却不一定有民事行为能力。③自然人的民事行为能力可以通过自己的行为实现，而法人作为社会组织只能通过组成它的自然人的行为来实现其行为能力，因而法人的民事行为能力应通过法定代表人或者法定代表人委托的法人的代理人来实现。

（三）电子商务交易主体资格认定的困境

电子商务是在线交易，在线交易不同于现实交易，因为在线交易运行的环境和使用的手段是网络，网络是虚拟的空间。在网络虚拟空间中的交易主体表现为虚拟主体，但根据民事主体法定原则是不承认虚拟主体的。实际上，网络上的任何一个虚拟主体均是现实主体在网络世界中的延伸和表现，如何把网络中电子商务交易主体和现实主体统一，从而明确电子商务交易主体具有相应的民事权利能力和民事行为能力，这并不是一个简单的事，因为在线交易双方互不见面，可能相隔甚远，所以就需要建立在线交易主体认定的法律制度，保证在线交易主体是适格的交易主体。

在实践中，由于现行法律法规对于网上交易主体的认定未作有效规定，但也还是存在一些规则可遵循。同时，这方面的工作在一定程度上是由市场参与主体在做规定。例如提供电子商务交易平台的服务提供商，通常要求在线交易主体应首先注册成为其会员或用户，之后才可以在其提供的交易平台从事电子商务交易。

注册成会员或用户的一个目的就是将在线交易主体与现实中的交易主体相联系。如果在线交易主体是企业，电子商务平台服务提供商通常会要求提供营业执照；如果在线交易主体是自然人，则较严格的做法是要求对其身份进行实名认证。实名认证虽然解决了自然人身份真实性的核实问题，但对主体经营资格合法性的判断却存在不确定性。如电子商务平台服务提供商提供的交易平台，里面聚集了许多卖家，而且这些卖家通过注册成为该平台服务提供商设立的电子商务网站会员，以接受电子商务平台服务商提供的平台服务。但是如果卖方为自然人，电子商务平台服务提供商无法判断自然人利用其交易平台销售商品的行为是否属于经营行为。因此，电子商务平台服务提供商很可能为了避免法律风险而拒绝或限制自然人利用其平台销售商品。

为了适应新经济的客观需要，应为电子商务提供宽松的法律环境。在目前电子商务的参加者主要是自然人，而非企业的客观情况下，我们应当鼓励自然人积极参与电子商务，多借鉴国外的一些经验。在国际上，在线交易主体资格的认定因不同国家对商事主体的法律规制不同而有差异。在美国，对个人从事电子商务未作特定的限制。在澳大利亚、新西兰等国家，商事主体除公司、合伙企业、独资企业外，不存在我国法律下的个体工商户这一市场主体，但是有一定数量的商贩。商贩不纳入商事登记的范畴，不需要取得类似我国法律规定的“营业执照”，但是对其从事交易的后果进行监管。例如虽然商贩不需要进行商事登记，但需要纳税登记，这一点值得我国加以借鉴。

二、网络服务提供商

在线服务提供商主要有两类：互联网服务提供商（ISP）和互联网内容提供商（ICP）。现在很多网络服务提供商是二者的混合体，是两者兼而有之的第三类，如卖家在网站上开设店铺，网站既是买卖交易平台也是卖家提供产品信息服务、广告服务以及信息传递服务的平台。

（一）互联网服务提供商（ISP）

ISP 是向广大用户综合提供互联网接入业务、信息业务和增值业务的电信运营商。对 ISP 侵权责任认定：一种观点认为，既然网上的版权侵权行为往往都要借助 ISP 才能实现，所以在发生侵权行为时，ISP 应负有不可推卸的责任；另一种观点认为，由于网上信息流量太大，ISP 无法时时刻刻做到过滤、检查信息内容，即使检查也会因专业知识和信息背景的缺乏分不清哪些是侵权信息，哪些不是侵权信息，所以主张 ISP 一般不应对他人的版权侵权行为承担责任，给予其在特定条件下的免责①。

（二）互联网内容提供商（ICP）

ICP 是向广大用户综合提供互联网信息业务和增值业务的电信运营商。国内知名的 ICP 有新浪、搜狐、163 等，还有一些地方省份也建立了相应的内容提供商，如河南省知名 ICP 就有河南信息港、商都信息港以及各地市信息港。在某种意义上，任何人都能成为网络内容提供者，目前大多数网络服务公司既提供中介服务，也提供内容服务。

ICP 类似传统媒体上的出版社，如果文章或者其他作品侵权，出版社承担什么责任，在理论和实践上分歧较大。网络侵权有一定的特殊性，不妨分析

---

① 这种观点又称“传输管道”论，在国际上这种观点被普遍采用。美国《千年数字版权法》中明确规定，ISP 如果在未主动传输、挑选、编辑受指控侵权信息及机器暂存这些信息，未超过限定时间的情况下，ISP 不因其系统传输或机器自动复制、暂存了使用者侵犯他人版权的信息而承担直接侵权责任、辅助侵权责任或代理侵权责任。当然，对于 ISP 不承担法律责任，还是有其例外限制的。另外，美国《千年数字版权法》还为 ISP 提供了“安全港”条款，“安全港”条款指的是只要 ISP 遵循了预先确定的程序与规则，就可以以此条款作为抗辩的理由对抗权利人的侵权指控，证明自己对侵权行为没有过错，从而躲进法律为其构建的“安全港”，不必承担侵权责任。

民法中的侵权责任归责原则在网络侵权中是如何具体表现的。

（1）无过错责任原则。无过错责任原则是指当事人实施了加害行为，尽管其主观上无过错，但根据法律规定（《民法通则》第一百零六条系第三款）仍应承担责任的归责原则。适用情形（《民法通则》规定）：①从事高度危险活动致人损害的行为；②污染环境致人损害的行为；③饲养动物致人损害的行为；④产品不合格致人损害的行为。无过错原则适用网络侵权时是不考虑ICP有没有过错，只要由该ICP提供，或者使用了该ICP的空间提供了违法和侵权信息，不管他主观上有没有过错都应当承担责任。网络侵权行为分两部分，一部分是信息源的提供，另外一部分是媒体的传播。网络作为媒体传播了侵权的内容。如果没有该ICP的传播，侵权行为不会发生，侵权行为也不会达到全球范围网络作为媒体传播了侵权的内容，所以ICP就得承担这样的风险。

在网络侵权中适用无过错责任原则，既不符合权利义务相统一的基本法理，同时也不符合目前我国网络的客观实际，不利于我国网络的发展。

（2）过错责任原则。过错责任原则是指当事人的主观过错是构成侵权行为的必备要件的归责原则。过错是行为人决定其行动的一种故意或过失的主观心理状态。在一般侵权中，只要行为人尽到了应有的合理的注意义务，即使发生损害也不负赔偿责任。在过错责任下，对一般侵权责任实行“谁主张谁举证”的原则。在网络侵权中，过错责任原则是主张只有在ICP对侵权行为有过错的情况下才承担责任。这个原则主要是过错如何认定的问题，如何认定ICP在侵权行为当中，主观上是不是知道，或者应当知道，这是事实认定问题。有的未经软件出版人允许，将软件上传供用户以FTP的方式下载，或者收录大量的录音材料，供用户以MP3方式下载，行为人在以上行为的主观过错是比较明显的。但在有的情况下，ICP的“过错”的认定问题是非常复杂的。

（3）过错推定原则。过错推定责任是指一旦行为人的行为致人损害就推定其主观上有过错，除非其能证明自己没有过错，否则应承担民事责任。此是过错责任原则的一种特殊形式，实行举证责任倒置原则。举证倒置原则的含义是受害人只要证明加害人实施了加害行为，造成了损害后果并存在因果关系，无需对加害人的主观情况证明，就可推定加害人主观上有过错，承担相应责任。加害人为免除责任，应由其自己证明主观上无过错。这其实就是一种过错责任原则，但在认定方式与举证责任上不同。虽然他们都是以过错作为承担侵权赔偿责任的基础，但是在过错的认定上是采取了推定办法。

还有人想在无过错责任和过错责任之间寻求中间道路，如果不能证明 ICP 有过错，也可以责令他停止侵害，将有侵权的内容从网上删除，并向受害人赔礼道歉，但是不需要做金钱的物质赔偿。有人则提出，停止侵权，赔礼道歉，都是构成侵权的民事责任，既然判定不构成侵权，又让它承担停止侵害、赔礼道歉的民事责任，在理论和逻辑上都讲不通。

三、电子商务认证机构

电子商务认证机构是电子签名安全的技术保障体系，它为网上交易建立了一种有效、可靠的保护机制，这也是电子签名制度的核心。认证机构的核心职能是发放和管理用户的数字证书，它提出的是经过核实的、交易双方都关心的基本信息和信用证明，通常包括交易人是谁、在何处、以何种方式进行电子签名、其信用状况如何等。它不仅要对进行网络交易的买卖双方负责，还要对整个电子商务的交易秩序负责。

电子商务认证机构的设立是为了防范电子商务中的交易风险，但认证机构本身在从事提供认证服务的业务活动过程中也承担着很大的商业和法律风险。首先，在于技术上的风险，认证机构的数字证书库中可能储存着数十万甚至上百万个证书联系着数以万计的用户，任何一点微小的系统故障即便是瞬时中断也有可能造成记录丢失从而给用户造成巨大的损失。其次，风险也可能来自认证机构内部，其有权访问证书数据库的雇员有可能利用系统进行伪造更改假冒证书，以从中获利，此外雇员的过失行为也会造成认证机构的虚假表述。再次，来自外部网络空间的攻击可能致使认证机构需要承担第三人行为产生的损失，如恶意入侵者用不同方法对认证机构的通讯协议进行攻击，或假冒认证机构利用木马程序欺骗用户以获得口令。

电子商务认证机构的设立应遵守的原则：①权威性原则，认证机构的法律地位首先要得到国家法律的确认，并且其服务必须在较广的范围内得到消费者的依赖。②真实原则，认证机构向社会提供的各种信息必须真实、完整和可靠。③保密性原则，认证机构的人员以及设备应能够保证用户的个人信息不被泄露给未经授权的第三人，有效防范外部的非法入侵。④迅捷性原则，在电子信息时代认证机构的业务处理必须体现迅捷原则，因为网络环境下哪怕迟一秒钟就有可能给用户造成很大的损失。⑤经济性原则，在一定的范围内应尽量避免重复认证提高信息资源的利用率节省当事人的交易成本。

我国的电子认证管理属于政府主导型，采取通过登记许可政府集中管理的模式。

《电子认证服务管理办法》第五条规定电子认证服务机构应当具备下列条件：（一）具有独立的企业法人资格。（二）具有与提供电子认证服务相适应的人员。从事电子认证服务的专业技术人员、运营管理人员、安全管理人员和客户服务人员不少于三十名，并且应当符合相应岗位技能要求。（三）注册资本不低于人民币三千万元。（四）具有固定的经营场所和满足电子认证服务要求的物理环境。（五）具有符合国家有关安全标准的技术和设备。（六）具有国家密码管理机构同意使用密码的证明文件。（七）法律、行政法规规定的其他条件。

《电子认证服务管理办法》第六条规定申请电子认证服务许可的，应当向工业和信息化部提交下列材料：（一）书面申请。（二）人员证明。（三）资金证明（经依法审计的近三年的财务会计报告，新成立公司的验资报告）。（四）经营场所证明。（五）国家有关认证检测机构出具的技术、设备、物理环境符合国家有关安全标准的凭证。（六）国家密码管理机构同意使用密码的证明文件。

四、电子商务金融服务机构

在完全电子商务模式下，交易的支付全部在网上实现。从功能上看，银行的作用仍然与传统银行一样，服务于交易中资金流转的需要；但在提供网络服务或电子货币服务方面，银行实际上直接参与了交易的大部分过程，形成在线交易不可缺少的主体。金融服务体系的电子化、数字化、网络化，包括电子银行、电子信用卡、电子钱包、电子支票、电子货币、电子结算、电子联系等等，为电子商务发展构筑了经济骨架。代表未来金融业发展方向的网上银行随网上商务活动的发展而兴起，网上银行创造出的电子货币也将改变传统的货币流通形式，成为未来资金流转的主要渠道。因此，网上银行及电子货币的发行和监管，电子支付系统的安全保障等法律制度，也是电子商务主体法律制度的重要内容之一。

一个值得关注的现象，近年来很多电商企业涉足金融领域，积极开拓互联网金融相关业务。电商做金融，直指中、小、微企业融资贷款业务，这些是传统金融机构因风险可控性问题而不愿意涉及和承担的业务。电商平台存在众多中、小、微企业，比如淘宝，这些中、小、微企业则在一定程度上构成了电商平台的庞大供应商群体，它们发展的好坏很大程度上影响着电商平台的服务力和可持续发展力，但是这些企业或个体却因融资风险问题很难得到银行的眷顾。而电商平台却可以对这些供应商的营运状态及财务状况拥有详细的数据资料和可控性，加上平台可以通过建立自己的支付终端服务，拥有较长账期的应付资金作为现金流，对这些企业或个体的贷款融资风险具有很强的可控性，因而从这些因素来看，电商做金融业务应该是得天独厚，顺势而为的事情。如今，阿里巴巴第一个实现了网上“银行”的运作。在这场小微“融资盛宴”中，1.8 万家淘宝小卖家在 2 个小时内，分享了阿里小微信贷的 3 亿元淘宝信用贷款，平均每个卖家贷款约 1.6 万元。所有的贷款均在互联网上完成，没有任何信贷人员的介入，没有任何一家小卖家提供担保、抵押，所有的小卖家获贷凭借的都是自身的信用。

五、电子商务物流机构

在网络实体货物买卖中，仍然需要沿用过去的送货方式。物流机构将与出卖人结成密切的合作关系，在线交易的发展要求发达的、成网状结构的货物配送系统。目前，我国现阶段物流企业大致可以分为两种类型，一类被称为受控物流企业，这些物流企业主要包括：各地的物资储运公司、外运公司等。这些企业受到中央或地方政府的行政控制，具有国有企业或集体企业性质，因而又具有传统性、行业性、地域性等特点。这类企业业务非常单一，只进行传统的货物运输业务，但从市场竞争来看其无法适应我国市场经济的发展趋势。另一类被称为非受控物流企业，这些物流企业是在市场经济的环境下发展壮大起来的，它们按照市场规律运作。这些物流企业形式多样，包括：私营、外资、合资企业，甚至还有个体工商户。它们经营业务多元化，不仅进行货物运输，还进行物流策划、配送中心规划、信息交流、仓储管理等具有附加值的业务，并通过海、陆、空、互联网等多种方式将产品、服务送至世界各地。这些企业自动化和信息化程度高且非常专业、企业规模较小，是现代电子商务物流的典型模式。

物流是电子商务的组成部分，缺少了现代化的物流过程，电子商务就不完整，电子商务的发展就会受到影响。

六、电子商务监管者

工商行政管理机关是国家主管市场监督管理和行政执法的职能部门，监管电子商务市场是工商行政管理机关的神圣职责。但是，电子商务监管是一个全新的领域，监管工作不是工商局能够独立完成的，需要公安局、银监局、税务局等职能部门的通力合作才能完成。例如，在淘宝网上做交易的店家，都开有“支付宝”这样一个账户。其作用是将正规银行卡里的钱转到这个账户里，用于在网上交易时进行支付，并由其保障交易的安全和诚信。这样一来，本该由银行保障的交易安全和诚信，现在却由“支付宝”来做。而问题的关键是，淘宝网并没有获得央行颁发的金融业务许可证。也就是说，“支付宝”这个起着银行作用的平台，目前身份还是不明不白。

长期以来，由于行政执法部门的忽视，电子商务领域存在着交易信息易遭窃取、支付风险突出等问题。其中，网上交易普遍缺乏合同文本，缺乏购物凭证或服务单据，也容易引发消费纠纷，是监管的“盲区”。在这种情况下，实行工商注册，使电子商务业务的经营主体有直接的监管机构，有利于保证交易双方的利益不受损失。

从事经营活动，办理工商登记理所当然。对电子商务的经营者进行实名制注册，将解决我国电子商务发展中存在的诚信缺陷问题。办理工商登记可以规范电子商务的发展，有利于保护消费者利益。但电子商务监管不能管得太死，限制太多，否则会遏制电子商务的发展。比如，淘宝网网店的盈利模式就是低价微利，一笔注册登记费对其也是一笔不小的负担，对于这样的小微网店是否需要工商注册是一个需要讨论的问题。

现阶段，我国现行立法允许设立的企业，既有法人企业，也有非法人企业。对于采取电子商务交易手段的传统企业而言，传统企业虽然采取了电子商务的交易平台，但仍然是在其核定的经营范围之内开展经营活动，无论是经营的商品或者服务的内容、种类，还是经营的方式（批发或者零售），都未发生变化。因此，不必前往工商行政管理机关办理变更经营范围的登记程序，只需履行域名登记等有关程序。对于互联网服务商而言，现行立法和政策要求互联网服务商在办理设立登记程序之前，必先前往有关部门（如信息产业部门、文化部门等）履行前置审批程序，然后才能前往工商行政管理机关办理企业设立登记程序或者企业变更登记程序。

第三节 电子商务法律关系的客体

一、法律关系客体

（一）法律关系客体的概念

法律关系客体是指法律关系主体之间的权利和义务所指向的对象。它是构成法律关系的要素之一。

法律关系客体是一定利益的法律形式。任何外在的客体，一旦它承载某种利益价值，就可能成为法律关系客体。法律关系建立的目的，总是为了保护某种利益、获取某种利益，或分配、转移某种利益。所以，实质上，客体所承载的利益本身才是法律权利和法律义务联系的中介。这些利益，从表现形态上可以分为物质利益和精神利益、有形利益和无形利益、直接利益和间接利益（潜在利益）；从享有主体的角度，利益可分为国家利益、社会利益和个人利益，等等。

（二）法律关系客体的种类

总体来看，由于权利和义务类型的不断丰富，法律关系客体的范围和种类有不断扩大和增多的趋势。归纳起来，有以下几类。

1. 物

法律意义上的物是指法律关系主体支配的、在生产上和生活上所需要的客观实体。它可以是天然物，也可以是生产物；可以是活动物，也可以是不活动物。作为法律关系客体的物与物理意义上的物既有联系，又有不同，它不仅具有物理属性，而且应具有法律属性。物理意义上的物要成为法律关系客体，须具备以下条件：第一，应得到法律之认可。第二，应为人类所认识和控制。不可认识和控制之物（如地球以外的天体）不能成为法律关系客体。第三，能够给人们带来某种物质利益，具有经济价值。第四，须具有独立性。不可分离之物（如道路上的沥青、桥梁之构造物、房屋之门窗）一般不能脱离主物，故不能单独作为法律关系的客体存在。至于哪些物可以作为法律关系的客体，应由法律予以具体规定。在我国，大部分天然物和生产物可以成为法律关系的客体。但有以下几种物不得进入国内商品流通领域，成为私人法律关系的客体：①人类公共之物或国家专有之物，如海洋、山川、水流、空气；②文物；③军事设施、武器（枪支、弹药等）；④危害人类之物（如毒品、假药、淫秽书籍等）。

2. 人身

人身是由各个生理器官组成的生理整体（有机体）。它是人的物质形态，也是人的精神利益的体现。在现代社会，随着现代科技和医学的发展，使得输血、植皮、器官移植、精子提取等现象大量出现；同时也产生了此类交易买卖活动及其契约，带来了一系列法律问题。这样，人身不仅是人作为法律关系主体的承载者，而且在一定范围内成为法律关系的客体。但须注意的是：第一，活人的（整个）身体，不得视为法律上之“物”，不能作为物权、债权和继承权的客体，禁止任何人（包括本人）将整个身体作为“物”参与有偿的经济法律活动，不得转让或买卖。贩卖或拐卖人口，买卖婚姻，是法律所禁止的违法或犯罪行为，应受法律的制裁。第二，权利人对自己的人身不得进行违法或有伤风化的活动，不得滥用人身，或自践人身和人格。例如，卖淫、自杀、自残行为属于违法行为或至少是法律所不提倡的行为。第三，对人身行使权利时必须依法进行，不得超出法律授权的界限，严禁对他人人身非法强行行使权利。例如，有监护权的父母不得虐待未成年子女的人身。人身（体）部分（如血液、器官、皮肤等）的法律性质，是一个较复杂的问题。它属于人身，还是属于法律上的“物”，不能一概而论。应从三方面分析：当人身之部分尚未脱离人的整体时，即属人身本身；当人身之部分自然地从身体中分离，已成为与身体相脱离的外界之物时，亦可以视为法律上之“物”；当该部分已植入他人身体时，即为他人人身之组成部分。

3. 精神产品

精神产品是人通过某种物体（如书本、砖石、纸张、胶片、磁盘）或大脑记载下来并加以流传的思维成果。精神产品不同于有体物，其价值和利益在于物中所承载的信息、知识、技术、标识（符号）和其他精神文化。同时它又不同于人的主观精神活动本身，是精神活动的物化、固定化。精神产品属于非物质财富。西方学者称之为“无体（形）物”。我国法学界常称为“智力成果”或“无体财产”。

4. 行为结果

在很多法律关系中，其主体的权利和义务所指向的对象是行为结果。作为法律关系客体的行为结果是特定的，即义务人完成其行为所产生的能够满足权利人利益要求的结果。这种结果一般分为两种：一种是物化结果，即义务人的行为（劳动）凝结于一定的物体，产生一定的物化产品或营建物（房屋、道路、桥梁等）；另一种是非物化结果，即义务人的行为没有转化为物化实体，而仅表现为一定的行为过程，直至终了，最后产生权利人所期望的结果（或效果）。例如，权利人在义务人完成一定行为后，得到了某种精神享受或物质享受，增长了知识和能力等。在此意义上，作为法律关系客体的行为结果不完全等同于义务人的义务，但又与义务人履行义务的过程紧密相关。义务正是根据权利人对这一行为结果的要求而设定的。

在研究法律关系客体问题时，还必须看到，实际的法律关系有多种多样，而且多种多样的法律关系就有多种多样的客体，即使在同一法律关系中也有可能存在两个或两个以上的客体。例如买卖法律关系的客体不仅包括“货物”，而且也包括“货款”。在分析多向（复合）法律关系客体时，我们应当把这一法律关系分解成若干个单向法律关系，然后再逐一寻找它们的客体。多向（复合）法律关系之内的诸单向关系有主次之分，因此其客体也有主次之分。其中，主要客体决定着次要客体，次要客体补充说明主要客体。它们在多向（复合）法律关系中都是不可缺少的构成要素。

二、电子商务法律关系的客体

（一）电子商务法律关系的客体概念

电子商务法律关系的客体，是指电子商务活动主体享有的经济权利和承担的经济义务所指向的对象。它是电子商务法律关系中的重要因素。

（二）电子商务法律关系的客体种类

1. 有形商品

有形商品，又称形体商品或形式商品，是商品呈现在市场上的具体形态，也是满足消费者某一需求和特定的形式。它一般通过不同的侧面反映出来，如：质量水平、产品特色、产品款式以及产品包装和品牌。商品的基本效用必须通过某些具体的形式才得以实现。

有形商品贸易也称货物贸易，即用于交换的商品主要是以实物形态表现的各种实物性商品。货物贸易中的货物种类繁多，联合国的《联合国国际贸易标准分类》（1974 年的修订本），把国际货物贸易共分为 10 大类、63 章、

233 组、786 个分组和 1 924 个基本项目。这 10 类商品分别为：①食品及主要供食用的活动物；②饮料及烟类；③燃料以外的非食用粗原料；④矿物燃料、润滑油及有关原料；⑤动植物油脂；⑥未列名化学品及有关产品；⑦主要按原料分类的制成品；⑧机械及运输设备；⑨杂项制品；⑩没有分类的其他商品。

2. 信息商品

信息商品，是指用来交换的信息产品，即它是人们通过搜集、加工、传递和存储所形成的，并且用来交换的信息。信息商品是一种特殊的商品，具有一系列不同于一般物质商品的特征，在生产、分配、流通和消费等再生产各环节具有许多与物质商品不同的特点。

由于信息商品也是商品，也具备商品的三个基本条件：①必须是劳动的产物，具有价值属性；②要能满足人们的某种需要，即具有使用价值属性；③必须用于交换。

信息商品既具有一般商品的属性，又具有其特殊属性。其表现为：①共享性。即信息商品出售后在满足买方需要的同时仍能满足卖方对它的需求。信息商品在“消费”过程中并不会消失，还可能被加工成新的信息商品，因而具有共享性。所以信息商品的内容比较容易泄露和传播出去，并易于被复制和扩散，这就使得信息商品的交换既不同于物质商品，也不同于技术商品。②使用的时效性。信息新鲜的时候最有价值。随着时间的推移，外部环境及内部环境的变化，某一特定的信息商品的使用价值会逐渐消失，效用价值无疑也会逐渐下降甚至消失。③不对称性。由于信息商品具有共享性，在信息商品的交换过程中，卖方在出售信息商品之后，不仅能获得等同于该信息商品价值量的价值而且仍拥有信息商品的使用价值；而买方在得到信息商品的使用价值的同时要支付等同于该信息商品价值量的价值。因此，与普通商品的交换过程不同，信息商品的交换对买卖双方都是不对称的。④间接性和层次性。信息商品并不能立即独立地给使用者带来直接的利益，其使用价值的实现必须与使用者的智力劳动相结合，有一个再认识、再创造的过程。信息商品使用价值的实现离不开使用者的智力劳动，所以信息商品使用价值的实现具有间接性。由此，又产生了信息商品使用价值的层次性。

信息商品也称无形商品或数字化商品，是以 0 或 1 构成的二进制数字形式存在，在网上交易是以许可方式进行的，在法律性质上为著作权、专利权、商标权等权利的许可使用。消费者在经许可后，可通过网络下载数字化商品或信息，不再需要物流配送。

3. 在线服务

在线服务是指利用互联网技术，向用户提供线上服务的方式。主要分为应用程序在线服务和人力资源的在线服务。

应用程序在线服务构成了互联网应用的基础，它包括我们常见的web浏览、电子邮件、论坛、即时通信、游戏、下载和专门信息服务（股票等）、在线视频等。目前更进一步扩大到软件服务化，它是一种通过互联网提供软件的模式，如百度杀毒，易维帮助台等。

人力资源的在线服务是目前较为新兴的在线服务方式。即个人或团体以技能、知识、智力、创意等方式通过互联网实时向被服务者提供服务。它包括远程电脑维护、远程教育、远程护理、远程监控等。人力资源的在线服务强调实时性与交互性。

第四节 电子商务法律关系的内容

一、法律关系的内容

（一）法律关系的内容概念

法律关系的内容是指主体各方所享有的权利和承担的义务。

（二）权利和义务的概念

从本质上看，权利是指法律保护的某种利益；从行为方式的角度看，它表现为要求权利相对人可以怎样行为，必须怎样行为或不得怎样行为。

义务指人们必须履行的某种责任，它表现为必须怎样行为和不得怎样行为两种方式。

在法律调整状态下，权利是受法律保障的利益，其行为方式表现为意志和行为的自由。义务则是对法律所要求的意志和行为的限制，以及利益的付出。权利和义务是法律调整的特有机制，是法律行为区别于道德行为最明显的标志，也是法律和法律关系内容的核心。

（三）权利和义务的分类

对权利和义务可从不同的角度，按不同的标准进行不同的分类。

（1）根据权利和义务所体现的社会内容的重要程度，可以把权利义务分为基本的权利和义务与普通的权利和义务。基本权利和义务是人们在国家的政治、经济、文化、社会生活中根本利益的体现，是人们社会地位的基本法律表现，是人们日常生活中利益关系的反映。

（2）根据权利和义务的适用范围不同，可以把权利义务分为一般的权利和义务与特殊的权利和义务。一般权利又称抽象权利，其主体是一般权利人，同时也无特定义务人。一般义务的主体是每一个人，而每个义务人没有与之相对应的特定的权利人。一般义务通常不是积极作为，而是消极的不作为。特殊权利又称具体权利，其主体是特定的权利人，同时也有特定义务人，特殊义务是指特定义务人作出的积极的作为或消极的不作为。

（3）根据权利和义务的主体不同，可以分为公民的权利和义务、集体的权利和义务、国家的权利和义务（职权和职责）、人类的权利和义务（人权）。

另外，根据部门法的划分，我们还可以把权利义务分为民事权利和义务、诉讼权利和义务，等等。

二、电子商务交易法律关系的内容

电子商务交易买卖双方与电子（网络）交易平台提供商共同构成 C2C 电子商务模式的基本交易主体。电子商务交易买卖双方构成买卖合同关系。电子（网络）交易平台提供商与买卖双方之间构成居间合同关系。如果买卖双方当事人利用电子（网络）交易平台提供商提供的对方个人信息，私下与对方重新订立新合同的，该新合同与电子（网络）交易平台提供商无法律关系。

（一）买卖合同

买卖合同是一方转移标的物的所有权于另一方，另一方支付价款的合同。转移所有权的一方为出卖人或卖方，支付价款而取得所有权的一方为买受人或者买方。

1. 出卖人的主要义务

（1）交付标的物。交付标的物是出卖人的首要义务，也是买卖合同最重要的合同目的。

（2）转移标的物的所有权。买卖合同以转移标的物所有权为目的，因此出卖人负有转移标的物所有权归买受人的义务。为保证出卖人能够转移标的物的所有权归买受人，出卖人出卖的标的物应当属于出卖人所有或者出卖人有权处分。

（3）瑕疵担保义务。瑕疵担保义务包括权利瑕疵担保义务和物的瑕疵担保义务。权利瑕疵担保义务是指出卖人就其所移转的标的物，担保不受他人追夺以及不存在未告知权利负担的义务。标的物的权利瑕疵，可表现为出卖人未告知该标的物上负担着第三人的权利，或者是出卖人未告知标的物无权处分。物的瑕疵担保义务，是指出卖人就其所交付的标的物具备约定或法定品质所负的担保义务。即出卖人须保证标的物移转于买受人之后，不存在品质或使用价值降低、效用减弱的瑕疵。标的物欠缺约定或法定品质的，称为物的瑕疵。依其被发现的难易程度，物的瑕疵可划分为表面瑕疵和隐蔽瑕疵。

2. 买受人的主要义务

（1）支付价款。价款是买受人获取标的物的所有权的对价。依合同的约定向出卖人支付价款，是买受人的主要义务。买受人须按合同约定的数额、时间、地点支付价款，并不得违反法律以及公共秩序和善良风俗。合同无约定或约定不明的，应依法律规定、参照交易惯例确定。

（2）受领标的物。对于出卖人交付标的物及其有关权利和凭证，买受人有及时受领义务。

（3）对标的物检查通知的义务。买受人受领标的物后，应当在当事人约定或法定期限内，依通常程序尽快检查标的物。若发现应由出卖人负担保责任的瑕疵时，应妥善保管标的物并将其瑕疵立即通知出卖人。

3. 对买卖双方不履行合同义务的救济

出卖人不履行合同义务主要指出卖方不交付标的物或单据或交付迟延；交付的标的物不符合合同规定以及第三者对交付的标的物存在权利或权利主张等。当发生前述违约行为时，买受人可以选择以下救济方法：①要求卖方实际履行合同义务，交付替代物或对标的物进行修理、补救；②减少支付价款；③对迟延或不履行合同要求损失赔偿；④解除合同，并要求损害赔偿。

买受人不履行合同义务，包括买受人不按合同规定支付货款和不按规定收取货物，在这种情况下，出卖人可选择以下救济方法：①要求买方支付价款、收取货物或履行其他义务，并为此可以规定一段合理额外的延长期限，以便买方履行义务；②损害赔偿，要求买方支付合同价格与转售价之间的差额；③解除合同。

（二）居间合同

居间合同，是指居间人向委托人报告订立合同的机会或者提供订立合同的媒介服务，委托人支付报酬的合同。在民法理论上，居间合同又称为中介合同或者中介服务合同。向他方报告订立合同的机会或者提供订立合同的媒介服务的一方为居间人，接受他方所提供的订约机会并支付报酬的一方为委托人。

1. 居间人的权利

居间合同中居间人的权利实际上就是委托人的义务，其权利体现为以下两个方面：

（1）居间人的报酬请求权。报酬请求权是居间人的主要权利。双方当事人约定居间人的报酬，居间人的报酬标准，国家有限制规定的，当事人约定的报酬额不能超过国家规定的最高标准。居间合同报酬的给付义务有两种情况：一是报告居间，因居间人仅为委托人报告订约机会，并不与委托人的相对人发生关系，所以报告居间仅由委托人承担给付义务；二是媒介居间，因为交易双方当事人都因为居间人的媒介而得益，所以，除另有约定外，由双方当事人平均负担居间人的报酬。

（2）居间人的费用偿还请求权。居间人所需费用，通常包括在报酬内，居间活动的费用一般由居间人负担，非经特别约定，居间人不得请求偿还费用。但当事人在居间合同中约定由委托人承担费用的，居间人对其已付的费用有偿还请求权。居间人违反其对于委托人的义务而作出有利于委托人的相对人的行为，或者违反诚实信用原则的方法而由相对人收受利益时，即使事前约定有费用偿还请求权，也无权行使。

2. 居间人的义务

（1）报告订约机会或者提供订立合同媒介的义务。居间人应当就有关订立合同的事项向委托人如实报告。

（2）忠实义务。居间人应当如实报告订立合同的有关事项和其他有关信息。居间人故意隐瞒与订立合同有关的重要事实或者提供虚假情况，损害委托人利益的，不得要求支付报酬并应当承担损害赔偿责任。

（3）负担居间费用的义务。居间人促成合同成立的，居间活动的费用，由居间人负担。

（4）隐名和保密义务。在媒介居间中，如果当事人一方或双方指定居间人不得将其姓名或商号、名称告知对方，居间人就负有不将其姓名或商号、名称告知对方的义务，这就是隐名义务，这种居间又称为隐名居间或隐名媒介。是否允许公开自己的名称和姓名是居间合同当事人的权利，因此，无论是委托人还是其交易相对人，都可以指定居间人不得将其姓名或名称告知其相对人。那么，居间人在交易双方订立合同之中或之后都应履行隐名义务。居间人对在为委托人完成居间活动中获悉的委托人的商业秘密以及委托人提供的信息、成交机会、后来合同的订立情况等，应按照合同的约定保守秘密。居间人如违反隐名和保密义务致使隐名当事人或委托人受损害的，应承担损害赔偿责任。

3. 委托人的主要义务

（1）支付居间报酬的义务。居间人促成合同成立的，委托人应当按照约定支付报酬。未促成合同成立的，委托人可以拒绝支付报酬。因居间人提供订立合同的媒介服务而促成合同成立的，由该合同的当事人平均负担居间人的报酬。

（2）偿付费用的义务。居间人未促成合同成立的，不得要求支付报酬，但可以要求委托人支付从事居间活动支出的费用。

由于互联网电子交易平台是虚拟环境，平台提供商与买卖双方之间构成居间合同关系，但对二者的权利义务分配要与现实环境中的居间合同主体权利义务分配有所区别。

三、电子商务认证法律关系的内容

（一）电子商务认证是一种信用服务

认证机构并不向在线当事人出售任何有形商品，也不提供资金或劳动力资源。它所提供的服务成果，只是一种无形的信息，包括交易相对人的身份、公共密钥、信用状况等情报。虽然，这些信息无法直接以具体的价格来衡量，但它是在开放型电子商务环境下进行交易所必需的前提性条件，并且是交易当事人很难亲自获知的。与一般信息服务所不同的是，认证机构提供的是经过核实的，有关电子商务交易人所关心的基本信息。实际上它是关于交易当事人的事实状况的信息，通常包括交易人是谁、在何处、以何种电子签名方式与之交易，其信用状况如何等。因此，认证是一种信用服务，它与目前存在的信用评级公司所从事的业务有些类似。所不同的是，信用评级是一种任意性的商誉，其广告作用甚为明显，当事人可自愿采纳，信用评级公司一般不负法律责任（起码从我国的情况看）。而认证证书内的信息，则是经过核实的真实的资料，并且认证关系的直接当事人，即认证机构和证书用户，应共同对证书信息的真实性负法律责任。

在传统交易环境下，交易当事人最关心的问题是谁先履行合同。一般来说，先履行义务者风险较大。而在电子商务环境下，交易人则首先要考虑的是，正在与何人进行交易，其信用如何。没有电子商务认证体系为依托，开放型电子商务就失去了生存环境。这是开放型电子商务的自身特征所要求的，也是必须以技术和法律方式给予全面解决的问题。电子认证服务的成功与否，直接影响着电子商务的全球化的推广进程。这也是联合国贸法会以及各国之所以积极组织起草电子商务法的原因所在。

（二）认证机构与证书持有人之间的关系

1. 认证关系的产生

认证机构所提供的在线服务，一般是以合同为基础的。或许将来电子认证技术达到了十分可靠的地步，法律或法规可能要求特定的交易必须以认证方式进行。但是，截至目前，尚未出现强制认证的情况。并且按照联合国《电子商务示范法》“技术中立”与“媒介中立”的原则来看，这种强制是有失公平的。所以，一般而论，电子商务认证是以认证机构与证书持有人之间的合同为基础，而产生的服务关系。

电子商务认证机构一般是以中立的、可靠的第三方中介人出现，为交易双方或多方提供服务的。因而，在认证法律关系中至少有买卖双方，以及认证机构参与。换言之，认证法律关系涉及多方当事人。在有些复杂的交易或服务关系中，交易当事人可能会更多些。譬如，在以信用卡在线电子支付进行的交易中，认证机构不仅要向买卖双方相互间提供身份认证，而且还要对发卡银行、收付机构四方当事人之间提供认证服务。

2. 关于认证关系性质的争议

（1）信托关系说。就其性质而言，认证机构处于承担着与银行相类似责任的监管人或受托人的地位。该种观点是从英美法理论出发的，其着眼点主要在于，认证机构对用户应负的注意义务。但其缺陷是未能照顾到认证机构对证书信赖人所负的，公正的发布信用信息的义务。认证机构虽然并未因其服务而接收证书信赖人的报酬，却同样要负起诚实发布信息的义务。换言之，认证机构对那些不是委托人或受益人的信赖人，也负有义务。从信托关系说角度，难以解释此点。

（2）非信托关系说。非信托关系说认为，“机动车辆部门不是其颁发执照的司机的代理人，并且雇主也不会同意作其颁发了工作证章的雇员的代理人。同样，认证机构通常不愿对用户起到代理人或信托人的作用（除非法律另有规定）”①。然而，从实际交易看，认证机构并不参与在线用户数字签名交易之中，即它不是该种交易的当事人。在这种情况下，认证机构的“证书业务声明（CPS）”通常会规定，在认证机构与用户之间不存在委托与信托关系。

（3）专业信用服务说。非信托关系说，有其合理性，只不过该观点就此而止，没有进一步说明其性质。而“专业信用服务”说，则是笔者对认证关系性质的理解。就认证机构所提供的是信用信息服务而言，容易认识。问题在于认证机构与证书信赖人之间，有可能事先并不存在服务合同关系（如果交易一方不是证书用户，或不是本地区、本国的证书用户的话），那么其间是以何种法律关系为基础而产生权利义务的，就会产生疑义。笔者认为认证信用服务，并非一般的实现某种商品使用价值的服务，而是专业化的商业信誉方面的服务，如同医生对于病人，他们都负有职业上的特殊的义务。医生对于需要急救的病人，虽然事先未曾建立服务合同关系，但必须立即进行救治，履行职业上的义务。此种职业上的义务，实际上是一种社会责任。认证机构对于信赖证书的交易人，应承担公正信息发布义务，而不因未接收其服务报酬，而偏袒与之建立了服务合同关系的证书用户一方。相反，其义务的主要接收方（或称受益方）是信赖人。这一点在认证机构因证书信息虚假，而需要向信赖人承担责任时，体现得最为明显。任何一个认证机构都应清楚，证书信息的公正性，是其业务存在的根本条件，舍弃此点，该机构就没有必要存在。另外，从其营业目的上看，认证机构属于公用企业，以向全社会提供电子商务交易信用为己任，并非单纯追求盈利的企业。其服务费用的收取，也只是以微利为原则，而不能受高额利润的引诱。作为一种特许的营业，认证机构的成功，来自于规模化的经营业绩，而决不能依靠向单个用户收取高额服务费，来维持其经营。

从合同法原理上讲，认证机构与证书用户之间存在着服务合同关系。该类合同属双务、有偿、要式合同（大部分为格式化的）。从认证合同的订立过程来看，要约方一般是证书的申请者，而承诺方一般是认证机构。新增用户合同的要约和承诺过程，多在离线状态进行，部分资料亦可在网上传递。

① Ford，Warwick：Secure Electronic Commerce，Prence-Hall，Inc. 1997，Chapter9，P. 392。

（三）认证机构的主要义务

认证机构在网络化的商事交易中处于枢纽地位，其义务之设定与履行，关系到电子商务行业的成败。依照规范的具体程度，可将认证机构的义务分为概括性与操作性义务。前者，如认证机构之危险活动禁止原则；后者，如证书的颁发、中止、撤销等业务规则。需要说明的是，对认证机构这种涉及公众交易利益的信用服务机构，制定一些概括性的义务，以利用条款的弹性优点，弥补规范上的缺漏或失效，是十分必要的。因为对认证机构义务规定得再详尽，都可能有遗漏之处，特别是随着技术的升级，很可能出现一些原定标准过时、被淘汰的情况。这些概括条款不仅必要，而且是有其应用价值的。

还可根据规范所涉及的主体范围，分为对内与对外义务两部分。譬如，新加坡《电子交易法》的第八部分，以“认证机构的义务”为标题，自二十七条至三十五条都是相关的规定。其各条内容分别为：可靠系统、披露义务、证书的发布、发布证书的陈述、证书的中止、证书的撤销、无需登记人同意的撤销、中止通知、撤销通知等9个方面。其中除了“可靠系统”是内部规范外，其余均系对外业务规则。

贸法会《电子签名统一规则（草案）》也曾在第九条“关于证明服务提供者的行为”中，对认证机构的义务做了集中规定。其中包括5个方面：①兼顾行业政策或习惯，严格依据其所作的声明行事；②履行合理的注意义务，在证书的整个有效期内，保证所有与证书有关的，或者已被包括在证书内的重要陈述具有准确性与完整性；③提供合理的查证途径，使相对方能够通过证书确认；④为签名者提供签名器受损的通知方式，并确保可获得及时的撤销服务；⑤使用可靠的系统、程序、人力资源来完成其服务。

总的来说，认证机构的义务大致可概括为以下几方面：安全、真实、及时、公开、谨慎、保密等方面。安全是认证机构服务的宗旨性目标，同时也是其义务，譬如使用可靠性系统，就是安全义务的体现。真实、谨慎，是针对用户对外资料的审查核实与公布而言的，也是对证书信赖人负责的做法。公开认证机构自身及用户的应予发布的信息，是其业务规则之一。保密则是对用户的不宜泄露的信息而言的。

四、电子商务网络服务法律关系的内容

（一）网站经营者（ICP）的义务

电子商务中网站经营者（ICP）的身份比较复杂，可能是买卖合同中的出卖人，也可能是纯粹的中介人。目前国家工商行政管理总局出台了《关于加强网络团购经营活动管理的意见》，以规范网络团购市场经营秩序，维护网络消费者和经营者的合法权益。意见规定，团购网站经营者应承担以下 7 项责任义务：对团购商品（服务）供应者的经营主体资格和团购商品（服务）质量建立审核制度；以合同形式明确与团购商品（服务）供应者、消费者之间的权利、义务和责任；团购商品（服务）供应者商业秘密和消费者个人信息保护；不正当竞争行为禁止；保护消费者合法权益；记录、保存交易信息；规范团购促销活动。

对于其他网站经营者的义务可以归结为两点：第一，网站经营者已经明知网络用户通过网站实施侵权行为，网站经营者没有采取必要的措施，造成损害后果的，网站经营者应当承担侵权责任。第二，网站经营者不知道网络用户利用网络实施侵权行为的，则受害人有权请求网站经营者删除有侵权内容的发帖，拒不履行删除义务的，网站经营者应当承担侵权责任，责任范围是扩大部分的侵权责任。

（二）网络服务提供商（ISP）的义务

网络服务提供商（ISP）即指提供网络服务的公司，能提供拨号上网服务、网上浏览、下载文件、收发电子邮件等服务，是网络最终用户进入 Internet 的入口和桥梁。ISP 分为互联网信息服务提供者和互联网接入服务提供者。ISP 首先应当是一个独立的法人，它拥有独立的名称、内部机构和营业场所，拥有一定的技术实力、网络管理能力和资金实力，并且能够以自己独立的名义享受权利和承担义务。

网络服务提供商的义务主要有：

（1）向司法机关披露涉嫌侵权的匿名人资料的义务。《互联网信息服务管理办法》第十四条第二款规定，互联网信息服务提供者和互联网接入服务提供者的记录备份应当保存 60 日，并在国家有关机关依法查询时，予以提供。如拒不履行该项义务，司法机关可采取强制措施调取。为确保网民隐私权不

受侵犯，应规定ISP只有向司法机关披露的义务，而无义务向一般人包括提出权利受到侵害的人提供。

（2）通知后临时屏蔽义务。在接到当事人通知后，ISP必须采取临时技术措施，对涉嫌侵害名誉权的言论予以屏蔽。同时为确保网络用户的言论自由，要求通知者尽快向法院提起诉讼。如果采取临时屏蔽措施15日后，未接到法院立案通知的，ISP有权解除屏蔽。这样，既可确保用户的言论自由，又能保护他人的合法权利不受侵犯，并将是否构成侵权的认定责任交还给司法机关。因ISP未履行该义务造成受害人损害结果扩大的，ISP仅就扩大的损失与直接侵权人承担连带责任。

（3）表面合理审查义务。借鉴英国和瑞典关于“合理限度”的规定，要求ISP设置电子过滤软件，对上传内容进行技术性和自动性的形式审查，对于明显含有淫秽、色情、违反国家安全等方面的词语进行过滤。如ISP未能履行该项义务，首先要承担罚款、吊销执照等行政责任。对于因ISP未履行该项义务而导致的侵害他人名誉权的纠纷，ISP主观上应视为“放任”，属于间接故意，与直接侵权人存在共同过错，构成共同侵权，依照《民法通则》第一百三十条的规定，与直接侵权人承担连带责任。

（4）资料留存义务。《互联网信息服务管理办法》第十四条第一款规定，从事新闻、出版以及电子公告等服务项目的互联网信息服务提供者，应当记录提供的信息内容及其发布时间、互联网地址或域名；互联网接入服务提供者应当记录上网用户的上网时间、用户账号、互联网地址或者域名、主叫电话号码等信息。该项义务主要在于帮助权利人确定侵权人。如果因ISP未履行该项义务导致权利人无法确定侵权人的，由ISP承担替代的侵权责任。

五、电子支付法律关系的内容

（一）电子支付中各种法律关系

网络消费者在网上购物必须以电子支付方式进行结算①。在这一过程中，电子资金划拨是通过几组合同关系，来调整各方当事人之间的法律关系，共同完成一项网络消费的支付与结算。

① 所谓电子支付，是指从事电子商务交易的当事人，包括消费者、厂商和金融机构，通过信息网络，使用安全的信息传输手段，采用数字化方式进行的货币支付或资金流转。

1. 网络消费者（持卡人）与商业银行（发卡人）之间的关系

消费者通过网络购物，必须持有某商业银行的银行卡，并且该银行卡内有足够的存款余额。消费者在网络超市里购物，必须委托发卡银行划拨购物款项到网络商品提供商指定的银行账号上。只有购物款项被发卡银行划转到网络商品提供商提供的账户内，网络商品提供商才会给网络消费者发货。所以，网络消费者（持卡人）与商业银行（发卡人）之间的关系是信用委托关系。

2. 网络消费者（持卡人）与网络商品提供商之间的关系

网络消费者与网络商品提供商之间的关系是商品买卖合同关系。网络消费者作为商品的购买方在同网络商品提供商在网络上签订商品买卖合同后，必须委托发卡银行划拨购物款项到网络商品提供商指定的银行账号上，网络商品提供商才会给网络消费者提供其在网上购买的商品。即双方的权利义务是对等的：网络消费者（持卡人）委托商业银行（发卡人）向网络商品提供商交付（划转）货款，网络商品提供商交付（邮寄）商品。

3. 网络商品提供商与商业银行（发卡人）之间的关系

网络商品提供商与商业银行（发卡人）之间的关系实质上是委托代理关系，网络商品提供商的开户银行接受其委托，向网络消费者（持卡人）委托的商业银行（发卡人）进行货款划转、结算。

（二）商业银行在电子支付中的义务

（1）银行开展电子支付业务采用的信息安全标准、技术标准、业务标准等应当符合有关规定。

（2）银行针对与电子支付业务活动相关的风险，应建立有效的管理制度。银行应根据审慎性原则并针对不同客户，在电子支付类型、单笔支付金额和每日累计支付金额等方面做出合理限制。银行通过互联网为个人客户办理电子支付业务，除采用数字证书、电子签名等安全认证方式外，单笔金额不应超过 1 000 元人民币，每日累计金额不应超过 5 000 元人民币。银行为客户办理电子支付业务，单位客户从其银行结算账户支付给个人银行结算账户的款项，其单笔金额不得超过 5 万元人民币，但银行与客户通过协议约定，能够事先提供有效付款依据的除外。银行应在客户的信用卡授信额度内，设定用于网上支付交易的额度供客户选择，但该额度不得超过信用卡的预借现金额度。

（3）银行应确保电子支付业务处理系统的安全性，保证重要交易数据的不可抵赖性、数据存储的完整性、客户身份的真实性，并妥善管理在电子支付业务处理系统中使用的密码、密钥等认证数据。

（4）银行使用客户资料、交易记录等，不得超出法律法规许可和客户授权的范围。银行应依法对客户的资料信息、交易记录等保密。除国家法律、行政法规另有规定外，银行应当拒绝除客户本人以外的任何单位或个人的查询。银行应与客户约定，及时或定期向客户提供交易记录、资金余额和账户状态等信息。

（5）银行应采取必要措施保护电子支付交易数据的完整性和可靠性，银行应采取必要措施为电子支付交易数据保密。

（6）银行应确保对电子支付业务处理系统的操作人员、管理人员以及系统服务商有合理的授权控制。

（7）银行可以根据有关规定将其部分电子支付业务外包给合法的专业化服务机构，但银行对客户的义务及相应责任不因外包关系的确立而转移。银行应与开展电子支付业务相关的专业化服务机构签订协议，并确立一套综合性、持续性的程序，以管理其外包关系。

（8）银行的电子支付业务处理系统应保证对电子支付交易信息进行完整的记录和按有关法律法规进行披露。

（9）银行应建立电子支付业务运作重大事项报告制度，及时向监管部门报告电子支付业务经营过程中发生的危及安全的事项。

六、电子商务监管法律关系的内容

目前，国内对电子商务的监管还没有形成系统化、确定性、规律性的内容。在探索电子商务法律监管内容时，应注意以下几方面内容的监管工作：

（1）监管电子商务的主体资格，包括注册、变更、注销；并且要实现传统的企业主体与网络企业主体数据共享，最终形成一套完整准确的主体资料信息库，能真正为经营者和信用体系建设提供数据支撑。

（2）监管电子商务的交易行为，建立公平交易秩序；对网上交易中典型的、明显存在欺诈行为的及历史发生过不法交易行为进行自动检索和跟踪，从而充实不法行为资料库，便于工作人员统计分析，安排监管重点，提高监管效能。

（3）监管电子商务中的商标、广告行为，保护知识产权。

(4) 畅通网络市场消费者的维权渠道，保护消费者的合法权益。

(5) 进行网上公告和宣传，增加工商信息化的透明度，扩大工商系统公示窗口的影响。

【本章思考题】

1. 简述电子商务法律关系的特点。
2. 电子商务法律关系主体有哪些？
3. 电子商务交易主体资格认定的困境是什么？
4. 试述民法中侵权责任的归责原则在网络侵权中的表现。
5. 电子商务法律关系客体种类有哪些？
6. 简述电子商务认证关系的性质。
7. 电子商务网站经营者的义务有哪些？
8. 电子商务网络服务提供者的义务有哪些？
9. 试述电子支付中各种法律关系性质。

第三章　电子合同法律制度

【案例导入】中国北京 A 公司与美国纽约一家公司电子合同纠纷案

中国北京 A 公司与美国纽约一家公司一直有业务来往，近年来随着计算机网络的发展，双方越来越多地通过电子邮件进行商务活动。2000 年 6 月 1 日上午，北京时间 9 点，北京公司通过电子邮件向纽约公司发盘，出售 400 吨咖啡豆，每吨价格 1 800 美元。该邮件还称，本发盘的有效期为一个星期。纽约时间 6 月 1 日上午，纽约公司职员在打开公司电脑后发现了北京公司的发盘，遂派业务员汤姆负责了解同类咖啡豆的市场情况。6 月 7 日，纽约公司经过研究认为北京公司的发盘条件可以接受，电话指示汤姆发出接受通知。当时汤姆正在前往加拿大出差途中，因而汤姆至纽约时间当天晚上 8 时许在加拿大蒙特利尔市，用自己携带的手提电脑给北京公司的另一个电子邮件信箱发出了接受发盘的电子邮件通知，并表示其已作好履行合同的准备。北京公司发现纽约公司发来的邮件时是北京时间 6 月 9 日上午 11 时许，电脑显示的接收时间是北京时间 6 月 8 日上午 8 时 22 分。这时，北京公司知悉国际市场上咖啡豆的价格已经开始上涨，于是向纽约公司发出通知，将该批咖啡豆的价格提高至 2 000 美元/吨。纽约公司回邮拒绝接受，要求北京公司按合同履行其交货义务。后北京公司将该批咖啡豆以 2 300 美元/吨的价格卖给了美国的另外一家公司。纽约公司遂向北京法院起诉，要求北京公司赔偿其损失；北京公司则辩称，其与纽约公司之间的合同并未成立，在没有合同关系的情况下，纽约公司的索赔缺乏依据。

【思考】（1）这个案例中的要约（发盘）的生效时间？（2）该电子合同是否成立？如果成立，成立的时间、成立的地点分别是什么？如果不成立，请说明理由。

第一节　电子合同概述

随着电子技术的发展，电子合同以其传输方便、节约等特点得以出现，其虽然也通过电子脉冲来传递信息，但是却不再以一张纸为原始的凭据，而只是一组电子信息。EDI 和 E-mail 是电子合同的基本形式，两者以各自具有的特点和优势在电子商务活动中占据了一席之地。电子合同与传统的合同有着显著的区别，电子合同的当事人、要约、承诺及合同的效力问题都是现代立法中的一个难点。

一、电子合同的概念与特点

（一）电子合同的概念

电子合同，又称电子商务合同，根据联合国国际贸易法委员会《电子商务示范法》以及世界各国颁布的电子交易法，同时结合我国《合同法》的有关规定，电子合同可以界定为：电子合同是双方或多方当事人之间通过电子信息网络以电子的形式达成的设立、变更、终止财产性民事权利义务关系的协议。通过上述定义可以看出电子合同是以电子的方式订立的合同，其主要是指在网络条件下当事人为了实现一定的目的，通过数据电文、电子邮件等形式签订的明确双方权利义务关系的一种电子协议。

（二）电子合同的特征

电子合同虽也是对合同当事人权利和义务作出约定的文件，但其载体和操作过程不同于传统书面合同，具有以下特点：

（1）电子合同是一种民事法律行为。电子合同这种民事法律行为是双方或者是多方民事主体的法律行为，当事人之间以电子的方式设立、变更、终止财产性民事权利义务为目的，当事人之间签订的这种合同是合同的电子化，是合同的新形式。根据《电子商务示范法》中有关规定，电子合同是以财产性为目的的协议，该示范法列举了大量商业性质的关系。

（2）电子合同交易主体的虚拟化和广泛化。电子合同订立的整个过程所采用的是电子形式，通过电子邮件、EDI 等方式进行电子合同的谈判、签订及履行等。这种合同方式大大地节约了交易成本，提高了经济效益。电子合同的交易主体可以是地球上的任何自然人和法人及其相关组织，这种交易方式当然需要提供一系列的配套措施，如建立信用制度，让交易的相对人在交易前知道对方的资信状况，在世界经济全球化的今天，信用权益必将成为一种无形的财产。

(3) 电子合同具有技术化、标准化的特点。电子合同是通过计算机网络进行的，它有别于传统的合同订立方式，电子合同的整个交易过程都需要一系列的国际国内技术标准予以规范，如：电子签名、电子认证等。这些具体的标准是电子合同存在的基础，如果没有相关的技术与标准电子合同是无法实现和存在的。

(4) 电子合同订立的电子化。我国《合同法》规定合同的订立需要有要约和承诺这两个过程，电子合同同样也需要具备这些要件。传统的合同的要约和承诺采用的方式不同于电子合同，电子合同中的要约和承诺均可以用电子的形式完成，只要输入相关的信息符合预先设定的程序，计算机就可以自动做出相应的意思表示。

(5) 电子合同中的意思表示电子化。意思表示的电子化，是指在合同订立的过程中通过相关的电子方式表达自己的意愿的一种行为，这种行为的表现方式是通过电子化形式实现的。《电子商务示范法》中将电子化的意思表示称之为“数据电文”。

二、电子合同的效力及其分类

(一) 电子合同的效力

我国现行《合同法》(以下简称“新《合同法》”)明确规定了电子合同的效力，具体体现在如下方面：

1. 电子商务合同主体受新《合同法》调整

商业机构对商业机构的电子商务是在企业与企业之间进行的。商业机构对消费者的电子商务是在企业与消费者之间进行的。商业机构对政府的电子商务是在企业与政府机构之间进行的。例如，政府机构可将采购办公用品清单在因特网上发布，企业以电子化方式回应，经过选择确定供方，与之达成电子合同。再如，政府机构可实施电子政府计划，利用因特网为企业提供纳税、办理电子营业执照、出口配额招标、进出口许可证申领等服务。消费者对政府的电子商务是在个人与政府机构之间进行的。例如，对个人社会福利基金的发放以及个人纳税交费等。

上述电子商务活动无论属于哪一类，其实质都是属于平等民事主体的自然人、法人、其他组织之间设立、变更、终止民事权利义务关系的行为，都是合同契约关系。因此，这些电子商务活动的主体都必然要受到新《合同法》

的调整。

2. 电子合同形式受新《合同法》调整

新《合同法》第十条第一款规定:“当事人订立合同,有书面形式、口头形式和其他形式。”第十一条规定:“书面形式是指合同书、信件和数据电文(包括电报、电传、传真、电子数据交换和电子邮件)等可以有形地表现所载内容的形式。”这表明了电子合同必然属于新《合同法》的调整范围。电子商务活动中,交易双方当事人实施的是无纸化贸易,通过电子商务系统进行网上谈判,将磋商结果做成文件,以电子文件形式签订贸易合同,明确各方权利、义务,标的商品的种类、数量、价格、交货地点,交货期,交易方式,结算方式,运输方式,违约责任,服务,索赔等合同条款后,双方用EDI签约或用数字签字签约,形成电子合同,传递订单、提单、保险单等。这些电子单证被记录和保存在磁性介质中,储存于计算机的存储设备内,采用的是电子数据交换和电子邮件形式。此为国内外电子商务市场通行的做法,我国新《合同法》立法之时已充分注意到这一点,因此特别规定了“书面合同”包括电子数据交换和电子邮件,以国家立法的形式,赋予了电子合同合法的法律地位。

3. 新《合同法》明确规定了电子合同成立的条件

新《合同法》第十三条规定:“当事人订立合同,采取要约、承诺方式。”第十六条第一款规定:“要约到达受要约人时生效”。第二款规定:“采用数据电文形式订立合同,收件人指定特定系统接收数据电文的,该数据电文进入该特定系统的时间,视为到达时间;未指定特定系统的,该数据电文进入收件人的任何系统的首次时间,视为到达时间。”

新《合同法》第二十五条规定:“承诺生效时合同成立。”第二十六条规定:“承诺通知到达要约人时生效。……采用数据电文形式订立合同的,承诺到达的时间适用本法第十六条第二款的规定。”

合同是经由一方的要约被另一方所接受而成立的。按照传统的做法,要约和承诺都是人工进行的,是双方当事人的一种意思表示,双方意思表示一致合同即告成立。而电子合同的订立是完全自动化,双方利用计算机进行,根据预先编制的程序,通过因特网自动发出要约或表示承诺,而承诺一旦生效,合同即告成立,对双方当事人具有法律约束力,任何一方不得违约,否则将承担法律责任。电子合同的订立是在不同地点的计算机系统之间完成的,应如何判断电子合同的承诺是否生效以及该合同是否因此成立并具有法律效力呢？新《合同法》在上述条款中做出详细界定，为判定电子合同的成立和具有法律效力提供了法定界限。

4. 新《合同法》赋予了电子签名合法性

新《合同法》第三十二条规定："当事人采用合同书形式订立合同的，自双方当事人签字或者盖章时合同成立。"第三十三条规定："当事人采用信件、数据电文等形式订立合同的，可以在合同成立之前要求签订确认书。签订确认书时合同成立。"签订电子合同，当事人之间使用计算机电子数据交换，合同主要条款也是通过计算机屏幕显示，不存在任何传统意义上的书面形式，因此只能以电子数字签名（加密）的形式，证明合同的成立。对此，新《合同法》立法之时已注意到这一客观现实，采取了较为灵活的态度，按照该条款理解，即电子合同当事人双方既可以直接使用电子签名，也可以根据实际情况，首先签订使用这种方法的确认书，使合同成立生效，间接地承认了电子签名（加密）的合法性和有效性。

5. 新《合同法》对电子合同的管辖权作了具体规定

新《合同法》第三十四条规定："承诺生效的地点为合同成立的地点。采用数据电文形式订立合同的，收件人的主营业地为合同成立的地点；没有主营业地的，其经常居住地为合同成立的地点。当事人另有约定的，按照其约定。"

电子合同发出 EC 电讯可以在任何不同的地点使用计算机系统发出，如发送人的营业地、发送人拥有计算机的某一地点。如果采用发出生效原则，将使合同成立的地点具有很大的不确定性。而采用收到生效原则更为适宜，因为收到信息的一方所在地点较为容易确定，可以依据传统的判定方法对接收电文一方的有密切关系的营业地和经常居住地进行判定，提出关于订立合同地点的法定证据。因此，该条款的规定为确定电子合同成立的地点，明确合同的法律适用和合同纠纷的管辖权提供了重要的法律依据。

6. 新《合同法》明确了电子合同的法律地位，使电子证据具有合法性

在电子商务活动中，电子合同、订货单、提单、确认书、转运单、保险单、付款通知、有关票据等电子文件（即电子单证）是在计算机内磁性介质中传递、存储的电子数据，无法被人识读，只能通过屏幕显示或打印输出文件才能识读，但这只是一种抄录，而不是传统意义上的证据原件。因此，客观地说，执法部门在受理电子商务违法案件及电子合同纠纷案件时根本不可能取得作为书面证据的原件。如何解决这一难题呢？我国新《合同法》既然已经明确了电子合同的法律地位，我国修订后《民事诉讼法》第六十三条明

确把数据电文作为一类单独证据。数据电文只要经过国家电子商务认证中心（CA）、电子数据交换（EDI）服务中心的认证和防火墙的技术处理，辨别真伪后，就可以作为合法的证据来认定事实、定性处理。

（二）电子合同的类型

合同的分类就是将种类各异的合同按照特定的标准所进行的抽象性区分。一般来说，依据合同所反映的交易关系的性质，可以分为买卖、赠与、租赁、承揽等不同的类型。我国《合同法》就以此为标准，建立了有名合同的法律制度。当然，除了这一标准之外，还有以双方权利义务的分担方式，分为双务合同与单务合同；以当事人是否可以从合同中获取某种利益，分为有偿合同与无偿合同；以合同的成立是否须交付标的物，分为诺成合同与实践合同；以合同的成立是否以一定的形式为要件，分为要式合同与不要式合同等。

对电子合同进行科学的分类，一方面有利于法学研究，使研究更加深入；另一方面也可以使电子合同法律制度的建设更具针对性和全面性。电子合同作为合同的一种，也可以按照传统合同的分类方式进行划分，但基于其特殊性，还可以将其分为以下几种类型：

（1）从电子合同订立的具体方式的角度，可分为利用电子数据交换订立的合同和利用电子邮件订立的合同。

（2）从电子合同标的物的属性的角度，可分为网络服务合同、软件授权合同、需要物流配送的合同等。

（3）从电子合同当事人的性质的角度，可分为电子代理人订立的合同和合同当事人亲自订立的合同。

（4）从电子合同当事人之间的关系的角度，可分为企业与企业（B to B）订立的合同，企业与消费者（B to C）订立的合同，企业与政府机构（B to G）订立的合同，消费者与政府机构（C to G）订立的合同。

由于电子数据交换和电子邮件是电子合同订立的两种最主要的形式，以下仅就此两种电子合同的类型予以详细论述。

1. 以电子数据交换（EDI）方式订立的合同

电子数据交换，亦称 EDI（Electronic Data Interchange）。根据国际标准化组织（ISO）的定义，EDI 是“将商务或行政事务按照一个公认的标准，形成结构化的事务处理或文档数据格式，从计算机到计算机的电子传输方法”。

一个生产企业的 EDI 系统，通过网络收到一份订单，该系统可以自动处理该订单，检查订单是否符合要求，向订货方发确认报文，通知企业管理系统安排生产，向零配件供应商订购零配件，向交通部门预订货运集装箱，到海关、商检等部门办理出口手续，通知银行结算并开具 EDI 发票，从而将整个订货、生产、销售过程贯穿起来。[①] 相对于传统的交易方式，EDI 的突出价值就在于它取消了传统的书面贸易文件，代之以电子资料交换，大大节约了交易的时间和费用，使贸易流转更为迅速，从而实现了低费用、高效益的基本商业目的。

但是，由于 EDI 主要是通过购买专用增值网服务才能实现，故安全性强，费用较高。同时由于需要专业的 EDI 操作人员，并且需要贸易伙伴也使用 EDI，这就阻碍了中小企业的使用。随着因特网的迅速发展，基于 Internet、使用可扩展标识语言（Extensible Mark Language，XML）的 EDI，即 Web-EDI 或称 Open-EDI 正逐步取代传统的 EDI。

2. 以电子邮件（E-mail）方式订立的合同

电子邮件（E-mail）是以网络协议为基础，从终端机输入信件、便条、文件、图片或声音等，最后通过邮件服务器将其传送到另一端的终端机上的信息。它也是因特网上最频繁的应用之一。电子邮件具有快捷、方便、低成本的优势，在许多方面都超过了传统的邮件投递业务。

较之 EDI 合同，以电子邮件方式所订立的合同更能清楚地反映订约双方的意思表示。但电子邮件在传输过程中易被截取、修改，故安全性较差。为此，在电子交易中，应当鼓励订约双方使用电子签名，以确保电子邮件的真实性。当然，对于现实生活中大量存在的双方在交易过程中均认可的未使用电子签名的邮件，仍应依当事人的约定确认其效力。

三、国内外关于电子合同的立法和研究现状

从世界范围来看，电子商务在体系上、组织上、法律上、管理上、技术上都还未完全成熟。这就给电子商务立法带来了许多问题。同时，国际化的电子商务还面临着各国社会制度、政治体制、经济发展、现行法律法规、文化传统等千差万别的难题。

联合国国际贸易法委员会在 EDI 规则研究与发展的基础上，于 1996 年 6 月通过了《电子商务示范法》。示范法采用了开放性的立法模式，为国际电子

① 单文华．电子贸易的法律问题［M］//梁慧星．民商法论丛：第 10 卷，北京：法律出版社，1998：4.

商务法提供了一个框架。在示范法制定之后，一些国际组织与国家纷纷加强合作，制定各种法律规范，形成了国际电子商务立法的高速发展期。近年来，国际商会也在抓紧制订有关电子商务的交易规则，以促进国际贸易的发展。国际商会已于1997年11月通过了《国际数字保证商务通则》，该通则试图平衡不同法律体系的原则，为电子商务提供指导性政策，并统一有关贸易术语。

美国电子商务的应用领域和规模都远远领先于其他国家，在全球所有的电子交易额中，目前大约有50%以上都发生在美国。美国的电子商务立法始于州立法，犹他州于1995年颁布的《数字签名法》是美国乃至全球范围的第一部全面确立电子商务运行的法律文件。但是，为了建立一个规范电子交易、具有一致性和可预见性的国家法律体系，美国的联邦级电子商务立法也很活跃，其中重要的两部是1999年7月通过的《统一电子交易法》和2000年10月生效的《国际与跨州商务电子签章法》。

1997年4月，欧盟委员会提出了《欧盟电子商务动议》，就发展电子商务的问题阐明了欧盟的观点。该文件强调了在欧盟范围内建立一个适于电子商务的法律与管制框架，管制应该深入到商业活动的每一环节之中，任何影响电子商务活动的问题都应该予以重视。同时欧盟应该积极与国际组织及其他国家的政府加强对话，确保形成一个全球一致的法律环境，共同打击网络国际犯罪。亚洲电子商务的发展主要集中于东亚诸国，目前已有韩国、日本、印度、马来西亚、新加坡和菲律宾等国制定了有关电子商务的法律。

我国对电子商务法律的研究起步较晚。2000年3月，全国人大代表在九届全国人大三次会议上，提交了“关于加紧中国电子商务法制定”的议案，将电子商务立法问题推上了前台。在1999年3月我国颁布的新《合同法》法中虽然首次明确了电子合同的合法地位，但有关电子合同的规定还只是粗线条的，实际操作起来比较困难。所以在电子合同领域，目前仍然存在许多问题。国内出版过一些电子合同方面的著作，这些著作大多泛泛而论，虽然展开论述比较多，但往往都不够深入。尽管如此，这些论著在我国电子合同领域的理论和立法都是一片空白的情况下，能够捷足先登，为我们介绍国外有关电子合同领域的理论和立法，并针对电子交易所碰到的问题在现有规则的基础上，提出卓有成效的见地，无疑为我国今后的研究起到了抛砖引玉的作用。

第二节 电子合同的订立

电子合同的订立，是在计算机网络中进行的，当事人通过数据输入进行要约、承诺，以网络传输进行送达。合同的订立过程是数据电文交换，用计算机之间的“对话”来完成订约的过程。这与传统的面对面磋商或通过邮局传递信函、电报进行要约、承诺的订约方式有很大不同。《合同法》在对电子合同订立程序规制时，必将面临许多困惑和问题。

一、合同的订立

合同的订立又称缔约，是当事人为设立、变更、终止财产权利义务关系而进行协商、达成协议的过程。《合同法》第二条中规定：“合同是平等主体的自然人、法人、其他组织之间设立、变更、终止民事权利义务关系的协议。”既然合同为一种协议，就须由当事人各方的意思表示的一致即合意才能成立。当事人为达成协议，相互为意思表示进行协商到达成合意的过程也就是合同的订立过程。《合同法》第十三条规定：“当事人订立合同，采取要约、承诺方式。”依此规定，合同的订立包括要约和承诺两个阶段，当事人为要约和承诺的意思表示均为合同订立的程序。根据现行合同法的规定，要约是指一方当事人以缔结合同为目的，向对方当事人提出合同条件，希望对方当事人接受的意思表示。发出要约的一方称要约人，接受要约的一方称受要约人。承诺是指受要约人同意接受要约的全部条件而缔结合同的意思表示。

（一）要约的构成要件

1. 要约的构成要件

要约的构成要件主要有：

（1）内容具体确定；

（2）表明经受要约人承诺，要约人即受该意思表示约束。

2. 要约与要约邀请的区别

要约邀请是希望他人向自己发出要约的意思表示。寄送的价目表、拍卖公告、招标公告、招股说明书、商业广告等为要约邀请。商业广告的内容符合要约规定的，视为要约。

要约与要约邀请最根本的区别就在于要约有成立合同的具体确定的内容，

而要约邀请则不必也不应具备满足合同成立的内容，否则其就成为要约而不是要约邀请。要约一经承诺，合同即告成立，如未按规定履行，则要承担违约的后果。判断是要约还是要约邀请，可以通过双方当事人所表达的意思、订约提议的内容以及交易习惯来综合判定。如果法律有了明确的规定，就应当依照法律的规定来确认（如《合同法》第十五条中列举的几种要约邀请情形）。在法律没有明确规定的情况下，更多的还是要依赖于对意思表示的内容本身来判断，看该意思表示是否严格具备了要约的要件，另外还要根据一些交易习惯，进行综合分析。

（二）承诺的构成条件

任何有效的承诺，都必须具备以下条件：

（1）承诺必须由受要约人作出。要约和承诺是一种相对人的行为。因此，承诺必须由被要约人作出。被要约人以外的任何第三者即使知道要约的内容并对此作出同意的意思表示，也不能认为是承诺。被要约人，通常指的是受要约人本人，但也包括其授权的代理人。无论是前者还是后者，其承诺都具有同等效力。

（2）承诺必须是在有效时间内作出。所谓有效时间，是指要约定有答复期限的，规定的期限内即为有效时间；要约并无答复期限的，通常认为合理的时间（如信件、电报往来及受要约人考虑问题所需要的时间），即为有效时间。

（3）承诺必须与要约的内容完全一致。即承诺必须是无条件地接受要约的所有条件。

据此，凡是第三者对要约人所作的“承诺”，凡是超过规定时间的承诺，（有的也叫“迟到的承诺”），凡是内容与要约不相一致的承诺，都不是有效的承诺，而是一项新的要约或反要约，必须经原要约人承诺后才能成立合同。承诺可以书面方式进行，也可以口头方式进行。通常，它须与要约方式相应，即要约以什么方式进行，其承诺也应以什么方式进行。对于口头要约的承诺，除要约有期限外，沉默不能作为承诺的方式，承诺的效力表现为要约人收到受要约人的承诺时，合同即为成立。口头承诺，要约人了解时即发生效力。非口头承诺生效的时间应以承诺的通知到达要约人时为准。一般认为，承诺和要约一样准许在送到对方之前或同时撤回。但迟到的撤回承诺的通知，不发生撤回承诺的效力。

二、电子合同的订约人

订约人，是指通过互为意思表示，进行要约、承诺从而缔结合同的人。订约人可以是当事人自己，也可以是当事人委托的代理人。订约人在合同订立的不同阶段可表现为下列三种情形：第一，要约人或承诺人（合同成立前）；第二，代理人；第三，合同当事人。订约人的共同特点是以缔结合同为目的，为一定的意思表示。这种意思表示大体表现为要约邀请、要约、承诺或一般的通知、复函等。在电子合同订立中，订约人是指通过某种信息系统发送订约电子信息的人，大体相当于联合国国际贸易法委员会《电子商务示范法》中称的发端人。

各国法律对订约人的一般要求有二：一是具有民事行为能力和民事权利能力；二是意思表示真实。这两项要求的满足在普通合同的订立中较为容易，相对人通常能够依直观感觉对行为人有无行为能力、是否作出了真实的意思表示进行判断。但在电子合同的订立中就极为困难。因为订约人是通过电脑网络为意思表示的，相互以“数字人”的形式出现，男女不分，老幼不辨，真正是“不识庐山真面目”。双方很难判断其是否具有行为能力，也无法辨别发出信息的人是否为订约人自己。电子合同的订立中，接受信息的一方无法识别发送信息的一方实际操作人是谁，有无代理权。例如，未成年人或恶意第三人擅自以订约人的名义利用订约人的电脑装置或密码发出订约信息，收件人对此是无法识破的。

电子合同需解决的问题是，谁是订约人？谁应对某项要约或承诺负责？

在 EDI 形式的电子合同中交易双方的计算机按照预先编制的程序自动发出要约和承诺，从而使合同成立，而不需要当事人的参与。由于其缔约过程不经任何人直接控制，也没有得到任何人的确认，这就使其合同有效性受到怀疑，甚至有人认为计算机取得了“人”的身份，具有行为能力。实际上，计算机总是直接、间接受人控制，它永远不能取得享有权利义务的订约人地位。因而电子合同的订约人只能是对该计算机系统拥有支配权的人。计算机在没有人直接干预情况下自动产生的电文应视为由法人实体利用为其运行的计算机发出的电文。

在 E-mail 形式的电子合同订立中，作为收件人无法判断一项来自发端人的数据电文（如要约或承诺）是否属发端人的真实意思表示，是发端人亲自所为或者由无代理权第三人所为。事实上，常常有一些当事人否认其信息系统发出的电文是自己所为，并拒绝对此承担责任。这就需要解决一个数据电文的归属问题。解决这一问题的办法有两种：一是依实质判定；二是依形式判定。依实质判定电文的归属，要求收件人准确分辩电文的来源和归属，弄清电文是否为订约人所为。收件人判断错误，造成责任自己承担。假如第三人利用订立人的电脑程序或密码向收件人发出要约，订约人对此概不负责，收件人据此行事的，责任自负。这种电文归属的方法，表面上看，符合当事人意思表示真实的原则，有利于交易安全，实际上是行不通的。如前所述，电子合同订立过程中收件人是无法知道发送信息的真正操作人的，假如要求其另谋识别途径，必然有悖电子合同提高交易效率的宗旨。

依形式判定电文归属的基本方针是根据发出电文的信息系统的归属确定电文的归属。这里所说的“信息系统”包括用来发送、接收和储存信息的各种技术手段，可以是一台电子计算机、一个电子邮箱或一个通信网络等。只要一项电文发自于订约人的信息系统，不论由何人操作，均视为订约人（或发端人）发送，收件人有权据此行事，由此造成的责任由订约人承担。这一方法将信息系统被盗用的风险责任放在信息系统拥有者身上，有利于控制风险，有益于提高交易安全和交易效率。

《电子商务示范法》关于数据电文归属问题的规定主要有三个原则：

第一，发端人自己发送或委托他人发送或由发端人的信息系统自动发送的数据电文、均属发端人的数据电文，收件人据此行事的后果由发端人负全责。

第二，一项数据电文如属他人假借发端人的名义发送，只要收件人没有过错，尽了合理注意义务，收件人就有权将该数据电文视为发端人的数据电文，并按此推断行事。

第三，收件人已知道或应当知道某项数据电文并非发端人的数据电文，收件人即无权据此行事，发端人对收件人据此行事的后果不负责任。

上述原则要求，电子合同的订约人应对自己计算机系统发出的电子信息负责，通常情况下只要是订约人的信息系统发出的要约或承诺，不论实际由谁发出，不论其是否反映订约人的真实意思，订约人都要对该订约信息造成的后果负责。

三、要约的生效、撤回和撤销

（一）电子合同的生效

要约是当事人一方向他方发出的订立合同的意思表示。各国合同法均认为，要约人应受要约的拘束，在要约生效期内不得随意反悔。然而，要约究竟何时生效，各国立法有所不同。大陆法系国家通常认为“到达生效”（收信主义），英美法系则认为“发出生效”（发信主义），这一差别在传统的合同订立方式中有重要意义。因为信函的发出和到达，常常间隔几天，这期间市场行情会有变化。如果要约到达之前不认为生效，允许更改，对要约人当然有利。反之，按英美法要约一旦发出即告生效，不得更改，则对受要约人有利。在电子合同的订立过程中，要约何时生效问题对当事人利益的影响似乎不大，因为网络传输的速度极为迅速，发出后便立即到达，几乎没有时滞。所以，网络条件下不同国家合同法在要约生效时间上的法律冲突，只有理论上的可能，很难实际发生。我国合同法是采用到达生效原则。《合同法》第十六条第二款还对电子合同中要约到达的时间界限作了具体规定。

（二）电子要约的撤回

要约的撤回是指在要约发出之后，生效之前，要约人以某种方式通知受要约人，阻止要约效力的发生。由于撤回是在要约生效前进行的，所以不会对受要约人的利益有任何影响，因而在要约生效问题上采用到达生效原则的国家，均允许撤回要约（英美法系国家多采用发出生效规则没有要约撤回制度）。我国合同法规定要约可以撤回。要约撤回的条件是撤回的通知应当在要约到达受要约人之前或者与要约同时到达受要约人。这就要求撤回要约的通知的传递速度快于要约的传递速度，能够追上或超过先期发出的要约，在要约的“在途期间”完成追击过程。在通常条件下，要约的撤回比较容易，因为有许多速度不同的传递方式，如普通邮递、特快专递、电报、传真等。在网络条件下，要约的撤回是很难想象的。因为，要约是以光速传递的，发出和到达几乎是同时的，没有“在途期间”。目前人们还没有发明出更快的传递方式能够追回已发出的电子要约。所以，可以认为电子合同的要约不能撤回。

（三）电子要约的撤销

要约的撤销是指在要约生效后，要约人通过一定方式将要约取消，使其丧失法律效力。要约的撤销与撤回的相同之处在于：二者均属要约人在要约发出后主意改变，将要约取消。二者的不同之处是，撤回是取消尚未生效的要约，撤销是取消已生效的要约。由于撤销生效的要约，有可能损害受要约人的利益，因而大陆法系国家通常主张已生效的要约不得撤销。英美法国家由于没有要约撤回制度，所以允许要约人在要约被承诺前撤销要约。我国合同法是兼容并蓄，既规定了要约的撤回，也规定了要约的撤销。一方面允许撤销要约，另一方面对要约撤销的条件作了严格的限制。电子合同中的要约能否撤销？各国立法尚未对此作出规定，联合国《电子商务示范法》中也没有规定要约的撤销问题。笔者认为电子合同中要约的撤销问题，应根据不同形式的电子合同区别对待。用电子邮件形式订立合同时，要约人的要约与用普通邮件、传真电报发出的要约相比，除速度不同外，没其他实质性的区别。如果符合要约撤销的条件，应当能够在受要约人承诺之前撤销。不能因为要约发出的手段是电子邮件就不允许撤销。通过 EDI 发出的要约与电子邮件发出的要约有所不同，EDI 是将合同的订立通过电子数据交换形式完成，电子要约发出后，接收信息的电子计算机根据预先设定的程序自动进行处理，当即作出接受或拒绝的回复。要约的效力也随即丧失。这种情况下，要约几乎没有一个有效存在的期间，来不及对它进行撤销。因而，要约的撤销在 EDI 条件下似乎不大可能。

四、电子合同成立的时间和地点

合同成立的时间、地点，取决于承诺生效的时间和地点。各国合同法均认为，承诺生效的时间和地点为合同成立的时间和地点。在通常情况下，一方发出要约，他方表示承诺，合同便告成立。假设当事人双方同在一地，合同成立的时间和地点一般不会发生问题。如果当事人双方在异地，通过信函进行承诺，承诺的发出和收到之间有个在途时间，此情形下，承诺生效时间的确定问题就变得复杂起来。各国历来有发信主义和收信主义之分。英美法系为发信主义，也称“投邮生效原则”，主张受要约人将承诺的信件投入邮箱或者将电报交付邮局，承诺即发生法律效力。大陆法系为收信主义，也称“到达生效原则”，主张承诺的意思表示到达要约人时承诺才生效。发信主义与收信主义的这种差异导致了合同生效时间、地点上的不同主张。依照发信主义，承诺一投邮合同即告成立，承诺发出地为合同成立地；依照收信主义，要约人收到承诺时间为合同成立的时间，承诺收到地为合同成立地。《联合国国际货物销售合同公约》和《国际商事合同通则》采用的是收信主义。我国合同法也是采用收信主义，规定承诺通知到达要约人时生效。“承诺生效时合同成立。”

电子合同是通过计算机网络订立的，当事人承诺的“发出”、“送达”，是通过电脑终端的发送、接收完成的，与传统的邮递传送有了很大区别。电子合同的“虚拟”和“无纸”特点决定，在确定其成立的时间、地点问题上，不能套用普通“纸面合同”的一般规则。笔者认为电子合同成立时间、地点的确定，涉及以下三个问题。

第一，承诺何时生效?“发信主义”还是“收信主义”?

这直接关系到合同成立时间、地点的确定，对当事人的利益有很大影响。依发信主义，电子合同成立的时间为承诺的发送时间，成立的地点为承诺方所在地；依收信主义则相反，要约方接收承诺的时间为合同成立时间，要约方所在地为合同成立地点。需指出的是，普通合同订立中不同国家、不同法系在承诺生效问题上的这种差异，在电子合同中依然存在。有人认为电子合同中的承诺何时生效问题在联合国的《电子商务示范法》中已经解决，该法采用的是到达生效原则，这是不准确的。实际上《电子商务示范法》第十五条规定的只是承诺发出和接收时间和地点的确定原则，并未规定其何时生效。另有学者认为，电子合同中的承诺无法适用“投邮生效原则”，只能采用“到达生效原则”。理由是发出承诺的电子信息的计算机的地点可以是不确定的，能够任意变动。但事实是，接收承诺电子信息的计算机的地点也同样是不确定的。因此这不能成为反对“投邮生效原则”的一个理由。不同法系在承诺生效时间、地点上的差异并未因电子合同订立方式上的特别而减少或消灭。

第二，承诺的发出和收到时间如何确定?

无论是发出生效原则还是到达生效原则，都必须首先确定发出或收到时间。传统的异地合同是通过邮局传送承诺的，其承诺的发出、接收时间是按邮戳或回执载明的日期确定的。电子合同中承诺的传递是通过电脑网络将数据电文由一个信息系统传输到另一个信息系统来进行的。不通过邮局发送，无法以邮戳或回执确定收发时间。对于这一问题。联合国的《电子商务示范法》作了明确规定。关于发出时间的确定，根据《示范法》第十五条第一款的规定，一项数据电文的发出时间应是该数据电文进入了发端人控制范围之外的某一信息系统的时间，这一信息系统可以是中间（如服务商）的信息系统，也可以是的收件人的信息系统。

关于承诺收到时间，由于我国合同法采用的是“到达生效原则”，因而在《合同法》第十五条、第二十六条对电子合同订立时承诺到达时间作了专门规定，其内容与《电子商务示范法》的规定是一致的。根据《电子商务示范法》第十五条第二款的规定，承诺收到的时间的确定原则有二：一是收件人指定了特定信息系统的，该数据电文进入该特定系统的时间，为到达时间。如果该数据电文进入了收件人的其他系统，以收件人检索到该数据电文的时间为收到时间。二是如收件人并未指定某一信息系统，则以数据电文进入收件人任一信息系统的时间为收到时间。

根据上述《电子商务示范法》规定，如果要约人指定某一信息系统为接收承诺的系统，受要约人发送的承诺信息进入该指定系统的时间为承诺收到的时间，不论要约人是否检索到该信息都视为承诺到达。如果受要约人发送的承诺信息未进入要约人指定的系统，而是进入了要约人的其他系统，则以要约人检索到该承诺时间为承诺到达时间。这里，要约人是否为受要约人指定了回复的信息系统是确定承诺该如何回复、何时到达的重要因素。根据《电子商务示范法》的解释，指定应是明示的。例如，一项要约明文指定了应发回承诺通知的地址。如果只是在信头或其他文件地显示电子邮件或传真的地址，不应视为指定了特定系统。

此外，要约人或受要约人在传递订约的电子信息时，常常会出现这种情况：一方向他方发送电文，他方并未立即收到。原因是收件人的信息系统根本不运转或者运转不正常。例如，收件人电脑未开机或出故障。这种情况下，发送人的电文暂存在服务商的信息系统上，不能算进入收件人的信息系统。如果说电文是一项承诺的话，那么该承诺不算收到，应以收件人的电脑正常运转后实际收到电文的时间为承诺到达时间。因为，不应通过一项一般性规定，使收件人必须承担使其信息系统任何时候都保持正常运转的繁重义务。

第三，承诺的发出或收到地应如何确定？

承诺生效的地点就是合同成立地。合同成立地是确定诉讼管辖权、法律冲突准据法的根据，与当事人的利益有直接关系。大陆法主张承诺收到地为合同成立地，英美法主张承诺发出地为合同成立地。因而承诺“发出”或“收到”的地点是确定合同成立地的根据。传统的合同订立中，承诺“发出地”、“收到地”是按照“发出”或“收到”行为发生的实际地理方位来确定的。确定电子合同成立地时，这种方法不能套搬过来。因为电子合同是在计算机网络中订立的，其通信方式是利用现代电子技术手段进行的，它突破了传统的地理概念，其收发装置的地址都是模拟性的，如电子邮件信箱，随时随地都可以通过任何一台接入互联网的电脑收发电子邮件。所以，一方面人们无法按照一个虚拟的电子邮件地址确定合同成立地，另一方面，以一个当事人可以任意变更的，与合同本身并无合理联系的收发电子信息（承诺）的信息系统所在地作为合同成立地也是不合适的。既然收发电子信息的网络地址和信息系统的实际所在地都不能作为确定合同成立地的依据，那么，电子合同的成立地应以什么标志来确定呢?《电子商务示范法》关于这一问题的方针是，不考虑收发承诺信息的信息系统所在地这一因素，另定一个客观标准，即以当事人的营业地点为合同成立的地点。《电子商务示范法》第十五条第四款规定：除非发端人与收件人另有协议，数据电文应以发端人现有营业地点视为发出地点，而以收件人现有营业地的地点视为其收到地点。就本款的目的而言：(a) 如发端人或收件人有一个以上的营业地，应以对基础交易具有最密切联系的营业地为准，如果并无任何基础交易，则以其主要营业地为准；(b) 如发端人或收件人没有营业地，则以其惯常居住地为准。该款并未规定“承诺生效地”或“合同成立地”的确定原则。仅是规定了“承诺”、“发出地”或“收到地”的确定办法。它虽未能解决发信主义与收信主义在合同成立地上的冲突，却解决了电子合同与传统合同在成立地确定方法上的矛盾，为各国在此方面的立法，提供一个良好的范例。

我国合同法关于电子合同成立地的规定，借鉴于示范法的上述内容。其原则为，以要约人主营业地为合同成立地。《合同法》第三十四条规定：“承诺生效的地点为合同成立的地点。采用数据电文形式订立合同的，收件人的主营业地为合同成立的地点；没有主营业地的，其经常居住地为合同成立的地点。当事人另有约定的，按照其约定。”

第三节　电子合同的履行

一、电子合同履行基本方式

从我国当前电子商务开展的情况来看，电子合同基本上有三种履行方式：

第一种是在线付款，在线交货。此类合同的标的是信息产品。例如音乐的下载。第二种是在线付款，离线交货。第三种是离线付款，离线交货。后两种合同的标的可以是信息产品也可以是非信息产品。对信息产品而言，既可以选择在线下载的方式，也可以选择离线交货的方式。

采用在线付款和在线交货方式完成电子合同履行的，与离线交货相比，其履行中的环节比较简单，风险较小，不易产生履行方面的争议。

二、电子合同履行的法律原则

根据我国《合同法》的规定，电子商务合同的当事人应当按照约定全面履行自己的义务。在合同履行的过程中，当事人应当遵循诚实守信原则，根据合同的性质、目的和交易习惯履行通知、协助、保密等义务。

在合同履行完毕，合同的权利义务终止后，当事人仍然应当遵循诚实信用原则，根据交易习惯履行通知、协助、保密等义务。当事人一方不履行合同义务或者履行合同义务不符合约定的，应当承担继续履行、采取补救措施、支付违约金或者赔偿损失等违约责任。根据《合同法》第九十四条规定，“有下列情形之一的，当事人可以解除合同：（一）因不可抗力致使不能实现合同目的……”《合同法》第一百一十七条规定，“因不可抗力不能履行合同的，根据不可抗力的影响，部分或者全部免除责任，但法律另有规定的除外。当事人迟延履行后发生不可抗力的，不能免除责任。本法所称不可抗力，是指不能预见、不能避免并不能克服的客观情况。”

那么，计算机病毒的破坏能否算是一种不可抗力呢？病毒是一种隐藏在计算机合法程序或电子邮件中的恶意程序，能够引起计算机系统的瘫痪或故障，也能够引起计算机数据的不可恢复的破坏。

首先，对于计算机病毒大爆发是否属于不可抗力，争议较大。现行法律中尚没有明确的规定。其次，当事人可以在不违反法律的强行性规定的前提下，通过在合同中自行约定不可抗力的范围，而将计算机病毒大爆发列为可以免责的不可抗力。而且也只有将病毒大爆发造成的不可避免的重大计算机病毒破坏规定为不可抗力，才符合民法的公平原则。因自身防病毒程序上的疏忽造成的本来应当能够避免的计算机病毒破坏，不应按照不可抗力对待。第三，即便将计算机病毒大爆发规定成不可抗力，电子商务合同的当事人也不一定能全部免除履约责任。而只能“根据不可抗力的影响，部分或者全部免除责任”。而且，当事人迟延履行后发生不可抗力的，不能免除责任。当事人一方因不可抗力不能履行合同的，应当及时通知对方，以减轻可能给对方造成的损失，并应当在合理期限内提供证明。

在电子商务交易中，如果一方当事人泄漏或者不正当地使用对方商业秘密，也可能构成民事责任。《合同法》第四十三条规定，当事人在订立合同过程中知悉的商业秘密，无论合同是否成立，不得泄露或者不正当地使用。泄露或者不正当地使用该商业秘密给对方造成损失的，应当承担损害赔偿责任。对于在电子商务交易中，泄露或者不正当地使用对方个人信息（例如在商家之间进行的客户信息共享）的行为，也需要进行法律规制。“用户的页面浏览习惯、产品选择和个人信息等都是非常重要的，那些从事上述信息搜集工作的网站有可能将信息透露给他人。全球的文化差异导致人们对电子商务中的隐私权保护有着不同的要求。在欧洲，大部分人都希望自己提供给商业网站的信息仅用于其自身。许多欧洲国家的法律也规定，公司在没有获得客户明确许可的情况下不得交换客户资料。”

《中华人民共和国个人信息保护法》（专家建议稿）第五条、第六条、第七条分别规定了个人信息的信息质量原则、信息安全原则、职业义务原则，规定政府机关或其他个人信息处理者应采取措施，保证个人信息仅用于与收集目的相关的领域，防止个人信息的泄露、丢失、毁损或其他安全事故，工作人员对任职期间处理个人信息所获知的内容，负有保守秘密的职业义务，不得擅自告知他人或者以其他方式加以披露或适用。也可以在将来修改我国《合同法》时增加规定，“个人信息的所有权、使用权和许可使用权属于个人，当事人在订立合同过程中知悉的他人个人信息，不得予以泄露或者不正当地使用，否则依法应当承担民事责任。”

第四节 电子合同中的几个特殊问题

一、电子代理人问题

（一）电子代理人含义

所谓电子“代理人”，是指“不需要人的审查或操作，而能用于独立地发出、回应电子记录，以及部分或全部的履行合同的计算机程序、电子的、或其他自动化手段。”[①] 这一术语曾在欧、美一些国家使用，并被写进《美国统一电子交易法》中。美国《统一电子交易法》的起草者，在解释为何使用该词时说，原先为了不与代理的概念相混淆，使用的是“电子设施”（ELECTRON 2IC DEV ICE）一词。但是由于美国《统一计算机信息交易法》（其起草稿名为“统一商法典 2A 章 B”）草案率先使用了电子“代理人”，并且该词已经作为一个专业术语得到认可，为了与之一致，就舍弃了“电子设施”，而选用了电子“代理人”一词。美国《统一计算机信息交易法》分别在第一百零七条、二百零二条、二百零三条、二百零六条、二百一十三条，从不同角度对电子“代理人”问题作了规定。此外，联合国国际贸易法委员会在《统一电子签名规则（草案·1999 年 2 月第 3 稿）》第八条“强化证书的内容”中，也使用了电子“代理人”一词。联合国国际贸易法委员会对该词的使用，很可能使之成为一个普遍接受的术语。

（二）电子“代理人”的实质

所谓电子“代理人”，并不是具有法律人格的主体，而是一种能够执行人的意思的、智能化的交易工具。一般的应用工具，只是人体部分功能的复制或延伸，而电子“代理人”则不同，它是商事交易人的脑与手功能的结合与延伸。从构成上看，它是具有自动化功能的软件、硬件，或其结合；从其商业用途看，可用于搜索某一商品或服务的价格，完成在线买卖，或对交易发出授权。将之形容为“人造商人”，倒更为合适。它在功能上更比一般自动柜员机复杂得多。电子“代理人”甚至在某些领域，可以执行人所不能，或不宜完成的工作。

虽然电子“代理人”不具有法律人格，但它执行的却是商人的意思表示，或根据其意思而履行合同，所以它与当事人的权利义务有着十分密切的联系，这就是法律对之进行规范的原因所在。关于电子“代理人”的运用，法律上至少要解决以下一些问题：电子“代理人”能否代表当事人订立或履行合同，它出现错误后的责任由谁来承担，当事人能否以其不知情为理由而拒绝承担责任，以电子“代理人”订立合同，与当事人亲自订立合同是否应有区别。

---

① 参见美国《统一电子交易法》第二条第六点：UN IFORMEL ECTRON IC TRAN SACT IONACT, A rticle2 –6.

（三）电子“代理人”缔约能力之分析

当事人为了扩大交易机会，减少营销成本，预先在电子“代理人”中设置了常用的商事意思表示的模式，使之能够代替其发出或接受要约。但是，这种电子“代理人”的思维能力是预设的、有限的，不能像人一样，具有综合判断行为后果的能力，并且它本身没有自身独立的利益，以及承担义务的财产基础，所以不可能具有法律人格。换言之，电子“代理人”不可能具有独立的缔约能力。然而，从电子“代理人”日益被广泛应用的势态来看，却又不能不承认其辅助当事人订立、履行合同的能力。毕竟这类电子设施中包含了一些物化了的人工智能。因此，联合国国际贸易法委员会、美国统一州法委员会等，对电子“代理人”在合同订立中的地位问题，都作了专门规定。

国外有些法学家提出，可将电子“代理人”的自动应答功能，等同于自动售卖机。而关于自动售卖机能否代表设置人的订约意愿，已经产生过一些判例。在自动售卖交易中，当顾客投入货币或插人磁卡时，售卖机会自动作出回应。在这些交易中，机器不能像人一样表达意愿，谈不上有关于要约与承诺的交流过程。法院在这些案例中通常认为自动售卖机的售卖行为，是设计人先行设置的意愿的结果，机器的加入，并没有改变这一预设的意思。所以，通过自动售卖机的要约与承诺是有效的。依此类推，电子“代理人”的程序是由人所编制的，当事人要通过电子邮件、EDI、因特网址等方式订立合同时，都会预先设置好电子“代理人”自动应答程序。如商家可以设定当库存货物低于某数量时，电子“代理人”自动向供货商发出订单的程序。尽管电子“代理人”的信息自动交流和处理，都是遵从用户预先设定好的程序而作出的反应，当事人也可以在程序运行过程中随时予以介入。实质上，这正说明当事人的意思表示，正是通过事先编制或认可的程序而得到了全面反映。因而，一般而言，电子“代理人”订立的合同，与自然人之间直接信息交流订立的合同一样，也具有合同当事人的合意。通过电子“代理人”自动反应订立的合同，理应是有效成立的。在某一具体合同自动订立时，当事人未对意思表示作新的修订，就意味着当事人仍同意按既定的条件缔约，因此，可以认为电子“代理人”自动订立的合同，反映了当事人即时的真实意思。1992年，欧共体委员会提出的《通过EDI订立合同的研究报告》指出，可以把对计算机（电子“代理人”）的运作拥有最后支配权的人，视为该计算机（电子“代理人”）所发出的要约或承诺的责任人。

（四）由电子“代理人”的运用而产生的民商法理论上的思考

顾名思义，电子“代理人”既然是代其主人行事，显然在功能上与代理人有类似之处，即它是为了一方当事人的利益而行事的。但是实践中的情况却并不完全如此。也有将电子“代理人”用作“居间人”，同时代理买卖双方当事人进行交易的情况，而且此种应用还大有推广之势。譬如证券交易所、在线拍卖公司使用的自动交易撮合系统就是例子。其中产生了两个问题：一是电子“代理人”能否同时代理买卖双方进行交易，其理论根据如何；二是在自动撮合交易过程中，买卖双方是如何进行要约、承诺的。换言之，要约承诺这两个交易的必经阶段，是否存在于其中。

对于第一个问题的回答是肯定的，因为电子“代理人”毕竟是一种工具，其性质最终是由运用工具的主体的法律地位所决定的。无论是买方、卖方，还是交易的中介人，均可使用电子“代理人”。谁使用的电子“代理人”，就行使谁在交易中的功能，从属谁的法律地位。证券交易所、在线拍卖公司既不属于交易的买方，也不属于卖方，而是中间机构，它们所使用的电子“代理人”，显然也行使的是中介的功能。当然，中介机构在交易中有自己独立的利益，它同买方、卖方又构成中介服务的关系，其权利义务，应由专门的法律予以调整。而第二个问题却是值得认真思考的。通过这种执行交易中介功能的电子“代理人”所订立的买卖合同，其要约、承诺是怎样作出的呢？笔者以为，买卖双方向公众公开竞价自动交易系统发出的要约，应属于附开放条款的交叉要约。其中主要是买卖要约，但同时又有委托代理的成分。所谓附开放条款，是指某些合同的必备条款并不具体确定，而只是留给自动交易系统，依照最有利于委托人的原则，根据交易情况即时决定，比如股票交易中的最高限价买入，或最低限价卖出委托，就属此类。在该类交易中，与谁交易，以什么价格成交，均由自动交易系统，按照事先设置的规则与程序，将其开放条款最终填写完毕。其开放条款的确定是在授权范围内进行的，具有某些委托代理的性质。而所谓交叉要约，是指各方要约的内容相对应，利益相反，正好互补而成交。在此类交易中，没有必要寻找出谁是承诺人，其承诺本身就包含在了要约之中。换言之，交易双方均可视为是承诺人。

（五）有关电子“代理人”的法律规定

1. 联合国国际贸易法委员会的有关规定

联合国国际贸易法委员会在其《统一电子签名规则（草案·1999年2月稿）》第八条，关于强化电子签名的内容中规定：出于本规则的目的，强化电子签名应当至少能够：A. 识别颁发证书之机构；B. 签署人或在签署人控制下的设施或电子代理人的身份或姓名；C. 包含有与签署人控制下的私钥相对应的公钥；D. 明确了证书的有效期；E. 由颁布的证书机构数字式的签署了或使用了其他安全措施；F. 就公钥使用的范围明确了限制，如果有的话；标示了所使用的数学算法。联合国国际贸易法委员会的文件，没有对电子“代理人”的含义进行解释，只是在草案中使用了这一词语。但它至少表明，该会目前已经接纳了该术语，并将电子“代理人”作为基本的交易手段来对待。

2. 美国对电子“代理人”的法律规定

美国是电子“代理人”概念的创始者，不仅在其《统一电子交易法》和《统一计算机信息交易法》中，同时给出了统一的定义，而且在“信息交易法”中对之做了较详细的规定，形成了一套完整的制度。归纳起来，该法关于电子“代理人”的制度，表现在以下六个方面：

首先，该法规定了电子“代理人”作为订约工具的合法性。其第二百零二条专门将电子“代理人”列为一种订约的方式：“合同可以任何能充足地表示同意的方式订立，包括承认合同存在的要约和承诺，或双方当事人的行为或其电子代理人的运作。”

其二，该法规定了电子“代理人”行为的效力归属。其第一百零七条在关于电子记录与鉴别的法律承认和电子代理人的使用中规定，“不得仅仅以某项记录或认证是电子形式为理由而否定其法律有效性或可执行性。……某人使用其所选择的电子代理人进行认证、履行、订立协议的，包括表示同意，将受电子代理人操作的约束，即使个人对电子代理人的运行或运行的结果不知道或没有审查。”

其三，该法规定了以电子“代理人”进行要约、承诺而订立的合同的条件。其第二百零六条在关于要约与承诺和电子代理人中规定如下，“合同可以通过电子代理人之间的相互交流而订立。如果该交流导致正在运行的电子代理人在一定环境下表示了承诺，合同就成立了，但是，该运行若产生于欺诈、电子错误，或类似情况的话，法院可给予适当的免责。”合同可以由电子代理人与自然人自身或代理他人之自然人之间成立。如果自然人采取了他可以拒绝的行为，或表示了他可以拒绝的陈述，并且有理由知道其行为与语言将：(1) 导致电子代理人履行、提供利益，或允许使用、访问合同的标的，或发出如此行为的指示；或（2）表示承诺，而不论该自然人其他的表示或行为，对此他有理由知道电子代理人不能再作出反应。但是根据前款所订立的合同，不包括自然人所提供的条款，如果该人有理由知道电子代理人不能对其条款作出反应的话。

其四，该法规定了关于电子“代理人”交易的条款审查机会问题。其第一百一十二条在关于同意的表明与审查的机会中规定：“1. 如果某人在知道的情况下，或在获得审查的机会后行事，他就明确同意了该记录或条款：(1) 以采用或接受的意向认证了记录或条款；或（2）在有理由知道对方当事人或其电子代理人可能从其行为或声明中推断他同意记录或条款，而有意地实施了行为或作出了声明。2. 电子代理人明示同意了记录或条款，如果在有机会审查后：(1) 认证了记录或条款；或（2）实施了在该情况下表示对记录或条款接受的操作。3. 如果本法或其他法律要求对某特定条款的同意，明示的同意必须叙述了该特定条款。4. 行为或操作明示的同意可以任何方式表示，包括表示某人或电子代理人得到或使用了信息，并且为此某人或电子代理人已使用现存的程序从事了该行为或操作。证实遵守 1 款（2）就足够了，如果有同意的行为并且随后的行为通过电子方式确认了同意。5. 关于审查的机会，应适用以下规则：(1) 只有在以一种必定能引起正常人的注意，并允许其审查的方式，才能使某人能利用该机会审查记录或条款。(2) 电子代理人具有审查记录或条款的机会，只有它是以一种可利用的方式，即能够合理的安排电子代理人对该记录或条款作出反应。(3) 如果记录或条款只有在某人形成义务或开始履行时才可利用来审查，某人有机会审查，只要他在拒绝记录时有权退还之。然而，并不要求退还，如果：A，记录提出对合同的修改或根据本法提供了特别的履行；或 B，在不涉及大众市场的情况下，当事人在订立合同时有理由知道记录或条款将在履行、使用或对信息访问后才开始提交，除非履行仅仅是交付复本。(4) 根据前款的退还权可因法律或协议而引起。6. 本条款的效力可以当事人之间的规定，适用于未来交易标准的协议而修改。”

其五，关于电子“代理人”行为的归属问题。其第二百一十三条关于归属的确定中规定：“电子认证、展示、讯息、记录或履行归属于某人，如果是该人或其电子代理人的行为，或者该人根据代理人法或其他法受到约束。1. 依赖于他人的电子认证、展示、讯息、记录或履行的当事人，负有确认归属的责任。2. 某人的行为可以任何方式证明，包括证明归属程序的有效性。3. 根据1款归属于某人的电子行为的有效性从其生成、制作或采用的环境来决定，如果有的话，包括当事人的协议，或其他的法律规定。4. 如果归属程序的存在是为了检查电子认证、展示、讯息、记录或履行的错误或更改，并且一方确认了该程序但另一方没有，没有确认的一方可以检查对方已经确认的错误或更改，不相符合的效果由协议决定，如果没有协议，确认一方可以撤销错误或更改的效果。”

其六，该法还规定了相对交易人因电子错误而产生的抗辩权。所谓“电子错误”，是指消费者在使用讯息处理系统时，因为没有提供合理的方法删除并更正或避免错误，而在电子讯息中产生的错误。这是一种不可归责于相对交易人的错误。一般情况下，自动交易系统都是由商家提供的，如果该系统没有提供必要的错误更正设施，就显然是不符合商业惯例的，其责任就不能由相对交易人负担。因此《统一计算机信息交易法》第二百一十四条在关于电子错误与消费者抗辩中规定：在自动交易中，消费者不受那些自身无意而是由于电子错误导致的电子讯息的约束，如果消费者：（1）及时知道了错误；A. 向对方通知了错误；B. 促使了向对方的交付，或根据从对方接收的合理的指示向另一人交付或毁坏了信息的所有复本；并且（2）还没有使用讯息，或从讯息收到任何利益或价值。

二、电子格式合同问题

（一）电子格式合同概述

1. 电子格式合同概念

格式合同，不同国家、地区法律称呼不同，如英国称之为标准合同（standard form contract），法国法系的国家、日本、美国称之为附和合同、随意合同（contract of adhesion），我国澳门和葡萄牙则使用的是加入合同的概念。我国《消费者权益保护法》采用的是格式合同，但是我国《合同法》第三十九条第二款规定，“格式条款是当事人为了重复使用而预先拟定，并在订立合同时未与对方协商的条款”的规定中却采用格式条款的说法。

电子格式合同就是以电子形式订立的格式合同。美国统一州法委员会

1999年制定的《统一电子交易法》（UETC）中"电子方式"系指采用电学、数字、磁、无线、光学、电磁或相关手段的技术。这样传统的电报、电传或传真，以及信息网络中的电子数据交换（EDI）、电子邮件都包括在内。根据联合国国际贸易法委员会1996年12月通过的《电子商务示范法》第二条中，数据电文是指"经由电子手段包括但不限于电子数据交换（EDI）、电子邮件、电报、电传或传真"。笔者认为电子格式合同的定义就是在以互联网为依托的电子商务中，以电子数据交换（EDI）、电子邮件（E-mail）等电子信息形式为意思表示订立的格式合同。

在电子合同的订立过程中，当事人就具体的交易条件原则上并不进行协商，往往借助于标准化合同条款，以减低交易的协商成本，简化交易程序和交易成本，提高交易安全及效率。① 电子商务中的格式合同，其特点是经营者拟订好所有条款，消费者只需按下"接受"或者"拒绝"键，就决定了该购买合同是否成立。一些经营者在网站上设置如下条款："按下接受键，表示你已同意以下条件。"还有条款规定："公司有权在任何时候更改或修正本合同条款，修改后的合同条款一旦通知即生效。"另外值得注意的是，一些电子商务站点在具体交易流程虽然没有很多格式条款，但是其用户服务条款却与格式条款类似。这种服务条款通常出现在消费者注册为站点用户的程序中，并且消费者要成功注册，就只能按下"接受"键。这些服务条款中一般包含有免除经营者责任或加重消费者责任的条款，且多声明有权随时修改服务条款。消费者通常只在进行注册的时候有机会阅读这些条款，其后的交易中这些条款并不出现在交易流程，经营者也往往并不提供方便的链接，使消费者可以随时查阅服务条款。而这些条款却作为一般性条款成为每一个具体的合同的一部分。

2. 电子格式合同的特点

电子格式合同是进入信息时代的产物，因此除了具有传统格式合同的特征外，还有以下新的特点：

（1）采用电子文本形式。电子格式合同是以特定的计算机程序为基础生成的电子文本，通过电子网络按照特定的协议传播，在到达目的地后，经过计算机整理生成可读文本并显示在荧屏或打印于纸张上方能读取。

（2）非对话性交易。电子信息技术的发展使得买卖双方足不出户即可完

① 刘德良．论网络消费者合同中的格式条款与消费者保护问题［J］．新疆大学学报：哲学社会科学版，2001（4）．

成交易，双方不需要相互见面。

（3）易变动性。由于电子数据的传播是以计算机程序的分解、转化为基础的，因而在传播的路径上易被截取、修改并重新传播；电子数据以磁性介质保存，是无形物，改动、伪造不易留痕迹。这使得电子商务的交易安全很难保证，也使得其作为证据具有一定的局限性。

网络上对消费者不利的条款的表现形式上，往往被销售者故意放到尾部或非主页或夹在其他条款中，或字小或模糊等。它的主要的表现形式是：经营者减轻或免除自己的责任，加重消费者的责任，限制和剥削消费者的权利，不合理的分配风险，缩短法定的瑕疵担保期限，转移法定举证责任，约定有利于自己的纠纷解决条款。可见，这些格式条款的使用剥夺或限制了消费者的合同自由，使消费者面临不利的境地。①

合同法的发展过程却表现为以限制契约自由为目的和宗旨，这并非是否定契约自由，而是为了实现在当事人之间的真正的契约自由，其体现之一就是对格式条款、格式合同的规制和管理，对于电子格式合同的立法，各国因所处的法系的不同而不同。

（二）我国有关格式合同的立法

我国《合同法》在第三十九条、第四十条、第四十一条中分别对格式条款的定义、不予采用的情形以及解释原则做出了规定。这些规定一般也适用于电子合同。从我国《合同法》第三十九条“采用格式条款订立合同的，提供格式条款的一方应当遵循公平原则确定当事人之间的权利和义务，并采取合理的方式提请对方注意免责或者限制其责任的条款，按照对方的要求，对该条款予以说明。”的规定中可以看出，经营者可以自由以格式条款订立合同，并且不需要经过任何特别程序，也不用和消费者商量，这就很难防止经营者利用其优势地位做出对消费者不公平的规定。这种情况在电子合同中更容易发生。因为数据电文信息传输极快，消费者可能会因一时疏忽而没有注意某些对其极为不利的规定，仓促之中根本无法对该条款进行审查而进行了确认，致使自己受到那些不合理的条款的约束。我国《合同法》第三十九条和第四十条“格式条款具有本法第五十二条和第五十三条规定情形的，或者提供格式条款一方免除其责任、加重对方责任、排除对方主要权利的，该条

① 齐爱民，万暄，张素华．电子合同的民法原理［M］．武汉：武汉大学出版社．2002：23.

款无效。”中主要规定了免责条款的效力，而对一般性格式条款的效力未做出具体规定。在格式条款中，除了免责条款，某些“显失公平”和“不合理”的条款也会侵犯消费者的权利。

我国《消费者权益保护法》第二十四条“经营者不得以格式合同、通知、声明、店堂告示等方式作出对消费者不公平、不合理的规定，或者减轻、免除其损害消费者合法权益应当承担的民事责任。格式合同、通知、声明、店堂告示等含有前款所列内容的，其内容无效。”的规定，也是主要规定格式条款的效力问题。但是《消费者权益保护法》仅用于消费合同，而消费合同不能涵盖全部的格式合同，其他单行法也仅用于本法所特指的有名合同，比如《保险法》只适用于保险合同，《海商法》仅适用于海上运输合同等，而缺乏普遍适用的规制格式合同的法律。

很多国家都对电子格式合同进行了规定，如日本《访问交易法》中的规定，经合组织1999年通过的关于《电子商务中的消费者保护指南》中的规定，英国1974年制定的《消费信用法》、德国1976年制定的《通信教育受讲者保护法》等均有类似规定。

（三）对电子格式合同的立法规制

对电子格式合同的立法规制是为了弥补其他规制方法的不足，进一步保护消费者的合法权益。第一，规定电子格式合同提供方的民事义务和消费者的审阅合同的机会，根据《合同法》第三十九条第一款：“采用格式合同订立合同的，提供格式条款的一方应当遵循公平原则确定当事人之间的权利义务，并采取合理的方式提请对方注意免除或者限制其责任的条款，按照对方的要求，对该条款予以说明。”电子格式合同的提供方应当对格式条款进行说明，但明示义务的范围不仅限于免除或者限制责任的条款，而应当包括全部格式条款，且该条规定为明确提出格式合同提供者应给予对方当事人审阅合同的机会。在网上比较普遍的呈现格式合同的方式是通过链接的功能体现的，是消费者通过点击同意才能链接到下一个网站看合同内容，视为已经明示或公告了格式合同的内容。但是电子格式合同的提供方采取的是格式条款隐藏在不清楚的链接中或者字体较小或者置于不明显处。消费者根本看不到等等，则应该判定其未对电子格式合同条款进行明示，使消费者对格式合同条款内容无法了解，该电子格式合同不应当用来约束交易相对人。法律应当保证消费者有充分的权利和机会了解和审阅电子格式合同的内容并且有充分的时间来决定是否订立合同。第二，规定消费者享有事后质疑的权利，根据《合同法》第四条第一款第二项和《民法通则》第五十九条第一款第二项的规定，即使消费者在签订合同前已经有审阅合同的机会，但签订合同之后根据公平原则，仍然享有对现实公平的合同条款提出质疑的权利。第三，法律应当规定对电子格式合同提供者提供的免责条款进行限制，根据《合同法》第四十条和《消费者权益保护法》第二十四条的相关规定，在电子商务的实践中销售者很可能在合同中通过格式条款减轻、免除自己的责任，甚至将这些条款故意采取一种模糊或不宜引人发觉的方式表现来侵害消费者的合法权益，但是法律明确规定合同的提供方不得免除其基本法定义务，不得剥夺相对人的基本法定权利。所以，法律应当为了保护消费者的合法权益，而对合同的提供方进行限制。第四，应当赋予消费者购买商品或接受服务后的合理保护期，以防止欺诈、保证交易双方信息对称、保护资金安全。我国可以参考国际上相关的做法，在相关法规中规定："消费者若经由广播、电视、电话、传真、报纸、杂志、因特网、传单等所刊登的广告邮寄商品，将视为'特种买卖'，消费者收受商品，可于收受商品 7 日内返回商品或者书面解除买卖契约①，无需说明理由及负担任何费用。"特种买卖的确定可以更好地保护消费者的合法权益，使消费者享有合同的解除权或者在法定期限内退回商品的权利，但不乏有些消费者可能随意去退货或解除合同滥用这些权利，这样有可能侵害经营者的权益。所以在赋予消费者解除权和法定期限内退货权的同时，也要对其进行合理的限制，不能因为要保护消费者的"权利"而损害了经营者的权益。

对电子格式合同的规范除了上面介绍的 4 种方法外，还有很多方法，如：提供商的信息责任，对商品的价格、产地、生产者、用途、性能等必要信息进行披露，商品的文字介绍和图片介绍应该与实物一致；对电子商务中的打折商品进行"三包服务"，电子商务中的"三包服务"是否和现实交易中三包服务的规定一样？

（四）不公平电子格式合同的法律责任及救济途径

根据各国对电子格式合同的不同立法，及对我国的相关立法的分析，总结出以下对不公平电子格式合同的法律责任和救济途径。

① 有些学者认为这一期限是退货期或犹豫期。笔者也认为这一期限是退货期，它给予消费者合理的考虑期限。

1. 法律责任

（1）民事责任。电子格式合同中的不公平条款是提供者利用自身优势做出的违反法律规定或是双方的权利义务明显违反公平、等价有偿原则的合同约定，消费者对格式条款没有异议权，只能点击“同意”，属于显失公平的行为，根据《合同法》第五十四条的规定：“下列合同，当事人一方有权请求人民法院或者仲裁机构变更或者撤销：（一）因重大误解而订立的合同；（二）在订立合同时显失公平的。一方以欺诈、胁迫的手段或者乘人之危，使对方在违背真实意思的情况下订立的合同，受损害方有权请求人民法院或者仲裁机构变更或者撤销。当事人请求变更的，人民法院或者仲裁机构不得撤销”和《民法通则》第五十九条的规定：“下列民事行为，一方有权请求人民法院或者仲裁机构予以变更或者撤销：（一）行为人对行为内容有重大误解；（二）显失公平的。被撤销的民事行为从行为开始无效。”是属于可撤销的民事行为。该行为被法院或仲裁机关撤销之前会产生三种情况：第一，电子格式合同已经履行，并且给相对人造成损失，依照法律规定电子格式合同的提供者就具备了承担民事责任的构成要件——有违反民事义务的行为，造成了损害民事权利的结果，损害结果与损害行为之间存在因果关系，行为人有过错。电子格式合同提供方就应该承担民事责任（侵权行为的民事责任或违反合同的民事责任），其行为是可撤销的民事行为，被撤销后该行为自开始无效，消费者可以要求返还原物，原物不存在的适当补偿，相对人有过错的承担损害赔偿责任。第二，电子格式合同虽已经履行但是相对人未受到损害或电子格式合同尚未履行，此时行为人的行为没有构成损害事实，达不到侵权行为的构成要件，不能构成侵权行为民事责任，不用承担民事责任。

（2）行政责任。行政责任是指行政相对人实施行政法律、法规禁止的行为所必须承担的法律后果，也就是行政违法行为所受到的行政处罚。①

电子格式合同的对象是面向不特定多数人，造成的社会危害是广泛的、普遍的，单纯的民事责任是不足以充分保护所有相对方的合法权益的。民事诉讼不能全面保护消费者合法权益的原因，其一是采取“不告不理原则”，法院不能依职权主动对格式合同进行审查；其二，民事诉讼的社会保护面是有限的，民事诉讼只能保护诉讼双方；其三，民事诉讼是事后补救措施，赔偿发生于侵权行为之后；其四，法院判决只针对某个特定的电子格式合同，没

① 王众孚. 消费者权益保护法律理解与适用［M］. 北京：工商出版社，2000.

有普遍性。而行政诉讼虽然针对民事诉讼这些不足也表现得不那么好，但是它对解决电子格式合同方面有着自己的独特之处，根据《反不正当法》第二十三条、《合同法》第一百二十六条、《保险法》第一百三十二条、《劳动法》第八十九条等规定，行政诉讼可以由相对人提起也可以由法院依职权主动提起进行行政处罚，当侵权行为情节轻微、涉及数额少的时候可即时处罚，避免了冗长的民事诉讼程序，节省了时间。

(3) 刑事责任。根据《刑法》第二百二十六条："以暴力、威胁手段强买强卖商品、强迫他人提供服务或者强迫他人接受服务，情节严重的，处三年以下有期徒刑或者拘役，并处或者单处罚金。"这是《刑法》规定的强迫交易罪，《刑法》中没有规定不公平交易罪，因此电子格式合同本身并没有触犯刑律，不能追究电子格式合同提供者的刑事责任。所以，要电子格式合同的提供者承担刑事责任，呈现在与电子格式合同行为有关的其他行为中。

2. 救济途径

电子格式合同的相对方在受到侵害时可以采取什么方法来维护自己的合法权益呢？根据《消费者权益保护法》第三十四条规定："消费者和经营者发生消费者权益争议的，可以通过下列途径解决：（一）与经营者协商和解；（二）请求消费者协会调解；（三）向有关行政部门申诉；（四）根据与经营者达成的仲裁协议提请仲裁机构仲裁；（五）向人民法院提起诉讼。"和《合同法》第一百二十八条："当事人可以通过和解或调解解决合同争议。当事人不愿意和解、调解或者和解、调解不成的，可以根据仲裁协议向仲裁机构申请仲裁。……当事人没有订立仲裁协议或者仲裁协议无效的，可以向人民法院起诉。当事人应当履行发生法律效力的判决、仲裁裁决、调解书；拒不履行的，对方可以请求人民法院执行。"一般的救济途径有以下几种：第一，协商和解，消费者与经营者因电子格式合同发生争议时可以采取协商一致原则进行和解，消费者可以和电子格式合同的提供方达成和解协议，协议解决纠纷，但是和解协议并无强制执行的法律效力并且协商并非解决电子格式合同争议的必经程序。第二，调解，根据上面《消费者权益保护法》第三十四条和《合同法》第一百二十八条的规定消费者与经营者发生争议时可以采取调解的方式来保护自己的合法权益，消费者可以申请消费者协会进行调解，调解是在第三方的参与下完成的，消费者协会是消费者的组织，保护消费者的权益，这种方法有利于消费者的利益。但是调解书没有强制执行的效力，也不是解决纠纷的必经程序。第三，仲裁，根据上面《消费者权益保护法》第三十四条和《仲裁法》的相关规定，当消费者与经营者因为电子格式合同问题发生争议时可以不经协商和调解而直接采取仲裁的方法解决，当事人申请仲裁的必须是双方自愿并且达成了仲裁协议，没有仲裁协议仲裁委员会不会受理。第四，诉讼，根据《消费者权益保护法》和《民事诉讼法》的相关规定，消费者可以电子格式合同违反了其合法权益为由向法院提起诉讼，根据证据规则“谁主张谁举证”原则，消费者应当就经营者提供的电子格式合同限制其权利、加重其责任、免除经营者责任等侵犯其合法权益的行为举证。

三、电子错误

（一）电子错误概述

通常认为，根据错误发生的原因，电子错误主要包括两种情形，一是信息系统错误；二是人为错误。所谓信息系统错误，也称网络平台错误、交易双方信息系统错误或电子代理人错误，是指计算机系统或网络系统在自动运行的过程中发生的错误。例如，消费者在网上订购100台机器，但自动信息系统却识别为1 000台并作出承诺。所谓人为错误，通常包括输入错误、传达错误或使用错误的资料等情形，是指由于系统本身的程序缺陷而导致消费者作出错误的意思表示，是行为人在使用电子通信过程中发生的错误，这是一种不可归责于相对交易人的错误，其具体表现为当事人由于疏忽而在电子记录中传达了与其意思不一致的信息。例如，卖方由于输入错误而对产品标示了错误的价格，买方对商家产生误解或明知这种错误仍向卖方发出要约等。

不论是自然人还是电子代理人，出现错误都在所难免。在人与人之间直接进行的交易中，一旦出错，及时纠正是可能的。在电子交易中，电子代理人通常是按照预先设定的程序运行，电子传输过程的速度很快，几乎是在瞬间完成的。交易速度之快，错误的几率也就会相应地增加，尤其是定价错误。例如，由于输入错误，联合航空公司曾发出信息，将一张由旧金山飞往巴黎的机票定价为24.98美元；2003年，亚马逊网曾将每台市价为1 049美元的电视机定价为99.99美元；同年，亚马逊网将一台价为287英镑的惠普IPAQ掌上电脑定价为7.32英镑；2001年，柯达公司在网上为其一款数码相机做广告，但将每台329英镑定价为每台100英镑；1999年，Argos网站在其自己的网站上发布广告，将每台299英镑的电视机错误地定为每台3英镑，等等。

在电子交易中，发生类似错误的例子举不胜举。实践中，商家的对策也有所差异。有的基于商业信誉的考虑去承兑错误定价的订单；有的则做出一些价格和利益上的调整或者干脆直接否定其责任。例如，亚马逊认为，只有在其通过电子邮件确认顾客的订单之后，合同才成立，在此之前，它都有拒绝订单的权利，因此，亚马逊取消了那些以其错误定价发出的订单；柯达公司虽然最初也拒绝承兑订单，并认为（1）根据标准条款，它有权在任何时候改变网上的内容，包括价格；（2）柯达公司的错误致使合同无效；（3）网站上的广告应视为要约邀请。但柯达公司最终承兑了这些订单，也因此造成了几百万英镑的损失；Argos 网认为，由自动跟踪系统所做的自动回复仅仅是对订单的一种承认，并不构成对要约的承诺，因此拒绝承兑订单。由此可见，电子环境下出现错误的可能性要比传统纸面环境下大得多，而且与纸面错误相比，电子错误更不易被察觉和更加难以及时纠正。在电子交易中，一旦出现错误，对交易各方的利益将产生重要的影响。因此，了解电子交易中的电子错误及其责任承担，就成为电子交易中的关键问题。

（一）有关电子错误的国际和国内立法

1. 美 国

1999 年《统一电子交易法》。美国 1999 年通过的《统一电子交易法》第十条规定："如果某一电子记录在交易当事人之间的传输中出现改变或错误，则适用下列规则：（一）如果当事人已同意使用某一安全程序用以检测改变或错误，且一方遵照了该程序，而另一方未遵照，并且未遵照方如果也遵照的话本是能够检测出这一改变或错误的，则该被改变或错误的电子记录对于遵照方不发生效力。（二）在涉及包括一个个人的自动交易中，该个人在与另一方当事人的电子代理人进行交易过程中产生错误的电子记录对该个人不发生效力，如果该电子代理人未能提供预防或纠正错误的机会并且该个人在知悉此错误之时，该个人：（A）立即向另一方通知此项错误和该个人不欲受另一方所收到的电子记录拘束的意思；（B）采取必要步骤，包括采取符合于另一方合理指示的步骤，以返回于另一方，或者如果受到另一方的指示，去消除任何收到的由此错误电子记录所产生的要约；（C）并且没有使用或接受任何从另一方收到的要约的利益或价值。"该条认识到了电子代理人在进行交易时可能因为数据传送过程发生错误或其他人为因素而采取一些当事人不可预料的行为，规定了自动交易中由于人为因素而发生变动或错误时的责任承担问题。在涉及个人的自动交易中，个人可以撤销在与他人的电子代理人交易中源自于其本人的错误的电子记录的效力，其前提条件是电子代理人未能提供机会避免或纠正错误，或者该个人在知道电子记录出现错误时采取了上述几种行为。如果电子代理人提供了改正错误的机会，消费者仍然签订了合同，则消费者将丧失撤销合同的权利。不仅如此，该条还规定如果在错误发生时，上述规定不适用，可以适用其他法律，包括“有关错误的法律”和当事人之间的合同，从而确定了电子代理人发生错误时适用的实体法。

1999 年《统一计算机信息交易法》。美国《统一计算机信息交易法》不仅对电子错误进行了定义，也对消费者在使用信息处理系统时，由于没有提供合理的方法删除、更正或避免错误，而在电子信息中产生错误的情形做出了规定。该法第二百一十四条（a）款规定：“电子错误是指如没有提供检测并纠正或避免错误的合理方法，消费者在使用一个信息处理系统时产生的电子讯息中的错误。”显然，如《统一电子交易法》一样，该条规定排除了计算机信息系统运行过程中的错误，而只是对电子合同当事人自身原因所导致的错误作了规定。为了避免消费者在从事网络交易时因电子错误而丧失其撤销或解除合同的权利，《统一计算机信息交易法》主要针对商家使用电子代理人与消费者订立合同发生错误的情况进行规定，还加入了保护消费者的特别规定，集中体现了保护消费者利益的原则。该法第二百一十四条规定，在经营者未在其信息处理系统上提供发现并纠正或避免电子错误的合理方法的前提下，发生消费者不愿意接受的电子错误时，如消费者采取了以下行动，则不承担任何责任：一是在知悉电子错误时立即通知交易对方并将所有的信息拷贝交付给交易对方或根据其指示交付给第三人，或销毁所有信息拷贝；二是消费者未使用该信息，也未从中获取任何利益。这样就为消费者提供了一种抗辩的理由，使得消费者在满足上述条件时，有权主张不受该电子讯息的拘束，从而鼓励了消费者对电子交易的参与和信心。此外，《统一计算机信息交易法》在第二百零六条（a）还对电子错误的责任承担进行了规定，如果在通过电子代理人签订合同的过程中出现了欺诈、电子错误或类似情况的话，法院可给予适当的免责。尽管该条率先对人为错误的责任承担进行规定是非常可取的，但随着电子代理技术的发展，尤其是移动电子代理人用于商业领域之后，电子交易中的错误将会变得更为复杂，而笼统且过于简单的规定显然不足以应对各种纷繁复杂的情形。

美国《统一商法典》买卖篇 2003 年修正。纵观 2003 年修正后的《统一商法典》买卖篇，其中并没有明确规定电子错误的条文。但是，在对第二至二十四条，即关于订立合同的一般原则的正式评论第六条中，修正指出：本条并不限制衡平法上的抗辩，如电子合同订立过程中的欺诈或错误。但是，由于美国在电子错误方面的法律还不是很完善，而且，实际问题可能无法由源于非电子交易的法律标准来解决，法院不应自动适用规范其他情况的标准。在处理电子合同衡平法请求权的过程中，电子交易和非电子交易的具体区别也应考虑。由此可见，UCC虽然不排除其他法律原则对电子错误纠纷的解决提供指引，但并没有对之明确地表态，而是对电子错误立法问题留出了更大的空间。

2. 加拿大1999年《统一电子商务法》

为了促进信息技术在商业实践中的运用，解决法律不确定性给电子商务发展带来的障碍，加拿大于1999年通过了《统一电子商务法》。该法在其第22节中规定：“自然人与另一人的电子代理人订立的电子文件，如该自然人在文件中犯了实质性错误，且存在下列情形，则该电子文件没有法律效力并不可执行：（a）电子代理人没有向该自然人提供防止或纠正错误的机会；（b）该自然人在知悉错误后实际可行地尽快通知另一人，自己在电子文件中犯了错误；（c）该自然人采取了合理措施，包括按照另一人关于返还有关对价所指示的步骤返还对价，如果由于错误产生了对价，或依指示毁灭了该对价；（d）且该自然人并未利用或接受从另一人受到的代价中产生的任何实质性好处或价值，如果有的话。”该条对自然人与另一人的自动计算机系统打交道时发生错误的情形进行了规定，阐明了在自然人发生实质性错误的情况下该人不受合同约束的条件。事实证明，正如美国的《统一电子交易法》和《统一计算机信息交易法》一样，根据衡平法上的错误免责规则，加拿大在电子错误方面确立的消费者免责制度，不仅有利于避免和解决电子商务实践中发生的纠纷，鼓励交易双方对电子交易的参与，同时也更好地保护了消费者的合法权益。

3. 2005年联合国国际贸易法委员会《国际合同使用电子通信公约》

考虑到国际合同中使用电子通信的法律效力的不确定性所产生的问题构成了对国际贸易的障碍，早在2002年，联合国国际贸易法委员会在最初的《电子订约公约草案》第十二条第二款和第三款规定中，就涉及电子错误问题。草案规定，“2. 除非当事人另有明文约定，通过自动计算机系统表示能够提供货品或服务的当事人应当向使用该系统的其他当事人提供技术手段，使这些当事人能够在订立合同前发现和纠正错误。依照本款提供的技术手段应当适宜、有效和便于使用。3. 自然人连通他人自动计算机系统订立合同而在数据电文中造成重大错误并有下列情形的，合同无法律效力，并不可执行。(a) 该自动计算机系统未提供该自然人预防或纠正错误的机会；(b) 该自然人在发现错误尽实际可能立即将错误通知对方并指出自己在数据电文中造成错误；(c) 该自然人采取合理步骤，包括遵照对方指示步骤退还因错误而可能收到的任何货品或服务，或者根据指示销毁这种货品或服务；(d) 以及该自然人没有使用可能从对方收受到的任何货品或服务产生的任何重大利益或价值或从中受益。”

2005 年 11 月，联合国国际贸易法委员会通过了《国际合同使用电子通信公约》。其中，公约第十四条规定：“一、一自然人在与另一方当事人的自动电文系统往来的电子通信中发生输入错误，而该自动电文系统未给该人提供更正错误的机会，在下列情况下，该人或其所代表的当事人有权撤回电子通信中发生输入错误的部分：（一）该自然人或其所代表的当事人在发现错误后尽可能立即将该错误通知另一方当事人，并指出其在电子通信中发生了错误；而且（二）该自然人或其所代表的当事人既没有使用可能从另一方当事人收到的任何货物或服务所产生的任何重大利益或价值，也没有从中受益。二、本条中的规定概不影响适用任何可能就除了第一款中所提到的错误之外的任何错误的后果作出规定的法律规则。”在对草案的讨论中，有的代表认为，一项以保护消费者为政策中心的规则并不适合于商事交易，并且还会带来证据收集困难等一系列的问题。在自然人与计算机系统进行订约的情形下，人为差错的风险更高，如果没有一定的预防和纠正技术，一旦信息发送出去，对自然人造成的损失是不可挽回的。目前，各国国内关于错误的立法相互冲突，不利于电子商务争议的解决，现实要求制定统一的电子错误规则。因此，公约应该对人为错误进行规定。公约没有规定信息系统错误问题，但是工作组在涉及该条款草案的讨论中认为，“任何此种差错终应归属经由此种系统代为处理事务的当事人负责。如果自动信息系统以其所代理的当事人无法合理预期的方式产生了错误的行为，该项原则理应有所松动”。有与会代表认为，在考虑自动信息系统所代表的当事方的责任限制时，应考虑到当事方对用来为该系统编程的软件或其他技术方面有多大程度的控制能力。与草案相比，公约去掉了关于信息系统设置人需要提供技术手段的规定，并将重大错误的效果由合同没有法律效力改为当事人有权撤回错误部分。①公约只对个人与自动信息系统进行交易时的输入错误进行规定，对于国内法中规定的其他类型的错误并没有涉及。尽管公约规定了自然人在一定条件下的撤回权，但很明显，作为各国相互妥协的产物，无论是在错误的范围，还是错误的法律后果方面，公约的规定都是相当谨慎而有限的。但尽管如此，公约被认为“不仅为商事交易创造了确定性，保护了消费者免受不公平贸易的影响，而且为网络商家提供了预防错误，保证交易安全的措施，鼓励了为他人利益着想的好的商业行为”。无疑随着电子商务的进一步发展，错误的发生不可避免。随着各国相继签署《国际合同使用电子通信公约》。②公约获得批准并正式生效似乎只是时间的问题。一旦公约生效，其中关于电子错误的规定将成为各国解决电子商务实践纠纷非常重要的依据。

4.《国际商事合同统一通则》

《国际商事合同统一通则》（以下简称通则）对差错的后果制定了实质性的规则，规定了差错对于合同有效性的影响。其中第3.5条第（1）款规定，当事人若想基于“错误”而宣告合同无效，必须满足如下要件。首先，此错误必须是在合同订立时业已存在的。其次，只有在错误达到如此重大时，才能宣告合同无效。再次，只有非错误方满足如下四种条件之一时，错误方才能宣告合同无效：a. 双方当事人犯了相同的错误；b. 该错误是由另一方当事人引起的，此错误可以是由另一方当事人明示或默示或通过行为所传达的意思表示所造成的；c. 对于错误的存在，另一方当事人已经知道或理应知道但却有悖于公平交易的合理商业标准，致使错误方一直处于错误状态中。由该规定可以看出，援引该规定的当事人除了必须证明另一方当事人知道或理应知道此错误外，错误方还必须证明依据公平交易的合理商业标准，另一方当事人就此错误负有告知的义务；d. 另一方当事人在错误方宣告合同无效时尚未依其对合同的信赖行事。《通则》第3.6条规定，在表述或传达一项声明中发生的错误，应视为做出声明一方的错误。据此，如果此错误满足了第3.5条（1）款的规定，则做出声明的一方可以主张合同无效。需要注意的是，此错误必须是发生在表述或传递过程中的。如果信息已经到达接受方，而接受方由于主客观原因而误解了其内容，则该错误不属本条规定的范畴。如果此时符合第3.5条（1）款的规定，则接受方而非声明方可以援引其规定宣告合同无效。需要注意的是，《通则》所指的错误并不限于电子错误或者电子交易中发生的其他错误，而是泛指一般情形下，一方当事人根据单方错误废止合同权利需要满足的实质性条件。早在对《国际合同使用电子通信公约》草案讨论的时候，就有代表提出公约需要如《国际商事合同统一通则》那样对电子错误的后果制定实质性的规则，尽管由于遭到反对，且公约最终没有采纳这种观点，但不能因此而忽视这些规则的重要性，《通则》虽然不是国际性公约，不具有强制性，完全由合同当事人自愿选择适用，但由于它尽可能地兼容了不同文化背景和不同法律体系的一些通用的法律原则，同时还总结和吸收了国际商事合同中所广泛适用的惯例和规则，并在本质上充分灵活地考虑到由于国际技术和经济发展的新情势对国际商务实践所产生的影响，因而对于指导和规范国际商事合同具有相当大的影响力。

（三）我国有关电子错误的司法实践及评述

1. 我国首例网上拍卖纠纷①

在我国首例网上拍卖纠纷案中，原告是被告的拍卖网站的注册用户，原告按照被告网站上的拍卖公告参加了竞买，并通过竞价购得三台计算机，且网站的拍卖结果也确认了拍卖成交。原告于是向被告支付了三台计算机的价款，并等待被告交货。但当原告再次登陆被告网站时，发现被告网站的拍卖公告中的拍卖周期已经延长，而且原告已经竞买的三台计算机仍在继续被拍卖，并且重新公布了拍卖结果。于是，原告起诉被告违约。

关于拍卖是否有效，这里不想赘述，在此只想就此案中的责任承担问题进行分析。首先，本案中的错误究竟是自动信息系统本身不可抗拒的技术原因导致的，还是由于商业网站设计、使用或管理操作不当造成的，需要予以明确认定。法院在此笼统认定是电子代理人出错，从而根据任何此种差错终应归属经由此种系统代为处理事务的当事人负责的理念，判决该商业网站承担因此而造成的直接损失。有学者认为，作为信息系统的最终支配方应对自动信息系统的故障导致的电子合同无效负责。该种责任在合同法上属于缔约过失责任或风险承担责任，即利用自动信息系统应当确保其运行无误或承担出错的意外风险。至于出错的真实原因是由于设计缺陷还是意外，只是可否向生产者或销售者主张责任的依据，而与信息系统的支配者是否承担责任无关。当然，也有学者认为，如果电子错误的发生是商家不可预测的，也不可归责于交易双方，应适用公平责任。有学者提出，在自然人与自动信息系统进行的交易中，为了预防和避免信息系统错误，可以规定由自然人一方将自动信息系统不正常运作情况予以合理通知的机制，以保证交易是按照自动信

① 参见张岩诉北京金贸网拍电子技术有限公司、国安五龙国际拍卖有限公司网上拍卖纠纷案。

息系统使用人的真实意图而达成的。这种机制将责任转移到另一方当事人，如果自然人没有及时通知，那么因自动信息系统错误而导致的结果由自然人本人承担。试想，如将义务过多地施加于自然人一方，显然不太合理，反而容易使自然人逃避这种由自动信息系统参与的电子交易，从而阻碍电子商务的发展。

实践中，自动信息系统故障的原因是多方面的，可能是由于被告设计、使用或管理不当，也可能是纯属不可抗拒的技术原因，如果一味地将错误归结为技术原因，使用人就会动辄借口故障而拒绝承担责任，反之，如果不加分辨，将所有情况下的错误都归于电子代理人的使用人，也将有失公允，从而不利于以电子代理人为媒介的电子商务的发展。通常情况下，当事人在订立合同的过程中依赖的主要是信息，而很少关注对方是否有自动信息系统的参与，因此是本着善意的目的。根据我国民法有关代理的基本原理，“被代理人对代理人的民事行为承担民事责任”应该由电子代理人的使用人来承担。此外，电子代理人的行为是根据使用人所设定的程序而产生的，使用人在设定程序的时候应该充分预见到可能发生的电子风险，并承担由于程序不完善等原因而导致的法律责任。除此之外，相比交易相对人而言，自动信息系统的支配方具有更多的向生产者或销售者追偿的机会，因此，此种情况下，由自动信息系统的支配方承担由于信息系统错误而导致的责任是合理的。但是，如果差错是由于技术水平有限或其他当事人无法预期的原因而形成的，此时仍然坚持归责于支配方的原则，则会让支配方承担过多的责任，导致支配方为了避免损失，而减少甚至拒绝再次利用自动信息系统进行交易。

2. 网易与网民信息费纠纷

现实生活中，网民由于无意的操作而选择相关收费项目服务，并因此而被所在网站扣除相应费用的现象屡屡发生。即使网民在发现自己选择了本不愿意选择的项目之后及时删除了相关服务，但相关费用仍然被扣除。例如，2002 年发生的“网易事件”就是在类似的情形下，关于网站是否应将相关费用退还给消费者而引发的争议。

根据普通法的原则，“避免错误的发生不能成为废除合同的一项权利或理由”。网民点击相关收费项目并确认该选择，在商家没有欺诈的情况下，确认行为在到达商家的系统以后，在网民和商家之间就建立了有效的电子合同关系，即所谓的“访问合同”。按照商家提供的合同条款，消费者选择了“下一步”就视为对“上一步”的确认，这样一来，商家有权通过移动通信公司扣除消费者的信息费。显然，消费者不能要求网站归还其相应费用。但是，根据衡平法的原则，如果一方当事人的错误对另一方还没有造成损害，且该方当事人还没有从另一方处获取利益，从公平的角度应当允许错误方改正其错误以避免错误方遭受不利的后果。由于网民在第一时间通知了网易，并且及时删除了相应的收费项目，也没有从网易获取任何信息。因此，从公平的角度来看，消费者有权要求网站退还费用，从而避免其遭受不利的后果。我国不是普通法系国家，没有电子交易中的抗辩权制度，我国立法中也没有关于电子错误的专门规定。虽然我国的合同法规定了抗辩权制度，但由于网易是先收取费用后提供服务，消费者仍然无法引用此规定以获得法律保护。根据中国目前的法律，要求网易退费尚存在一定的法律空间。因此，为了更好地保护消费者在电子交易中的权益，从而保证电子交易健康快速发展，有必要尽快建立起我国的电子错误规则。

【本章思考题】

1. 什么叫电子合同？其特征有哪些？
2. 在我国，电子合同是否有效？相关法律是如何规定的？
3. 简述电子合同的生效、撤回和撤销。
4. 我国法律关于电子合同成立地是如何规定的？
5. 什么是电子代理人？其法律责任由谁承担？
6. 简述不公平电子格式合同的法律责任及救济途径。
7. 什么是电子错误？其特点是什么？

第四章 电子签名与电子认证法律制度

【案例导入】 电子签名法第一案

2004年1月，杨先生结识了女孩韩某。同年8月27日，韩某发短信给杨先生，向他借钱应急，短信中说："我需要5 000，刚回北京做了眼睛手术，不能出门，你汇到我卡里"。杨先生随即将钱汇给了韩某。一个多星期后，杨先生再次收到韩某的短信，又借给韩某6 000元。因都是短信来往，二次汇款杨先生都没有索要借据。此后，因韩某一直没提过借款的事，而且又再次向杨先生借款，杨先生产生了警惕，于是向韩某催要。但一直索要未果，于是起诉至海淀法院，要求韩某归还其11 000元钱，并提交了银行汇款单存单两张。但韩某却称这是杨先生归还以前欠她的欠款。

为此，在庭审中，杨先生在向法院提交的证据中，除了提供银行汇款单两张外，还提交了自己使用的号码为"1391166××××"的飞利浦移动电话一部，其中记载了部分短信息内容。如：2004年8月27日15：05，那就借点资金援助吧。2004年8月27日15：13，你怎么这么实在！我需要五千，这个数不大也不小，另外我昨天刚回北京做了个眼睛手术，现在根本出不了门口，见人都没法见，你要是资助就得汇到我卡里！等韩某发来的18条短信内容。

后经法官核实，杨先生提供的发送短信的手机号码拨打后接听者是韩某本人。而韩某本人也承认，自己从去年七八月份开始使用这个手机号码。

法庭判决：

法院经审理认为，依据《最高人民法院关于民事诉讼证据的若干规定》中的关于承认的相关规定，"1391173××××"的移动电话号码是否由韩女士使用，韩女士在第一次庭审中明确表示承认，在第二次法庭辩论终结前韩女士委托代理人撤回承认，但其变更意思表示未经杨先生同意，亦未有充分证据证明其承认行为是在受胁迫或者重大误解情况下作出，原告杨先生对该手机号码是否为被告所使用不再承担举证责任，而应由被告对该手机其没有使用过承担举证责任，而被告未能提供相关证据，故法院确认该号码系韩女士使用。

依据2005年4月1日起施行的《中华人民共和国电子签名法》中的规定，电子签名是指数据电文中以电子形式所含、所附用于识别签名人身份并表明签名人认可其中内容的数据。数据电文是指以电子、光学、磁或者类似手段生成、发送、接收或者储存的信息。移动电话短信息即符合电子签名、数据电文的形式。同时移动电话短信息能够有效的表现所载内容并可供随时调取查用；能够识别数据电文的发件人、收件人以及发送、接收的时间。经本院对杨先生提供的移动电话短信息生成、储存、传递数据电文方法的可靠性；保持内容完整性方法的可靠性；用以鉴别发件人方法的可靠性进行审查，可以认定该移动电话短信息内容作为证据的真实性。根据证据规则的相关规定，录音录像及数据电文可以作为证据使用，但数据电文可以直接作为认定事实的证据，还应有其他书面证据相佐证。

通过韩女士向杨先生发送的移动电话短信息内容中可以看出：2004年8月27日韩女士提出借款5 000元的请求并要求杨先生将款项汇入其卡中，2004年8月29日韩女士向杨先生询问款项是否存入，2004年8月29日中国工商银行个人业务凭证中显示杨先生给韩女士汇款5 000元；2004年9月7日韩女士提出借款6 000元的请求，2004年8月29日韩女士向杨先生询问款项是否汇入。2004年9月8日中国工商银行个人业务凭证中显示杨先生给韩女士汇款6 000元。2004年9月15日至2005年1月韩女士屡次向杨先生承诺还款。

杨先生提供的通过韩女士使用的号码发送的移动电话短信息内容中载明的款项往来金额、时间与中国工商银行个人业务凭证中体现的杨先生给韩女士汇款的金额、时间相符，且移动电话短信息内容中亦载明了韩女士偿还借款的意思表示，两份证据之间相互印证，可以认定韩女士向杨先生借款的事实。据此，杨先生所提供的手机短信息可以认定为真实有效的证据，证明事实真相，本院对此予以采纳，对杨先生要求韩女士偿还借款的诉讼请求予以支持。

【思考】（1）从此案法官判决中可以看出，法官引用了《电子签名法》中的规定，您认为在此案中，手机短信是否能作为证据？（2）如何来确定短信的法律效力？

第一节 电子签名概述

一、电子签名概念和种类

（一）传统签名的概念

传统意义上讲，签名本身就是一个广泛而有分歧的概念，东西方也有不同理解。通常在我国，《辞海》对“签名”的解释是：“在文件上亲笔署名或画押”。《现代汉语词典》的解释是，“签名”是指“写上自己的名字”。

（二）电子签名的概念和种类

电子签名是传统签名在信息化时代的发展，电子签名并非是书面签名的数字化扫描图像，而是附加于一项数据电讯之中或之后的，或与之有逻辑上联系的电子数据信息，它可用来证明数据电讯发出者的身份，确定签名人与数据信息的联系并表明签署者承认该数据电讯中所包含的信息内容。目前国际上并没有统一的电子签名定义，根据目前电子签名的技术方案，综合各国立法，可以归为以下几类：

（1）广义的电子签名：所谓广义的电子签名，是指包括数字技术、生物特征技术、电子录音、电传等各种电子技术手段在内的电子签名。

（2）狭义的电子签名即数字签名：数字签名属于电子签名中的一种，是指以非对称密钥技术为基础的签名，而电子签名还可以包括口令、密钥以及生物特征鉴别法等。不过数字签名是目前广泛使用且技术最为成熟的一种。关于数字签名，后面还会详述。

二、电子签名的特征、形式及功能

（一）电子签名的特征

由电子签名的概念可以看出，电子签名应具备如下特征：

（1）电子签名是以电子形式出现的数据。

（2）电子签名是附着于数据电文的。

（3）电子签名必须能够用于识别签名人身份并表明签名人认可与电子签

名相联系的数据电文的内容。

（二）电子签名的形式

电子签名具有多种形式，如：附着于电子文件的手写签名的数字化图像，包括采用生物笔迹辨别法所形成的图像；向收件人发出证实发送人身份的密码、计算机口令；采用特定生物技术识别工具，如指纹识别或是眼虹膜透视辨别法等。无论采用什么样的技术手段，只要符合电子签名的概念，均可视为电子签名。

（三）电子签名的功能

在电子商务活动中，电子签名主要有三种功能：

（1）证明文件的来源，即识别签名人；

（2）表明签名人对文件内容的确认；

（3）是构成签名人对文件内容的正确性和完整性负责的根据。电子签名与传统商务活动中的签名、盖章作用相同，具有同样的法律效力。

三、电子签名的相关概念

（一）电子签名人

电子签名人是指持有电子签名制作数据并以本人身份或者以其所代表的人的名义实施电子签名的人。电子签名人可以通过两种方式签名：第一，用自己的电子签名制作数据实施电子签名；第二，委托他人，即使用委托人的电子签名制作数据实施电子签名。

（二）电子签名依赖方

电子签名依赖方是指基于对电子签名认证证书或者电子签名的信赖而从事有关活动的人。

（三）电子签名认证证书

电子签名认证证书是指可证实电子签名人与电子签名制作数据有联系的数据电文或者其他电子记录。

四、电子签名与传统签名的关系

（一）签名的法律意义

在传统商务活动中，为了保证交易的安全与真实，书面文件要由当事人或其负责人签字、盖章，在法律上承认该书面文件的合法有效性。在电子商务活动中，合同或文件是以无形的电子文件形式表现和传递的。在电子文件上，传统的手写签名和盖章是无法进行的，这就必须依靠技术手段来替代。电子签名能够用于在电子文件中识别双方交易人的真实身份，保证交易的安全性、真实性和不可抵赖性，是与手写签名或者盖章有同等作用的电子技术手段。不论是传统商务还是电子商务，法律都要求签名必须是一个记号，有某些预期的后果，必须由当事人来完成，因此签名一般是具有法律意义的行为。

（二）电子签名与传统签名的关系

（1）主要功能相同。无论是传统签名还是电子签名，其主要功能都是一样的：一是表明文件的来源，即识别签名人；二是表明签名人对文件内容的确认；三是能够构成签名人对文件内容的正确性和完整性负责的根据。

（2）电子签名不是传统签名的电子化。从手段上来看，电子签名与传统签名之间并无实质联系，之所以称之为“电子签名”，只是由于电子签名的使用目的和履行功能与传统签名相同而已。

五、对电子签名的界定

对“电子签名”的内涵与外延的界定，不仅决定了当前电子签名法律效力识别的重要前提，而且将决定未来电子签名技术的发展方向。

关于电子签名的概念界定，从技术角度来看，其存在两种典型的立法例。一是“技术特定化”，即只有运用非对称加密方法产生的数字签名，才能获得法律认可，在符合法律规定的条件下才具备法律效力。代表性法律如美国犹他州《数字签名法》。二是“非技术特定化”，只要满足了法律规定的条件，无论采取何种技术产生的数字签名都具有相应的法律效力，不少国家的电子签名立法采取了这种定义方式，如日本《电子签名及电子认证法》。

我国《电子签名法》采用了“非技术特定化”立法例。其第二条第一款规定，电子签名“是指数据电文中以电子形式所含、所附用于识别签名人身份并表明签名人认可其中内容的数据”。该规定采“技术中立”（technological neutrality）的立场，仅仅从法律规制角度对电子签名进行定义，而不对电子签名技术加以限制。这为电子签名新技术的开发和运用提供了灵活的制度基础。

关于电子签名的适用范围，我国在《电子签名法》颁布以前并没有明文规定。《合同法》虽然明确规定了数据电文的相关内容，但并未提及电子签名。这一度给电子商务实践中电子签名的效力问题带来巨大困惑，不少交易主体否认通过电子签名方式缔结的合同的效力。有鉴于此，《电子签名法》第三条确立了电子签名在大多数合同类型（除了第三款的四种例外）中的法律效力，并特别指出，“当事人约定使用电子签名、数据电文的文书，不得仅因为其采用电子签名、数据电文的形式而否定其法律效力”。该规定对于电子商务发展最主要的意义，不在于消极地否定不具备法律效力的电子签名类型，而在于积极地确认多数合同类型下（尤其是电子商务合同中）具有法律效力的电子签名类型。

值得注意的是，从文意上看，该条规定仅限于当事人已经事先约定采用电子签名、数据电文的情形。那么，若当事人在未事先约定情形下，在交易（非第三款中的例外情况）中使用了电子文书，电子签名和数据电文的效力又如何呢？我们认为，从鼓励电子商务的立法目的出发，只要能够通过电子签名和数据电文确认合同当事人的准确身份，就应当认定其效力。因此，有必要对《电子签名法》第三条第二款予以扩张解释，即：除非当事人约定不得使用电子签名、数据电文的文书，否则不得仅因为其采用电子签名、数据电文的形式而否定其法律效力。

六、电子签名的法律效力

电子签名的法律效力是世界各国电子签名立法中的核心问题。

（一）“功能等同”原则

虽然电子签名由一系列数字信息组合而成，但大部分国家都承认，其与传统的以纸笔为工具的签名（章）具有同等效力。不过，各国在具体立法技术上略有差异：一种模式直接将电子签名作为签名（章）的一种，将签名（章）解释为包括电子签名在内的所有为签署之目的而使用的方法。如《美国统一计算机信息交易法》第一百零二条定义之（6）关于“签章”的定义包括："（a）签字；或（b）为签署某一记录之目的而使用或采用某一指向该记录或附着于该记录，或包含于记录之中，或与该记录逻辑结合或链接的电子符号、声音、讯息或程序。"另一种模式将电子签名与传统签名（章）分开，但直接赋予其和传统签名（章）相同效力，即采"功能等同"（functional equivalence）原则。联合国《电子商务示范法》第七条规定，一种方法只要能够确认相对人的身份，并表明其对合同内容的认可，并且该方法在技术上能够满足法律对签字的要求，该方法就能获得与纸质单证同样的法律效力。我国《电子签名法》第十四条采取了"功能等同"的立法模式，规定可靠的电子签名与手写签名或者盖章具有同等的法律效力。

（二）电子签名的可靠性标准

值得注意的是，采"功能等同"原则的立法例大多对电子签名设定了严格的效力要件。一个核心要件就是符合"可靠性标准"，主要有两种立法例：一种是直接列举式。如《联合国电子商务示范法》规定：为发文者所制作；该方法可以用来证明发文者同意该文件所表示之内容；依签名时之环境、当事人合意之内容及产生该签名之本来目的等，可认为相当于签名者；该签名值得信赖。二是电子认证机构确认式。如美国犹他州《电子签名法》规定，由认证机构发行的、使用了发行时有效的公共密钥的、能够进行验证的电子签名，与纸制文书具有同等法律效力。欧盟电子签名框架指令规定，各盟国必须保证，可靠的电子签名是以认证书为基础的，满足下列条件的以安全技术作成的签名，可靠的签名与纸质手写签名具有相同法律效力。

我国《电子签名法》第十三条同样规定了可靠性标准，但由于我国尚没有健全的官方电子签名认证机构，该条采用了列举规定模式。不过，该法第十三条对于可靠性标准采用了"封闭式列举"，或许目前这四个条件足以维护电子签名的完整性与真实性，但其难以应对日新月异的科技进步，一旦其他环节破坏电子签名可靠性的技术出现，则此种列举式规定对于交易安全的维护恐捉襟见肘。从比较上看，一些国家在规定可靠性标准时设有兜底性条款。如美国加利福尼亚州规定，有效的电子签名还必须满足"符合州长官制定的规则"这一条件。此种模式在我国立法和法律解释中值得借鉴。

第二节　我国《电子签名法》

一、我国的《电子签名法》简介

我国的电子商务立法是在地方立法先行的基础上进行的，并最终通过了《电子签名法》。

在海南、广东、上海等地相继制定了与数字签名有关的地方性法规和规章的背景下，2002 年中央一级立法开始。在网络经济和信息化迅猛发展的背景下，国务院从最初将其定位为行政法规到后来将该立法的层级提高为法律，即在对原来起草的《中华人民共和国电子签章条例》的内容进行了较大幅度的修改后，形成了《电子签名法（草案）》。2004 年 8 月 28 日第十届全国人民代表大会常务委员会第十一次会议通过了《电子签名法》，并于 2005 年 4 月 1 日起施行。

《电子签名法》不仅是我国电子商务领域的第一部真正意义的立法，还是我国信息化领域的一部基本法。因此，我国《电子签名法》的制定和实施解决了电子商务活动中以下几个方面的法律问题：①书面形式问题；②原件和保存问题；③签名问题。

二、数字签名的概念

数字签名是通过使用非对称加密系统和哈希函数来变换电子记录的一种电子签名，即通过密码算法对数据进行加密解密变换来实现签名目的，其特点在于代表了文件的特征。文件如发生改变，数字签名的值也将随之发生改变，不同的文件得到的是不同的数字签名，在传输过程中，如有第三人对文件进行篡改，但他并不知道发送方的私人密钥，因此，解密得到的数字签名与经过计算后的数字签名必然不同，这就提供了一个安全的确认发送方身份的办法。

这使得同时持有最初未变换电子记录和签名人公开密钥的任何人可以准确地判断：①该项变换是否是使用与签名人公开密钥相配的私人密钥做成的；②进行变换后，初始电子记录是否被改动过。

如果接收方对发送方数字签名验证成功，就可以说明以下三个实质性的问题：①该电子文件确实是由签名者的发送方所发出的，电子文件来源于该发送者。②被签名的电子文件确实是经发送方签名后发送的，说明发送方用了自己的私钥进行签名，并得到验证，达到不可否认的目的。③接收方收到的电子文件在传输中没有被篡改，保持了数据的完整性，因为，签署后对电子签名的任何改动都能够被发现。这三点就是对《电子签名法》中所规定的"安全的电子签名具有与手写签名或盖章同等效力"的体现。

三、我国《电子签名法》中的证据规则

《电子签名法》有关数据电文和电子签名的证据规则，对电子商务司法实践具有重要意义。

（一）数据电文与书证

数据电文，是指以电子、光学、磁或者类似手段生成、发送、接收或者储存的信息（第二条第二款）。对于数据电文应当类推现有的某类证据的证明规则，还是适用独立的证明规则，《电子签名法》给出了明确的答案。

一方面，《电子签名法》第七条肯定了数据电文的证据资格，其规定，"数据电文不得仅因为其是以电子、光学、磁或者类似手段生成、发送、接收或者储存的而被拒绝作为证据使用。"但该法并未跳出传统证据分类的藩篱，未将其作为一项独立的证据类型，而是将其纳入"书证"范畴："能够有形地表现所载内容，并可以随时调取查用的数据电文，视为符合法律、法规要求的书面形式。"（第四条）因此，符合法定条件的数据电文被视为书面形式，应当适用书证的证据规则。至于数据电文作为书证使用的具体条件，《电子签名法》第五、六条在第四条的基础上，从形式要求（能够有形地表现所载内容）和保存要求（可以随时调取查用）两方面予以了具体化。

但是，2012年修正后的《中华人民共和国民事诉讼法》第六十三条明确了电子数据和书证同属于民事诉讼法定八种证据形式，所以，《电子签名法》把数据电文界定为传统书证形式将来需要修改，避免不同法律规定的矛盾和冲突。

另一方面，《电子签名法》第八条还就数据电文的证明能力提供了判断标准："审查数据电文作为证据的真实性，应当考虑以下因素：①生成、储存或者传递数据电文方法的可靠性；②保持内容完整性方法的可靠性；③用以鉴别发件人方法的可靠性；④其他相关因素。"

（二）电子签名与签名（章）

《电子签名法》第十四条还对电子签名的证据规则作了规定：“可靠的电子签名与手写签名或者盖章具有同等的法律效力。”该规定在确立“效力等同”原则同时，还是确认电子签名证据资格的关键条款。这意味着，电子签名只要满足了可靠性标准，就可以和手写签名（章）一样作为一种书证在诉讼中发挥证据功能。

手写签名或盖章的证明能力，常常涉及到笔迹鉴定或印章鉴定，如果电子签名适用手写签名或盖章的证明能力判断规则，那么也必然涉及到真伪鉴定问题。《电子签名法》中尚无未对电子签名的鉴定问题作出技术性规定，因此，是否需要引入官方鉴定机构鉴定电子签名的真伪，鉴定标准又如何，怎样协调鉴定与电子签名认证的关系，是今后立法不得不考虑的问题。

四、有关电子签名的法律后果与责任

在参与电子签名活动过程中，为了防范第三人非法使用电子签名，我国《电子签名法》第三十二条规定：“伪造、冒用、盗用他人的电子签名，构成犯罪的，依法追究刑事责任；给他人造成损失的，依法承担民事责任。”

签名主体的责任也需要法律的规范。我国《电子签名法》规定“电子签名人，是指持有电子签名制作数据并以本人身份或者以其所代表的人的名义实施电子签名的人。”因为私人密钥处在签名人的独占控制之下，具有隐秘性和唯一性，签名人必须承担妥善保护其电子签名不被泄露和滥用的合理注意义务。

对于电子签名主体的责任，我国《电子签名法》采取了签名人过错责任，该法的第二十七条规定，电子签名人知悉电子签名制作数据已经失密或者可能已经失密未及时告知有关各方、并终止使用电子签名制作数据，未向电子认证服务提供者提供真实、完整和准确的信息，或者有其他过错，给电子签名依赖方、电子认证服务提供者造成损失的，承担赔偿责任。

第三节 电子认证

一、电子认证的概述

（一）电子认证的概念

电子认证实际上就是确认一项电子签名、电子记录或电子履行确属特定人所为，或用于确认一项电子记录中信息变动或信息错误的程序。也就是说，电子认证是认证机构对电子签名及其签署者的真实性所作的认证。电子认证以电子签名为前提，是基于电子签名而产生的一项保证电子商务和其他电子交易安全的法律措施。

具体说来，电子认证指一个国家承认的认证机构通过颁发数字证书和管理公共密钥来检验带有电子签名的文件所有人及其内容的真实性。

（二）电子认证的意义与作用

电子认证的意义与作用主要体现在以下两个方面：①防止欺诈。在网络环境下，交易双方可能素未谋面甚至不在同一国家，欺诈的可能性非常大，而欺诈后的事后救济又非常有限，所以事先通过电子认证可以消除外部的欺诈风险，促进电子商务的顺利进行。②防止否认。电子认证技术达到了传统交易中签章公证等防止否认的技术效果，减少了当事人之间的纠纷，具体表现在数据电文的发送、接收及其内容的不可否认等方面。

（三）电子证书

1. 电子证书的概念

电子证书是指可证实电子签名人与电子签名制作数据有联系的数据电文或者其他电子记录，是电子认证的核心。通俗地讲，电子签名认证证书用来表明网络通信各方的真实身份，是由权威的、中立的第三方电子认证服务机构发行和管理的个人或单位在网络上的身份证。电子证书一般采用公钥体制保证其具备唯一性和可靠性。

2. 电子证书的内容

根据我国《电子签名法》第二十一条的规定，电子认证服务提供者签发的电子签名认证证书应当准确无误，并应当载明下列内容：电子认证服务提供者名称、证书持有人名称、证书序列号、证书有效期、证书持有人的电子签名验证数据、电子认证服务提供者的电子签名、国务院信息产业主管部门规定的其他内容。

3. 电子签名认证证书的类型

根据证书的持有者不同，电子签名认证证书可分为：①个人电子身份证书；②企业电子认证证书；③信用卡电子认证证书；④电子合同认证证书。

4. 电子证书的作用

互联网电子商务系统技术使在网上购物的顾客能够极其方便地获得商家和企业的信息，但同时也增加了某些敏感或有价值的数据被滥用的风险。买方和卖方都必须对在互联网上进行的一切金融交易运作的真实可靠性以及顾客、商家和企业等交易各方的可靠性具有绝对的信心，因而互联网电子商务系统必须保证具有十分可靠的安全保密技术，也就是说，必须保证网络安全的四大要素，即信息传输的保密性、交易者身份的确定性、发送信息的不可否认性、数据交换的完整性。

（四）电子认证的操作程序

电子认证的具体操作程序为：发件人在做电子签名前，签署者必须将他的公共密钥送到一个经合法注册，具有从事电子认证服务许可证的第三方，即 CA 认证中心登记并由该认证中心签发电子印鉴证明。尔后，发件人将电子签名文件同电子印鉴证明一并发送给对方，收件方经由电子印鉴佐证及电子签名的验证，即可确信电子签名文件的真实性和可信性。由此可见，在电子文件环境中，CA 认证中心扮演的角色与上述传统书面文件签字（盖章）环境中的第三者（公证机关）的角色有异曲同工之妙。CA 认证中心正起到一个行使具有权威性公证的第三人的作用。而经 CA 认证中心颁发的电子印鉴证明就是证明两者之间的对应关系的一个电子资料，该资料指明及确认使用者名称及其公共密钥。使用者从公开地方取得证明后，只要查验证明书内容确实是由 CA 认证中心所发，即可推断证明书内的公开密钥确实为该证明书内相对应的使用者本人所拥有。如此，该公共密钥持有人无法否认与之相对应的该密钥为他所有，进而亦无法否认经过该密钥所验证通过的电子签名不为他所签署。

二、电子签名认证机构

就传统手写签名（章）而言，公证无疑是防止虚假签名及其争议的有效手段。同样，如能在电子商务中引入第三方公证服务，则其真实性将得到更有效的保障。此即为前述比较法上的安全认证机构（Certificate Authority），其主要职能在于对公开密钥行使辨别及认证。认证机构法律制度在各国电子签名法中都占有重要地位。我国《电子签名法》在十六至二十六条也集中规定了与认证机构相关的法律制度。

（一）认证机构的设置

安全认证机构的设置主要有两种途径：一种是由政府组建或者由政府授权的机构担任，以政府信用作为担保；另一种则是通过市场的方式建立，在市场竞争中建立信用。前者有利于维护认证机构的权威性，而后者则有利于技术发展和市场竞争。《电子签名法》第十六条采用了后一种做法："电子签名需要第三方认证的，由依法设立的电子认证服务提供者提供认证服务。"为确保认证机构的权威性与公正性，《电子签名法》第十八条对于认证机构的市场准入采用了行政许可方式："从事电子认证服务，应当向国务院信息产业主管部门提出申请，并提交符合本法第十七条规定条件的相关材料。国务院信息产业主管部门接到申请后经依法审查，征求国务院商务主管部门等有关部门的意见后，自接到申请之日起四十五日内作出许可或者不予许可的决定。予以许可的，颁发电子认证许可证书；不予许可的，应当书面通知申请人并告知理由。"基于此，截至2010年5月31日，共有30家认证机构获得了工业和信息化部颁发的服务许可证，市场上有效电子认证证书持有量达到11 423 482张，并且每年还在以50%以上的速度增长。

（二）认证机构的义务与责任

认证机构作为电子签名真实性的确认机构，对交易的顺利进行起着重要作用，因此《电子签名法》对认证机构的义务和责任作了严格规定。其具体包括保证信息真实义务（第二十一、二十二条）、及时通知义务（第二十三条）和保存义务（第二十四条）；违反法律规定时可能承担的责任包括民事责任（第二十八、三十二条）、行政责任（第二十九、三十、三十一条）和刑事责任（第三十二、三十三条）。现就其中部分重要问题予以分析。

1. 违反个人信息保密义务的民事责任

认证机构因业务需要，掌握着证书持有人的个人信息，如果这些个人信息被恶意利用，无疑会对证书持有人的合法权益造成巨大威胁。对此，许多国家在电子签名立法中都对认证机构的保密义务进行了规定。如新加坡《电子商务指令》第四十八条规定："除非为本法下的其他目的，或符合成文法规定的某项指控，或者为执行法院判令，否则，任何在本法规定下有权进入电子记录、书籍、商标、通信、信息、文件或其他材料的人（主要指各认证机构），都不得将其内容泄露给他人。"我国《电子签名法》并未对认证机构的保密义务进行规定，但证书持有人可选择如下两种方式维护自身权益：

一是请求认证机构承担违约责任。《合同法》第六十条第二款规定："当事人应当遵循诚实信用原则，根据合同的性质、目的和交易习惯履行通知、协助、保密等义务。"认证机构作为电子认证服务合同的一方当事人，当然负有对证书持有人的个人信息进行保护的义务。如果其不当使用证书持有人的个人信息，给证书持有人造成了损失，证书持有人可以追究其违约责任。

二是请求认证机构承担侵权责任。《侵权责任法》第二条确认了民事主体广泛民事权益，包括姓名权、名誉权、荣誉权、肖像权、隐私权等人身、财产权益。如果认证机构对证书持有人个人信息的利用侵犯了证书持有人的上述权利，证书持有人可以依据《侵权责任法》第六条第一款请求认证机构承担过错责任。不过，从诉讼中证明负担和证明标准上看，只要受害人能证明认证机构泄露个人信息的事实，就应当推定认证机构有过错，除非认证机构能够反驳。

2. 因认证信息不真实的民事责任

《电子签名法》第二十八条规定了认证机构的特殊侵权责任："电子签名人或者电子签名依赖方因依据电子认证服务提供者提供的电子签名认证服务从事民事活动遭受损失，电子认证服务提供者不能证明自己无过错的，承担赔偿责任。"该条使用"过错推定"的归责原则，属于《侵权责任法》第六条第二款规定的过错推定责任之一。如果出现认证信息不实之情形，认证机构只有在证明自己没有过错时，才能免责。这就加强了对电子签名人和电子签名依赖方的保护，起到了促进电子商务交易的作用。韩国电子签名法第二十六条也有类似规定：认证机关因与认证行为有关的活动造成证书持有人及信赖人损失的，应当承担赔偿责任；但是该损害是因不可抗力产生的，可以减轻责任，认证机关能够证明自己无过错的，可以免除责任。

3. 责任限制

认证机构对电子签名人或信赖方造成的损失（第二十八条），不仅包括固有利益的损失，还包括预期利益的损失，而对于预期利益的损失，认证机构往往是难以预料的，一个普通电子签名可能肩负着数额过亿的交易任务，再加上过错推定原则的适用，认证机构可能承担的赔偿数额与其收入完全不成比例。此时如果不对认证机构的赔偿责任进行限制，可能会影响人们设立认证机构的积极性，阻碍认证行业的发展。因此，有国家在电子签名立法中明确对认证机构的责任进行了限制，如新加坡《电子商务指令》第四十四条、第四十五条规定，在一定条件下认证机构不承担高于赔偿限额的责任。我们认为，此种模式值得参考。

《电子签名法》对此并没有做出规定，但认证机构仍可通过合同安排限制责任大小。对于电子签名人，认证机构可以在合同中与其约定赔偿限额，也可以根据《合同法》第一百一十三条的规定在损失发生时要求缩小赔偿范围："当事人一方不履行合同义务或者履行合同义务不符合约定，给对方造成损失的，损失赔偿额应当相当于因违约所造成的损失，包括合同履行后可以获得的利益，但不得超过违反合同一方订立合同时预见到或者应当预见到的因违反合同可能造成的损失。"

但是，对于电子签名的信赖方，由于其与认证机构之间并没有合同关系，因此认证机构不能用上述方式限制自己的责任。《电子签名法》中损害赔偿限额规定的缺失，不仅给认证机构带来了巨大经营风险，而且使电子签名人与电子签名的信赖方之间，在所能获得的赔偿数额上出现了巨大的利益失衡，而这种失衡显然缺乏正当性。对此，《电子签名法》有待进一步完善，尤其是应当与《侵权责任法》中其他适用过错推定责任、严格责任情形的责任限制规则相协调。

（三）伪造、盗用、冒用他人电子签名的民事责任

除技术缺陷外，伪造、盗用、冒用他人电子签名是诱发电子签名真实性风险的又一类型。对此，《电子签名法》第三十二条规定："伪造、冒用、盗用他人的电子签名，构成犯罪的，依法追究刑事责任；给他人造成损失的，依法承担民事责任。"但该规定只是笼统地描述了在伪造、冒用、盗用他人电子签名情形下的一般处理规则，因此在司法实践中，对于伪造、冒用、盗用他人电子签名的诸多民事责任还需要予以类型化分析。先试从结合一案例展

开该问题。

假设B冒用（伪造、盗用）A的电子签名，与善意D签订合同，电子签名的认证机关为C。在这一典型的冒用签名案例中，由于B以A的名义订立合同，所以在A、B、D之间形成了无权代理关系（A是被代理人，B是无权代理人，D是相对人），而《电子签名法》同时还规定了认证机关D的民事责任，因此在分析B的民事责任时，就涉及到A、B、C、D四方法律关系。

情形一：由于B是未经A的许可而使用A的电子签名，因此B根本没有代理A进行交易的代理权限，所以D可根据无权代理的规定撤销合同，《合同法》第四十八条第二款规定："相对人可以催告被代理人在一个月内予以追认。被代理人未作表示的，视为拒绝追认。合同被追认之前，善意相对人有撤销的权利。撤销应当以通知的方式作出。"如果D在A追认之前撤销了合同，B必须对D承担返还财产、赔偿损失的民事责任。《合同法》第五十八条规定："合同无效或者被撤销后，因该合同取得的财产，应当予以返还；不能返还或者没有必要返还的，应当折价补偿。有过错的一方应当赔偿对方因此所受到的损失，双方都有过错的，应当各自承担相应的责任。"

情形二：D也可以选择不撤销合同，而要求B继续履行。《合同法》第四十八条第一款规定："行为人没有代理权、超越代理权或者代理权终止后以被代理人名义订立的合同，未经被代理人追认，对被代理人不发生效力，由行为人承担责任。"若A未追认，则D可请求B承担继续履行责任。

情形三：由于B所使用的电子签名经过了认证机构的认证，具备值得信赖的外观，因此善意D基于对该权利外观的信赖而进行的交易，如果A对此种虚假外观的形成也具有一定程度的预测和控制能力，应当由其承担因虚假外观产生的不利风险。这具体表现为《合同法》第四十九条规定表见代理制度，即"行为人没有代理权、超越代理权或者代理权终止后以被代理人名义订立合同，相对人有理由相信行为人有代理权的，该代理行为有效"，那么，D可据此请求A履行合同，A履行完合同之后，可以要求B赔偿其因履行合同遭受的损失。

情形四：认证机构如果不能举证证明自己对于电子签名的认证不存在过错的话，根据《电子签名法》第二十八条的规定，认证机构C应当对A和D承担损害赔偿责任。C向任何一方承担了赔偿责任之后，都可以向B追偿，要求B承担损害赔偿责任。

可见，D选择根据何种法律维护自己的利益，直接决定了B所承担民事责任的对象（电子签名的信赖方、电子签名人或电子签名认证机构），以及需要承担的民事责任种类（继续履行、返还原物、损害赔偿）。

【本章思考题】

1. 什么叫电子签名？其特征有哪些？
2. 简述电子签名中功能等同原则。
3. 什么叫数字签名？
4. 简述我国《电子签名法》中的证据规则。
5. 什么叫电子认证？其作用是什么？
6. 认证机构的义务和责任有哪些？

第五章　电子支付与结算法律制度

【案例导入】 十万巨款被盗，都是网上银行惹的祸

安徽芜湖人莫楠（化名）在与一位自称"李经理"的人联系无担保贷款的过程中，对方要求办理一张建行存折。特别强调不要存钱进去，只是核实一下真实姓名，再找银行的熟人查一查没有不良贷款即可高息放款。2007年4月19日，莫楠办理了一张账号尾号为8893的建行1元钱存折，并按对方要求将此1元钱存折的账号、密码及自己的身份证号码提供给了"李经理"。

过了几天，莫楠联系借款事宜时，地下钱庄的人明言钱可以贷，但除了提供姓名等供核实之外，且要有一定的存款保证。想一想，贷款30万、40万元需要存入10万元来证明日后的还款能力也并非不合情理。于是，莫楠按照地下钱庄的要求又在建行另一储蓄网点开立了一张存折（一折一卡），并在存折上存了10万元钱，同时办理了尾号为7836的龙卡（储蓄卡）一张。当日，该龙卡向建行申请办理了个人电子银行服务功能，莫楠又亲自在建行柜台签订了书面的电子银行个人客户服务协议，相关交易密码也由莫楠自行设定。

存折、龙卡均在自己手中，10万元钱的密码也只有自己知晓，莫楠没有什么不放心的。但一想到自己曾将另一张1元钱存折的密码及个人身份信息给了地下钱庄的人，刚才又办理了自己并不怎么熟悉的"网上银行"事务，莫楠还是有些不放心。当日中午，莫楠在建行网上银行系统上查询时发现其龙卡中仅仅剩余74元，该尾号为7836的龙卡上刚存进的10万元钱不翼而飞！

经查，2007年4月24日当日上午11时许，该款99 900元被人转账提走！款项被转到建行深圳市分行某账户，收款人为向俊龙。同时，建行还扣取了转账手续费35元。

自己的银行存款莫名被转，莫楠心急如焚地找到建行。在提取详细资料后，建行告诉莫楠：该款是通过个人电子银行转账划走的。令莫楠惊奇的是自己并没有上网开通什么"个人电子银行"啊？

据悉，中国建设银行网上银行系统提供两种开通服务方式：方式一，先

登录建设银行网站申请，根据提示输入建行的账户和取款密码及身份证信息，预留手机号码，并设置登录密码就可以通过开通建设银行网上服务功能，成为建行网上银行普通客户，再到建设银行储蓄网点签约后登录个人网上银行按照提示设置交易密码，即可成为高级客户。方式二，直接到建设银行储蓄网点签约，设定网上银行登录密码，在限定的期限内登录网上银行按照提示操作，输入激活信息，设置交易密码，即可直接成为高级客户。普通客户只能进行网上查询、代缴费、网上小额支付等业务，高级客户可以使用包括转账、汇款等功能在内的所有网上银行服务。此外，一个网上银行客户名下可以追加若干个银行账户，追加的方式可以通过登录个人网上银行自助追加，也可以到银行储蓄网点签约追加。自助追加的账户只能使用普通客户的功能，签约追加的账户可使用高级客户的功能。本案近10万元钱通过网上银行被转走，是不争的事实。可问题到底出在哪呢？

乍一看，问题出在签约追加若干个账户于网上银行方面。追根求源，源头还是出在那一张1元钱建行存折的账号、密码及莫楠身份证号码的外泄上。从莫楠否认是自己开通网上银行普通客户来看，极可能是地下钱庄的“李经理”等人，预留的手机号码更是早有预谋，设置的登录密码莫楠本人极可能根本不知。那莫楠为什么还自称自己系网上银行普通客户呢？

“我是网上银行普通客户”，莫楠在建行储蓄网点柜台签约时的确如是说过。推理也很简单，为了早日贷到那拟借的30万元款项，并需要由地下钱庄的人打到自己账户，莫楠身不由己的遵照“李经理”的指示与行动。当天银行录像显示：莫楠曾向柜台工作人员称其是建设银行网上银行用户，准备签约，并以刚办理的龙卡进行了柜台签约，开通网上银行服务功能，成为高级客户，高级客户能转账，同时也埋下了祸根。

银行录像还显示了一段插曲：在办理签约的过程中，银行工作人员因莫楠未随身携带其提供的手机号码的手机而暂停为其办理签约手续（因银行员工拨打该手机号码时没有听到莫楠手机响）。最后，在核实莫楠提供的手机号码的手机确由其携带时，银行员工才为其办理了签约手续。尽管个人电子银行服务签约回执上显示的手机号与莫楠申请表中填写的手机号码不一致，且该回执上载明账号后四位为8893的账户网上银行待开、账号后四位为7836的账户网上银行开通之情况，莫楠极有可能还不清楚是怎么一回事儿，但莫楠在该回执上签上了自己大名。事实上，个人客户网上银行服务协议中对网上银行服务内容、客户身份与安全保障、客户指令、客户资料、错误的处理，服务费用等主要内容进行了约定，莫楠在办理该项业务时，可能因时间关系没来得及看，也可能因其他原因不愿意看，反正是稀里糊涂地就在该协议上签字认可。

法院判决：

该10万元被转到深圳市的向某。谁都知道，到深圳市去找所谓的“向俊龙”返款只能是水中捞月。莫楠只有找当地建行交涉，双方在交涉无果后，2007年8月1日，莫楠向芜湖市镜湖区法院提起诉讼，请求法院判令建行赔偿自己经济损失99 935元。

莫楠认为，建行作为专业金融服务机构应保护储户存款的安全，在转账交易中应严格审查相关信息资料，建行在莫楠未发出交易指令的情况下就办理了转账交易，严重损害了储户的合法权益。建行辩称，莫楠的诉讼请求没有事实和法律依据，其诉请应当由法院驳回。莫楠的账户存款是电子银行交易系统根据莫楠设立的账户及交易密码等进行转账支付的，符合储户预设的交易指令，莫楠账户上存款划转的行为是银行根据储户指令操作的合法行为，该行为所产生的一切后果理应由储户自行承担。

2007年9月28日，镜湖区法院公开开庭审理本案。庭审中双方对个人电子银行服务申请表中客户信息栏预留的移动号码是否即为开通电子银行网上操作的移动电话号码发生分歧。莫楠认为建行擅自变更自己在柜台预留的手机号码违反了双方签订的协议之约定，导致自己银行资金被丢失。建行认为莫楠预留的手机号码只是与其联系的一种电话方式，而非开通网上银行的手机号码。莫楠个人网上银行电子业务的登录密码、交易的密码、动态口令卡由其自己掌握，他人无法知道，除非莫楠自己将其密码泄漏给他人。另双方还为莫楠的个人网上银行转账功能是否开通以及由谁开通等问题发生争议。莫楠认为其没有开通网上银行转账功能，即使开通也不是自己开通的。而建行则认为莫楠已经开通了该项个人网上银行转账功能。经当庭演示，演示结果证实莫楠的网上银行转账业务功能是开通的。

最后镜湖区法院一审判驳回原告诉讼请求。

【思考】(1) 网上支付功能的开通程序有哪些？(2) 网上支付功能开通的举证责任由谁承担？

第一节 电子支付概述

一、电子支付的概念与特征

所谓电子支付，是指单位、个人通过电子终端，以电子计算机及其网络为手段，将负载有特定信息的电子数据取代传统的支付工具用于资金流程，直接或间接向银行业金融机构发出支付指令，实现货币支付与资金转移并具有实时支付效力的一种支付方式。

与传统的支付方式相比，电子支付具有以下特征：

电子支付与传统支付对照简表

比较项目＼支付方式	传统支付	电子支付
款项支付方式	现金的流转、票据的转让以及银行的汇兑等物理实体完成	采用先进的信息技术完成信息传输和款项汇兑
工作环境	在较为封闭的系统中运作	在基于开放的网络平台中运作
设备要求	使用传统的通信媒介，对软、硬件要求相对较低	使用最先进的通信手段，对软、硬件要求很高
支付效率	支付时间相对较长、效率低、费用高	在很短的时间内完成支付，费用仅相当于传统支付的几十分之一，甚至几百分之一

（1）电子支付是通过数字化的方式进行款项支付的；而传统的支付方式则是通过现金的流转、票据的转让及银行的汇兑等物理实体来完成款项支付的。

（2）电子支付的工作环境基于一个开放的系统平台（即互联网）；而传统支付则是在较为封闭的系统中运作。

（3）电子支付使用的是最先进的通信手段，如 Internet、Extranet，而传统支付使用的则是传统的通信媒介；电子支付对软、硬件设施的要求很高，一般要求有联网的微机、相关的软件及其他一些配套设施，而传统支付则没有这么高的要求。

（4）电子支付具有方便、快捷、高效、经济的优势。用户只要拥有一台上网的 PC 机，便可足不出户，在很短的时间内完成整个支付过程。支付费用仅相当于传统支付的几十分之一，甚至几百分之一。

在电子商务中，支付过程是整个商贸活动中非常重要的一个环节，同时也是电子商务中准确性、安全性要求最高的业务过程。电子支付的资金流是一种业务过程，而非一种技术。但是在进行电子支付活动的过程中，会涉及到很多技术问题。

二、电子支付流程

支付流程包括：支付的发起、支付指令的交换与清算、支付的结算等环节。具体由下图表示：

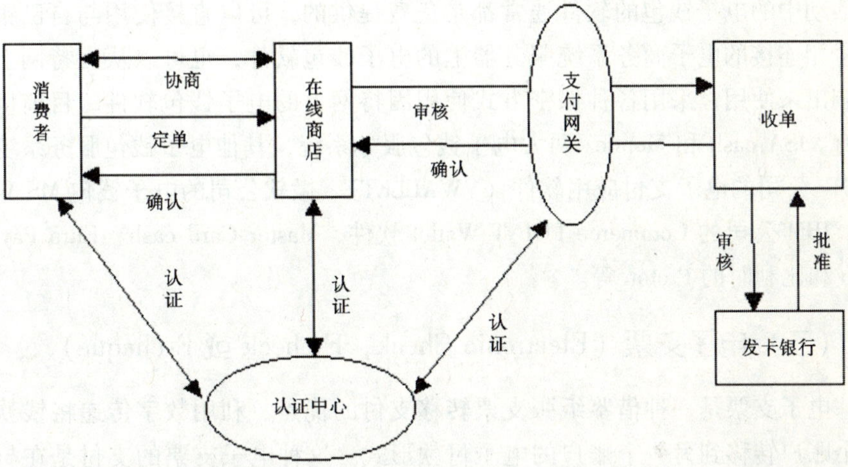

三、电子支付的工具

随着计算机技术的发展，电子支付的工具越来越多。这些支付工具可以分为三大类：电子货币类，如电子现金、电子钱包等；电子信用卡类，包括智能卡、借记卡、电话卡等；电子支票类，如电子支票、电子汇款（EFT）、电子划款等。这些方式各有自己的特点和运作模式，适用于不同的交易过程。以下介绍下电子现金、电子钱包、电子支票和智能卡。

（一）电子现金

电子现金（E-Cash）是一种以数据形式流通的货币。它把现金数值转换成为一系列的加密序列数，通过这些序列数来表示现实中各种金额的市值，用户在开展电子现金业务的银行开设账户并在账户内存钱后，就可以在接受电子现金的商店购物了。

（二）电子钱包

电子钱包是电子商务活动中网上购物顾客常用的一种支付工具，是在小额购物或购买小商品时常用的新式钱包。

电子钱包一直是全世界各国开展电子商务活动中的热门话题，也是实现全球电子化交易和因特网交易的一种重要工具，全球已有很多国家正在建立电子钱包系统取代现金交易模式。使用电子钱包购物，通常需要在电子钱包服务系统中进行。目前，我国也正在开发和研制电子钱包服务系统。电子商务活动中的电子钱包的软件通常都是免费提供的，可以直接使用与自己银行账号相连接的电子商务系统服务器上的电子钱包软件，也可以从因特网上直接调出来使用，采用各种保密方式使用因特网上的电子钱包软件。目前世界上有 VISA cash 和 Mondex 两大电子钱包服务系统，其他电子钱包服务系统还有 HP 公司的电子支付应用软件（VWALLET）、微软公司的电子钱包 MS Wallet、IBM 公司的 Commerce POINT Wallet 软件、Master Card cash、Euro Pay 的 Clip 和比利时的 Proton 等。

（三）电子支票（Electronic Check，E-check 或 E-cheque）

电子支票是一种借鉴纸张支票转移支付的优点、利用数字传递将钱款从一个账户转移到另一个账户的电子付款形式。这种电子支票的支付是在与商户及银行相连的网络上以密码方式传递的，多数使用公用关键字加密签名或个人身份证号码（PIN）代替手写签名。

用电子支票支付，事务处理费用较低，而且银行也能为参与电子商务的商户提供标准化的资金信息，故而可能是最有效率的支付手段。

（四）智能卡

智能卡是在法国问世的。20 世纪 70 年代中期，法国 Roland Moreno 公司采取在一张信用卡大小的塑料卡片上安装嵌入式存储器芯片的方法，率先开发成功 IC 存储卡。经过 20 多年的发展，真正意义上的智能卡，即在塑料卡上安装嵌入式微型控制器芯片的 IC 卡，已由摩托罗拉和 Bull HN 公司于 1997 年研制成功。

在美国，人们更多地使用 ATM 卡。智能卡与 ATM 卡的区别在于两者分别是通过嵌入式芯片和磁条来储存信息。但由于智能卡存储信息量较大，存储信息的范围较广，安全性也较好，因而逐渐引起人们的重视。

近十五年来，中国国家金卡工程取得了令人瞩目的成绩，目前IC卡已在金融、电信、社会保障、税务、公安、交通、建设及公用事业、石油石化、组织机构代码管理等许多领域得到广泛应用，像第二代居民身份证（卡）、社会保障IC卡、城市交通IC卡、电话IC卡、三表（水电气）IC卡、消费IC卡等行业IC卡应用已经渗透到百姓生活的方方面面，并取得了较好的社会效益和经济效益，这对提高各行业及地方政府的现代化管理水平、改变人民的生活模式和提高生活质量，推动国民经济和社会信息化进程具有重要作用。

2006年的中国IC卡市场总体规模呈现出快速增长的态势，全年企业卡片销量超过16亿张，为历年之最，同时较上年度的10.8亿张增长了55%，预计全球IC卡同期出货量将在30亿张左右，我国就占据了其中的一半还多，无可争议地成为全球IC卡的制造中心。①

第二节　电子支付的法律问题

一、网上支付手段的法律效力问题

网上银行，实质上是现实银行在网络上业务的拓展和延伸。随着网络技术的逐渐成熟，由于客户与银行都会积极推进网上银行的建设，其效力一般不会出现问题。但对于电子支票和电子现金，因为其与传统法律有一定的抵触，其效力存在一定的争议。

（一）电子支票的法律效力问题

电子支票是使用数字签名技术，把支票的纸质完全抛弃，从而可以在网络上直接传输。我国现在电子支票的应用还很少，主要的原因是电子支票的法律地位难以得到确认，由于受到1996年实行的《票据法》的制约，银行在电子支票的应用上只能望而却步。

电子支票虽然被称为支票，但是，它同票据仍然有很大区别。从其功能和运作上来讲，电子支票更接近于ATM卡类的支付工具。在我国，最为有效和可行的方法是制定专门的《电子票据法》，对电子票据，尤其是电子支票的

① 浅谈电子支付行业市场现状 http://www.tianinfo.com/news/news2857.html.

相关问题进行规范和调整。

（二）电子现金的法律地位

电子现金比较适用于零售小额支付，随着上网人数的增加，网上 B2C、C2C 电子商务发展已经成为必然。电子现金的出现和使用，正是顺应了这一模式。

电子现金与现实货币同质，是一般等价物的一种表现形式。但是，其法律地位一直难以确定，这是因为按照货币的实质和网络无国界性来推断，各国中央银行的地位都将受到挑战。任何国家不会允许扰乱金融秩序的行为存在。但是，电子现金的成熟技术和优势是任何力量都无法阻挡的，而且电子现金有高度流通性，这也是网络交易的基础，尤其是在小额交易中，电子现金要比信用卡、借记卡支付更方便、更节省。

1. 限制电子现金的发行人

现行政策只允许银行发电子现金，这样，许多现行的一些货币政策和法规可以应用于电子现金，而无需太大的改动；但是，完全排斥网络服务提供商及一些大公司的参与，电子现金在发行及流通中很难得到技术保障，其生命力及影响力都会大打折扣。因此，应在限制的同时对于参与电子现金发行工作的大公司及网络服务提供商严格审定其资格，尤其注重在实力和信誉方面的审核。

2. 建立合理的货币识别制度

整个网络发行统一的电子现金肯定是不可能的。在各类电子现金存在的情况下，货币识别制度显得尤为重要。因此，不同的电子现金之间会存在转化、兑换问题，甚至要对一些电子现金进行识别认证。只有建立合理的货币识别体系和制度，国家才能保证其控制经济杠杆的权力得以实现。

二、电子支付资金划拨责任问题

电子支付发展初期，包括美国在内的许多国家的立法或银行卡条例都保护银行利益，规定客户应对所有的银行卡交易负责。但美国后来的立法，尤其是《电子资金划拨法》及其实施细则 E 条例，都体现了对客户（消费者）这一弱势群体加强保护的倾向，并专门就“未经授权的电子资金划拨”的责任进行了明确规定，主要是消费者对未经授权的交易承担的责任有限制。美国 1970 年的《信用卡发行法》就规定，信用卡发卡机构不得向没有提出书面申请的人发卡；在信用卡合法持卡人报告其信用卡丢失或被盗以后，可以不付账单上不经认可的部分，即被“盗用”的部分。在信用卡合法持卡人通知信用卡公司其信用卡被偷盗以前发生的全部被盗部分账单额度，多数持卡人被要求最多负担50美元的费用。

三、电子支付中业务协调责任问题

在资金电子支付中，银行等金融机构可能同时扮演指令人和接收银行的身份。作为资金电子支付的重要环节，银行的基本义务是完成资金划拨任务。其责任表现为：在充当指令人时，银行如果发送了错误的指令，就应承担赔偿付款人的责任。即使不是银行的过错导致指令的错误发送，银行也应承担赔偿责任，能够查出出错的具体环节的，则由过错方赔偿银行的损失。当然属于免责范围的银行不承担责任。而作为接收银行时，银行的责任是执行指令人资金划拨的指令妥善地接收所划拨的资金，如果在履行资金划拨指示时有延误或失误情况，接收银行应承担违约责任。具体来说，发送银行承担错误执行资金划拨指令的责任，如资金划拨失误或失败，发送银行应向客户赔偿。查出是哪家银行的过失，则有过失的银行赔偿发送银行，查不出则由整个划拨系统分担损失。

接收银行的责任则是一接到发送银行的资金划拨指令就应立即履行义务，如延误或失误，承担违约责任。一般说，接收银行应在收到支付指令的银行日履行义务，如当天未能执行，则应在接到支付指令的第二个银行日的午夜之前履行义务，但支付指令中特别指明或暗示了执行日期的例外。接收银行向客户支付的义务开始于它代表客户接受支付指令之时，而一旦接收银行向客户支付了款项即履行完了自己的义务，且这种支付是不可撤销的。

四、对网上支付违法活动的防止与惩治

伴随着电子商务的发展，尤其是逐渐开始采取互不见面的网上支付的形式之后，违法或犯罪活动似乎更加猖獗。在传统的方式如洗钱、违法交易的法律责任分担等基础上，也有一些新的形式，如黑客攻击问题等。

（一）与网上支付有关的洗钱[①]

网上支付的逐渐出现，为洗钱活动提供了更多的机会和更大的空间。网

① 洗钱（Money Laundering）是指将毒品犯罪、黑社会性质的组织犯罪、恐怖活动犯罪、走私犯罪或者其他犯罪的违法所得及其产生的收益，通过各种手段掩饰、隐瞒其来源和性质，使其在形式上合法化的行为。

上支付工具有着体积小、适合远距离传输、匿名性等性质。对于犯罪分子而言，这都是可乘之机。在网络上，犯罪分子则可以更放心地利用网上支付，让自己的黑钱通过对网上商城、网络银行进行购物、结算、结转等，最后使之成为合法收入。

据预测，若今后网上支付应用普遍，网上洗钱会变得更加难以控制，尤其是网上支付工具都有密码保护，这种加密技术的使用，使现有的法律不能适应对付犯罪活动的需要。

（二）违法交易的法律责任分担问题

银行卡是目前消费者经常使用的支付工具，与银行卡支付有关的法律也已比较成熟，其核心问题主要是未经授权使用的银行卡支付所造成的损失是商家承担还是发卡银行承担，抑或是消费者承担。网络上的银行卡支付也必须考虑到这一问题。如果某一客户信息被其他人得到，并诈骗，且得逞，则损失由谁来承担？这一问题解决得好不好将直接导致客户对网上支付手段的选择或摒弃。在网上支付中，引进了认证中心和电子签名，其合法性在很多国家和地区都得到了认可，但认证商家和银行之间的关系仍需进一步规范。

（三）黑客攻击网络的安全问题

黑客们对网上支付也构成了巨大的威胁，消费者的个人信息存储于银行，如果银行的网络遭到攻击，很可能所有的私人信息泄密，若补救不及时，很可能对消费者造成巨大损失。我国已先后出台了一系列法律，约束和惩治黑客们的行为。但是，技术上进一步完善仍是必不可少的。

五、电子支付中赔偿责任范围

《电子资金划拨法》及相关法律规定，金融机构对电子资金划拨服务中的失误承担赔偿消费者全部损失的责任：①当金融机构得到消费者的适当指示进行电子资金划拨后，未根据账户条件以正确的金额或及时的方式进行该电子资金划拨；②因金融机构未根据账户条件，将收到的资金存款贷记消费者账户，使该金融机构由于账户资金不足未进行电子资金划拨；③当金融机构接到指示，要求它根据账户条件停止支付从消费者账户划出资金的预先授权的划拨时，金融机构未停止支付。

另外，银行未进行及时划拨或未按指示停止支付如果是出于善意的失误，尽管合理地采取了安全程序避免此类错误，银行仍应对消费者的实际损失承担赔偿责任。关于具体的赔偿范围，根据合同法原理，当事人一方不履行合同义务或履行合同义务不符合约定的，赔偿对方因此遭受的损失应相当于因违约所造成的损失，包括合同履行后可以获得的利益，但不得超过违约方订立合同时预见到或者应当预见到的因违反合同可能造成的损失。因此，一般来说，银行的赔偿责任限于划拨的款项及其利息，其他的直接责任只有在有明示书面协议或当事人明确向银行申明发生重大错误损失时才发生，而且赔偿额不能超过银行与客户订立资金电子支付协议时能合理预见或应当预见的损失范围。

六、电子支付中举证责任问题

电子资金划拨出现错误或欺诈，举证责任应由银行承担。这是因为，电子支付的各个环节都涉及信息技术问题，电子支付的运行程序和数据涉及的商业秘密也不为消费者所知，消费者作为受害者要去举证提供电子支付金融服务的银行方是否存在过错，这在实践中是困难的甚至是不可能的，因此，在电子支付法律关系中不应实行传统的过错责任原则。但是，在网络技术迅猛发展的时代，法律调整不应阻挠先进技术进一步发展的空间，如电子支付法律关系采用无过错责任原则，又可能因责任风险过大造成银行方拓展网络银行业务的积极性降低，因此，电子支付法律关系中应实行过错推定责任制度。

第三节　网上银行及其法律问题

一、网上银行的概念

网上银行，又称为在线银行、虚拟银行或网络银行等，是银行借助客户的个人电脑、通信终端（包括移动电话、掌上电脑等）或其他智能设备，通过因特网或其他公用信息网，向客户提供银行业务和有关金融服务的一种银行业务模式。银行的产品和服务包括提存款服务、信贷服务、账户管理、提供财务意见、电子单据支付以及提供其他电子支付的工具和服务，如电子货币等。

网上银行是一个总的概念，它可以分为三个不同的层次。

第一层次是所谓的信息公开展示系统。我国也有业内人士将这种层次的业务称为电子商情。在这一层次业务中、银行只限于在互联网上刊登广告，介绍银行业务的有关信息，比如介绍本银行的业务种类。有的时候，也可以通过电子邮件传递一些公开的信息。

第二层次是电子信息传递系统。在这一层次业务中，银行同客户通过电子邮件的形式传递一些秘密的信息，或者银行允许客户下载一些资料或文件。比如银行的网址上允许进行在线的贷款和存款申请，下载一些需要客户填充的表格，以及通过电子邮件的形式传送这些数据和表格（里面可能含有一些需要保密的数据，比如客户的账号等）。银行不再是单向的宣传自己，而是同客户有一个交流的过程。

第三层次是全面的交易信息系统。这是最为高级的一个层次，有时也被称为电子支付系统。银行可以完全通过网络开展自己的业务，比如账户查询，转移资金，网上支付以及其他传统的银行业务。这一层次的银行需要全面的网上电子支付作为支持，也就是说金钱、资金可以完全变成数字化的形式通过网络传送和转移，电子货币或网络货币是最高级的支付工具。

网上银行可以为用户提供任何时间、任何地点、任何方式的全年365天、每天24小时全天候服务。客户在办理银行业务时，只需要用电子工具通过互联网与银行就可以进行交易，因而不需要再到银行的营业大堂排队和在银行的办公时间进行交易。传统银行拓展业务依靠简单地增设营业网点，需要大量的土地、设备、资金、人力等资源的投入，相比较而言，网上银行投入少量的资金、设备、人力就可以将银行业务拓展到更大的地域范围。

二、网上银行的风险及其控制

（一）网上银行的风险

网上银行业务风险具有非行业性和外生性两大特点。非行业性是指风险超出了传统意义上的金融风险的概念，其产生不仅依赖于市场价格的波动、经济增长的质量，而且依赖于软硬件配置和技术设备的可靠程度。风险的外生性是指银行对技术性风险的控制和管理能力，在很大程度上取决于其计算机安全技术的先进程度以及所选择的开发商、供应商、咨询或评估公司的水平，而不像传统银行业务风险那样，仅取决于银行自身的管理水平和内控能力。

网上银行业务技术风险一般来源于三个渠道：首先是数据传输，一旦数据传输系统被攻破，就有可能造成用户的银行资料泄密，并由此威胁到用户的资金安全；其次是网上银行应用系统的设计，一旦其在安全设计上存在缺陷并被黑客利用，将直接危害到系统的安全性，造成严重损失；第三是来自计算机病毒的攻击，即由于网络防范不严，导致计算机病毒通过网上银行入侵到银行主机系统，从而造成数据丢失等严重后果。

网上银行业务产生的法律风险是另一个需要关注的风险问题。目前，各国政府对网上银行和网上交易的法律法规多不清晰，有很多含糊之处，并且缺乏专门规范网上银行的有关法律法规，各国现行的法律和规制框架又存在许多冲突。通过因特网与客户发展关系的一国银行可能并不熟悉另一些国家特定的银行法律和客户保护法律，由此增加了法律风险。

（二）网上银行的风险控制

1. 技术和管理控制

银行开展网上银行业务，需要设计一套完整的安全机制。网上银行业务安全机制主要包括以下几个部分：安全策略、物理安全、数据通信安全、应用系统安全、运行安全、系统资源安全和安全检查等。

2. 法律控制

网上银行蓬勃发展，但是各国的有关银行法规很少涉及这个问题，那么网上银行应当如何设立？没有经过许可的网上银行业务能否得到法律的承认呢？在法律澄清这些问题之前，那些从事利用网上银行业务的交易当事人以及银行本身都面临着巨大的法律风险。

3. 系统故障的风险和责任承担

网上银行在处理业务时由于电脑系统的问题，在没有得到客户的同意下将指令发出或者是由于电脑系统的程序的错误和功能失效时，这些风险和责任应该由谁承担？我国在立法时对于系统故障的风险和责任承担问题应当明确加以规定。

4. 银行的监管机制

银行的监管机制对于银行化解风险具有十分重要的意义。那么对于网上银行如何监管？由谁监管？这些都需要法律作出规定。

第四节　电子支付的安全机制

一、电子支付中的安全问题

电子支付虽然具有诸多优点，但是其风险也是显而易见的。

（1）电子支付制度也和其他传统的付款方式相同，都会因为被他人冒领、盗领款项而发生损失（例如有人侵入他人网络系统，或伪造他人私钥或信用卡等资料），而网络电子支付制度若无法保障交易安全，可能会使消费者遭受更大的财务损失。

（2）电子支付系统若发生断线、操作错误等问题，就存在对消费者经济方面造成损失的可能性。消费者在利用电子支付方式时，亦可能发生虽然有钱，但是却因为断线、厂商拒收或是其他原因，而无法在一定时间、地区完成特定金额交易的困扰。

事实上，此种风险在消费者利用信用卡或为金融转账时，就已一再发生；而在网络世界中，更有可能发生。一旦发生此类事件时，究竟应由银行、认证中心抑或消费者来承担风险就成了争议之所在。

（3）消费者在从事电子支付时，还可能面临另一个挑战，那就是所有的付款资讯可能未经消费者的同意即被收集或是向第三人披露，甚至被冒用或是为其他不利于消费者利益的目的而使用，反而侵害消费者的隐私权。

（4）电子支付工具的使用，亦可能造成新的犯罪问题。例如，电子支付制度可能会鼓励洗钱这种不法活动，或是供网络赌博之用，其中网络赌博所产生的付款问题已经逐渐凸显出来。而由于各国对电子支付工具现在并未加以规范，因此亦不需要有保存交易记录、报告或确认客户身份等义务，从而无法追踪，由此产生规范的死角。网上银行的兴起，则将使管制措施难以强制执行，因为有心规避监管、在海外开设银行账户的人士很容易得逞。此外，新的电子支付工具本身亦可能成为犯罪的目标，例如伪造、变造、诈欺等犯罪行为，亦可能会以电子工具为目标。

对于以上的各种安全问题，不仅需要法律的保障，也需要技术的支持。从法律上看，由于网络特殊的跨国性交易，除需要业者的自律之外，更需要通过各国有关银行或金融的相关法规加以规范。从技术上看，目前在电子商务界，国际上已经形成了一些比较成熟的安全机制，下面加以介绍。

二、电子支付的安全机制

在技术上，电子支付的安全机制主要是由安全协议支持的。目前国际上流行的电子商务所采用的协议主要包括：基于信用卡交易的安全电子交易协议（Secure Electronic Transaction，即 SET 协议）、用于接入控制的 SSL 协议（Secure Socket Layer 安全套接层）、Netbill 协议、安全 HTTP（S-HTTP）协议、安全电子邮件协议（如 PEM、S/MIME 等）、用于公对公交易的 Internet EDI 等。其中，SET 协议和 SSL 协议是正在走向成熟并广泛应用的两个协议。

（一）SSL 安全机制

1. SSL 协议

SSL（Secure Socket Layer）协议，即安全套接层协议，是由 Netscape 公司研究制定的安全协议，主要用于提高应用程序之间数据的安全性。该协议向基于 TCP/IP 的客户/服务器应用程序提供了客户端和服务器的鉴别、数据完整性及信息机密性等安全措施，并通过在应用程序进行数据交换前交换 SSL 初始握手信息来实现有关安全特性的审查。在 SSL 握手信息中采用了 DES、MD5 等加密技术来实现机密性和数据完整性，并采用 X. 509 的数字证书实现鉴别。该协议已成为事实上的工业标准，并被广泛应用于 Internet 和 Intranet 的服务器产品和客户端产品中。如 Netscape 公司、微软公司、IBM 公司等领导 Internet/Intranet 网络产品的公司已在使用该协议。此外，微软公司和 Visa 机构也共同研究制定了一种类似于 SSL 的协议，这就是 PCT（专用通信技术）协议。PCT 协议只是对 SSL 进行少量的改进。

2. SSL 的安全服务

SSL 协议的主要目的是提供 Internet 上的安全通信服务，包括：

（1）服务器认证：由该服务器向用户展示其所拥有的私人密码，以使用户确信该服务器的身份；使用户确信他是在与自己所欲交易的客户的服务器通讯，而非与其他冒名者交易。

（2）客户认证：这是通过服务器鉴别用户，展示其所拥有的私人密码，而确认该客户的身份。

（3）完整性鉴别：这一服务确保数据在传输过程中不被恶意篡改。该服务是通过添加整体性检验值来实现的。

（4）保密性服务：它是通过对传输的数据进行加密，以免被第三者窃取。

对于某些用户的信用卡号码及其他个人账号信息等，如果在传向服务器之前被人窃取，则将造成巨大的损失，所以应对之进行加密。这样，即便第三人将该信息窃取以后，也无法阅读，不能知悉用户的重要信息。

（二）SET安全机制

SET（Secure Electronic Transaction）协议，即安全电子交易协议，是一种在因特网上实现安全电子交易的协议标准。SET最初是由世界上最大的两家信用卡组织VISA和Master Card合作发起的，它得到了许多著名公司的参与和支持。目前，SET是专为网上支付卡业务安全所制定的唯一的具有现实意义的国际标准。SET协议主要使用的技术包括：对称密钥加密、公钥加密、哈希算法、电子签名、数字信封以及数字证书等技术。其中公钥根据其用途可分为公钥签名密钥和公钥交换密钥，前者用于电子签名，后者用于交换随机生成的对称密钥。SET通过使用公钥和对称密钥方式加密，以保证数据的保密性；通过使用电子签名（结合哈希算法）和数字证书实现交易各方的身份认证、数据的完整性和交易的不可否认性。SET使用多种密钥技术来达到安全交易的要求，其中对称密钥技术、公钥技术和哈希算法是其核心。综合应用以上三种技术产生了电子签名、数字信封、数字证书等。SET协议缺省使用由IBM公司发明的DES标准。DES将数据分隔成64bit的数据块，用56bit的密钥对其进行一系列的数学变换后产生密文，然后接收者用同一密钥将密文解译成明文。

第五节　电子支付法律关系的性质及主要当事人的权利义务

一、电子支付法律关系的性质

在电子支付过程中，存在着银行与客户、银行与银行、银行与网络服务商之间的多重关系，其中银行与客户之间的关系最为重要，电子支付对银行与客户的法律关系提出了许多新的问题。在传统金融中，法律关系的主体即是银行与客户，他们之间是单一的关系，其权利义务是对等的。而在网络金融中，法律关系的主体可能为三个或三个以上，包括银行、客户、特约商户、收单行、代理行甚至还有电子设备生产厂家，形成了错综复杂的关系。电子支付中一项小额电子资金划拨的发动与完成，需要由持卡人、零售商、发卡银行（发卡人）、零售商收款银行、零售商开户银行、数据处理者和登记公司等小额电子资金划拨参加者的行为共同完成。虽然网络金融中当事人关系复杂，但他们之间的基础法律关系仍是合同法律关系，应受合同法的调整。

电子支付在法律性质上属于合同法律关系，但因其网络化、电子化的形式而确实有别于一般合同关系，其特殊性表现在：电子支付所涉及的当事人复杂，它是由一群合同构成的。具体来说，资金电子支付涉及以下几个合同：持卡人与发卡人之间的电子资金划拨合同、特约商户与持卡人之间的货物买卖合同或服务消费合同、特约商户与其收款银行之间的委托代理合同、消费者付款银行与零售商收款银行之间的资金转账合同、银行与网络服务商之间的数据处理合同。由此可见，电子支付法律关系是由一个合同群构成的，以共同完成一项资金电子支付活动。

二、电子支付中主要当事人的权利义务

电子支付中主要当事人有：指令人；接受银行；认证机构；受款人或受益人。

指令人的权利：指令人有权要求接受银行按照指令的时间及时将指定的金额支付给指定的收款人。指令人的义务：受自身指令的约束、接受核对签字和认证机构的认证、按照接受银行的程序，检查指令有无错误或歧义，并有义务发出修正指令。

接受银行的权利：要求指令人支付所指令资金并承担支付的费用；拒绝或要求指令人修正其发出的无法执行的、不符合规定程序和要求的指令；只要证明因指令人的过错而致使他人假冒指令人通过认证程序，就有权要求指令人承担责任。接受银行的主要义务：按照指令人的指令完成资金支付；就其本身或后手的违约行为，向其前手和付款人承担法律责任。

收款人的权利义务：收款人具有特殊的法律地位，收款人与指令人、接受银行并不存在支付合同上的权利义务关系，因此，收款人不能基于电子支付行为向指令人或接受银行主张权利，收款人只是基于和付款人之间基础法律关系与付款人存在电子支付权利义务关系。

第六节　电子支付中法律责任的归责原则

在民法体系中，合同责任的归责原则通常包括过错责任原则和无过错责

任原则，而侵权责任的归责原则还包括公平责任原则，并且在具体司法实践中存在着规则原则并用的方式。在电子支付的法律关系上，主要当事人是由网络银行、认证机构和客户（包括付款人和收款人）三方构成的。具体到电子支付法律关系上，应该采取何种归责原则，就必须考虑到电子支付的自身特点。

在大陆法系，《法国民法典》第一百一十四条与《德国民法典》第二百七十五条确立了过错原则是最主要的民事责任原则。在英美法系，坚持合同责任为严格责任，被告也不能以其尽到注意义务作为其抗辩理由。美国《合同法重述》第2版第二百六十条（2）项中规定："如果合同的履行义务已经到期，任何不履行都构成违约"。当然英美法并不是完全排斥过错责任原则的适用，如对于迟延履行，则以过错为规则事由。

在电子支付法律关系上应适用"以过错推定原则为主，无过错责任原则为辅"。如果当事人认为自己没有过错，则自己承担举证责任，证明自己没有过错。证明成立则可以免除自己的责任；证明不足，或者证明不能，则推定其有过错，构成违约责任或其他责任。在电子支付过程中，常常出现因指令人或银行的过失致使资金划拨失误或迟延的现象。在整个资金支付的传送链中，指令人的义务无疑是正确发出资金划拨的指令，银行的基本义务是依照指令人的指示，准确、及时地完成电子支付，承担按约执行资金划拨指示的责任。但是，可能由于种种原因，如指令错误、划拨迟延，导致资金划拨的失误或失败，造成相关当事方的损害。这时，首先应该从违约事实以及损害事实中推定致害一方的当事人在主观上有过错。如果对方当事人认为自己没有过错，则自己承担举证责任证明自己确无过错，证明成立则可免责，否则构成违约责任或其他责任。这里之所以适用过错推定原则，是因为在电子支付的各个环节都涉及管理软件、大型服务器和因特网络等先进技术，每个当事人所采用的硬件设备与管理软件都可能不同，其内部运行结构和数据可能涉及到商业秘密，因此要求受害人去证明加害人的过错，十分困难甚至不可能。另一方面，电子支付本身属于发展中的科技，所涉当事人或多或少面临未知风险，如果简单适用无过错责任，在证明对方过错十分困难的情况下，被告将可能承担全部责任，这无疑会对当事人涉足电子支付并采用新技术造成不利影响。实际上，我国现行的《合同法》也是采用以过错责任为主，无过错责任为辅的复合归责原则。在缔约过失责任、合同无效责任中的损害赔偿责任、预期违约责任、加害给付责任、损害赔偿的违约责任，包括实际违约责任中的一般损害赔偿和惩罚性赔偿责任以及后契约责任中，采用的是过错责任原则；而仅在违约责任的继续履行、采取补救措施以及违约金责任，无效合同责任中的返还财产和适当补偿责任采用无过错责任归责原则。

第七节 电子支付中承担民事责任的具体方式

在电子支付法律关系中，可以根据参与主体的不同，区分承担民事法律责任的不同方式。

一、银行承担责任的方式

（1）返回资金，支付利息。如果资金划拨未能及时完成，或者到位资金未能及时通知网络交易客户，银行有义务返还客户资金，并支付从原定支付日到返还当日的利息。

（2）补足差额，偿还余额。如果接收银行到位的资金金额小于支付指示所载数量，则接收银行有义务补足差额；如果接收银行到位的资金金额大于支付指示所载数量，则接收银行有权依照法律提供的其他方式从收益人处得到偿还。

（3）偿还汇率波动导致的损失。对于国际贸易中，由于银行失误造成的汇率损失，网络交易客户有权就此向银行提出索赔，而且可以在本应进行汇兑之日和实际汇兑之日之间选择对自己有利的汇率。

（4）赔偿其他损失。对由于银行的过错而造成客户的其他损失，在应当预见的范围内予以赔偿。

二、认证机构承担责任的方式

（1）采取补救措施。如果认证机构出现管理漏洞、CA 方密钥泄漏、用户注册信息泄漏等问题，应立即采取有效措施，及时更正、修补出现问题的环节，避免引起进一步的用户损失。

（2）继续履行。如果认证机构出现 CA 系统和设备问题（停机、终止、信息丢失等）而导致认证操作出现问题、发布失效信息或证书发布不完善，认证机构在修复 CA 系统和设备后，应立即发布正确、有效、完整的认证证书，以正确履行其与用户之间的合同。

（3）赔偿损失。由于认证机构的过错而导致用户蒙受损失的，在应当预见的范围内，由认证机构予以赔偿。

三、客户承担责任的方式

（1）终止不当行为，采取挽救措施。当用户密钥丢失或泄漏，或发现所发出的指令或提供的信息错误时，应及时通知接收银行或认证机构，以使接收银行或认证机构采取相应的防范措施，防治网络入侵、冒领等事件，或者避免其他参与主体因使用错误证书而蒙受损失。

（2）及时通知，防止损失扩大。当用户发现银行执行指令出现错误，或发现认证机构发布的用户信息错误，或证书不完善时，应立即中止交易，并通知银行或认证机构修改错误。

（3）赔偿损失。电子支付活动的客户主体，如果因其过错而造成其他当事人损失的，诸如密钥或个人信息泄漏、非法使用证书、超限制额度交易等产生的损失，应当在可预见的范围内，予以赔偿。

第八节　推动我国电子支付法律体系建设构想

目前，我国在电子商务交易过程中，由于法律不完善，严重制约电子商务完整、有序、健康、深入地发展。创造一个适应电子商务发展的法律法规环境，需要政府部门在电子商务发展中发挥主导作用。电子支付业务发展迅速，如何在较短的时间里制定具有指导意义的规范性文件，规范现有的金融电子支付业务，引导金融电子支付业务的未来发展方向，将是中央银行和银行监管当局面临的工作重点。我们借鉴国外成熟的电子支付业务立法，结合我国当前的实际，针对我国的有关监管难点，对制定规范电子支付业务的相关政策提出以下构想。

一、完善电子支付法律体系

目前中国没有电子支付方面的专门立法，商业银行法、票据法等也没有关于电子支付的内容。1999 年 1 月 5 日起实施的《银行卡业务管理办法》虽然规定了银行可以向社会发行具有消费信用、转账结算、存取现金等全部或部分功能的信用支付工具，但关于当事人权利义务的规定并不明确，也不尽合理，对消费者未经授权的电子资金交易承担的责任没有限制，助长了银行在其银行卡章程中规定“霸王条款”。这些方面都急待修正，以体现当事人法律地位的平等，切实保护消费者利益。

因此，我们需要加快电子支付业务立法速度，将电子支付纳入法制化管理。要参照一些国家的单独立法模式，对电子合同、电子签名、电子认证、电子支付、电子商务消费者保护等逐一立法，对于新型电子支付工具，将其纳入电子支付业务中进行规范。我国于2004年通过了《电子签名法》，为电子支付法律体系的建设打下了良好的根基，然而一个法律的作用远远满足不了最大规范化交易的需求，我们需要在《电子签名法》营造的良好环境中，持续不断地进行相关法律体系的建设，促进电子支付法律环境的进一步完善。

二、借鉴与融合西方国家的成熟经验

电子支付的概念所涵盖的内容非常广泛，电子支付业务所涉及的交易主体可能跨越国界，因此监管当局在考虑规范电子支付业务的同时，还要兼顾其他国家现有的法律法规，尽量与之协调，相互兼容。与此同时，结合国家现金管理规定及反洗钱规定等，加强对跨国、跨境的金融数据流的监管。

例如，国际标准化组织设立了银行委员会，对自动存取款的磁卡等制定了国际标准规格，促进电子支付有关法律的统一与协调，使银行间的对账手续简单安全。我国银行卡不可另立一套标准，而是应该向国际标准靠拢。在对电子支付的其他层面进行立法时，立法内容可借鉴美国1978年的《电子资金划拨法》和美国联邦储备系统理事会发布的E条例、D条例、Z条例，英国的《银行业惯例守则》，以及联合国《国际贷记划拨示范法》。在立法模式上，既可以是单独立法，也可以作为某法律的组成部分，并需要对与此配套的法律条文作出相应调整，以适合电子支付业务发展的具体行业特点。

三、明确权责机制，保护相关权益

在电子支付过程中，技术方面的过错可能造成重大损失，如系统出现断线、操作失误等问题，可能会对消费者造成巨大的财产损失。此时，必须明确责任承担的机制，电子支付的立法一方面应体现对消费者的保护，尽量维护消费者的权益，另一方面也必须遵循适度的原则，对消费者直接金额损失之外的潜在利益损失不予保护，防止金融机构过量承担责任。总而言之，电子支付环境下金融机构与客户之间的法律关系呈现出新型特点，在进行相应法律体系建设时一定要遵循公平与适度的原则，使得电子支付的参与各方都能明确自己的权利和义务，规范自身的法律行为，从而促进电子支付更好的发展。

此外，电子支付中要谨防消费者的付款信息未经本人同意而由第三方通过网络搜集获知或窃取，即保护消费者的隐私权和财产权。而金融犯罪分子也会利用电子支付工具进行洗钱、逃税或赌博，因此电子支付的安全性保障在电子支付立法显得特别重要。

四、完善电子支付的监管体系

首先，明确电子支付技术标准的协调问题。虽然对电子支付业务的技术很难统一标准，但是监管层可以对各银行等金融机构开展电子支付业务的技术兼容性提出明确要求，这样既能够促进电子支付业务的发展，又相对降低监管的技术难度。

其次，明确从事电子支付业务的技术安全性要求，但并不需要对达到这种安全要求所采用的技术进行规定。由于目前各家银行等机构所采用的技术标准不同，业务方案也不相同，如果硬性规定技术标准，既不利于行业发展，也不利于创新，这也是立法的中立原则的体现。

再次，明确监管对象。电子支付业务监管对象主要是银行金融机构，对于其他非银行金融机构，甚至非金融机构所从事的电子支付业务或提供电子支付工具的监管也应纳入监管范围；同时对于某些电子支付业务，要明确其开办条件，即制定准入原则。例如对电子货币发行的监管，要明确有权发行数字货币的主体，明确其发行程序。

五、电子支付有关企业应自行采取行之有效的担保交易模式

据有关机构统计，采用担保交易模式的网络购物投诉率一直远远低于非担保交易模式，国内多数网络交易平台如淘宝网、京东商城、卓越、携程均支持支付宝交易，并不断延伸至水电煤公共事业缴费甚至社保等领域，成为商务支付领域的首选支付工具。

支付宝的核心模式就是担保交易，也就是信用。凭借这一全球首创的交易模式，支付宝经过4年多的发展，现如今已有1.3亿用户，并从海量交易中构建了一套成熟的支付宝信用体系。

据介绍，在交易中产生的大量动态信息，包括各种交易情况和支付情况，在结合商户的执照、经营许可证、商品授权等静态信息后成为了支付宝信用

体系的基础，这套诚信体系成为消费者交易的重要参考。

支付宝从合作商户本身资质、网站交易情况、网站稳定性、用户满意程度等众多方面进行考核，最终遴选出首批包括京东商城、佐丹奴、达芙妮、艺龙、DELL 等在内的 14 家网络商家，由于建立在支付宝庞大的信用记录上，其授予的"支付宝信任商家"的标识也成为网购领域的诚信标志，受到消费者信赖。而在中小卖家层面，支付宝则与建设银行合作推出卖家小额信贷，其授贷立足点就在于卖家在支付宝上的信用记录。据了解，随着个人用户交易量的积累，支付宝还拟推出个人信用评价体系。

针对用户的资金安全问题，支付宝内部拥有专业风险控制部，组建了安全策略中心，从账户安全、交易安全、资金安全、隐私保护、策略定制等几个角度出发为用户提供了量身定制的安全策略。支付宝还在第三方支付企业中首家成立灾难备份系统，维护个人信息及资金安全，全方位保障用户的安全。

六、公证介入电子商务

由于网络的虚拟特性，电子商务交易的真实性、合法性与公正性以及数据的安全性、有效性与完备性均无法像传统交易那样相对容易确认。而交易主体信用与交易安全恰恰是所有交易赖以成立的基础和避免纠纷的保障。同时，由于网络的无地域性，使电子商务纠纷的管辖存在不确定性，更助长了网络欺诈的盛行。

上述两方面因素无疑极大地阻碍了电子商务的快速健康发展，根据联合国公布的相关数据表明：电子商务的业务增长比例为 140%，而其交易纠纷的增长率则高达 200%。美国一项调查显示，网络欺诈使成千上万的消费者损失了 1. 17 亿美元。在每天网上发生的 130 万件网上拍卖交易行为中，涉及诈骗的甚至达到 1%，也就是每天将近有 13 000 起网上诈骗发生在在线拍卖中。

对于管辖的不确定性问题，有望通过立法在短期内加以解决，包括国内立法（如我国合同法对以数据电文形式订立的合同的规定）与国际立法（主要通过国际组织以公约的形式订立），在国际立法中还包括冲突法规范的制定。但是对于交易的真实性、合法性与公正性以及数据的安全性、有效性与完备性问题—事实上该问题已成为制约包括我国在内的世界各国电子商务发展的一个瓶颈，却不可能幼稚地认为通过简单的立法同样可以解决，其必将是一系统工程，需要包括但不限于法律制度等多种制度的协调运行，而公证一向是防止诈骗最有效的方式之一，虽然不能完全避免，但至少可以将受骗的风险降到最低。

电子商务公证的良好运行，有赖于策略的得当与制度的完善。在我国，推广电子商务公证应从以下几个方面着手：

(1) 成立全国统一的或区域统一的电子商务公证网络中心，并组织专门力量攻关，开发公证网络平台的硬件、软件环境。电子商务公证网络中心是国家专门设立的，依法证明签发电子商务合同人与电子签名持有人的一致性，证明当事人之间订立电子合同的真实性、合法性的公证机构。它兼有电子商务认证机构及传统公证机构的职能。

(2) 设立公证网络平台。组织专门力量开发公证网络平台的硬件、软件环境，使之成为双（或多）方交易，电子商务公证网络中心电子公证员受理、审查、出证的共同工作平台。

(3) 通过国家立法或行业立法的方式，对电子商务公证的具体操作原则与制度进行规范。遗憾的是，这类法律规范在我国目前仍然是空白。面对此种情形，一方面，公证行政主管部门应积极起草电子商务公证规范，促进其早日出台；另一方面，非官方机构的公证行业协会，也可积极呼吁、推动行业惯例的形成。此外，各公证机构在推动立法方面也不是无所作为的，完全可以各种方式游说、建议，以促进电子商务公证规范的面世。可行的办法是，由主管机关或行业协会先行一步，制订部门规章，试行《电子商务公证程序规则》，规范办证程序。

【本章思考题】

1. 什么叫电子支付？其特征有哪些？
2. 电子支付中银行承担责任的方式有哪些？
3. 简述网上银行的风险及其控制。
4. 简述电子支付的安全机制。
5. 简述电子支付法律关系的性质。

第六章 电子商务税收法律制度

【案例导入】全国首例网络交易偷税案——“彤彤屋”案

几年前，上海人张×和丈夫合开了一家黎依市场策划公司做礼品生意，张×担任公司法人代表。

2006年6月，初为人母的张×开始在网上购买婴儿用品，她惊讶地发现，婴儿用品在网上卖得很红火。于是她也开始在网上销售奶粉和尿片，并用该市场策划公司的名义在淘宝网上开了家商铺。

后来，张×的生意日渐兴旺，在累积了一定的客户群后，她又用公司的名义自建了一个销售婴儿用品的网站——“彤彤屋”。半年来，“彤彤屋”生意越做越大，销售了价值280多万元的商品。由于之前有网上购物经验，张×了解到网上交易几乎都不开发票。在和其他卖家交流之中，她也掌握了一套逃税方法，比如不开具发票，不记账等。“网上所有的人都是这样交易。”张×在庭审时说。就这样，公司于2006年6月至12月销售货物，含税金额人民币289.5万余元，不含税销售金额人民币278.4万余元，应缴增值税人民币11万余元。

黎依公司的偷税行为是在警方侦查一起诈骗案时被意外发现的。

法院判决：

这起全国首例网络交易偷税案“彤彤屋”案在上海市普陀区法院宣判：上海黎依市场策划有限公司以偷税罪判处罚金10万元，同时以偷税罪判处张×有期徒刑两年，缓刑两年，罚金6万元。

【思考】(1) 网店交易应不应该交税？为什么？(2) 对电子商务征税的困难在哪里？

第一节 电子商务税收的可行性

对电子商务是否征税，不仅关系到电子商务从业者的经济利益，而且关系到国与国之间关于税收利益的分配。由于国家税收的强制性、无偿性，国家的征税活动直接关系到相关主体财产权的损益，因此一种税的开征与否一方面既要符合税收的基本原理，另一方面必须有相应的理论依据。

一、从税收的本质看电子商务是可税的

税收的本质是税收学与税法学理论的基石，对税收本质的剖析是理性认识税收的基础。在税收理论的发展过程中，关于税收本质的学说有公需说、利益说、保险费说、义务说、新利益说等。所谓公需说，可以理解为国家有增进公共福利的职能，在执行这种职能时，为满足必要的公共需要，就必须征税。但这一学说并没有解决国家为什么有权“必须征税”的问题。保险费说认为，国家像保险公司，而国民像被保险者，国民由国家为其保障生命、财产，税收是国民缴纳给国家的相应对价，相当于保险费。义务说是以德国哲学家黑格尔等的国家有机体论作为基础的学说。他们认为，为了维持国家生存而支付税收，是每个国民的当然义务。该说也称为牺牲说，之所以称为牺牲说，是由于它不是对接受国家利益的一种返还，而完全是无偿的，也就是牺牲性的给付。早期比较重要的学说由霍布斯提出。霍布斯指出“主权者向人民征收的税在本质上只不过是公家给予保卫平民安居乐业的带甲者的薪铜”。孟德斯鸠指出税收是“公民付出的自己财产的一部分，以确保他所余财产的安全或快乐的享用这些财产。”因此看来税收就是为了满足公共需要而由一定的社会共同体按照既定的程序与规范占有和使用一定的社会剩余产品或价值而形成的一种特定的分配关系。

电子商务从其本质来说是一种商务活动，而商务活动是以盈利为根本目的和宗旨的。虽然从目前来看电子商务尚处于初级发展阶段，某些从事电子商务的企业其盈利情况可能也不太理想，这也是世界各国对电子商务实行税收优惠政策的原因。但是从长远来看，电子商务是未来商务活动的重要形式，必将为企业带来巨大的利润，暂时的税收优惠并不能抹杀其在经济上的可税性。

二、基于税收中性原则的分析

税收中性原则是指由于国家征税时，税收可能给纳税人的带来额外的负担，从而影响纳税人的生产、消费等决策，因此，为了使纳税人不因为纳税而改变其市场决策，给纳税人造成额外的负担，带来经济上更大的损失，税

收对市场机制的运行应保持“中性”，避免不适当的干预，特别是国家不能超越市场机制的作用而对资源配置起决定性的作用。除了纳税人应负担的税负外，不能因为课税而扭曲市场经济条件下资源的有效配置。

税收中性原则体现在税种设置、税率设计和税收征免范围的统一规范化等三个方面。税制的设置应是“中性”的，税收作为国家参与分配的一种方式，也是一种资源配置方式。国家征税就是将社会资源从纳税人处转移到政府部门，而这个转移过程，必然会对纳税人和整个经济生活产生影响。其中，产生的额外负担体现在两个方面：一方面是因政府征税给纳税人造成的经济利益损失大于征税增加的社会效益而产生的；一方面是因政府征税改变商品的相对价格干扰纳税人正常的生产和消费决策而产生的。所以，坚持税收中性原则就要做到，国家在课税时，除了使人民因纳税而发生负担以外，尽量不再使人民受到其他额外负担或经济损失；国家征税应避免对市场经济正常运行的干扰，特别是不能使税收成为超越市场机制的资源配置的决定因素。

对于电子商务涉税问题，一方面要求不对电子商务采取歧视性的税收政策、开征新的税种；另一方面要求对电子商务交易也应像对待传统交易一样采取同样的税收政策。具体来说在考虑电子商务涉税规则的制定时，应以交易的本质内容为基础，而不考虑交易的形式，以避免税收规则对经济的扭曲，使纳税人的决策取决于市场规则而不是出于对税收规则的考虑，确保市场机制是企业决定贸易方式的唯一因素。而如果对电子商务免予征税，则必然使通过传统方式交易的市场主体处于不利的地位，进而对市场主体经营产品的价格、消费者对相关产品的选择与市场主体的经营活动等产生重要的影响，并最终影响到资源的合理、有效的配置。因此，从税收中性原则的角度来看对电子商务应当征税。

三、基于税收公平原则的分析

公平是人类共同追求的完美目标之一，也是法制基本原则。税收作为国家取得财政收入的一种手段，也不能脱离公平。亚当·斯密提出：“一国国民，都须在可能范围内按照各自能力的比例，即按照各自在国家保护下享得的收入比例缴纳国税，维持政府”。这一公平观念后经瓦格纳引申，并加入社会政策观念，便形成了“课税公平原则”，即根据社会政策的观点，按纳税能力的大小，采用累进税率课税，以求得实质上的平等，并不承认财富的自然分配状态。税收公平原则具体包括两方面的含义：①征税公平，即征税的普遍性。征税的普遍性，要求对于减税免税和其他税收优惠制定严格的法律程序；实现对纳税主体的平等保护。纳税主体对税法的平等适用、平等遵守、对违法行为的平等制裁，真正体现税法面前人人平等，确保税法公平，实现依法治税。②税赋公平，即征税的平等性，将税收负担公平地落到有关征税人身上。具体体现在横向公平和纵向公平上。

电子商务的出现改变了传统的交易形式，由于其虚拟性、跨国性、直接性等特点，使得电子商务交易主体的收入与支出不易为税务征管机关所察觉，再加上电子商务税收规则的缺失，电子商务实际上处于免税状态。这显然有悖于税收的公平原则，从税收公平和普遍征税来说，对于电子商务交易都不应该免税，税收制度的设计与税收规则的制定都应当为纳税人提供平等的竞争机会、相同的条件与外部环境，而不能仅仅因为不同主体的经营方式的不同，而采取不同的税收待遇。因此，从税收的公平原则来考虑，电子商务也应该征税。

综上所述，根据税法的税收中性以及税收公平原则，在税收立法上应贯彻电子商务与传统商务同等对待的原则，对电子商务不得采取比其他商务活动更为优惠或更为不利的税收待遇，以避免在电子商务企业与传统商务企业间形成税负不公，扭曲正常的经济活动。如果不对电子商务征税，则可能发生企业进行实质内容相同而形式不同的交易活动却面临着不同的税负的情形，这无疑有悖于税法基本原则。因此，综合分析来看我国对电子商务不能免税。

第二节 电子商务对现行税收征管体制的挑战

一、电子商务税收征管有别于传统的税收征管

电子商务税收与传统的商务形式的税收征管在许多方面存在着差别，主要表现在以下几方面：

（1）营业活动覆盖全球。最小的企业也能通过网络进入国际市场，跨国零售业成为可能，这将导致对小额收入的税收管辖权冲突更为复杂。

（2）可远距离运营。因为跨国经营一个公司变得容易，在避税地建立公司并运作它成本很小。

（3）交易双方匿名化。网络交易中双方可能根本无法获知对方的身份、所在地，保密技术也使税收当局无法获得情报。

(4) 产品数字化。数字化产品可经过网络传送，有形产品与无形资产间的界限变得模糊。

(5) 规则不确定。电子商务的税收处理规则仍处于它的“婴儿期”，但可以肯定的是，其规则必须适应技术的快速发展并做出迅速的调整。

二、电子商务对现行税收征管体制的挑战

横跨信息技术、通信技术、金融服务领域、生产者、消费者和各国政府部门的电子政务是人类有史以来最复杂的系统工程之一，以它为主体形成的电子商务冲击着包括税收法律在内的某些旧有规则，而新的规则又来不及制定，由此必然导致电子商务的征税盲点，严重地冲击了我国现行税制和税收的征管。

(一) 电子商务对现行税制产生的影响

首先，电子商务将对税收原则造成冲击。随着电子商务的发展，建立在国际互联网基础上的这种与传统的有形贸易完全不同的“虚拟”贸易形式，往往不能被现有的税制所涵盖，导致传统贸易主体与电子商务主体之间税负不公，从而对税收公平原则造成冲击。电子商务与传统贸易的课税方式和税负水平不一致，因税负不公而导致对经济的扭曲，因而对税收中性原则产生冲击。在电子商务交易中，产品或服务的提供者可以直接免去中间人如代理人、批发商、零售商等，而直接将产品提供给消费者。中间人的消失，将使许多无经验的纳税人加入到电子商务中来，这将使税务机关工作量增大，无疑将影响到税收的效率原则。

其次，电子商务给传统税收体制及税收管理模式带来了巨大的挑战。电子商务所带来的问题还不仅表现在是否应该对它征税，更大的挑战是，如何监管电子商务交易税收。如同大多数国家一样，中国税收体系及其征管手段还不足以对电子商务进行成熟和有效的管理。主要是因为：

第一，传统的税收是以常设机构（一个企业进行全部或部分经营活动的固定经营场所）来确定经营所得来源地。但电子商务是建立在“虚拟市场”上，企业的贸易活动不再需要原有的固定营业场所、代理商等有形机构来完成，大多数产品或劳务的提供并不需要企业出现，而仅需一个网站和能够从事相关交易的软件，而且互联网上的网址、电子邮件地址、身份（ID）等与产品或劳务的提供者并没有必然的联系，仅从这些信息是无法判断其机构所

在地的。

第二，电子商务改变了产品的固有存在形式，使课税对象的性质变得模糊不清。税务机关在对某一课税对象征税时，会因为不知其适用何种税种而无从下手。在多数国家，税法对有形商品的销售、劳务的提供及无形财产的使用都有严格区分，并制定了不同的课税规定，但在网上交易中，交易对象都被转化为“数字化资讯”，许多产品或劳务是以数字化形式，通过电子传递来实现转化的。在国际互联网中传递，税务机关一般都无法在产品或劳务被变换回之前确认其内容，因为其都为（0－1）数字代码信号，再加上出于安全考虑的加密技术，更令税务机关无法了解其核心内容，因而无法确认一项所得为销售所得、劳务所得或特许权使用费。同时，由于电子商务将原先以有形财产形式提供的商品转换成了（0－1）代码信号形式提供，使所得性质划分变得困难。比如，原来通过购买书籍、报纸和 VCD 获得知识、信息和娱乐的消费者，可以通过电子商务来达到同样的目的，税务机关此时就比较难确定对这种以数字形式提供的数据和信息，应视为提供服务所得还是销售商品所得。所得的划分难，必然会引起税收征管上的纠纷。

第三，电子商务对现行的税收征管方式造成冲击。在网络这个独特的环境下，交易的方式采用无纸化，所有买卖双方的合同，作为销售凭证的各种票据都以电子形式存在，交易实体是无形的，交易与匿名支付系统联接，其过程和结果不会留下痕迹作为审计线索。现行税务登记依据的基础是工商登记，但信息网络交易的经营范围是无限的，也不需事先经过工商部门的批准，因此，现行有形贸易的税务登记方法不再适用电子商务，也就无法确定纳税人的经营情况。在互联网电子商务中的账簿和凭证是以网上数字信息存在的，而且这种网上凭据的数字化又具有随时被修改而不留痕迹的可能，这将使税收征管失去了可靠的审计基础。由于网上交易的电子化，电子货币、电子发票、网上银行开始取代传统的货币银行、信用卡，现行的税款征收方式与网上交易明显脱节。现行税收征管方式的不适应将产生电子商务征税方面法律责任上的空白地带，对电子商务的征纳税法律责任将无从谈起。现行的税收征管手段是在手工填报、人工处理的基础上进行的。而电子商务运行模式，无论从交易时间、地点、方式等各个方面都不同于传统贸易运作模式。另外，由于厂商和客户通过互相进行直接贸易，省略了商业中间环节机构，使商业中介扣缴税款的作用被严重削弱，因而税务机关更加难于开展征管。

第四，电子商务税收管辖权的确定。由于因特网的跨地域性远非传统交易那么有限，它可以在极其短暂的时间内深入到世界的每一个甚至多个地区，当一项交易发生时，应由哪个地区的税务机关对它行使税收管辖权便难以确定。随着电子商务规模的不断扩大，这个问题如果不能尽快解决，必然会对税收乃至消费行为产生很大的影响。

（二）电子商务偷漏税严重

由于网上交易容易偷漏税，从而造成从事网上交易的公司和非网上交易公司之间税负不平衡。网上交易公司税负轻，而非网上交易公司税负重，这种情况势必会造成重税负的非网上交易公司积极上网交易，进入网络贸易的“避税区”，从而造成更大税收流失。电子商务的发展除了虚拟的电子形式客观上为逃税、偷税提供了天然的方便外，又因为各国都有权就发生在其境内的运输或支付行为征税，所以纳税人大多选择在避税港建立虚拟公司，并通过其进行贸易，或将其作为交货地点，利用避税港的税收优惠政策避税，造成许多公司在经营地微利或亏损生存，而在避税港的利润却居高不下。目前，一些国际避税港甚至在互联网上推出了“避税服务”，由此，跨国公司利用网上贸易操作利润、规避税收将更加难以防范。

（三）国际税收管辖权的矛盾

地域税收管辖权和居民税收管辖权的冲突是电子商务课税的焦点问题。世界上绝大多数国家（除少数避税港）为维护自身利益，避免财源流失，都同时实行地域管辖权和居民（公民）管辖权，并对由此引起的国际重复征税通常以双边税收协定的方式予以减免。然而电子商务的发展，必将引起地域税收管辖权的争执。比如，通过互相合作的 Website 来提供技术服务、通过国际互联网进行千里之外的心理咨询或医疗诊断服务等等。但是各国对电子商务交易所得在地域税收管辖权判定上，出于各自利益，会有很大争议。有些国家采取居民税收管辖权优先于地域税收管辖权，赞成加强居民税收管辖权，但是，居民税收管辖权也面临着挑战。虽然居民身份通常以公司注册地标准判定，但许多国家还坚持以管理和控制地标准判定居民身份。大多数国家的公司税法都允许外国公民担任本国公司的董事，还允许董事会在居住国以外召开。诸如电视会议等技术的广泛应用，使得以下情况成为可能：管理和控制中心可能存在于多个国家，也可能不存在于任何国家，这使得居民税收管辖权形同虚设。

第三节 电子商务税收原则

如果政府对电子商务的税收放任自流，就会因电子商务交易额的急剧增大、传统贸易方式交易额的相对变小而使国家的税收利益大大受损，政府会因此而减少对网络基础设施的投资力度和对发展电子商务的政策支持，这些因素势必构成电子商务进一步发展的阻力。如果政府开始对电子商务征税，其征税依据、征税规则、征税的技术手段还有待改进和完善，对实施电子商务的企业征税过重，也会影响企业发展电子商务的能力和积极性。

由此看来，政府如何制订合理的电子商务税收政策，存在一个进退两难的困境。这一问题解决好了，当然可以促进电子商务的长足发展；解决不好，就有可能成为电子商务发展的瓶颈。新制度经济学的代表人物诺思曾讲："国家既是人为促进经济增长的原因，也是人为导致经济衰退的原因。"

由于电子商务的发展仍处于初级阶段，电子商务征税应在按照鼓励、扶持的政策思想指导下，制定相应的征税原则，具体包括如下。

一、税收中性原则

税收是一种分配方式，从而也是一种资源配置方式。国家征税是将社会资源从纳税人转向政府部门，在这个转移过程中，除了会给纳税人造成相当于纳税税款的负担以外，还可能对纳税人或社会带来超额负担。所谓超额负担主要表现为两个方面：一是国家征税一方面减少纳税人支出，同时增加政府部门支出，若因征税而导致纳税人的经济利益损失大于因征税而增加的社会经济效益，则会发生在资源配置方面的超额负担；二是由于征税改变了商品的相对价格，对纳税人的消费行为和生产行为产生不良影响，则会发生在经济运行方面的超额负担。税收的中性就是针对税收的超额负担提出的。税收理论认为，税收的超额负担会降低税收的效率，而减少税收的超额负担从而提高税收效率的重要途径，在于尽可能保持税收的中性原则。由此，我们可以判断，税收中性包含两个最基本的含义：一是国家征税使社会所付出的代价以税款为限，尽可能不给纳税人或社会带来其他的额外损失或负担；二是国家征税应避免对市场经济正常运行的干扰，特别是不能使税收由于超越市场机制而成为资源配置的决定因素。

从这个角度来讲，税收中性原则的实际意义是税收的实施不应对网络经济（电子商务）的发展有延缓或阻碍作用。从促进技术进步和降低交易费用等方面来看，电子商务和传统交易方式相比具有较大优势，代表着未来商贸发展方式，应该给予支持，至少不要对它课征新税。另外，从我国电子商务发展的现实情况来看，我国的电脑拥有率和上网率按人口平均在全球是较低的，信息产业仍处于起步阶段，网址资源甚少，基本上属于“幼稚产业”，极需要政府的大力扶持。因此，从税收政策来看，在电子商务发展的初期阶段应给予政策优惠，待条件成熟后再考虑征税，并随电子商务的发展及产业利润率的高低调节税率，进而调节税收收入。就世界范围而言，遵循税收中性原则，已成为对电子商务征税的基本共识。1996 年 11 月，美国财政部发表《全球电子商务选择性的税收政策》报告，认为税收中性是指导电子商务征税的基本原则，不通过开设新的税种或附加来征税，而是修改现有税种，使它适用于电子商务，确保电子商务的发展不会扭曲税收的公平。1997 年 4 月，欧洲委员会也公布了《面对电子商务：欧洲的首选税收方案》的报告，接受了美国人的观点，认为应该努力使现行的税种特别是使增值税适应电子商务的发展，而不是开征新的税种。

二、财政收入原则

电子商务税收制度的建立和发展也必须遵循财政收入原则，要与国家的整体税收制度相协调和配合，保证国家开支的需要。就电子商务而言，财政收入原则有两重要求：第一个要求是通过对电子商务的征税与其他产业的征税共同构成的税收收入能充分满足一定时期的公共支出的需要；第二个要求是对电子商务征税要有弹性，要使税收弹性系数大于或等于 1①，从而保证财政收入能与日益增加的国民收入同步增长。

三、尽量利用既有税收规定原则

美国在其财政部文件中认为，电子商务和传统交易方式在本质上并没有

---

① 税收弹性系数被定义为税收对经济增长的反应程度，即税收收入增长率与经济增长率之比，其公式为：

$$ET = (\Delta T/T) / (\Delta Y/Y) \times 100\%$$

公式中，ET 为税收弹性，T 为税收收入总量，△T 为税收收入增长量，Y 代表 GDP，△Y 代表其增量。按上式计算，ET = 1 表示税收与经济同步增长；当 ET > 1 时，表明税收增长快于经济增长，并且税收参与新增国民收入分配的比重有上升趋势；当 ET < 1 时，表明尽管税收绝对量可能增大，但税收增长速度慢于经济增长速度，新增国民收入中税收集中度下降。

什么不同，为了避免对经济活动的扭曲，税收中性原则应是对电子商务征税的最重要的原则。欧盟部长理事会对此也基本持相同的看法。关于中性原则，美国财政部文件进一步指出，运用既有的税收原则来形成对电子商务征税的规则是目前所能找到的形成国际共识的最好方法。1997 年 11 月 OECD 在芬兰召开的名为“撤除全球电子商务障碍”的圆桌会议上，与会者一致认可税收中性原则和运用既有税收原则这两项原则。2000 年 6 月，美国前财政部部长助理、普林斯顿大学罗森教授在北京的一次小型座谈会上交流时也强调，网络经济的发展并不一定要对现有的财政税收政策做根本性改革，而是尽可能让网络经济适应已有的财政税收政策。国外经济学家的这些看法及国际机构的这些主张从某种程度上反映了电子商务税收政策的发展趋势，对我国制定电子商务的税收政策有着现实的指导意义，这就是电子商务课税要尽可能运用既有的税收规定。比如，中国香港税务局就没有出台专门的电子商务税法，只是要求纳税人在年度报税表内特别加入电子贸易一栏，要求公司申报电子贸易资料。

四、坚持国家税收主权的原则

我国目前还处于发展中国家行列，经济、技术相对落后的状况还将持续一段时间。这就意味着，在电子商务领域我国将长期处于净进口国的地位。所以，我国电子商务的发展不可能照搬发达国家的模式，跟在他们后面，亦步亦趋，而是应该在借鉴其他国家电子商务发展成功经验的同时，结合我国的实际，探索适合我国国情的电子商务发展模式。在制定网络商务的税收方案时，既要有利于与国际接轨，又要考虑到维护国家主权和保护国家利益。比如，对于在中国从事网上销售的外国公司，均应要求其在中国注册，中国消费者购买其产品或服务的付款将汇入其在中国财务代理的账户，并以此为依据征收其销售增值税；再如，为了加强对征税的监督，可以考虑对每一个进行网上销售的国内外公司的服务器进行强制性的税务链接、海关链接和银行链接，以保证对网上销售的实时、有效监控，确保国家税收的征稽。

第四节　电子商务中的税收稽查

税务稽查是税收征收管理工作的重要步骤和环节，是税务机关代表国家依法对纳税人的纳税情况进行检查监督的一种形式。税务稽查的依据是具有各种法律效力的各种税收法律、法规及各种政策规定。具体包括日常稽查、专项稽查和专案稽查。税务稽查的范围包括：税务法律、法规、制度等的贯彻执行情况，纳税人生产经营活动及税务活动的合法性，偷、逃、抗、骗、漏税及滞纳情况。

一、电子商务对税务稽查带来的积极影响

1. 有利于实现由“有限稽查”向“全面稽查”转换

目前，税务稽查是根据纳税申报表，发票领、用、存情况，各种财务报表等部分信息来确认稽查对象并实施稽查的，所获取的企业的信息非常有限，由此导致效果和效率也十分有限。实行电子商务后，可以通过互联网获取该企业所属行业信息，货物交易情况、银行支付情况、发票稽核情况、与它关联企业情况等全面信息来实施稽查，同时，稽查人员可随时获取法律、法规、条例等信息，甚至可以网上取证。

2. 电子商务推动税务稽查的方法和手段走向现代化

税务部门与银行联网，通过“网上银行”、“电子货币”、“电子支票”来缴纳查补税款，极大地提高了税款入库时间。

传统的查账将被“网上稽查”所代替，通过税务机关与电子商务认证中心、网上银行、海关、工商、外汇管理局、法院、公安等部门的联网，共同建立专门的电脑税务稽查与监控网络，研制具有网上追踪统计功能的网上稽查软件，查处电子商务中税收违法案件。

加强了依法治税的手段和力度。例如，对“走逃户”的管理目前没有很好的办法，如果通过电子商务，就可以在网络上对偷、漏、逃税的企业曝光，甚至可以网上通缉，借助认证中心、公安、工商和网上银行，可以取消其网上贸易资格、取消出入境资格等。

3. 有效降低稽查成本，促进了税务稽查部门的廉政建设

电子商务促进了纳税人实行电脑化、网络化管理，稽查机关可以要求纳税人以电子邮件形式，把电子账册、电子票据等信息发送到稽查部门，实行网上稽查，避免了目前劳民伤财的实地稽查和调账稽查，避免了与纳税人接触，更加符合税收的简便和最小征收费原则，促进了廉政建设。

二、电子商务对税务稽查带来的消极影响

税务机关要进行有效的征管稽查，必须掌握大量有关纳税人应税事实的

信息和准确的证据，作为税务机关判断纳税人申报数据准确性的依据。为此，各国税法普遍规定纳税人必须如实记账并保存账簿、记账凭证以及其他与纳税有关的资料若干年，以便税务机关检查，这便从法律上奠定了以账证追踪审计作为税收征管的基础。

（1）在互联网这个独特的环境，出于订购、支付、甚至数字化产品的交付都可通过网上进行，使得无纸化程度越来越高，订单、买卖双方的合同、作为销售凭证的各种票据都以电子形式存在，且电子凭证又可被轻易地修改而不留任何线索和痕迹，导致传统的凭证追踪审计失去基础。

（2）互联网贸易的发展刺激了电子支付系统的完善，联机银行与数字现金的出现，使跨国交易的成本降至与国内成本相当的领域，一些资深银行纷纷在网上开通“联机银行”业务，开设在国际避税地的“联机银行”更是成为税收筹划者获取“税收保护”的工具。目前国内银行一直是税务机关的重要信息源，即使税务当局不对纳税人的银行账号进行经常性的检查，潜在的逃税者也会意识到面临的风险。如果信息源为境外等地的银行，则税务局就很难对支付方的交易进行监控，从而也丧失了对逃税者的一种重要威慑手段。

（3）数字现金的使用也应引起重视。从传统方式看，由于税务当局对现金货币在征管上无法控制，所以现金货币在逃税中发挥了重要作用。数字现金也有上述特点，且它可以随时随地通过网络进行转账结算，避免了存储、运送大量现金的麻烦，加上数字现金的使用者可采用匿名方式，难以追踪，较之现金货币在征管上更难控制。

（4）随着计算机加密技术的成熟，纳税人可以使用加密、授权等多种保护方式掩藏交易信息，税务机关既要严格执行法律对纳税人的知识产权和隐私权的保护规定，又要广泛搜集纳税人的交易资料，这使得做好税务管理工作的难度越来越大。

三、互联网为纳税人逃避税务稽查提供了高科技手段

互联网的全球性、无国界性、高科技性不仅为企业经营获得最大限度的利润提供了手段，同时在某种程度上也成了企业逃避税务稽查的温床。建立在互联网之上的电子邮件、可视会议、IP 电话、传真等技术为企业架起了实时沟通的桥梁，通过互联网将产品的开发、设计、生产、销售“合理地”分布于世界各地将更容易，在避税地建立基地公司也将轻而易举。只要拥有一台计算机、一个 MODEM（调制解调器）和一部电话，任何一个公司都可以利

用其在避税国设立的网站与国外企业进行商务洽谈和贸易，形成一个税法规定的经营地，而仅把国内作为一个存货仓库。随着银行网络化和电子受付系统的日益完善，一些公司已开始利用电子货币在避税地的“网络银行”开设资金账户，开展海外投资业务，对税收管辖权的“选择”越来越灵活。加密技术的发展又大大加剧了税务机关掌握纳税人身份或交易信息的难度，无法掌握纳税人或交易数字，很难保证其服从税法，避税和反避税斗争将日趋激烈。

四、完善电子商务中的税务稽查措施

（1）完善税务登记制度，对网上企业最好建立专门的电子商务税务登记制度。实行电子商务后，企业的形态发生了很大变化，出现了虚拟企业（网上企业），因此，必须要求所有上网单位都应向税务机关申报网址、电子邮箱号码等其他上网资料，公司的税务登记号码必须展示在其网站上。实施税务稽查时，稽查人员可以通过查询企业网站，来获取企业的信息是否与申报信息一致，以便及时对企业实行监控。

（2）基于税务系统的四级广域网，实施办公自动化与征管信息系统、税务稽查系统、“大面额增值税发票防伪稽核系统”、“出口退税用专用发票认证系统”、“丢失被盗增值税专用发票报警系统”、电子邮件等系统的系统集成，实现跨部门、跨地区之间涉税信息的快速传递、发票函件调查和相互协调。

（3）在当前的电子商务发展状况下，必须紧紧围绕银行资金结算这一关键环节展开税务稽查。目前，通过网上银行，实现大额、实时、跨国资金结算还未实现，电子货币还未推行（即使实行电子货币也需要一个将初始金额装入系统的金融中间人），电子商务法律不健全，电子票据的法律效力还未确立。因此，付款手段不可能发生根本变化。

（4）在实际稽查工作中，必须充分利用好新《合同法》这个强有力的武器。以前的法律，一般只承认以看得见、摸得着的形式（如白底黑字）存在的合同。在电子商务时代，“书面合同”还包括看得见，却摸不着的“电子邮件”。新的《合同法》顺应时代发展，正视电子数据变换对合同法和诉讼法的影响，第一次明确了自然人作为合同当事人的法律地位，电子数据交换和电子邮件也是合同的书面形式。这就为互联网经济的发展铺平了道路，它的影响是划时代的。在总共428条的新《合同法》中，有两个条文对电子商务有重大影响。①《合同法》中，对电子商务影响最重要的是第二条，本法所称合同是平等主体的自然人、法人、其他组织之间设立、变更、终止民事权利义务关系的协议。《合同法》的这条规定，第一次确立了自然人作为合同当事人的法律地位。在享有权利的同时，自然人和法人要负担相同的义务。因为新的《合同法》引入了“要约”与“承诺”的概念。当一个人在网站上发布一个商品的价格服务时（要约），如果另一个选择确定购买（承诺），那么在法律上就成为正式的合同关系。②《合同法》中另一个对电子商务有重大影响的条款是第十一条。该条款对合同“书面形式”的解释为：书面形式是指合同书、信件和数据电文（包括电报、电传、传真、电子数据交换和电子邮件）等可以有形地表现所载内容的形式。这项条款奠定了新《合同法》在网络时代的“比特定律”地位，网络在国内经济生活中的地位得以确立。

(5) 加大税务稽查人员的计算机知识和操作方面的培训力度，尤其是要提高稽查人员通过操作财务软件来查看企业各种财务报表的水平。同时，实行财务软件备案制度，企业开始使用财务软件时，必须向当地的税务机关提供财务软件的名称、版本号、超级用户名和密码等信息，经税务机关批准后才能使用。

(6) 加快立法，尤其需要修改《会计法》，确认电子账册和电子票据的法律效力。另一方面，还要考虑电子商务环境下，如何解决增值税专用发票电子化后带来的网上认证和法律效力等问题。从长远来看，必须制定相关的税收法规，明确网络交易的性质、计税依据、征税对象等。在保证鼓励新技术发展的同时，防止税款流失。

(7) 加快税务机关的信息化建设，建立电子税务，来推动电子商务的发展。所谓电子税务，通俗地讲就是把税务机关的各项职能搬到网上，实现网上办公、网上征管、网上稽查、网上服务、网上专用发票认证等。它首先要求各级税务部门在公众信息网上建立自己的站点，提供税务机关信息资源共享和有关的应用项目。在此基础上进一步实现税务网站与办公自动化联通，与税务机关各部门的职能紧密结合，把税务机关的站点变成为民服务的窗口。

综上所述，随着信息技术的不断发展和深入，电子商务正成为将来国际贸易的大趋势。中国作为新兴市场经济国家，电子商务的发展将更加迅猛。因此，我国税务部门更应把握契机，主动迎接挑战，为逐步实现稽查、征管现代化和法制化而努力。

第五节　电子商务中的税收征管

一般而言，电子商务涉及两种类型的交易。

（1）因特网主要为有形交易起到通信的作用。这类电子商务的一般特征是：主要是有形物品的交付，课税点发生在有形世界。在这种情况下，因特网的使用只是给交易双方提高了时间和财务效率，它和传统的通讯如电话、电传并没有什么区别，因特网仅仅作为一种为商品交易提供媒介的作用。

（2）第二种类型的交易是：因特网是作为有形商品交易的一种替代形式而存在，即数字化信息交易，例如计算机程序、书籍、图像、音乐等都能通过电子转让。从事实存在的角度看，数字化信息交易应该被视为一种有形物品的购买，应该对其征税。传统的商品交易包括物流、信息流、资金流三个组成部分。

从电子商务的两种类型看，不管哪种类型的电子商务，至少存在信息流和资金流。对于电子商务中的资金流的监控就成为主要环节，因为任何一种电子交易都必然存在支付行为（资金流）。从财政的观点看，把为电子商务建立和使用的支付体系作为稽查、追踪和监控行为的对象是必然的选择。由于供货方和顾客在防止诈骗方面的利益是相同的，因而就要有一种机制能保证双方交易的安全性，这也就是银行参与的必要性。这就导致参与交易的供货商不可能完全隐匿姓名。供货商—银行—客户，这样一种体系就为税收征管提供了线索。

目前，电子商务支付体系主要有三种方式：信用卡；顾客账户；电子货币。下面给予分别讨论。

（1）信用卡支付。当前互联网上最常用的支付方式是信用卡支付。它是全世界公认的支付手段，用于进行全球电子商务结算。顾客向供货商提供其信用卡详细资料，供货商在规定有各自信用卡支付方式的合同下开具发票。同时发明了安全传递数据的方法，目前国外几种支付方式都提供了相应的安全措施，来避免信用卡支付时的数据被“分流”滤出和滥用信用卡资料的风险。未来，在国际上用信用卡做支付结算时，首要的选择是在互联网中的信用卡支付，象 visa 卡和 master 卡的标准“安全电子商务”将大行其道。该标准提供了一个综合概念，包含了支付体系和包括购订单及收据在内的全部购买交易过程。

下面是由互联网交易的电子商务中，使用信用卡支付方式收缴流转税的模式。[①] 这是供货商应缴流转税和通过银行扣缴的过程模式。签发信用卡的机构（设定为银行），必须从所收的报酬中扣缴流转税款，并有接转付给税务局。为简化起见，假设采用国际上一致同意的税率，收取支付货款的一方可得到扣缴税款的证明，凭此，对错收的税款，也有权要求返还。其步骤是：

A. 客户通知客户银行向信用卡签发机构付款，信用卡签发机构向客户签发信用卡。

B. 客户和供货商之间在网上核查电子印签、订货、提供信用卡资料。

C. 信用卡签发机构在网上进行货币转移：

ⅰ. 是以流转税转移到税务局。

ⅱ. 是货币转移到供货商的银行。

D. 供货商在网上通过银行的支付处理机确定支付到位。

E. 银行的支付处理机通过网上向客户出具发票和向供货商出具扣缴税款证明。

F. 供货商向客户发送有形货物或客户接受供货商的网上无形货物。

（2）通过客户账户支付。互联网上所使用的另一种支付方法是顾客账户支付。客户账户由与供货商和顾客签有长期合同的系统经营商或交易所保存（主要是在线服务）。系统经营商必须了解供货商的身份和流转额，通常依据其流转额向供货商收取费用。顾客只看到规定的支付体系中，从其顾客账户上把货款划到供货商的账户上。从临近流转税的角度看，是要让供货商和系统经营商共同及分别负担纳税义务。

（3）电子货币。信用卡不适合匿名支付，也不适合小额支付。因此，目前在国际市场上设计了几个电子货币模型。例如，南加利福尼亚大学的数字现金和网络现金公司的电子现金体系。这样做的目标是用数字方式为互联网上的电子商务的支付提供匿名性和安全性。它需要有严格的密码保护机制，防止电子伪币和同一单位电子货币的重复使用，同时也需要考虑到不同国家的货币支付。在这里，芯片卡避开了计算机病毒并避免了直接操作计算机储藏媒体带来的危险。

① 流转税（commodity turnover tax；goods turnover tax）又称流转课税、流通税，指以纳税人商品生产、流通环节的流转额或者数量以及非商品交易的营业额为征税对象的一类税收。流转税是商品生产和商品交换的产物，各种流转税（如增值税、消费税、营业税、关税等）是政府财政收入的重要来源。

此类支付体系的基本结构并不复杂，它是某家银行通过一定方式（如通过互联网联机到客户硬盘）向顾客提供用于购买的电子货币。电子货币不能转移给第三方，如果顾客和供货商之间存在着账户差异，银行应在它们之间划转。

当使用匿名电子货币时，课征流转税所使用的主要方法可以是在银行发行或者承兑电子货币时进行扣缴税款。根据未来一个或者多个电子货币体系的国际传播使用，必须区分不同的模型，为了简便，仍假设通用税率。下面是账户模型电子货币交易的流转课税步骤：

A. 顾客在网上向供货商订货。

B. 顾客在网上通知客户银行向供货商银行支付电子货币。

C. 客户银行通过银行网络向供货商银行发送电子货币同时向税务局缴纳流转税。

D. 供货商在网上向客户银行确认已签付的电子货币同时向客户银行取得扣缴税款说明。

E. 客户通过网上向供货商取得发票。

F. 供货商向客户发送货物或客户接收网上货物。

但是在实际上没有供货商能在所有国内、国外银行开设账户，因此需要专门的货币兑换机构，它们将解决不同货币的兑换问题。

以上只是对是电子商务征税的初步设想，就是在客户和供货商之间建立一种互相制约机制，通过银行这个中介来行使扣缴税款。目前我国税务机关要充分认识到电子商务对我国税收征管的挑战，要加强对电子商务税收征管的研究，与此同时要培养一批既精通电子商务又精通经济税收专业知识的复合型人才，使其能熟练进行电子商务操作相关的税务处理。

第六节 电子商务税收管辖权

一、税收管辖权

税收管辖权是国家主权或国家管辖权在税收领域内的表现。即一国政府决定对哪些人征税、征收哪些税和征收多少税的权力。税收管辖权导源于国家主权，不受任何外力的干涉。

税收管辖权有两个类别，一是收入来源地税收管辖权，另一是居民（或居住地）税收管辖权。这两种税收管辖权分别是国家领域管辖权与国籍管辖权的延伸或发展。但是，居民税收管辖权并不是国籍管辖权的简单的延伸，而是有所变化。因为，绝大多数国家都不是按国籍、而是按户籍对境内的自然人和法人行使税收管辖权。

1. 收入来源地税收管辖权

同领域管辖权一样，奉行属地原则，凡来源于征税国境内的收入都可由该国行使征税权，从源征税。在有些国家内，又称之为有限纳税义务。实行居民管辖权的前提是确定纳税人的居民身份。确定居民身份的原则与标准均由各国国内法分别规定。居民分为自然人和法人。关于自然人的身份，各国法律一般都规定将住所和居所作为确定自然人身份的标准，[①] 国际上最常用的方法是居所与居住期限相结合，居住期限有的国家规定为半年，有的国家（包括中国）规定为一年。关于法人的身份，国际上通常采用以下 3 种标准：法人注册成立地标准；实际管理机构所在地标准；总机构所在地标准。

2. 居民税收管辖权

同国籍管辖权一样，奉行属人原则，凡征税国的居民，该国均有权对其世界范围内的收入行使征税权。由于征税对象无国境的限制，在一些国家内，又称无限或全面纳税义务。收入来源地税收管辖权是针对非居民的税收管辖权。非居民也分为自然人与法人，对自然人的收入来源管辖可分为两种情况：一是对非居民来源于境内的股息、利息、特许权使用费等所得行使管辖；另一种情况是对其个人劳务所得的来源管辖。对法人收入的来源管辖，国际上普遍遵循常设机构原则，即收入来源国只能对非居民公司设在其境内的常设机构的营业利润从源征税。

世界上大多数国家，包括中国在内，都同时实行两种税收管辖权，只有少数国家，如西欧和拉丁美洲的一些国家，只实行收入来源地税收管辖权。

将所得归属于常设机构，必须遵行一定的原则，而不能任意划归。在国际上，一般通用两项归属原则，一是实际联系原则，另一是引力原则。实际联系原则即只能对同常设机构本身活动有实际联系的所得从源征税，如常设机构本身的营业利润及其对其他企业投资、贷款的股息、利息等。引力原则即如果非居民公司在收入来源国径自从事属于其常设机构营业范围内的经营

---

① 居所与住所不同。居所是指暂时住居地，但暂住不是短时的意思，而是有预定期间，在特定事务终了后即离去之意。通常认为，一个人如果没有住所，或住所不明，或在外国有住所在本国没有住所的，除法律另有规定外，就以其居所为住所解决各种法律关系。

活动，收入来源国可将其所得引归常设机构，行使收入来源管辖权。显然，实行“引力原则”，征税面较大，这对收入来源国是有利的。联合国《关于发达国家和发展中国家间双重征税协定范本》列入了这项原则，经济合作与发展组织《关于对所得和资本避免双重征税协定范本》则未列入。

中国也实行常设机构原则，并按独立企业计征，同时实行实际联系原则。主权国家根据其法律所拥有和行使的征税权力，是国际法公认的国家基本权力。

二、电子商务税收管辖冲突

根据国际经济合作和发展组织（OECD）的税收范本和联合国税收范本的定义，常设机构是指一个企业进行全部或部分经营活动的固定经营场所，包括管理场所、作业场所如工厂、店铺、建筑工地等。常设机构的本质特征是：占有空间的场所的存在；场所的长期性和固定性；通过场所进行的是营业性质的活动。

电子商务环境下税收管辖权面临如下的挑战。

1. “常设机构”概念受到挑战

常设机构是企业进行经营活动的场所，是国家税务机关据以对企业经营活动征税的依据。这一概念的意义在于：非本国居民公司在收入来源国通过常设机构取得的经营所得，收入来源国可以征税；如果不是通过设在本国的常设机构取得的收入，收入来源国则不能征税。但是，在电子商务中这一概念无法界定。因为电子商务是完全建立在一个虚拟的市场上，企业的贸易活动不再需要原来的固定营业场所、代理商等有形机构来完成，大多数产品或服务的提供并不需要企业实际出现，而仅需一个网站和能够从事相关交易的软件，而且互联网上的网址、E-MAIL 地址、身份（ID）等，与产品或劳务的提供者无必然的联系，仅从这些信息是无法判断其机构所在地的。

2. 收入来源地难以确定

收入来源是国际税收中一个重要的概念。收入来源国对产生于其税收管辖范围内的收入有优先征税权，居住国一般都通过税收抵免或免除制度来避免双重征税。收入来源地一般是指取得该项收入的经济活动所在地，不同类型的收入，其来源地的确定原则也往往不同。然而网上服务的蓬勃发展使得收入来源的确定趋于复杂。例如，美国公司 A 以许可证贸易方式将一软件转让给美国另一公司 B 位于国外的子公司，允许该子公司将软件安装在其计算机上，但该软件可为世界各地的用户提供服务。那么，A公司的软件转让收入是否应作为特许权使用费？如果是，收入来源地又如何确定？按美国税法第八百六十一条和第八百六十二条规定，特许权使用费收入来源地是指该无形资产使用地。在此案例中，无形资产使用地应是计算机所在地还是软件用户所在地？如是后者，则这种来源在世界范围内的收入又应如何分配？劳务收入来源地一般指劳务提供地，劳务提供者只有在一国实际“出场”，才构成该国来源收入，这是国际上普遍接受的原则，但随着远程控制技术的发展，咨询专家可以足不出户为世界各地的客户提供服务，医生可以通过网络对一些病人进行远程诊断，网上娱乐场所可以让身处世界各地的人们参加同一游戏。劳务收入来源地与特定地理位置之间的联系不再那么紧密，其结果是地域管辖权的作用被削弱，一国对实际来源于该国的收入无从征税。

3. 经营所得来源地难以确定

经营所得即指营业利润。为了解决如何确定纳税人的经营所得来源地和如何征税的问题，经合组织于1963年拟订的《关于对所得和财产避免双重征税协定范本》首次使用了“常设机构”的概念，用以解释营业利润的来源地。如果一个企业在收入来源国（非居住国）有常设机构，并且一经营所得来自该常设机构，那么就可以判定这笔所得来源于该国境内，该国政府就可以对其行使收入来源管辖权，据以征税。常设机构是指一个企业在某一国境内进行全部或部分经营活动的固定经营场所。但在互联网交易中上述的常设机构概念的适用性受到了限制，因为大多数通过互联网提供产品的公司在来源国的“出场”可能仅限于保存其主页的某个服务器的一定硬盘、空间或能够从事其交易的软件上。这不符合常设机构“有形存在”的标准，也会造成一国税收的大量流失。

4. 电子商务对现行税收征管方式存在的基础提出了挑战

无纸化的操作导致凭证不复存在，加大了税收征管和稽查的难度。传统的税收征管和稽查是建立在各种票证、账簿和报表的基础上的。而电子商务实行的是无纸操作，纳税人的交易、信息电子数据化，凭证和账簿是以网上数字信息形式存在的，而且电子凭证可以轻易地修改、删除而不留痕迹和线索，这使传统发票的开具、取得、保管规定将与电子交易流程不相适应。另外，保留在计算机中的信息资料可能被加密。电子商务的发展要求得到网络安全的保障，然而数据信息加密技术在维护电子商务交易安全的同时，也成为企业偷、漏税行为的天然屏障，使得税务征管部门很难获得企业交易状况的有关资料。所有这些变化，都使得传统的税收管理和稽查失去了直接的凭证和信息，增加了税收征管的复杂性，加大了税收稽查的难度，造成税源失控和税款大量流失。在现行税收征管制度下，税务登记依据的基础是工商管理登记。税务稽查是根据纳税申报表，发票的领、用、存情况，各种财务报表等信息来确认稽查对象并实施稽查的。但在电子商务条件下，纳税人通过服务器在网上从事商务活动，而网上的经营范围是无限的，并且不需要经过工商部门的批准，这使税务机关无法了解纳税人的生产经营状况。另外，电子商务的迅猛发展，致使税务管理部门来不及研究相应的征管对策，更没有系统的法律、法规来规范和约束企业。

第七节 跨国电子商务对国际税收规则的冲击

一、电子商务对传统国际税收规则的冲击

与电子商务的飞速发展不相适应的是，国际社会至今仍未能找到对跨国电子商务交易进行征税的有效解决办法，至今大量电子商务交易仍处于事实上的免税状态之下，这也促使越来越多的跨国公司利用电子商务避税。

电子商务对传统国际税收规则的冲击表现在如下方面。

（一）对传统的常设机构概念的冲击

当前国际上普遍通行的对跨国交易的征税规则是：跨国企业的居民身份所在国对其收入行使居民税收管辖权，征收所得税；而跨国交易发生地所在国对交易的所得行使收入来源地税收管辖权，征收增值税或营业税。

电子商务的兴起使得现有国际税收协定中的“常设机构”定义不再适用。常设机构难以确定的现状，不仅损害了收入来源国的税收管辖权，还引起了居民国和收入来源国在税收管辖权上的争议。

“常设机构”是现行的国际税收规则中最重要的核心概念之一。常设机构原则是国际税收协定中用以协调居住国和收入来源国税收管辖权的通用规则。国家的收入来源地税收管辖权通过对非居民企业在本国的常设机构的经营利润征税得以实现。

当前国际税收协定中对常设机构的定义，通常都来源于经济合作与发展组织 1977 年颁布的《关于避免双重征税的协定范本》（以下简称经合范本）

和联合国1979年颁布的《关于发达国家与发展中国家间双重征税的协定范本》(以下简称联合国范本)。经合范本第五条规定,"常设机构"是"一个企业进行其全部或部分营业的固定营业场所",具体包括管理场所、分支机构、办事处、工厂、车间、开采自然资源的场所以及持续时间达到一定长度的建筑工地,但不包括专为企业进行"准备性质和辅助性质活动"而设的固定营业场所。另外,若一个不具有独立地位的代理人在一方缔约国中代表另一方的企业活动,拥有以企业的名义签订合同的权力并经常行使之,则此代理人也可构成该企业在该国中的常设机构。联合国范本的规定与经合范本相似,但更多地考虑了发展中国家的利益,在某些方面适当扩大了对"常设机构"的认定范围,例如在对由代理人构成的常设机构的认定中,联合国范本增加了一条认定标准,认为即使没有签订合同的授权,但只要代理人"经常以首先提及的缔约国保有货物或商品库存,并代表该企业从库存中经常交付货物或商品",也构成常设机构。总的来说,两个范本对常设机构的定义具有相同的特征,即满足以下两个条件:一是企业必须在收入来源国拥有固定的、在时空上具有一定持续性的场所;二是该场所用于开展实质性的经营活动。截至2003年年底,中国已经与包括世界上所有发达国家在内的81个国家签署了对所得和财产避免双重征税和偷漏税的协定。这些协议也都是参照以上两个范本起草的,所以其中对常设机构的定义也都满足上述特征。

按照该定义,在通过电子商务进行的跨境交易中,商品或服务的提供方(以下简称为供应商)在收入来源国将不存在常设机构,因而也就无需向收入来源国纳税。其原因可以从以下三个方面进行分析:

首先,跨国电子商务交易通常是通过供应商设在收入来源国的某个服务器上的网站来进行的。在大多数情况下,存放供应商网页的服务器只是用于发布交易信息,而不是用于在线签署合同,符合"准备性质"和"辅助性质"的例外性要求,不能构成常设机构。

其次,即便该网站的功能齐全,能够自动完成所有的交易,符合常设机构定义中"从事营业活动"的要求,但是网站是由电子数据构成的,可以轻易地修改和转移,并不属于传统意义上的物理存在。虽然服务器本身属于物理存在,可是拥有网站的供应商只是单纯地租借收入来源国的互联网服务提供商(ISP)的服务器的硬盘空间来存放自己的网站,而并未形成对服务器的实际支配关系,因此并不形成在收入来源国的物理存在,也不构成常设机构。

最后,电信公司与ISP不受拥有网站的供应商支配,无权代表供应商签订合同，也无权代表供应商交付商品，因此不满足代理人的定义，也不能构成常设机构。

这种现状危害了税收的中性原则，使得具有相同本质的跨国经营活动因为交易方式的不同而承担了不同的税收成本，形成了对电子商务的隐性税收优惠。这种变相的激励促使跨国企业纷纷将业务转移到互联网上，以逃避对收入来源国本应承担的税收义务，这也是近年来电子商务飞速发展的原因之一。

（二）对企业的居民身份认定标准的冲击

电子商务的兴起，不仅会对收入来源国的税收管辖权造成不利影响，也可能对居民身份国的税收管辖权造成不利影响。因为电子商务使得跨国公司的居民身份认定变得困难。跨国公司可以比以往更容易地改变居民身份，以便利用国际避税港或者通过滥用税收协定进行避税。

在各国现行税法中，对于法人居民身份的认定标准主要有以下几种：法人注册地标准、总机构所在地标准、管理和控制地标准、控股权标准、主要营业地标准等。中国税法对居民的认定采用了注册地和总机构所在地双重标准。《中华人民共和国涉外企业所得税法实施细则》第五条规定，具备中国法人资格的企业和不具备中国法人资格但总机构设在中国境内的企业，均为中国的居民纳税人。

随着电子商务的兴起，远程办公和在线交易成为可能，物理空间上的集中不再成为公司经营管理上的必需要求。无论是出于实际经营的需要，还是出于避税的需要，跨国公司在全球的分布都趋于分散。集团内部的各个子公司间的业务分工趋向垂直化，子公司表现得越来越像一个单独的业务部门，而不是一个完整的公司。即便分处各国，各公司的管理人员也可以通过互联网进行远程的实时沟通。在这种背景下，传统的总机构所在地标准、管理和控制地标准和主要营业地标准等依赖地理上的特征对法人居民身份进行判断的标准就逐渐失去了其本来存在的意义。电子商务的高效性、匿名性和无纸化的特点使得公司可以轻易地选择交易中商品所有权的转移地和劳务活动的提供地，将交易转移到税率较低的收入来源国进行。或者通过调整公司结构的分布，使自己获得本来不应拥有的居民身份，从而享受到某些税收协定中的税收优惠。

（三）对传统的收入定性分类方法的冲击

电子商务的兴起使传统所得税法中对企业收入的定性分类变得困难。多数国家的税法对有形商品的销售、无形财产的使用和劳务的提供都进行了区分，并且制定了不同的课税规定。比如在中国，对销售利润的征税地是商品所有权发生转移或销售合同签订的地点，适用税率为17%的商品增值税；对劳务报酬的征税地是劳务的实际提供地，适用税率为5%的营业税；而特许权使用费的征收同样适用税率为5%的营业税，并适用预提33%所得税的规定。

由于现代信息通讯技术的发展，书籍、报刊、音像制品等各种有形商品，计算机软件、专有技术等无形商品，以及各种咨询服务都可以被数据化处理并直接通过互联网传送，传统的按照交易标的性质和交易活动的形式来划分交易所得性质的税收规则，对在互联网上交易的数字化产品和服务难以适用。例如，原先通过购买国外报纸而获得信息的顾客，现在可以通过上网订购报纸的电子版获得相同的信息。跨国媒体公司在这项在线交易中获取的收入既可以被视作商品销售所得，也可以被视作阅览报纸电子版的特许权使用费，在某种意义上，这项收入还可以被视作对编辑和记者编排报纸所付出劳动的报酬。

由于对电子商务产生的所得难以分类，在现行的分类所得税制下，对于此类收入应适用何种税率和课税方式就成为各国税务机关面临的问题。有关所得的支付人是否应依照税法的规定在进行电子支付时履行源泉扣缴所得税的法律义务，也变得难以确定。而在税收协定的执行方面，对有关所得的定性识别差异还会引起跨国纳税人与缔约国税务机关之间在适用协定条款上的争议。

二、我国应对国际电子商务税收冲击的对策

我国是世界上最大的发展中国家，电子商务交易还不发达，在应对国际电子商务税收冲击时可以采取以下对策。

（一）拓宽“常设机构”概念，使之适用于电子商务交易

面对电子商务对传统国际税收规则中常设机构概念造成的冲击，各国政府、国际组织、学者们先后提出了多种应对方案。大致归纳起来，可以分为激进和保守两类。

部分学者建议对电子商务开征新税种，以彻底解决对跨境电子商务交易的征税问题。这些新税种包括对电子信息的流量征收“比特税”（Bit Tax）、对网上支付的交易金额征收“交易税”（Transaction Tax）、对互联网基础设施征收“电讯税”（Telecoms Tax）等。这种激进式的解决方案适应电子商务的特点，确实可以有效防止电子商务交易中的逃税行为，但是这种方案却造成了更大的问题。只要采用了电子商务的交易模式，不论是销售商品，还是提供服务，或者是转让许可使用权，不同性质的经营活动都适用相同的税率。而对于相同性质的经营活动，仅仅因为采用了电子商务的交易模式，就要承受与采用传统交易模式不同的税收负担。这违背了税收中性的原则，会给网络通讯增添不应有的负担，为电子商务的发展设置障碍。

以美国为首的一些发达国家，正积极地提倡在电子商务的国际税收中放弃收入来源地税收管辖权，转而由居民国行使全部的税收管辖权。美国财政部在1996年公布了《全球电子商务选择性税收政策》报告，在强调税收中性原则的同时，该报告提出“在传统的所得来源概念已难以有效适用的情况下，纳税人的居民身份最可能成为确认创造所得的经济活动的发生地国及该国对该所得有权优先征税的方法……因此，美国的税收政策已经认识到，由于传统的来源规则失去其重要性，居民税收管辖可跟进并取代它们的地位。”这一建议已经被经合组织（OECD）下属的税务委员会接受，在2000年12月公布的《电子商务中常设机构定义的适用说明——关于范本第五条注释的修改》中，居民国的税收管辖权得到了进一步确认，而收入来源国的税收管辖权却被忽视。按照该说明，只有当电子商务的供应商在收入来源国拥有受其直接专门支配的存放电子商务网页的服务器，这种存在才构成常设机构。但这种情况的出现概率微乎其微，按照这个说明，收入来源国基本上不可能从电子商务交易中征到税款。

这种保守的解决方法确实可以有效地解决电子商务跨国交易的征税问题，但这是以牺牲收入来源国的税收管辖权为代价的。作为世界上最大的电子商务出口国，美国提倡居民身份税收管辖原则有其自身的利益考虑，但作为电子商务净进口大国的中国，显然不能接受这样的方案。

电子商务对现有常设机构定义的冲击实际上源于网络空间对物理空间征税规则的根本性挑战。传统的征税规则是建立在物理空间的基础之上的，它要求并注重一定数量的物理存在，并要求这些物理存在具有时间和空间上的持续性，以构成征税联结点。但是网络空间的虚拟特性模糊了物理空间中的时空特征，使得征税联结点无法构成。因此，试图从传统的物理存在的角度来寻找电子商务存在的标记无疑是徒劳的，应当突破传统的“物理存在”的定义方法，从电子商务自身特征来寻找在电子商务环境下对常设机构的新的定义方法。

基于以上分析，我国在签署对跨国电子商务交易征税的国际协定时，应当放弃传统的常设机构概念中对“固定营业场所”的定义方法，转而根据非居民企业的电子商务活动是否与本国构成了实质上的、持续性的、非“准备性质”和“辅助性质”的经济联系来判断是否应当对其在本国取得的利润行使收入来源地税收管辖权。可以采用“功能等同”的原则，按照电子商务供应商在我国境内设立的网站是否和传统意义上以物理方式存在的“常设机构”具有相同或近似的功能，来判断该网站是否构成常设机构。具体而言，如果供应商的电子商务网站具有订立合同、完成交易的功能，并且该供应商经常使用这种功能已实现交易，而不仅仅是向公众简单地进行产品宣传和市场信息的传递，则可认为该供应商在收入来源国构成了实质性的存在。如果这种实质性的存在满足一定的数量上的要求和持续时间上的要求，即可认为这种存在构成了“常设机构”。虽然这种“常设机构”不存在于物理空间之中，但是仍可以将其与传统定义中的常设机构等同看待，对其行使收入来源地税收管辖权。

（二）适当调整对企业居民纳税人身份的认定标准

我国现有的对企业居民纳税人身份的认定采用注册地标准和总机构所在地标准。在电子商务环境下，总机构所在地标准的判定作用受到削弱，有可能会影响我国的居民税收管辖权。为解决跨国公司利用现代通讯手段分散机构以逃避居民纳税身份的问题，我国应当适当调整税法中对于法人的居民纳税人身份认定标准。在原有的两种标准之外，增加新的可以体现电子商务供应商的居民身份的标准。例如，可以考虑对电子商务企业适用主要营业地标准，不论跨国公司名义上的总部是否位于中国境内，只要其大部分的经营活动是在中国境内发生的，就可以认为该公司具有中国的居民身份。或者对电子商务供应商使用控股权标准，只要掌握公司股权达到一定标准的自然人或者法人是中国居民，即可认定该公司具有中国居民身份。

（三）按照功能等同原则对电子商务交易的收入进行分类

按照“功能等同”原则，不论商品的交易或者服务的提供采取什么方式，只要对于消费者具有相同的功能，起到了同样的效果，那么这种交易在本质上就是相同的，供应商从这种交易中得到的收入也就具有相同性质。仍以前述购买国外出版的电子报刊为例，如果消费者得到的是通过网站下载电子报刊文档的权利，下载后可以在自己的计算机上不限时间地反复阅读，并且可以在将来的任何时间对其进行查阅，那么这种购买的行为和购买一张真正的纸质报纸没有任何本质上的区别，供应商因此获得收入应该归为销售商品所得。如果消费者得到的只是在线阅览的权利，而无权下载电子文档，那么供应商的收入应该被归入特许使用费的行列。当然，具体执行中出现的问题要比这复杂得多，如何将功能等同原则细化为具有可操作性的税收规则，还需要不断的尝试与探索。

【本章思考题】

1. 简述电子商务税收征管与传统税收征管的差别。
2. 简述电子商务税收原则。
3. 电子商务对税务稽查的影响有哪些？
4. 电子商务环境下税收管辖权面临的挑战是什么？
5. 电子商务对传统国际税收规则的冲击有哪些？

第七章 电子商务市场规制法律制度

【案例导入】奇虎 360 诉腾讯滥用市场支配地位案

2010 年 11 月，腾讯向 QQ 用户发表公开信，要求用户在 QQ 软件和 360 软件之间只能二选一，此举导致两家公司矛盾公开化。随后，腾讯认为奇虎 360 此举涉嫌不正当竞争，将奇虎 360 告上法庭，要求其停止侵权，并索赔 1.25 亿元经济损失。而在 2010 年 10 月，360 也以滥用市场支配地位为由起诉腾讯，并索赔 1.5 亿元。

奇虎 360 的 1.5 亿元和腾讯的 1.25 亿元相互索赔，也成为中国互联网历史上涉及金额最大的两家公司之间的诉讼案件。

法院判决：

广东省高级人民法院驳回奇虎 360 全部诉讼请求，诉讼费用约 79 万元由 360 方面承担。法院方面认为，腾讯不具备控制商品价格、数量或其他交易条件的能力，因为几乎所有的即时通讯都采取免费模式，腾讯因此不具备阻碍及影响其他经营者进入这个市场的能力。

【思考】什么是滥用市场支配地位？腾讯是否具有垄断地位？腾讯是否滥用了垄断地位？

第一节 电子商务垄断及反垄断法律规制

一、互联网市场垄断

“奇虎 360 诉腾讯滥用市场支配地位”一案把许多公众的目光聚焦到了互联网产业的垄断及其治理上。互联网产业的特殊成本结构、网络效应、资本运作模式对市场结构产生了重要影响。[1] 互联网产品的高固定成本、低复制成本特点意味着互联网产品的平均成本随着用户数量的增加而下降，传统经济中的竞争性均衡被打破。为追求利益的最大化，在有效生产水平的条件下，互联网企业会充分利用平均成本和边际成本不断下降的特性，尽可能多地生产产品，进行寡头垄断。当某互联网企业产品的用户超过一定数量（临界容量）时，网络效应（消费者使用某一产品所得的效用随使用者数量的增加而上升）会自发地增加使用该产品的用户数量，最终导致市场高度集中。而并购与反并购的互联网行业资本运营主模式更加剧了市场的集中。因此，互联网行业更容易产生“强者更强，弱者更弱”、“赢者通吃，输家出局”的马太效应，从而使互联网行业的市场结构趋于寡头垄断。比如百度、淘宝、腾讯三大寡头分别在我国的搜索引擎、电子商务、即时通讯市场占据70%以上的市场份额。

与传统行业一样，在互联网的垄断市场上也充斥着各种垄断行为，如捆绑搭售（腾讯QQ聊天软件）、限制竞争者进入核心设施、拒绝交易和限定交易（腾讯“二选一”）、歧视性垄断等滥用市场支配地位行为和缔结垄断协议（3Q大战中，金山、傲游、可牛、百度和搜狗联合宣布不兼容360安全软件）等。这些垄断行为可能严重影响互联网行业的创新发展，挤压创业环境，提高市场准入门槛，对其他市场竞争者产生障碍性威胁，妨碍市场的公平竞争，侵害用户的自由选择权和其他权益。

然而，在互联网行业，高度垄断化的市场结构并不意味着上述垄断行为必然发生，其原因在于，拥有较高市场份额的互联网企业并不必然拥有很强的操纵市场的能力。企业的市场地位不再来源于企业对价格和数量的控制，而是技术创新速度的快慢和创新水平的高低。这些寡头企业不仅需要与竞争对手展开全方位的激烈竞争，还需要时时面对潜在市场进入者的威胁与挑战。拥有优势地位的互联网企业为了在竞争中不致落败，往往要不断提高自己的科研创新能力，采取产品差异化策略。因此，互联网行业的垄断具有有别于传统经济垄断的意义，即竞争越充分，垄断程度越高；垄断程度越高，竞争

---

① 网络效应：信息产品存在着互联的内在需要，因为人们生产和使用它们的目的就是更好地收集和交流信息。这种需求的满足程度与网络的规模密切相关。如果网络中只有少数用户，他们不仅要承担高昂的运营成本，而且只能与数量有限的人交流信息和使用经验。随着用户数量的增加，这种不利于规模经济的情况将不断得到改善，所有用户都可能从网络规模的扩大中获得了更大的价值。此时，网络的价值呈几何级数增长。这种情况，即某种产品对一名用户的价值取决于使用该产品的其他用户的数量，在经济学中称为网络外部性，或称网络效应。

就越激烈，其具有垄断和竞争并存的特点，是一种动态的具有高度竞争性的垄断。

二、B2B 电子商务垄断及反垄断规制

（一）欧美国家有关 B2B 电子商务垄断现象的立法

电子商务作为先进生产力代表的技术工具，蕴藏着巨大的利润和财富。这些前所未有的利益和机会将成为整个社会追逐和争夺的新目标。而新的竞争模式也应运而生，这必然需要一套新的竞争规则与之适应，否则无序的竞争最终只会导致社会的失控和冲突的不断发生。随着电子商务的快速发展和广泛应用，现行的法规与电子商务实践不相适应的矛盾越来越突出。因为竞争在网络经济中扮演的角色不同于传统的市场经济，竞争的表现形式与规则有所修正。不正当竞争及垄断行为的认定及价值判断随着社会对利益、效率、公平的需求变化而改变。在网络经济中，反垄断在规范标准、操作权限及程序、效能范围等方面都会有前所未有的改变。经济形态和经济需求的改变必然引起制度上的变迁，许多国家已经从立法入手对网络经济中的不正当竞争行为、垄断行为进行规制，来回应网络经济的变化。

早在 2000 年 6 月，美国联邦贸易委员会就建立了一个研究机构，专门来研究和解释电子商务中的竞争法问题。美国联邦贸易委员会于同年 10 月发布了该机构的研究报告。公平贸易局也曾委托经济前沿（Frontier Economics）杂志社进行了一项名为“电子商务与竞争政策的建议”的研究，并于 2000 年 8 月发布。2000 年 10 月，OECD 举行了关于电子商务的小型多边会谈，并向 10 个主权国家的竞争机构提出了书面的建议。欧盟委员会也不甘落后，他们对有关电子商务市场的评估原则进行了发展和完善，并在一系列的会议上发布，与此同时，通过适用欧盟竞争法第八十一条和欧盟并购条例（ECMR），以通告的形式来获取对这一新兴市场的实践性认识。欧盟委员会已经准备制定一项针对 B2B 电子商务商业交易的反垄断法案。

（二）电子商务中的垄断行为能否纳入传统的垄断法中进行规制

网络技术会如何影响市场的结构和市场的特性还没能完全定论，而电子商务未来发展的不确定性更使人们难以预测其对竞争产生的可能影响。一方面，电子商务的一些特征会有助于市场进入和成本降低，这种市场竞争加剧

的结果会有利于消费者。电子商务能够促进竞争的表现很多。例如，当搜索成本、菜单和交易成本降低，买方选择供应商的机会很多时，卖方之间的竞争会趋于剧烈。另一方面，“先发效应”、“网络的外部性”、“转换成本”及其他的进入障碍可能会影响市场力（market power），使得市场力仅仅在为数不多的大商家之间发挥作用，因此也会减损竞争。例如，电子商务会助长某类不正当竞争行为的发生，使竞争当局监管此类行为的能力降低。

但是，电子商务的B2B市场中的反垄断问题并没有超出传统反垄断法规制的范围，当垄断行为出现时，借助传统反垄断法中相类似的规则是能够解决问题的。对B2B市场垄断问题的分析，与企业并购的垄断分析是一样的。从反垄断法的角度来说，B2B市场竞争者之间的共谋行为和一般市场上竞争者共谋行为并没有很大差异。反垄断法和反垄断分析模式不会随着经济发展的成功、失败的演进而失去作用，反垄断法的基本价值和对消费者保护的原则会一直得到适用。事实上，B2B的建立者通过设计一套完善的B2B运营规则，有可能会消除反垄断问题的发生。但在电子商务运营的有些方面，已经证实有违反垄断法的实质可能性。B2B的所有者因此也应该意识到，其建立起来的电子商务平台的结构模式、运营的章程规则、所有权关系和管理会引发潜在的反竞争效果。

虽然说电子商务的发展不会造就新类型的不正当竞争行为，传统意义上的竞争法律框架足以解决新的问题，但是很多领域需要竞争当局审慎的监管，一些领域的法律适用规则需要进行调整，或者需要进一步的调查研究。每个国家的竞争执法当局应该确保市场竞争力在电子商务的飞速发展过程中自由地运转，一方面要保护好消费者的利益不受不正当竞争行为的侵害，另一方面还不能窒息电子商务发展中形成的这种新的竞争形式。因此，各国要制定出适当的竞争政策来迎接这种挑战。

三、B2C电子商务垄断及反垄断规制

（一）我国B2C电子商务市场简介

根据艾瑞发布的2012年第二季度中国网络购物市场中B2C（含C2C推出的B2C商城）交易额为893.5亿元，占网上零售市场上升到33.3%。其中以平台模式为主的天猫（季度交易额环比增长超50%）为代表的电商企业的高速发展促进了B2C市场份额的提升，占比达到57.1%，份额遥遥领先位居第

一，以自营模式为主的京东商城与天猫的竞争日趋激烈，占比也达到20.1%，排第三名的腾讯B2C（包含易讯、QQ商城和QQ网购平台）与排第四名的苏宁易购分别占4%和3.8%，亚马逊中国、凡客诚品排名随后，占比均超过2%。网络购物市场集中度进一步提升，顶级十家B2C企业市场份额超93%，根据我国《反垄断法》第十九条规定了有下列情形之一的，可以推定经营者具有市场支配地位：(1) 一个经营者在相关市场的市场份额达到二分之一的；(2) 两个经营者在相关市场的市场份额合计达到三分之二的；(3) 三个经营者在相关市场的市场份额合计达到四分之三的。所以，天猫是符合具有市场支配地位条件的经营者，按《反垄断法》的相关规定，如果天猫存在“相关市场”滥用市场支配地位的行为，则需要对其进行反垄断规制，如果将B2C市场进行进一步细分，原在整个B2C市场不具备市场支配地位的经营者的市场地位也发生了变化，政府在反垄断规制应该如何作为，值得研究。

（二）经营者市场支配地位分析

政府判断一个企业是否违反《反垄断法》，首先需要判断该企业是否具有市场支配地位而且在拥有市场支配地位的情况下是否滥用。

市场支配地位是这一个企业在某一个行业具有控制市场的能力，在欧盟，竞争法中的市场支配地位是由欧洲法院用判例加以确定的，而不是立法中明确规定的。但是，“由于市场支配地位本身含义的不确定性，因此认定一个企业是否具有支配地位是不容易的，对法学家来说尤其是这样，欧盟委员会和欧洲法院也都没有作出一个明确的和令人信服的裁决。”我国学者王先林认为市场支配地位也是市场优势地位或市场控制地位，是指企业的一种状态，一般是指企业在特定市场上所具有的某种程度的支配或者控制力量，即在相关的产品市场、地域市场和时间市场上，拥有决定产品产量、价格和销售等各方面的控制能力。我国《反垄断法》十七条对市场支配地位也有详细的描述，是指“经营者在相关市场内具有能够控制商品价格、数量或者其他交易条件，或者能够阻碍、影响其他经营者进入相关市场能力的市场地位”，可以看出，我国对市场支配地位的理解与西方国家基本是一致的。

对于市场支配地位的界定，比较一致认同简单的评价标准是企业在相关市场的份额大小，即企业凭借其与技术秘密或者与取得原材料和资金的渠道以及与其他重大优势例如商标权等相关的市场份额，能够决定相关产品一个重大部分的价格，或者控制其生产或者销售，这就表明它具有市场支配地位。

不过在判断市场份额之前，首先需要界定垄断行为所涉及的相关市场。“相关市场”是指经营者在一定时期内就特定商品或者服务进行竞争的商品范围和地域范围。相关市场界定的范围不一致，就会产生截然不同的结论。

如果将整个B2C市场界定为一个“相关市场”，从上面的数据就可以看出，天猫具有“市场支配地位”；如果再将B2C市场细分如下三种“相关市场”，就会发现有更多经营者符合市场支配地位的条件：

（1）平台模式“相关市场”：仅提供平台和技术支持，为厂商和消费者提供从搜索、交易、认证、物流等服务，不介入厂商与消费者交易的价格，也不从中收取交易中介费，只收取厂商的技术费用和会员费，这样厂商进入电子商务的门槛就比较低，不需要自建电子商务平台，没有前期的成本投入，提供这种服务比较有代表性经营性平台网站主要是天猫等。

（2）独立模式“相关市场”：在网上建立一个类似现实生活中的虚拟商场，商城控制商品的销售价格，提供从搜索、交易、物流等一体化的服务，与消费者进行交易方是电子商城，这类商场的收入主要来源是商品的批零差价，比较有代表性的网站有京东商城、当当网、国美、苏宁易购等，不过，这类网站也开始提供类似天猫的平台模式，由商家自主经营，网站只收取服务费等。

（3）自主品牌模式“相关市场”：还有一类企业有自我品牌价值的诉求，在不排斥第三方的电子商务（类似上述两种电子商城）网站销售外，他们投入资金建设自主品牌的网上商城，提供面对消费者的直接交易服务，类似于现实生活中的专营店，对提升企业形象、品牌知名度都有比较大益处，比如：海尔商城、格兰仕商城、长虹商城、天翼手机城、12306铁路售票等。这种方式的弊端就是建设维护成本较大，几乎都成为沉没成本。在B2C中，这类企业占比大，数量众多，但交易额却相对较小，与上述两种专业化模式相比，存在交易操作感知欠缺、专业化不足、支付、认证等方面给消费者的信任度都存在比较大的差距的缺陷。

通过分析B2C的细分市场及艾瑞咨询发表的2012年2季度统计数据可以看出：天猫在B2C市场中具有市场支配地位，而京东商城不具备市场支配地位；但如果我们将“相关市场”调整为“独立模式B2C”，占有市场支配地位的企业就有所改变，2011年二季度，京东商城排名第一占比为35.1%，到2012年第一季度份额占比提高到50.1%，超出了1/2，上升了15%，远远高于亚马逊7.8%，很明显从“独立销售式B2C”这个“相关市场”行业来看，京东商城具有市场支配地位特征；还有一个有趣的现象，从 B2C 的网站市场份额来看，“其他”类虽然从 41.3%下降到 20.8%，但占比还是比较高，远远高于亚马逊的7.8%，从这些数据表明，“相关市场”的界定对分析处于该市场的支配地位判断极其重要，也就是说，我们对“独立模式 B2C”市场再进一步细分，在其他类中有一些网站是京东商城是替代不了的，即使京东商城滥用市场支配地位也影响不了交易的份额和规模，很容易举例说明，www.12306.cn 就是这样一个典型的 B2C 网站案例，2011 年6月1日启用，半年时间 ALEXA 排名到 260，网站销售车票，属于自主品牌模式的 B2C，但位于市场支配地位的京东商城对其没有任何威胁，因为京东商城无权销售电子火车票。可以说，12306 在电子销售火车票这个“相关市场”行业的市场占有率是 100%，绝对具有市场支配地位，这种权利影响到社会的福利，是很值得《反垄断法》去研究。

另外，“淘宝无线”在移动网购市场占 75.6%，“携程”在线旅游代理商以 46.2%的份额位居第一，当当网在图书零售市场排位第一，等等，这些经营者在各自细分市场都是具有市场支配地位的。

事实上，具有市场支配地位不可怕，关键在于政府需要规制的该企业是不是有滥用市场支配地位的行为。

（三）滥用市场支配地位的行为认定

根据《反垄断法》第十七条规定，所谓滥用市场支配地位，通常是指拥有市场支配地位的主体实施了下列行为：（1）以不公平的高价销售商品或者以不公平的低价购买商品；（2）没有正当理由，以低于成本的价格销售商品；（3）没有正当理由，拒绝与交易相对人进行交易；（4）没有正当理由，限定交易相对人只能与其进行交易或者只能与其指定的经营者进行交易；（5）没有正当理由搭售商品，或者在交易时附加其他不合理的交易条件；（6）没有正当理由，对条件相同的交易相对人在交易价格等交易条件上实行差别待遇；（7）国务院反垄断执法机构认定的其他滥用市场支配地位的行为。

由此可见，判断拥有市场支配地位的主体实施的交易行为是否构成对市场支配地位的滥用，主要是看该主体在交易活动中是否提出了没有法律依据、违反正常的商业习惯、不合理的交易条件，且交易对手又不得不接受这些不合理的条件。然而，我们应当看到，对这种利用相对于交易对手的市场支配地位，在交易活动中要求交易对手接受附加的不合理的条件或增加额外费用的"滥用"行为，交易自愿、契约自由基本原则指导下的传统民商法律制度是难以规制的。

从前一节的分析得出这样的结论，天猫、京东商城、12306 等在 B2C 的细分"相对市场"中，都可认为具有市场支配地位，以下分析这些经营者是不是有滥用市场支配地位的行为存在。

淘宝商城（天猫）2011 年 10 月 10 日发布《淘宝商城 2012 年招商标准》（2012 年 4 月更改为《天猫 2012 年招商标准》）以及《2012 年度淘宝商城商家招商续签及规则调整公告》规定，将每年技术服务费从 6 000 元升至 3 万和 6 万两档，并设定各类目费率年费收取交易佣金，鼓励销售并有条件返还年费，同时规定商家在淘宝商城经营必须交纳保证金，根据店铺性质不同，需缴纳的保证金从最低 1 万元到最高 15 万元不等，天猫大幅度提高技术服务费和保证金是否为《反垄断法》认定的"不公平的高价"，构成滥用市场支配地位的行为呢?

在《反价格垄断规定》中定义"不公平的高价"是指处于支配地位的主体销售商品或服务的价格明显高于其他不具备支配地位的企业同种商品或服务的价格等因素。

比较其他几家的服务费价格，腾讯 QQ 商城在其公告的收费项目中注明只对用户收取保证金费用 2 万元，不收技术服务年费，即腾讯 QQ 的技术服务费为 0；京东网每年平台服务费固定 6 000 元/年；当当网向广大平台商家承诺，短期内不会提高平台商家的收费标准，将继续维持平台商家管理费每月 500 元左右不变，维持销售佣金比例不变；卓越亚马逊采取"零投入"的策略，没有固定的加盟费、年费及平台使用费等服务费，仅收取商家交易分成，分成比例则按照不同品类设定标准。这些经营者他们都是提供具有法人资质的厂商和消费者交换产品和服务的第三方电子商务平台，其提供的 B2C 电子商务平台服务即是它的商品，从商业经济角度来看，他们提供 B2C 服务并收取服务费用于保证企业正常经营获取利润都是合法的买卖行为。

平台定价一般采用商家收取技术服务费年费、保证金、销售佣金费率中的一种或几种费用，但因为 B2C 是典型的双边市场，平台提供服务定价的高低与平台商的战略有很大关系，技术服务费年费有固定收取和返还机制，保证金也只是诚信经营的押金概念。

根据不同的店铺性质和不同的销售额就不容易比较收费是否合理，而且 B2C 市场内也没有统一的行业收费标准，针对具有网络特征的双边平台的

B2C 市场很难适合“不公平高价”这一法律条款，这样看来，我们不能据此认为对天猫、京东等平台定价违反了反垄断法。

政府反垄断规制的一个基本内容就在于高度谨慎地对待企业的市场支配力，监督和预防企业滥用市场支配力，甚至防患于未然，采取有效措施防止或者限制企业取得市场支配能力，研究 B2C 的市场结构及政府的反垄断就显得很有意义。

（四）降低沉没成本促进电子商务平台市场可竞争性[①]

在传统经济下，政府反垄断的目标主要是限制垄断地位、保护竞争者利益。B2C 电子商务产业各个细分市场就是一个个典型的可竞争市场，虽然电商平台市场存在较严重的垄断，但网站之间的竞争异常激烈，电商平台企业并没有垄断价格，电商的收益主要来自向产品厂家收取的平台使用费和相关的技术服务费及平台广告等增值服务费，相对厂商自建电子商务平台，是极其低廉的，对于购买产品和服务的普通消费者来说，他们很方便快捷地在网站上购买到比实体销售渠道性价比高的产品和服务。但可竞争市场理论告诉我们，并不能认为无约束的市场能自动解决一切经济问题，完全可竞争市场只是现实世界的一种理想情形，人们不能把从完全可竞争市场得到的规范结论无条件地应用于现实，既然完全可竞争市场能产生合意的行为特征，而现实中的电商平台市场，由于存在种种因素，难以实现这些合意的行为特征，那么一个符合逻辑的推理是：应尽量设法消除妨碍电商平台市场可竞争性的因素，比如降低沉没成本等，让看不见的手发生作用，以获得一个接近于完全可竞争市场的结果。可竞争市场理论并没有给我们提供取消政府管制电商平台行业的理由，相反，提供了评价实际经济行为、管制行为和管制政策的新标准。

现在政府对于电商平台行业是没有进行规制的，任何一个企业进入这个行业是没有障碍的并且门槛很低，但还是可以看出，潜在竞争者对在位的现有平台厂商行为还是有约束力。因此，根据可竞争性的几个条件，管制政策应从促进市场的可竞争性来考虑。

---

① 沉没成本是指由于过去的决策已经发生了的，而不能由现在或将来的任何决策改变的成本。人们在决定是否去做一件事情的时候，不仅是看这件事对自己有没有好处，而且也看过去是不是已经在这件事情上有过投入。把这些已经发生不可收回的支出，如时间、金钱、精力等称为“沉没成本”（Sunk Cost）。

（五）对 B2C 电子商务垄断行为的法律规制

B2C 电子商务平台行业是一个典型的可竞争性市场，具有典型的网络经济特征，规模经济性、网络外部性、锁定效应等因素是其主要特征，而且这类市场很容易形成垄断市场结构。不论是平台式，还是独立式、自主品牌式等各细分市场，在经过多年的激烈的市场竞争，市场集中度及规模效益越来越明显。这些企业在投入或产出中占据了相关市场的绝大部分比重，已逐步演变成清晰的垄断市场结构，同时这些具有垄断地位的电商企业也感受到潜在竞争者的竞争压力，被迫提高效率，如果政府采取限制垄断市场结构的规制做法，就意味着对规模经济、范围经济、技术创新和组织经验的抑制，整个经济也就失去了增长的源泉。

为了维护市场的运行效率，消除垄断对资源配置的不利影响，按传统的观念，认为一个企业在市场中占有了60%以上的份额，就是极端的垄断，特别在电商平台行业，网络外部性和正反馈机制会使平台用户网络规模自我扩张，市场占有率指数增长，甚至可能形成“赢者通吃”的局面，这种垄断局面很容易看到，政府经常采取反垄断政策，对行业的垄断结构进行干预和调节。但美国、日本以及欧共体等发达国家或地区的竞争政策都不认为垄断性的市场结构非法，它们所规制的是垄断厂商滥用其市场地位的垄断行为。所以，我国政府针对电商平台行业的最优选择应采用不干预，放松对该行业的垄断结构的限制，但政府应该阻止垄断企业滥用其“标准”优势和用户基础实施“捆绑”与渗透式定价，限制互联和互补等反竞争行为，对包括滥用市场支配地位、损害其他竞争对手的利益和消费者的福利等这类垄断行为的进行必要的规制。

四、电子商务中垄断行为的法律规制

在现有立法框架下，制止电子商务中的垄断，主要依据是《反不正当竞争法》第六条和第七条的规定。我国《反不正当竞争法》第六条规定：“公用企业或者其他依法具有独占地位的经营者，不得限定他人购买其指定的经营者的商品，以排挤其他经营者的公平竞争。”第七条规定：“政府及其所属部门不得滥用行政权力，限定他人购买其指定的经营者的商品，限制其他经营者正当的经营活动。政府及其所属部门不得滥用行政权力，限制外地商品进入本地市场，或者本地商品流向外地市场。”可见，靠这两个简单的条款，很难有效制止电子商务中的不正当竞争。规制电子商务中的垄断，亟待反垄断法的出台。我国反垄断法迟至2008年实施，其原因在于：行政性垄断在中国经济体制中根深蒂固，地方保护主义成为羁绊反垄断法出台的主要因素；有些人片面地强调，中国市场经济尚不成熟，还没有形成规模经济，不存在制定反垄断法的迫切性。事实上，反垄断法并非绝对禁止垄断状态本身，而是要杜绝滥用垄断地位，因此反垄断法不会阻碍规模经济的发展；中国市场经济发展中的垄断，包括电子商务中垄断，已经成为桎梏市场经济进一步发展的障碍，反垄断旨在保护市场经济的发展。

另外，对电子商务的垄断行为治理可从以下几方面着手：

其一，加强互联网行业的自律。充分发挥互联网行业协会的组织作用，吸纳基础企业、大型互联网接入提供者和网站主办者加入互联网行业协会，不断扩大行业自律覆盖面，制定和完善互联网行业自律规范，健全互联网行业的自我监督、自我约束的规则，充分发挥互联网行业的自律作用。

其二，政府对互联网市场进行适度干预。互联网产业生产的信息产品是一种准公共产品，可能产生市场失灵问题，需要政府的适度干预。但是在干预互联网市场的垄断时，应该注意以下几个问题：首先，干预的目的是恢复互联网市场的竞争活力，而不是把互联网市场置于政府的行政领导之下。因此，一旦市场恢复了原有的生机，政府就应该及时取消干预，让市场自由发展。其次，干预应由传统的封闭型、自我为主型向开放型，自由竞争型转变。再次，干预时机要适时，干预程度要适度。最后，干预的工具选择要从指令性工具为主（禁止、特许）向更多地采用指导性工具（如标准的制定、信息的提供等）转变。

其三，完善对互联网行业的反垄断法规制。针对互联网行业的特殊性，主要应从以下几个方面完善互联网行业的反垄断法规制：一是创新市场支配地位的认定标准。由于正反馈等网络经济效应的存在，传统的以市场份额、市场进入壁垒因素判断企业的市场支配地位的标准应予以创新，更多地考虑用户数量、标准壁垒、转移成本等因素在认定互联网企业市场支配地位中的作用。二是厘清垄断产生的具体原因，是垄断企业运用了反竞争手段，还是凭借其自身的产品优势（技术优势，成本优势或者是质量），看其有无反竞争的市场行为，并注意分析该行为对消费者福利产生的影响。三是加大对滥用垄断力量行为的处罚。除加大罚款的额度外，还可以采取强制分拆或解散、禁止并购或者集中等处罚措施。

第二节　电子商务不正当竞争及法律规制

一、电子商务中不正当竞争行为的认定

电子商务是现代市场经济的重要组成部分，市场主体的竞争不仅不可避免，而且是电子商务健康发展的重要表现。马克思在《资本论》中曾经指出：人类社会由于社会分工不同，由于社会主体各自有着不同的经济利益，因而竞争不可避免，“他们不承认别的权威，只承认竞争的权威，只承认他们互相利益的压力加在他们身上的强制”。资源的有限性，决定资源配置是经济体制运作的核心。在市场配置资源的过程中，竞争的作用表现为，竞争调节资本和社会经济资源在不同社会生产部门和不同市场主体之间的分配，引起价格波动，价格决定利益分配，进而推动社会生产力的发展和社会经济的增长。在电子商务实践中，竞争表现为，具有不同经济利益的两个以上的经营者，为了争取在电子商务中收益的最大化，以其他利害关系人为对手，采用能够争取交易机会的商业策略，争取尽可能大的市场份额。通过竞争，在电子商务实践中实现资源的优化配置，实现优胜劣汰，保障电子商务的健康运作。

电子商务的发展需要市场主体间的正当竞争，排斥不正当竞争。我国《反不正当竞争法》第二条规定，不正当竞争是指经营者违反该法规定，损害其他经营者的合法权益，扰乱社会经济秩序的行为。电子商务中的不正当竞争，泛指经营者在电子商务中采用各种虚假、欺诈、损人利己等违法手段，损害其他经营者的合法权益，扰乱电子商务秩序的行为。依据《反不正当竞争法》的规定，在电子商务中构成不正当竞争应当具备以下要件：

首先，电子商务中不正当竞争行为的主体应当是参与电子商务的经营者。《反不正当竞争法》规制的不正当竞争，必须是经营者实施的竞争行为，不包括市场上处于消费地位的民事主体；电子商务中不正当竞争的主体，必须是参与电子商务的经营者，否则难以在电子商务中实施不正当竞争行为；竞争者两个以上，且往往行业相同或相近，在经济利益上有利害关系。

其次，电子商务中不正当竞争所侵害的对象主要是同业经营者的利益。只有同业经营者才对市场存在争夺，任何一个经营者对市场的占领或扩大，就意味着其他同业经营者的市场相应被占领或缩小。竞争的目标在于争夺市场，争取交易机会。

再次，电子商务中不正当竞争行为具有违法性。指电子商务中不正当竞争行为违反了《反不正当竞争法》的规定，既包括违反该法的原则规定，也包括违反该法列举的禁止不正当竞争行为的各种具体规定，还包括违反上述市场交易应当遵循原则的规定。

最后，电子商务中不正当竞争行为具有危害性。这种危害性包括损害其他参与电子商务的经营者的合法权益，损害消费者的合法权益，扰乱正常的电子商务秩序和社会经济秩序等。

二、电子商务中不正当竞争行为的表现

电子商务中不正当竞争行为表现在如下方面：

（一）电子商务中的主体混同行为

（1）将他人商标、商号、厂商名称或者知名商品特有的名称、包装、装潢移作自己网页的图标，或者将它们设计为自己网页的一部分，足以使人产生混淆。对注册商标、商号、厂商名称或者知名商品特有的名称、包装、装潢的使用是否构成侵权和不正当竞争的根本依据是能否使网络访问者发生混淆。擅自使用他人的注册商标、商号、厂商名称或者知名商品特有的名称、包装、装潢当作自己网页上的图标，或者将它们设计为自己网页的一部分，使访问者误以为是该注册商标、商号、厂商名称或者知名商品特有的名称、包装、装潢之权利人的网页，进而达到引诱网络访问者访问其网站的目的，使自己经营的电子商务与被侵权人的商务足以造成混淆，当然构成侵权和不正当竞争。

（2）在自己网页上将他人的注册商标、商号、厂商名称或者知名商品特有的名称、包装、装潢用作链接标志。因特网上存储于不同服务器上的文件可以通过文本标记语言链接起来。所谓超文本链接就是网络用户用鼠标点击网页上被称作“锚”的一些字符或图形，另一个网页或网页的另一部分内容就呈现在用户的计算机屏幕上，这种网上文件的转换和跳跃的过程就是“链接”。实践中，由于每个网页的主人都希望自己的网页漂亮动人，因此“锚”也便设计得色彩斑斓，各具特色。行为人未经许可在自己网页上使用他人的商标或者包含了他人商标的域名、网上地址、商号、厂商名称或者知名商品特有的名称、包装、装潢作为链接到其网页的“锚”，此种行为是否构成侵权，取决于网上用户能否对设链者及被链接者所提供的商品或服务产生混淆，

是否会误认为两者之间存有着某种授权关系或者其他方面的联系。显然，当被用作链接标志的商标、商号、厂商名称或者知名商品特有的名称、包装、装潢具有一定的知名度时，就可能在消费者中产生混淆，并且被用作链接标志的商标、商号、厂商名称或者知名商品特有的名称、包装、装潢知名度越高，产生混淆的可能性就越大。

有些竞争者运用网页的原代码或关键词搭别人的“便车”，将他人的商标、商号、厂商名称或者知名商品特有的名称、包装、装潢埋置在自己网页的原代码中，当消费者使用网上引擎查找该他人商标、商号、厂商名称或者知名商品特有的名称、包装、装潢时，行为人的网页就会位居搜索结果的前例，有学者称此为“隐形侵权纠纷”。在美国此类一起案件中，被告在自己网页上未使用“可见”的原告注册商标，但却将原告的注册商标埋置在其网页的关键词中，只要用户以原告注册商标为主题通过搜寻引擎查询原告的信息，都被搜索引擎指引到被告的网页。该案最后由法院下永久性禁令禁止被告的此种“埋设”行为。

（二）电子商务中的商誉侵权

1. 运用网络广告贬损他人商誉

因特网被人们誉为继报刊、广播、电视之后的“第四媒体”，日益成为商家发布商务信息，从事广告宣传的首选方式。据统计，世界上最大的500家公司中已有80%在网上开设了网址来发布公司消息。伴随着上网人数的剧增，我国的众多企业也越来越青睐网络广告。有的通过网络电子出版物发布广告，有的专门建立自己网站发布本企业信息，还有的通过电子邮件来“广而告之”。我国《广告法》在全新的广告形式——网络广告面前显得力不从心，一方面，网络用户在网上作广告往往无需通过“广告发布者”，而是自建网站直接广告，《广告法》通过广告发布者来管理广告活动的机制遇到挑战；另一方面，网络广告延及全球，《广告法》的地域性也限制了其广告管理的作用。因此，很多商家利用网络广告从事不正当竞争，随意贬损他人的商品或服务，对自己商品或服务则言过其实，吹得天花乱坠。

2. 电子布告板系统上的商誉侵权

一是市场主体故意捏造、散布虚伪事实，损害竞争对手的商誉。在“北京市普天新能源技术开发公司诉北京中北高科机电公司不正当竞争纠纷案”中，原告的商标为“狂人”，被告的商标为“润宝轻骑兵”，双方均属生产有源音箱的经营者。1997 年 7 月，原告在其产品的外包装上使用了“轻骑兵换代产品”的用语，被告因此诉至法院。经法院调解双方达成协议，且原告履行了协议义务。不料，被告在其网站主页上发布消息，称“润宝轻骑兵打假取得重大突破”，“‘狂人’的无耻做法属于欺骗消费者”，并将上述案件的起诉书、调解书制作成网页，使用链接技术与主页相连。无奈原告起诉，法院认定被告的行为构成诋毁原告商业信誉和商品声誉的不正当竞争为。

二是匿名的网络诽谤。互联网是一个充分自由的虚拟空间，网上发表的信息并不像报刊、广播、电视中的信息那样都是经过缜密编辑、审查、和谐统一的，因此网上的信息难免存在种种问题。有些信息发布者发布信息只图“一吐为快”，而不顾后果，加之网上信息可以是绝对匿名的，所以在网络上随意散布诋毁他人、损害他人商誉的网络诽谤便成为电子商务中的又一顽疾。

3. 电子商务中的侵犯商业秘密

网络环境下侵犯商业秘密在构成要件、行为表现方面与传统意义上的侵犯商业秘密并无二致，只是往往要涉及网络技术上的难题。北京市第一中级人民法院审理过一个在提供网络信息服务过程中侵犯他人商业秘密的案例。原告阳光公司于 1995—1996 年间分别与上海证券交易所等 10 多家商品和证券交易所签订了交易行情的采集、转发、经营合同。阳光公司将交易所的行情信息整理汇编，以特定的数据格式形成综合行情信息，通过卫星广播系统向外转发。被告霸才公司与原告签订了使用阳光公司《SIG 实时金融》数据分析格式的合同，约定霸才公司非经原告书面同意，不能以任何方式转发使用 SIG 格式。后被告违约截取并转发原告《SIG 实时金融》信息源，北京市第一中级人民法院认定被告侵犯了原告的商业秘密。

4. 电子商务中的域名抢注

随着电子商务的蓬勃发展，域名如同现实生活中自然人和法人的姓名、名称一样，成为网络虚拟世界中人们唯一可识别的标志；域名因其易记便用，已被广泛地用作一种商业标记，因而承载了很大的商业价值。商家的域名越来越广泛地用于广告宣传中，成为商家在网上拥有一个地盘的标志。甚至众多商家基于网站在发展电子商务中的巨大潜力而纷纷将自己的商标、商号乃至擅自将其他知名企业的商标、商号作为自己的域名使用注册，以吸引尽可能多的消费者，扩大自己在网上的知名度。实践中，域名与商标的冲突有两种形式：一是恶意抢注。人们上网有一种习惯，即在没有域名地址簿的情况下，人们要想访问某一企业的站点，第一反应往往是输入该企业的“商标或

商号 + COM”。这样，“商标或商号 + COM”结构的域名比其他结构的域名就有了更高的经济价值。域名具有唯一性，因此人们的网络习惯和域名特点共同作用导致了“域名抢注”。域名恶意抢注判断的标准在“恶意”上，表现为抢注的域名使用了他人知名度较高的商标或商号；抢注的目的有牟利性质。二是巧合雷同。在某些情况下，域名注册人并无抢注的恶意，而是出于自身原因使用了某个域名，造成与他人商标或商号的巧合雷同。

使用与他人商标相同或近似的域名是否构成商标侵权和不正当竞争呢？我们认为，使用与他人商标相同或近似的域名是否构成商标侵权，要看该商标的知名度和影响力。知名度很低的商标往往少有人去抢注，因为抢注的商业价值几乎不存在，所以将鲜为人知的商标作域名注册使用，定性为商标侵权有些牵强。当然，自己的商标被他人注册为域名在实践中总有诸多不便。将知名度较高的商标抢注为域名使用，势必会在实践中尤其是在电子商务实践中造成混淆，误导客户和消费者，从而给商标权人带来损害，这种行为就构成不正当竞争，侵犯他人的商标权。

三、电子商务中不正当竞争的法律规制

（一）电子商务中主体混同行为的法律规制

竞争者在电子商务中利用主体混同行为进行不正当竞争，主要以他人商标、商号、厂商名称或者知名商品特有的名称、包装、装潢为对象。在目前我国的立法中，制止电子商务中主体混同行为的法律依据主要有《商标法》、《反不正当竞争法》和商号法律制度。

对电子商务中运用他人商标进行不正当竞争的，商标权人可依照《商标法》向工商行政管理机关申诉或向人民法院起诉。一方面，再次修改后的我国《商标法》第五十二条列举了侵犯注册商标专用权的行为表现，其中对“（五）给他人的注册商标专用权造成其他损害的”的理解，不应再囿于原《商标法实施细则》的解释，即“（1）经销明知或者应知是侵犯他人注册商标专用权商品的；（2）在同一种或者类似商品上，将与他人注册商标相同或者近似的文字、图形作为商品名称或者商品装潢使用，并足以造成误认的；（3）故意为侵犯他人注册商标专用权行为提供仓储、邮寄、隐匿等便利条件的。”新修订的《商标法》应当规范网络环境下的商标行为，因此上文列举的“将他人商标移作自己网页的图标，或者将他人注册商标设计为自己网页的一

部分，足以使人产生混淆。”以及“隐形商标侵权”均应理解为《商标法》第五十二条“（五）给他人的注册商标专用权造成其他损害的”行为。另一方面，我国《商标法》第十三、十四条，《驰名商标认定和管理暂行规定》以及我国参加的一些国际条约或协定，如《保护工业产权巴黎公约》、《TRIPS》等都对驰名商标的认定和保护作出了相应的规定。行为人在网上侵犯商标权如果涉及驰名商标，则可援引驰名商标的规定。相对于一般商标而言，驰名商标的保护适用扩大保护的原则。

对电子商务中主体混同行为，依照《反不正当竞争法》申诉或起诉，可作依据的法律规定主要有，该法第二条规定“经营者在市场交易中，应当遵循自愿、平等、公平、诚实信用的原则，遵守公认的商业道德。”不正当竞争“是指违反本法规定，损害其他经营者的合法权益，扰乱社会经济秩序的行为”。第五条规定：经营者不得“假冒他人的注册商标；擅自使用知名商品特有的名称、包装、装潢，或者使用与知名商品近似的名称、包装、装潢，造成和他人的知名商品相混淆，是购买者误以为是该知名商品；擅自使用他人的企业名称或者姓名，引人误以为是他人的商品”。第九条规定：“经营者不得利用广告或者其他方法，对商品的……生产者、产地等作引人误解的虚假宣传。”权利人只要能够证明非法经营者擅自使用了自己的商标、商号、知名商品特有的名称、包装、装潢等，并且在电子商务中足以造成混淆，就可以认定行为人违反了公平、诚实信用的原则以及公认的商业道德，是一种扰乱市场秩序的不正当竞争行为，可依照《反不正当竞争法》第二十一条追究非法经营者的法律责任。

网络用户要注意保护自己的网站名称。网站名称是人们对网站最常用的称呼，从某种意义上讲，它是域名的中文版，同企业形象有着密切的联系。但网站名称不等于企业的商号、名称和域名，因为网站名称依附的是网站而不是企业。之所以在这里特别强调要注意保护用户的网站名称，是因为目前很多的网上用户对域名、商标等商业标识的重要性已有了较明确的认识，而对网站名称认识不够，往往被忽略；网站名称既然与企业形象关联，自然会成为他人实施不正当竞争行为的工具。另外，我国现行法律制度对网站名称保护尚无明确的规定，这是某些别有用心之徒钻营的一个空子。现在已有人呼吁“应建立网站名称的保护体系”，将网站名称纳入网站备案登记管理体系。但现在毕竟这种“体系”尚未建立，网站所有人可通过商标法来保护自己的网站名称，即把网站名称当作一件服务商标到有关部门进行注册来加以保护。

（二）电子商务中商誉侵权的法律规制

网络环境下的商誉侵权虽然形式各异，但均有两个构成要件，即侵权人捏造、散布虚假事实和具有损害竞争对手商誉的主观目的。需要特别注意的是，网络环境下的商誉侵权，以网络为实施侵权行为的工具，而网络与报刊、广播、电视等其他传媒的主要区别之一是传播的范围更加广泛，具有全球性。所以网上商誉侵权往往要比一般意义上的商誉侵权后果更为严重，造成的损失更为巨大。鉴于此，网络用户要特别关注网上自己商誉的保护。一方面，可以通过网络技术对自己商誉的载体如商标、域名、“锚”、网站名称等进行技术保护，增设技术密码，减少商誉被侵权的概率；另一方面，当自己的商誉被人侵犯后，要敢于拿起法律武器维护自己的商誉权。我国《反不正当竞争法》第二条的第一款和第十四条均是解决商誉侵权纠纷的起诉依据。

（三）电子商务中商业秘密侵权的法律规制

根据目前我国的立法情况，在网络环境下保护网络用户的商业秘密，可以采纳多种形式，分别依据不同法律。一方面，网络用户可以通过订立保密合同或在合同中加入保密条款，对商业秘密进行保护。这是人们普遍采用的一种保护方式。当对方违反合同约定，侵犯了我方的商业秘密时，便可依据合同法的有关规定要求对方承担违约责任。信息网络对信息贸易的拓展，向网络用户提出了两个问题：在贸易达成后，如何保证受让方在履约期间和协议期满之后的一定时间，不向外泄露商业秘密；若交易未达成，如何保证对方当事人不使用和不向外泄露商业秘密。这是订立保密协议时需要特别注意的。另一方面，网络用户可以依据我国《反不正当竞争法》来保护自己的商业秘密。当自己的商业秘密被人侵犯时，权利人可依《反不正当竞争法》获得民事和行政保护。该法第二十条规定，凡侵犯商业秘密，给其所有人造成损害的，应当承担损害赔偿责任，权利人可向法院提起民事诉讼；该法第二十五条规定，违反本法第十条规定侵犯商业秘密的，监督检查部门应当责令停止违法行为，可以根据情节处以 1 万元以上 10 万元以下罚款。再一方面，我国《刑法》第二百一十九条还专门规定了侵犯商业秘密罪，必要时，这也将成为网络用户保护自己商业秘密的重要依据。

（四）网络主页上域名抢注及商标侵权的法律规制

首先，鉴于目前域名与商标冲突现象日益严重，商标制度与域名制度又存在立法上的错位，要想尽可能减少域名与商标冲突，促进电子商务的发展，第一位的任务便是引导、鼓励企业尽快注册自己的域名。企业在申请域名注册时，需要注意如下几点：在我国，域名注册由中国互联网络信息中心负责；域名注册人对商标和企业名称注册人提出的异议有不同看法时，《办法》没有规定复审程序；商标权人对域名注册提出异议的期限，《办法》也未作规定；如果无人提出异议，则对于商标、商号和域名的冲突不予制止。

其次，当企业的商标或商号与域名发生冲突时，由两种可尝试的办法来加以解决。一是通过域名注册机构解决。当发现本企业的商标或商号被他人注册为域名时，商标权人或商号使用人应及时向域名注册机构提出异议。按照《办法》规定，异议提出后，在确认商标权人有商标专用权之日起30日后，域名服务就会自动停止。二是通过司法机关解决。如果企业有一定知名度的商标与他人域名发生冲突，商标权人认为他人的域名注册足以在实践中与自己的商标发生混淆而令自己受损，确实侵犯了自己的商标权，可以依据我国《商标法》或《反不正当竞争法》提起诉讼。当然，以这种方式解决冲突只限于知名商标与域名的冲突。

再次，当企业的商标或商号与他人的域名冲突时，与在先注册自己知名商标、商号为域名的当事人协商，索回本属自己的域名，是“一种明智的补救之举”，他人的域名与自己商标、商号相同或相似，无疑会给各方今后的商务实践带来诸多麻烦，一方加大对商标商号的广告宣传投入，会担心为别人做了宣传；自己加大销售、质量上的管理，担心会提高对方的信誉；一方信誉上出现差错，会导致两败俱伤等等。因此他人不管是恶意抢注，还是巧合雷同，在不能或不便通过其他途径解决冲突时，通过友好协商致使对手无偿或低价转让其域名都是比较明智的。

最后，明确域名的知识产权地位，依法保护域名。域名的知识产权性质问题在学术界尚有争议，有人将域名与商标、商号并列为商业标记权，有人主张法律应赋予域名的注册人以专门的域名权，作为一种全新的独立的知识产权范畴。总的看，域名的识别特征及其在电子商务中的作用，决定域名的确是一种知识产权。因此，网络用户的域名被人侵犯，应当可以依据我国《反不正当竞争法》有关“假冒”“误导”的条款维护自己的权益。如果域名使用人没有注册商标，或者自己的域名与自己注册的商标不一致，应当尽快将自己的域名作为商标申请注册，这样可以用我国比较完善的商标法律制度弥补域名制度的不完善，充分维护自己的域名。

第三节 电子商务消费者权益保护

一、电子商务与消费者权益保护

消费者保护涉及人的尊严、人的价值和社会的公平正义，直接关系到经济发展质量、速度与社会的稳定和全面进步，现代国家对其高度重视。目前，消费者保护制度已发展成现代国家法律制度中一项非常重要的内容。纵观世界经济的发展史，消费者经过从19世纪中期至今100多年的不懈努力，其权利作为一项独立的民事权利，最终在法律上得到确认。许多国家纷纷制定专门的《消费者权利保护法》。1995年联合国通过了《消费者保护准则》，明确规定了消费者享有的权利，将提高消费者保护水平、切实保护消费者的利益作为国际社会的共同任务。

我国全国人大常委会于1993年通过了《消费者权益保护法》，从法律上宣誓：国家保护消费者的合法权益不受侵害。国家采取措施保障消费者依法行使权利，维护消费者的合法权益。依《消费者权益保护法》规定，消费者享有以下权利：①人身、财产安全权；②知悉真情权；③自主选择权；④公平交易权；⑤依法求偿权；⑥依法结社权；⑦获知权；⑧受尊重权；⑨监督权。

消费者保护的观念已经深入人心，消费者保护制度适用于消费领域的各个方面，而不论经营方式、产品种类还是服务，电子商务也不例外。尽管电子商务的发展给电子商务带来了诸多方便和更大的选择余地，但由于电子商务不同于传统商务的种种特征，使得电子商务中消费者保护出现了新情况、新问题。国际经济与合作发展组织（OECD）《关于电子商务中消费者保护指南的建议》称："全球性的网络环境对每一个国家或其法律制度解决电子商务中的消费者保护问题的能力提出了挑战。"这就提出了在电子商务环境下如何加强对消费者权益保护这一重要课题。考察国际上的电子商务立法，在消费者保护问题上总的精神是：依托现行保护制度，必要时，创制新的规则。就依托现行保护制度而言，许多国家的电子商务立法就首先明确，电子商务法的任何规定都不得对现行消费者保护制度有任何损抑。这项重要原则是联合国国际贸易法委员会《电子商务示范法及其颁布指南》(1996) 首先创立的。该《示范法》第一条关于适用范围的规定有一个重要的脚注:"本法并不废止旨在保护消费者利益的任何法律规则。"并进一步提出任何此类消费者保护法均可优先于《示范法》的条款。其说明明确了三项规则:①开展电子商务,仍受现行消费者保护法规的约束;②一旦电子商务法规与消费者保护法规发生冲突,消费者保护法规优先;③各国在制定电子商务法时,应尽量考虑消费者利益的保护。其后,许多国家在其电子商务立法中都纷纷对此予以明确。比如,哥伦比亚《电子贸易法》关于消费者保护法优先的第四十六条规定:"本法的使用不得损及消费者保护法规。"又比如,韩国《电子商务基本法》辟专章对消费者保护做出了规定,其核心内容是政府应确保对消费者的权益保护不因电子商务的环境而降低。

二、电子商务中消费者权益保护存在的问题

据有关部门的调查显示,自1999年以来,随着互联网的发展,消费类电子商务在中国呈现蓬勃发展的态势。网上购物作为一种新的购物形态,不仅有着与传统购物方式相比更为操作简便、节省时间、节约成本的优点,更可以在更大的范围内、更高的效率上与更多层面上实现资源配置。对商品资源的配置实现了人们可以在网上买到许多在传统购物中难以买到的商品,对购买力资源的有效配置则可以实现多种方式的集团竞价,使消费者可以更低的花费买到同样的商品。而对于网上购物中的网络服务而言,更由于网络带来的灵活的沟通方式和调查营销手段使得网上服务呈现出传统服务所无法具备的针对性、多样性、即时性与高技术含量性、低成本性,从而使网上服务与网上购物对商家与消费者及市场带来了革命性的影响。

然而,我们也应当清楚地看到,消费类电子商务毕竟还处于发展的初期,受相关网络环境、政策法律环境、消费意识及市场环境的制约,还存在着安全性得不到保障,产品质量售后服务与厂商信用得不到保障,送货迟缓、产品信息不全等诸多弊端。

(一)电子商务中消费者知情权的履行问题

我国《消费者权益保护法》第八条规定:"消费者享有知悉其购买、使用的商品或者接受的服务的真实情况的权利。消费者有权根据商品或者服务的

不同情况，要求经营者提供商品的价格、产地、生产者、用途、性能、规格、等级、主要成分、生产日期、有效期限、检验合格证明、使用方法说明书、售后服务，或者服务的内容、规格、费用等有关情况。”而消费者的这些知情权的实施，是与传统购物方式中的看货、了解情况、试用、讨价还价、进行交易、送货等一系列的环节相配套的。只是在这些环节中，除送货以外，其他的都变成了虚拟化的方式。消费者与供应者并不见面，通过网络宣传了解商品信息，通过网络远距离订货，通过电子银行结算，由配送机构送货上门，等等。这种情况下，就自然产生了对于商家和商品相关信息的真实可靠性表示怀疑的问题。在现实生活中，消费者的知情权受到侵害的现象已屡见不鲜。而互联网技术又使得某些商家通过匿名的方式躲避调查，利用其监管难度大、隐蔽性强、传播快、发布易的特点大行虚假广告和欺诈之道，侵犯消费者的权益。

（二）网上消费者的隐私权和个人数据的保护问题

我国现行消费者权益保护法中没有规定消费者的隐私权问题，在传统的消费关系中涉及消费者隐私保护的内容也不多。但是，基于互联网进行的个人电子商务活动与传统的完全不同，网上消费者一般需要向注册网站提供相关个人信息，包括姓名、出生年月、身份证号、住址、婚姻状况、财产状况等。然而对于这些个人资料，很多网站并没有像事先承诺的那样采取措施加以保密。有的甚至还擅自将用户信息出卖给其他网站，牟取暴利。美国国家消费者联盟的一份调查报告就显示，64%的美国互联网用户认为网站将共享他们的信息，59%的用户担心网站在他们不知道的情况下收集个人信息。除上述隐私外，还有对消费者的信用卡、电子消费卡、上网卡、上网账号和密码、交易账号和密码、财产秘密以及消费者的上网习惯、使用状况、网络活动踪迹以及消费者计算机存储的书籍、信息、内容等个人数据的侵犯。消费者购买、试用的某些应用软件，内含能窥探使用者计算机软硬件配置、数据信息内容的程序。还有一种技术手段（cookie）可以对消费者的网上行为进行跟踪，并对其建立专门的个人档案。这就造成了对消费者隐私权和个人数据的潜在危害。如果泄露给不正当竞争对手或者犯罪分子，或者黑客，就可能造成对这个客户的实际危害。

（三）消费者网络通信权的履行问题

电子商务时代，电子邮箱作为通信来往的重要工具，起着不可忽视的作用。几家大的邮件服务商，如263（包括免费邮箱和收费邮箱）和163. net的服务条款里对消费者隐私权的保护不约而同地有四种例外的规定：（1）根据中华人民共和国国家安全机构、公安部门的要求及根据相应的法律程序要求；（2）维护邮件服务商的商标所有权及其他权益；（3）在紧急情况下竭力维护用户个人、其他社会团体和社会大众的安全；（4）符合其他相关的要求。在这四种情况下，服务商可以公开、编辑或透露用户的邮件内容。除了263和163. net之外，新浪、易网、搜狐等网站没有直接表述为公开、编辑或透露用户的邮件内容，用了更加含糊的语言。服务商掌握、搜集用户的邮箱地址，将之公开或提供给他人，致使消费者受到大量的广告邮件、垃圾邮件，以致用户的正常使用受到干扰或受到黑客、病毒的攻击而不能使用，消费者会因此受到损失。

（四）电子商务中消费者公平交易权的保障问题

消费者在网上购物时，网上商店往往采取格式合同以节约消费者的时间，大兴所谓“捆绑”条款：消费者只能点击“接受”或“拒绝”，而没有商量讨价还价的余地。在网上商店制定的格式条款中，有许多是违背消费者意志的“单方权利条款”如规定网上商店对商品或服务运输延迟不承担相应的责任等。对于网上消费者权益的条款在一般情况下文字较小，内容很多，消费者往往没有在认真阅读思考的情况下就表示接受。事后，如果发生纠纷不能很好地解决，那么消费者无法得到很好的保护。

在电子商务环境下消费者退换货权利也遇到很多新问题。例如在网上购买音乐及影视CD、软件、电子书籍等数字化商品，一般都提供在线传递的交易方式，并且消费者在购买这些数字化商品前，大多有浏览其内容或使用其版本的机会。然而，若根据传统的消费者保护原则，消费者在通过线上传递的方式购买了数字化商品之后，有提出退货的要求，很可能产生对商家不公平的情形。因为商家不可能保证消费者没有保留其产品的复制品，所以，传统的消费者权益保护法中关于退换货的规定在数字化商品的电子商务中，还须重新审视和斟酌。此外，与电子商务中消费者退换货的权利相关的问题还有很多，比如，在商品送货上门之后，如果消费者提出非厂商经销商与商品的退货要求，相应的配送费用由谁承担？如果是因为网上的商品信息不充分，使得消费者收到货物后发现与所宣传的不符，能否视为欺诈或假冒伪劣而适用双倍返还价款的处罚等许多问题。

三、电子商务中消费者权益的法律保护

电子商务中消费者权益保护涉及的方面很多，下面就与电子商务立法关系密切的、与上述存在问题一致的消费者知情权、隐私权与个人数据、网络通信权、公平交易权提出立法建议。

（一）电子商务中消费者知情权的保护

电子商务中消费者知情权的行使与保护，是消费者权益的重要方面，在性质上属于远程交易的电子商务环境中尤显重要。我国《消费者权益保护法》第八条规定，消费者知情权是指“享有知道其购买、使用的商品或者接受的服务的真实情况的权利”。与消费者知情权相对应的是企业的信息披露义务。一些国家和地区的电子商务法对此给予相当的关注和重视，有的还制定有关电子商务中消费者保护的专门法规，比如欧盟《远程销售指令》。按照欧盟《电子商务指令》的规定，信息服务供应商应披露的信息包括：信息服务提供商的名称、地址、联络方式、注册证号；涉及经主管机关许可的经营内容的，应说明经许可的经营范围，属于专业管理的应说明其专业资格，以及纳税号码、价格条件和内容、各项附加收费，等等。特别是，商业信息的传播及从事传播活动的个人或法人应专门注明；各种促销优惠措施包括折扣、奖励及其获得的条件、各种促销游戏和竞赛活动及参与条件和规则必须详细无误地说明。该指令还规定，信息服务供应商在同消费者订立合同前，应准确无误地对电子合同的缔结方式给予解释说明。此外，还要说明合同订立应遵守的行业自律准则，以及如何查阅到这些准则。英国《2002 年电子商务条例》除遵循上述欧盟指令的要求，规定信息服务提供者的一般披露义务外，还专门就以电子方式订立合同时须向消费者等提供的信息作了规定。可见，对消费者知情权的保护，主要是对相关地方企业实施加以披露义务，而且披露的信息内容与深度要求都很具体明确。美国《国际国内电子商务签名法》、《统一计算机交易法》也都专门规定了消费者知情权的行使和保护。值得注意的是，韩国《电子商务基本法》对消费者保护的规定显示了发展中国家对消费者保护的重视程度和水平。该法从政府和经营者两个角度分别规定了向消费者提供信息的义务：第一，政府应将与消费者利益有关的电子商务的主要政策和决定等事项告知消费者和用户；第二，电子交易者、网上商店经营者等应接受消费者保护组织提出的获得必要信息的要求，并予以合作，以便向消费者

提供保护。

从我国的情况来看，我国《消费者权益保护法》第八条的有关知情权的规定，在传统商业活动中是十分必要的。但在电子商务的情况下，有些项目的信息可能难以得到落实。比如其中的“检验合格证明”如何通过网络证实。对于电子商务中消费者知情权的新特点新问题，我国的电子商务立法应给以充分考虑。

（二）电子商务中消费者隐私权和个人数据的保护

随着信息技术的发展，获得信息越来越具有广泛性和容易性。在网络环境下，个人秘密、个人信息、个人数据会面临很大的被他人取得、泄漏的风险。所以，应对信息社会的个人隐私进行针对性的保护。电子商务侵犯个人本身有关权益的主要方式是对个人有关资料的商业利用。在电子商务环境下，应当强调对“个人资料”、“个人数据”的保护。一般来说，主要包括：姓名、出生年月、身份证号码、指纹、婚姻、家庭状况、教育、职业、健康状况、财务状况以及网络上的电子邮箱、个人账号、密码及 IP 地址等。此外，还有消费者网上活动，如浏览网页、进行的交易等。个人数据一旦进入互联网，不论是出于人为还是非人为的滥用或泄漏，该信息就有可能在全球范围内传播，并可能被无休止地转载、复制。

在电子商务环境下，对个人数据的保护主要涉及三个问题：一是个人数据的征集。经营者取得个人数据包括利用技术手段，可以在消费者不知悉的情况下了解信息，要不要取得本人真实意思的同意，要不要告知数据征集的理由、用途及如何使用，消费者有哪些权利。二是个人数据的滥用。经营者可不可以将征集的消费者的个人数据用于其宣称目的之外的其他用途，可不可以随意处置，包括转让给第三方，如果需要，是否必须经消费者的同意。三是个人数据的储存安全。经营者有没有义务对个人数据采取多种可能的谨慎措施予以储存，以防止非法进入、浏览、篡改，有没有义务应消费者的要求随时更正不准确的数据。这些问题的处理都直接关系消费者网上隐私权和个人数据的保护程度。欧盟 1995 年通过的《个人数据保护指令》规定：个人数据所涉及的个人为该数据的主体，个人数据归其所有；禁止未经该主体许可披露个人数据；数据用户对数据的使用仅限于主体许可的用途，未经许可，不得向他人转让该许可的使用权，等等。该指令最重要的精神是将隐私权视为一项基本人权，并将之延伸到个人数据的保护。美国负责消费者保护事宜的联邦贸易委员会（Federal Trade Commission），曾经列出了在美国、加拿大和欧洲被广泛遵循的隐私权保护5大具体规则：一是告知，消费者应在任何个人信息被征集之前被告知有关实体的信息做法；二是选择，消费者应被给予机会对信息的任何第二手（除交易所使用之外）使用表示同意或拒绝；三是查阅，消费者应能不迟延地查阅其个人数据，同时应能方便地及时纠正不正确的信息；四是完整与安全，消费者个人信息的处理应保证准确。同时，有关实体在传输、处理和存储信息时应予以保密；五是实施，违反上述规则的，消费者应有得到救济的渠道。欧盟的规定和美国遵循的准则是有一些差异的，美国的保护水平看似稍低一些。美国也有值得称誉的地方，那就是高度重视儿童隐私权的保护，并专门制定《儿童在线隐私权保护法》，尽管儿童的隐私权不能等同于消费者的隐私权。我们再来考察一下英国《2002年电子商务条例》关于数据保护的规定。该条例规定：认证服务提供者不得非直接或者未经数据主体明示同意获取个人数据，也不得超过签发或保持证书所需的限度或者超过数据主体明示同意的限度处理该数据库，但为履行法定义务的情况不在此限。违反上述规定的，受害者有权诉诸法律，追究其法律责任。

我国尚无个人数据保护方面的立法，也没有关于隐私权保护的专项立法。我国《消费者权益保护法》也还尚未将隐私权纳入消费者权益。在2004年公布并向社会征集意见的《中华人民共和国电子商务法》（示范法）也仅仅提出对个人数据的保护。因此，在电子商务立法中借鉴其他国家的经验，就个人数据的保护作出明确规定，无论是对保护消费者的权益，还是促进电子商务的健康发展，都具有重要意义。当然，对包括个人在内的隐私权的保护，应与需要考虑信息自由的要求、信息社会的健康发展需要在这两者之间保持科学、合理的平衡。对哪一方的偏废都会对电子商务的发展产生不利影响，消费者的利益也就不能根本保障。

（三）电子商务中消费者网络通信权的保护

美国从1995年起，关于广告邮件、垃圾邮件的发送与拒收、言论自由、隐私权保护与侵权案件的争议就不断，并发生了多起案件。许多法官认为，乱寄广告信的行为并不在宪法言论自由的保障范围之内，属于侵权行为，并对此颁布永久禁令；但同时也附带了条件：即必须让想收到电子广告信的消费者依然有权收到广告信。因为，站在消费者的立场来看，这些电子邮件虽然消费上网的时间与费用，但是，如果消费者可以自行选择接受想要的广告邮件类别，并可以防堵不想收到的广告邮件的骚扰，就应该将这样的选择权交给使用者。不能单纯考虑网络系统提供商的利益，而剥夺使用者的利益。

我国目前尚无直接规范商业电子邮件的法律，只是出台了一些地方规章。在北京市工商行政管理局于2000年5月颁布的《关于利用电子邮件发送商业信息的行为进行规范的通知》中有这样的规定；因特网使用者在利用电子邮件发送商业信息时应本着诚实、信用的原则，不得违反国家的法律法规，不得侵害消费者和其他经营者的合法权益。应遵守以下规定：①未经收件人同意不得擅自发送；②不得利用电子邮件进行虚假宣传；③不得利用电子邮件诋毁他人商业信誉；④利用电子邮件发送商业广告的，广告内容不得违反《广告法》的有关规定。

此外，有些法律、法规也可间接适用。我国《宪法》第四十条规定："中华人民共和国公民的通信自由和通信秘密受法律保护。"我国《计算机信息网络国际联网安全保护管理办法》第七条规定："用户的通信自由和通信秘密受法律保护，任何单位和个人不得违反法律规定，利用国际联网侵犯用户的通信自由和通信秘密。"我国《消费者权益保护法》的某些规定也可以适用。

以上法律法规大多只是间接适用于电子邮件，并且其要求也非常原则与简单，而真正有针对性的只是北京市工商行政管理局的规定。所以，加强这方面的立法，规范电子邮件的运行，保护消费者网络通信权势在必行。

（四）电子商务中消费者公平交易权的保护

消费者参与电子商务，是不是体现了其真实意愿？消费者订立电子合同，是不是其真实的意思表示？一系列的消费行为，是不是公平合理？对收到的货物不满意，是不是能够换货或退货？一些国家的电子商务立法给予相当的关注。

美国《国际国内电子商务签名法》第一百零一条中规定，使用电子记录向消费者提供交易信息，必须得到消费者的明示同意。其前提是：必须事先向消费者充分说明消费者享有的各项权利以及消费者撤销同意的权利、条件和后果等，消费者确实获得了调取与保存电子记录的说明与能力；有关调取与保存电子记录的任何变化，都应通知消费者，在发生变化的情况下，消费者享有无条件撤销同意的权利。关于格式合同的问题，欧盟《电子商务指令》第八条中规定，在信息服务获取方应邀对信息服务提供商所作的要约通过技术手段，如点击键盘，来表示其承诺的回执时合同成立。由此，给以消费者作出真实的意思表示，进行公平的交易留出更多的空间。当然，对格式合同，同时还要适用有关消费者保护的专门法律和合同法的实体条款，尽可能消除其对消费者的负面影响。

关于消费者的退换货权方面，在电子商务环境下远比传统商务中的问题要复杂得多。欧盟《远程销售指令》在此方面的一项非常重要的规定就是撤销权。根据其规定，消费者享有撤销权，应在规定的时间内行使，逾期无效。消费者行使撤销权的，供应商应有义务全部退还消费者已付款项。消费者所支付的费用仅仅是退还货物的直接费用。此外还限制了退换货物的种类，数字化商品如影视 CD、软件、电子书籍等，还包括消费者已经自行开封的音像录音制品或电脑软件，报纸、期刊以及杂志等，消费者对此均不享有撤销权。

此外，关于举证责任，一般认为应由供应商承担。欧盟《远程销售金融服务指令提案》第十三条规定："供应商对消费者的通知义务，消费者同意缔结合同，以及适当的话，合同的履行等的举证责任，均由供应商承担。"这得到了国际上的认可。在电子商务环境下，消费者处于相对弱势的地位，举证责任由供应商承担是公平的。

我国在保障消费者在电子商务中的公平交易权方面没有作出直接的规定。但是《消费者权益保护法》、《产品质量法》、《合同法》等许多规定都可适用。《消费者权益保护法》的第四十条和第四十五条的相关规定都赋予了消费者退换货的权利。《产品质量法》第四十条也同样作了规定。此外，《合同法》对格式合同以及合同撤销权都做了明确的规定。但是，对行使退换货权、合同撤销权的要求很高，在电子商务中的运用很难把握，并且对电子商务环境下的举证责任以及费用承担没有作出补充。我们可以借鉴外国法律和经验，对于电子商务中我国消费者公平交易权的保护进行完善。

【本章思考题】

1. 简述互联网市场垄断。
2. 如何认定电子商务中相关主体滥用市场支配地位？
3. 如何对电子商务的垄断行为进行治理？
4. 简述电子商务中不正当竞争行为的表现。
5. 电子商务中如何保障消费者的知情权？
6. 电子商务中如何保护消费者的公平交易权？
7. 电子商务中如何保护消费者网络通信权？

第八章　电子商务网络广告法律制度

【案例导入】一、网络虚假宣传案

2011 年 5 月，济南市工商局济阳分局执法人员在网上巡查时发现，济南天虹机械制造有限公司网站的："企业资质"栏下标有"高新技术企业、省级守合同重信用企业"等内容。经执法人员核查，当事人不能提供相关证明，所宣传内容与实际情况不符，涉嫌构成虚假宣传行为。济南市工商局济阳分局依法对当事人做出责令停止违法行为、并处罚款 1 万元的行政处罚。

二、销售仿冒手机案

2012 年 2 月，济南市工商局天桥分局接到举报，称辖区李某等人涉嫌通过在"强国网"等网站发布浮窗式链接广告的方式，大量销售假冒诺基亚、三星、苹果等品牌的手机。天桥工商分局联合公安部门对李某的经营场所进行了检查。当场查获涉嫌假冒"三星"手机 37 部、"苹果"手机 90 部，涉嫌侵权手机价值超过 15 万余元；被举报人同时涉嫌无照经营。

李某等人的行为涉嫌构成假冒注册商标罪。济南市工商局天桥分局已依法将此案移交公安机关处理。

三、不正当有奖销售案

2011 年 3 月，青岛市工商局执法人员在网上巡查时发现，北京新态互动科贸有限公司青岛分公司为聚集网络人气，在其经营的网站"满座网"上举办青岛地区"满座网携手古摄影情人节专题抽奖"活动。经查实，该次抽奖活动共有 7 054 人参加，并产生了一、二、三等奖。当事人涉嫌构成不正当有奖销售和不正当竞争的违法行为。青岛市工商局依法对当事人做出责令停止违法行为，并处罚款 4 万元的行政处罚。

【思考】网络广告与传统媒体广告有什么区别？在虚拟的网络上发布广告是否要遵守相关法律？

第一节 网络广告概述

一、网络广告的概念

1994 年 10 月美国非常著名的《在线》（Wired）杂志推出了具有划时代意义的网络版“Hotwired”，其主页上开始有网幅广告。这成为网络广告发展史上第一个里程碑式的标志。“Hotwired”的推出被人们普遍认为是最早的网络媒体，也是第一个承接网上广告的网络媒体。中国最早的网络广告是 IBM 为其产品 AS400 在 ChinaMobile 上的宣传，其付出了 3 000 美元广告费。

广告从字面的意思理解就是广而告之，即向公众通知某一件事，或者劝告大家遵守某一规定。按照托马斯等人的定义，“广告（advertising）是一种有偿的，经由大众媒介的，目的在于劝服的企图”。[①] 广告是广告主通过一定的传播媒介（通常是大众传媒）向目标受众传达特定信息的活动，它影响人们去购买商品、或接受某种观点。广告有广义和狭义之分，广义的广告内容比较丰富，包括营利性广告和非营利性广告。其中营利性广告也就是我们通常所说的狭义广告，而非营利性广告一般被称为公益广告。

网络广告的定义也有广义和狭义之分。凡一切基于网络技术传播信息的过程与方法都是广义上的网络广告；狭义的网络广告是指广告主利用一些受众密集或有特征的网站发布商业信息，并设置连接到某目的网页的过程。2001 年 5 月 1 日实行的《北京市网络广告管理暂行办法》中提到，互联网信息服务提供者通过互联网在网站或网页上以旗帜、按钮、文字链接、电子邮件等形式发布的广告，这就是典型的狭义网络广告，这种定义方式对于网络广告法律规制来说更具有针对性和可操作性。

二、网络广告的特点

网络广告的特征又决定了与传统广告相比，网络广告具有以下几方面的特点。

（一）广告传播网络化

在网络时代，网络广告的承载媒体是互联网，这是网络广告最基本的特

① 托马斯·C. 奥吉恩，克里斯·T. 艾伦. 广告学［M］. 北京：机械工业出版社，2002：6.

点。传统的广告是独立的，非网络的。而网络的超链接（Hyperlink）功能给网络广告提供了重要的支点：通过超链接方式广告主可以向广告对象提供理论上无限多的广告信息，而受众也可以有目的性的在这些信息中寻找自己所需要的那一部分。广告的网络化使得广告内容得到了极大地丰富，突破了传统广告对空间（如杂志版面）、时间（电视广告的时间）的局限性，是一种网络化的广告传播方式。广告传播的网络化使得广告跨越了时空的局限性，覆盖面达到了前所未有的范围。

（二）多媒体性

这是网络媒介属性赋予网络广告的一个重要属性。传统的广告形式（报纸、杂志、广播、电视等）一般都是只诉诸某一元素，其表现形式也就比较单一。但网络和网络广告发展到今天——特别是宽带技术的普及和广告技术的提高——可以通过对视频、音频、图像、文字的组合运用来增强网络广告的效果，达到所期望的广告效果。网络广告的多媒体性直接引发了网络广告又一特性——实时交互性。

（三）有效整合性

美国广告代理商协会是全美最权威的广告组织，对整合营销广告所下的定义是“确认评估各种传播方法战略作用的一个增加价值的综合计划（例如，一般的广告、直接反应、促销和公关），并且组合这些方法，通过对分散信息的无缝结合，以提供明确的、连续一致的和最大的传播影响力”。网络的平台为整合营销传播提供了更好的渠道。很多网络广告本身就是广告、促销、公关等的结合体。网络广告是否能够达到预期的效果很大程度上和整合传播营销相关。

（四）互动性

网络广告最吸引人的地方，也就是其最具特色的地方就在于它的互动性。互联网广告的就是上网者对互联网广告活动的不同程度的参与。

McMillan 的四种互动类型

	单向传播	双向沟通
接受者的控制程度很低	打包的内容	虚拟的交易
接受者的控制程度很高	丰富的内容	虚拟的社区

早期电视广告就是典型的“打包的内容”型，即受众对广告信息的控制程度很低，而且是通过大众媒体向受众进行的单向传播，消费者的选择性很小。随着电视频道的日益增多，虽然电视的传播方式依然是单向传播，但是受众对电视频道和电视广告的选择性很高，这种互动类型被称为“丰富的内容”。随着互联网的普及，“虚拟交易”和“虚拟社区”这两种互动类型越来越多。在“虚拟交易”中，受众虽然与媒体的互动程度很高，但是对媒体信息的控制能力却很低；在“虚拟社区”中，受众不仅与媒体的互动程度很高，而且对媒体信息的控制能力也很高。

第二节　网络广告的法律规制

一、网络广告法律规制概述

广告的法律规制，具体来讲内容主要有五个方面：第一，广告主的广告活动管理，即广告主依据其发展战略制定发展计划，并进行具体实施的过程。第二，广告经营者对广告活动的管理，即取得广告从业资格的广告经营者在其经营范围内从事各种活动，但为了确保这些活动有序的进行需对整个广告活动监控和管理。第三，广告发布者对广告活动的管理，即广告对其控制的媒体上所发布的广告进行程序性审查，从而确保广告发布的合法性。第四，国家对广告活动的监督管理，包括立法权、司法权和行政权三个方面。从立法的角度来看，就是国家权力机关针对广告活动进行立法，规范各种广告主体之间的关系，明确各自的权利和义务，确定市场游戏规则；从司法角度来看，司法机关按照法律的有关规定，接受广告当事人的诉讼请求，保护各方当事人的合法权利，惩罚广告违法犯罪；从行政的角度来看，国家执法机关对广告主、广告经营者、广告发布者等市场主体进行监督、检查、控制和指导，对违法广告进行查处，保障广告业健康有序的发展，广告的行政管理应该是国家对广告监管的主要内容。第五，社会舆论以及广大消费者的监督，广大消费者为维护切身利益会自发或有组织的对广告进行监督。监督的方式有向行政执法机关举报、通过新闻媒体形成社会舆论的压力等方式。

网络广告法律规制的就不仅仅是指国家广告监督管理机关，依据广告法律、法规和国家的授权及法定程序，对网络广告活动全过程进行监督、检查和指导的工作。网络广告法律规制作为广告法律规制的有机组成部分，离不开一般广告监管的体制和运作方式。但是，网络的特殊性对网络广告的法律规制提出了更高的要求，符合市场经济基本要求的法律规制机制应该包括以下几个方面：

第一，网络广告主体自我监督制度。从微观上看，网络广告主、经营者、发布者要有遵纪守法的基本要求，自觉在广告的内容以及发布方式上符合法律法规的要求，为达到这一要求，网络广告主体自身应该形成一套行之有效的监管制度；从宏观上看，要加强整个网络广告行业的自律，形成网络广告行业的自律性规范和基本的职业操守。

第二，行政监管制度。行政监管制度包括行政监管机构职能和分工的制度安排，适合于网络广告的审查制度、违法行政责任追究制度，网络广告市场的准入和退出制度，违法网络广告监测制度等。

第三，社会监督制度。社会监督制度包括第三方中介组织监测制度、消费者和消费者组织的维权制度以及新闻媒介的舆论监督制度。

二、网络广告法律规制的必要性

市场经济是法制经济，广告作为企业市场竞争的重要手段也必然能要纳入法制化的轨道，对于传统的广告形式如此，对于新兴的网络广告也不例外。

市场经济法治的基本精神是市场调节和政府调节有机组合，而且是以市场“看不见的手”为主，政府“看得见的手”为辅，通过市场主体的自律实现市场经济的有序发展，政府只有在市场调节出现偏差时才进行有限干预。但鉴于我国网络广告市场的现状，单纯依靠行业的自律是远远不够的，更多的需要政府主管部门的强有力的监督管理，坚决打击网络违法广告，才能保证网络广告健康发展，并以此为基础，加强行业引导，逐步过渡到以行业自律为主，行政机关监管为辅的理想状态。

网络广告发展的速度超出了人们的想象，大家都在为各个门户网站如何盈利而争论不休时，各个门户网站的广告收入已经节节攀升。网络广告在迅速发展的同时也会产生很多负面的东西，如果行政执法机关不及时跟进，实施有效监管，必然会出现20世纪80年代末90年代初《广告法》出台前，传统广告所经历的混乱局面，一方面虚假违法广告泛滥，另一方面广告信誉低下。长此以往，必然会对网络广告业的发展造成巨大损害。具体来说，对网络广告进行法律规制的必要性体现在以下几个方面：

首先，网络虚假广告危害性很大，严重影响网络广告发展环境。目前，虚假网络广告虽说还没有到泛滥的地步，但大量存在已是不争的事实，行政执法机关如不及时进行监管，必然会影响广大消费者以及守法经营的网络广告主体的利益。广大消费者也应当及时地对网络虚假广告进行举报，共同打击网络虚假广告。

其次，网络广告价格混乱没有统一的价格标准，导致恶性的价格竞争不断。网络广告起步阶段的各种不规范操作，导致网络广告价格的不正当竞争，既影响了网络广告经营者的自身利益，也容易使广告主对网络广告失去信任，由此而影响网络广告业的长远发展。

最后，欺诈广告、色情广告、毒品广告等违法犯罪广告的内容在互联网中不时出现，严重影响社会秩序，败坏社会风气。在一些违法犯罪分子眼中，网络成了犯罪的天堂。

由于目前网络行业还没有形成良好的行业自律，社会监管的体系也不健全，这就需要政府做好两方面的工作：一方面，加快制定网络广告法律法规，完善网络广告的立法，使得网络广告有法可依；另一方面，加强对网络广告的行政执法力度，为网络广告的发展营造良好的发展氛围。

第三节 我国网络广告法律规制的现状及存在的困境

一、我国网络广告法律规制的现状

我国正式接入互联网是在 1994 年。自 1996 年开始，中国加快了网络方面的立法的步伐，而国家工商总局作为广告行政主管机关也注意到网络广告法律规制的重要性。1999 年年初，国家工商总局广告监管司专门派出人员到有关单位学习工作从而了解网络广告整个的运行情况，通过对各方面情况的了解，到 1999 年年底，国家工商总局广告监管司对网络广告的法律规制的工作就有了初步进展，在对于制定网络广告的市场准入条件、规范网络广告内容方面已经制定了一些试行规范，但是目前仍然没有出台比较系统而全面的行政规范。在那之后，国家工商总局建立了网上广告监理总站，并开始接受对虚假网络广告、垃圾电子邮件广告、色情内容广告、违禁药品等违法网络广告的投诉。同时，各个地方的工商总局也设立了监测网站，并且在立法上面做积极地尝试，如 2000 年 5 月北京市工商行政管理局发布《关于对利用电子邮件发送商业信息的行为进行规范的通告》、《关于对网络广告经营资格进行规范的通告》，而且在2001年5月实施的《北京市网络广告管理暂行办法》对网络广告的概念进行了明确界定。这些相继出台的地方性行政法规对于网络广告的规范有着非常重要的作用，这些地方性的试点也将为全国性的立法提供有益的借鉴，并推动了我国网络广告相关立法的产生。

二、目前我国网络广告法律规制存在的困境

我国网络广告的相关立法、行政法规、司法解释和部门规章是有些缺失的，远远跟不上网络广告发展的要求。网络广告虽然在表现形式和功能上和传统的广告没有什么区别，但是由于网络广告所依赖的传输方——互联网所特有的开放性、全球性、虚拟性、身份的不确定性、非中心化、平等性与个性化等特点导致网络广告在实际运作过程中与现行法律法规产生了很多矛盾和冲突，使得网络广告相关主体无所适从，消费者的利益也无法得到有效的保证，因此，相关的网络广告立法如果不及时出台，必然会极大地影响网络广告的健康发展。具体来说，网络广告法律规制的困境主要有以下几个方面：

（一）现行《广告法》的调整范围不明确

从现行《广告法》的规定可以看出，其调整范围仅限于以营利为目的的商业广告，其他类型的广告由《广告管理条例》以及国家工商总局或者行业主管部门的规章来调整。网络广告的主体所从事的以营利为目的的广告应该受到《广告法》的规制，但是由于互联网的特殊性使得网络广告的形式是多种多样的，除了典型的商业广告以外很多不能在传统媒体中出现的广告堂而皇之地在网络上出现了，比如很多烟草企业拥有自己的网站，从而光明正大的介绍自己的产品。另外，在电子公告板上做广告，在个人网站上做广告，在一些虚拟社区、电子公告牌、博客做广告，这些广告活动该由何种法律进行调整，这些问题都迫切需要解决。

（二）网络广告活动主体界限模糊

从《广告法》的规定可以看出，其对广告主、广告经营者、广告发布者做出了明确的区分，不同的广告主体有着不同的资质要求，在权利和义务方面也不同。这些规定对于传统的广告形式是可行的。但是在网络上，目前的现状是任何人都可在互联网上自行发布广告，任何企业或者自然人都可以设立自己的网站或者主页直接为自己的商品或服务进行广告宣传，也可以委托

网络服务商发布广告，而传统的广告规制思路就很难适应网络广告的主体。

（三）网络广告的内容审查困难

《广告法》对广告审查主要有两个方面制度措施的保证。一个是广告主的自我审查，特别是针对广告经营者和广告发布者都有明确的程序性要求，例如设立广告审查员，对相关主体资质进行审查，对广告内容的合法性、真实性进行审查；另一个是对药品、医疗器械、农药等特殊商品广告授权行业主管部门进行审查，从而保证广告内容的真实合法。但是，在网络媒体上，一方面缺乏相应的制度规范，另一方面网络的随意性很高，发布广告的任意性很大，自然无法保证网络广告的真实合法，而且在《广告法》中严令禁止的商品或者服务在互联网中也有出现，比如有商家可以明目张胆地在网络上做性生活用品、违禁药物、枪支弹药、管制刀具等广告。

（四）行政监管体系滞后

《广告法》规定，县级以上人民政府工商行政管理部门是广告监督的管理机关。由此可见，对网络广告的监管应该由各地工商管理部门来负责。但是，在实践中发现，各地工商管理部门对传统广告的管理都应接不暇，对数量大、来源复杂、互动性强、管理权限不清楚的网络广告进行监管更是有些力不从心。这也是导致当前网络广告市场混乱的一个非常重要的原因。

第四节　我国网络广告违法问题

随着电子商务的快速发展，网络广告业进入了发展的黄金时期。而网络广告又引起了各种各样的法律问题，概括起来主要有网络虚假广告、网络不正当竞争、网络垃圾邮件和强迫广告、网络隐性广告、网络欺诈色情广告等问题。

一、网络虚假广告问题

（一）虚假广告的概念

虚假广告就是指广告主利用虚构的事实进行广告，以骗取消费者对其产品或者服务的信任，从而成为购买其商品或者服务的顾客和潜在顾客。也就是说，只要广告以明确或者暗示的信息传达了虚假的信息，即便是该广告在文字上无可挑剔，也没有任何证据表明消费者受到欺骗，但该虚假广告仍然要受到法律的规制。

由于互联网的特点，再加上立法的空白，网络广告一直缺乏有效地监管机制，从而导致网络虚假广告的问题十分严重。同时，网络虚假广告具有传播快、范围广、信息量大等特点，因此相比较而言其危害性比传统虚假广告更甚，应该被列入行政机关监管的重中之重。

（二）网络虚假广告的主要表现形式

传统形式的虚假广告主要表现在以下几个方面：第一，商品广告中有关商品质量、性能、用途等的说明与商品的实际质量、性能等不符的或者该商品根本就不存在的；第二，未经国家有关部门或授权单位检验鉴定和审查，谎称产品质量合格的；第三，擅自改变药品、医疗器械、农药等经过批准的宣传内容从而进行虚假或者夸大宣传的。

这些传统形式的虚假广告在网络中均有不同程度的表现。在互联网上情况比较严重的虚假网络广告有假冒广告即假冒他人注册商标、商品特有名称、外包装等；诱惑性广告即声称网络大优惠、大减价，实际上比城市大商场中同样的商品价格贵了很多。传统广告中的虚假宣传已经比较严重，在规制更为困难的互联网中这一弊病更为明显。网络广告为了吸引人们的注意力经常夸大其词，诸如“最大”、“第一”、“最佳”等词语随处可见，这些字样明显地违反了我国《广告法》第七条第三款规定的不得使用“国家级”、“最高级”、“最佳”等用语的规定。

二、网络不正当竞争问题

（一）网络不正当竞争的概念

不正当竞争是指经营者在经营活动中违反国家法律规定，违反诚实信用的原则、社会公认的商业道德、善良风俗的，损害其他经营者的合法权益，扰乱社会经济秩序的竞争行为。不正当竞争行为对市场经济秩序有着极大的破坏作用，一直是世界各国市场经济法律所规制的重点。广告是市场竞争的非常重要的手段之一，又是也成为企业或者个人进行不正当竞争的手段。我国《反不当竞争法》对此也作出了相关规定。

（二）网络不正当竞争的主要表现形式

对传统广告来说被企业或者个人用作不正当竞争手段的情形有很多，比如贬低竞争对手、广告收费的恶性压价等。这些不正当竞争行为在网络中也不同程度的存在，同时由于网络技术的发展，也产生了一些新的利用广告进行不正当竞争形式。这些形式主要有：

第一，利用超链接技术进行不正当竞争。一些企业和个人在其经营的网站上设置超链接，利用超链接跳过他人的主页，直接访问自己的网站，而浏览者仍认为自己浏览的是自己所认为的主页。通过着这种超链接技术可以利用他人网站提高自身网站的吸引力，增加网站广告的浏览人数。

第二，通过抄袭和剽窃他人网站内容进行的不正当竞争。抄袭和剽窃的对象包括他人网站或者网页的内容、设计思想以及具体的排版布局，最多只做小幅度的修改或者改变，造成原创性的假象，以此来提高网站和网络广告的点击率。

第三，利用关键字技术进行的不正当竞争。利用关键字技术把他人的驰名商标或者著名企业名称写入自己的网站或者主页，当浏览者搜索关键字时可以和驰名商标或者著名企业同时出现，造成与之有关联的假象，提高点击率。

在美国著名的“花花公子”一案中，花花公子指控被告 Calvin Designer Label 公司在网站的标签中大量使用“花花公子”的注册商标“PLAYBOY”、“PLAYMATE”，结果当使用这些关键词通过搜索引擎搜索时，被告公司的网站总是出现在“花花公子”网站的前面。1997 年 9 月，法院对被告发出了禁止令，禁止被告在其网站或者主页的标签中使用“PLAYBOY”、“PLAYMATE”。

三、网络垃圾邮件与强迫广告问题

（一）网络垃圾邮件问题

电子邮件广告出现不久，就有不少经营者利用电子邮件来进行广告宣传，随着电子邮箱的普及，通过电子邮件发送广告的广告商也原来越多。众多而没有价值的电子邮件就像垃圾一样大量出现在用户的电子邮箱中，所以被俗称为“垃圾邮件”。美国 2002 年《反垃圾电子邮件法》将其定义为“在没有接受人事先的同意或者事后的暗示同意情况下所发送给接收人的任何商业性电子邮件信息”。电子邮件不像传统的普通邮件那样，可以从外观上和发信人地址等来辨别、处理。互联网广泛采用匿名的邮件，使人们无法辨别信件来源，不逐一阅读很难判定其包含信息是否有价值，不能直接将垃圾邮件删除，从而大量的浪费广大网络用户宝贵的时间和金钱。

为了方便广大网络用户识别垃圾邮件，在中国互联网协会反垃圾邮件中心的网站上，指出了目前常见的五类形式：

第一，收件人事先没有提出要求或者同意接受广告、电子刊物、各种形式的宣传品等宣传性的电子邮件；

第二，收件人无法拒收的电子邮件；

第三，隐藏发件人身份、地址、标题等信息的电子邮件；

第四，含有虚假的信息来源、发件人、路由等信息的电子邮件；

第五，含有病毒、恶意代码、色情、反动等不良信息或者有害信息的邮件。

以上五类形式只要具备其中一种，即被认为是垃圾邮件。

（二）网络强迫广告问题

当网络用户上网浏览网站或者网页内容时，就会出现一些强制性的插播广告，以全屏、半屏或者小窗口等形式出现，有些可以关闭，有些甚至无法关闭。这些强制性的插播广告被人们称之为强迫广告。强迫广告给用户带来了很大的不便，引起了网络用户的反感。

网络强迫广告的出现是与整个网络的经营现状和利益分配格局紧密联系在一起的，对此进行立法规范实际上很困难。传统媒体的强迫广告是比较好规范的，因为其利益关系是很清楚的。如电视强迫广告，当观众以无线方式接收不用付费电视节目时出现的插播广告，是没有权利提出异议的，因为观众没有支付费用（法律上称之为对价），对含有插播广告的电视节目只能选择看与不看；当观众收看以付费有线方式接收电视节目时，对其插播的强迫广告就可以提出异议。网络利益关系就比较复杂，一方面网络用户上网一般都要支付一定上网费用，有理由要求接受良好的服务和避免不必要的费用。但另一方面，网络用户所支付的上网费用一般都是由电信部门或者网络服务商收取的，而网站经营者一般不会收到网络用户支付的费用，因此没有对浏览者承担责任的义务，而且网站经营者也可以提出，如果网络用户不愿意接受强迫广告可以选择浏览其他网站。

四、网络隐性广告问题

（一）网络隐性广告的概念

隐性广告是和显性广告相对的。显性广告就是正常广告，即具有可识别性、消费者可以辨别的广告。而隐性广告则是以消费者不易识别的形式，宣传商品或者服务，诱使消费者将之误认为是新闻报道或者其他类型信息，从而增加可信度。

我国《广告法》第十三条对广告的可识别性做出了明确的规定，但是，难点在于：在传统媒体中，广告与信息、宣传、表扬文章等新闻报道形式很难区别，所以一直出现所谓的“软新闻”，软新闻实际上就是隐性广告。在我国，政府是市场经济的积极推动者，需要经常塑造和传播企业各种的先进典型材料或者事迹以及企业生产的发展进步，这就为传统的软新闻即隐性广告的盛行提供了很大的发挥空间。在互联网上，信息的交汇、融通更加频繁、迅速，更难以区分广告或者是其他各类型信息。而且由于互联网所具备的各种强大而复杂的功能，诸如多媒体技术、超链接技术、关键字搜索技术以及BBS论坛、新闻组等，使得各种网络隐性广告更加难以识别。

（二）网络隐性广告的主要表现形式

第一，以软新闻的形式发布网络广告。很多网站都具有很强的专业性，拥有比较固定的浏览者，一些与该专业有关的企业与其建立各种特殊的联系，使网站有意模糊新闻报道与广告宣传的界限，发布各种软新闻，为企业进行产品宣传。比如，一些疾病康复指导性的网站，与医药企业有着千丝万缕的联系，经常发布一些所谓医药最新进展或者重大突破性新闻，事实上就是为这些新药做广告。

第二，BBS论坛上发布广告。BBS论坛是非常活跃的网络信息汇集、交流途径，深受广大网络用户的喜爱。BBS可以分为各种各样的讨论区域，一些企业和个人就在BBS论坛上以主题讨论的形式发布宣传某种产品或者服务的广告，并可以亲自或者组织他人跟帖对产品和服务的优势进行旁证或者推荐，进一步诱导消费者相信这些变相的广告宣传；有的干脆开辟专业论坛重点介绍自己的产品或者服务，并对论坛的信息进行过滤，确保自己产品或者服务的宣传效果。

第三，联合品牌网站发布广告，即几家广告客户与网站结合为合作伙伴，通过网站提供商品信息，如制药商甲，希望向心脏病患者推出新药，并收集病人与医生交谈的资料，于是与某知名网站合作，建立了一个有关心脏病的网站，提供病例、数据、预防措施、治疗器械等方面的信息。

五、网络欺诈色情广告问题

网络世界广阔的空间、宽松的管制、便捷的形式，为不法分子利用网络广告进行各种违法犯罪活动提供可能。这些违法犯罪活动包括：欺诈，色情活动，出售枪支、毒品、人体器官等各种各样的违禁物品等等，其中比较多的是欺诈广告和色情广告。

（一）网络欺诈广告的问题

所谓欺诈广告指的是广告主以骗取他人钱财为目的而刊登的广告。欺诈广告和虚假广告的区别就在于，虚假广告的广告主不是想直接骗取他人的钱财，而只是想扩大自己产品的知名度，从而吸引更多的潜在用户；而欺诈广告通过诸如低投入高获利、金钱连锁函、免费赠品等网络广告形式诈骗。

（二）网络色情广告问题

色情广告利用网络联系便捷的条件组织卖淫，贩卖淫秽色情物品，极大地败坏了社会风气。何谓色情、淫秽信息，各国由于国情及认识观念的不同，有着不同的定义。在我国，所谓淫秽信息是指在整体上传播色情行为，不仅能挑动人们的性欲，而且包含没有艺术以及科学价值的文字、图片、影像和游戏等信息内容。

网络色情广告的主要表现形式为：

第一，网络色情文字广告。此一形式将传统的、渊源已久的色情文学广告搬到了互联网上，这些广告大多是大量的、直接的性描写。这些色情文学广告有的将传统的色情文学直接上传，有的翻译其他语言的色情作品，还有的是网络作者自行撰写。值得注意的是，由于网络的匿名性，越来越多的网络色情文学广告体现为当代作者的创作，并且这些创作多采用连载的形式在色情网站或色情社区登载，并不断地吸收阅读者跟帖的反馈意见，体现出色情文学广告创作的互动性。

第二，网络色情图像广告。网络色情图像广告主要有两种：一种是静态表现，通过单张图片来传达各式各样的性行为，有的是真人表演，也有的是卡通色情，这一类文件的最大特点是文件小（一般为几百 KB），传输方便；另一种是动态表现，即利用软件将多张图片压缩为一个单一的文件，通过连续动画的形式来表现，这类文件的特点是文件稍大（一般不超过5MB），但信息量也更丰富。

第三，网络色情影像广告。网络色情影像广告就是将色情影像的声音和图像经过数字化压缩的方式在网络上传播。影像文件一般都很大，但经过数字化的压缩，在损失一定的图像和声音质量之后，就可能很小，在宽带越来越普及的互联网传输条件下，这一类的广告是越来越多。

第四，网络色情游戏广告。网络色情游戏广告是以色情情节为主要线索的网络游戏广告，这类游戏广告主要有两种：一种是在网络上通过角色扮演等方式进行虚拟的网络色情广告活动。还有一种真人色情游戏广告，这种游戏广告是将摄像头安装在某些真人主角家中的各个角落，观众可观看女主角所有的私生活，然后按照观看的时间付费。

第五，网络虚拟性爱广告。这是一种实时的、互动性最强的网络色情广告。广告活动参与人可通过聊天室、麦克风、摄像头等工具在互联网上进行文字性活动、声音性活动、图像性活动等。这种网络色情广告隐蔽性强、危害性也大，目前在我国正通过手机收费等模式大肆扩张，是我国打击网络色情犯罪行为的重点规制对象。

第五节　美国及欧盟网络广告法律规制

互联网早已不是一个技术平台，它依托遍及全球的通信线路、交换设备和电脑终端，组成了一个虚拟的网络社会。这虽然是个虚拟的世界，但它建立在现实世界的基础上，它的主体同样是现实中的人，同样也要遵循人类社会的基本规范。在互联网对人类社会诸多方面影响日益深刻的过程中，各国政府都没有放任自流、任其发展。尽管不同国家的法制传统、具体国情不同，但规制网络行为问题却是殊途同归，即促进互联网健康有序发展。但是相较于起步远早于我国的国外特别是西方发达国家，我国的网络广告业还有很长的路要走，英美法系以及大陆法系部分国家和地区的网络广告法律制度可以为我国的网络广告监管规制体系提供更多的先进经验，最终促进我国网络广告法律体系的完善和网络广告业的全面发展。

一、美国的网络广告法律规制

美国是当今世界上广告业最发达的国家之一，近年来广告投入总量和人均广告费一直位于世界前列，目前近一半的全球广告投入由美国支出。美国广告业拥有机构完整、运转良好的经营系统，现有广告公司6 000多家，全球50家最大的广告公司中美国占大多数，纽约也是业内普遍认可的世界最大广告中心。美国全面实行完全广告代理制，美国的广告媒介相当发达，无论是印刷、电视、户外等传统媒体还是网络新媒体，广告均在其中占据重要比重。

与纷繁复杂的广告系统相适应的是比较完善的广告法律管理体系。首先，美国联邦政府制定了全国性的广告立法，在联邦各州设立了地区性的广告管理法规；然后，坚持政府监管和行业自律相结合的广告管理模式，同时注重消费者和公众的社会监督。

《联邦贸易委员会法》是美国政府最重要的广告监管法律，它对于虚假广告的定义、法律责任的承担以及广告监管机关均作了完整的规定，是指导广告监督管理工作的基本法律准则。美国广告法律法规规范主要散见于联邦和各州的各项涉及其他领域法律保护的政府管理法律法规中。与此同时，美国广告行业自律机构也制定了大量的自律规则。

联邦贸易委员会（简称FTC），主要负责广告规章的制定和监督实施，调查处理控告、对消费者权益进行保护、处理各类违法广告（主要包括各类违反广告法律的欺诈广告、不实广告和不公平广告）和不正当竞争行为等。对于虚假或不当的违法广告，联邦贸易委员会会向违法行为人发出通知，指出其违法之处，并要求其加以改正、赔偿消费者损失。如果违法行为人拒绝承认和改正，联邦贸易委员会将采取强制措施，按照正式的法律程序，强行停止广告宣传，并对其进行相应的处罚。如果违法者仍然不服决定，委员会将向法院提起诉讼，要求法院进行判决。“《联邦贸易委员会法案》规定，联邦贸易委员会可以采取以下处罚措施：①责令停止违法广告；②责令作出更正广告；③向消费者作出赔偿；④罚款；⑤通过法院发出禁止令、冻结令；⑥封存商品等。而在诉讼途径中，一旦刊播虚假广告事实成立，罚款数额最高可达上千万美元，且必须马上执行，否则，继续刊播违法广告一次将受到一万美元的罚款。”①

① 吕蓉．广告法规管理［M］．上海：复旦大学出版社，2003：266.

除政府监管之外，美国的广告行业自律也非常发达，可以说是自律主导型管理模式的代表。美国广告业设立了众多自律机构，其中包括广告主、广告经营者、广告发布者共同参加的自律组织，也包括其各自加入的自律机构。成立于1917年的美国广告代理协会（简称4A协会），是全美最具权威的广告组织，有630个成员单位，承担着全美70%~80%的广告业务量。4A协会总部设在纽约，并在全国四个区域设置了28个分支委员会和750个不同层次的管理机构，广告代理商要获得媒体承认，必须通过4A成员资格审查。4A协会作为广告公司的代言人，一方面强化与广告主和广告发布者的交流，提供广告信息咨询服务，树立广告业形象；另一方面加强与政府部门的联系与合作，减少不利于政策对行业内部的影响，维护行业利益；同时制定行业规范、提供专业培训。全美广告评议委员会是全国性广告自律组织，它于1971年由美国广告联合会、美国营业质量促进委员会、全美广告公司联合会和全国广告主协会共同组建，由广告主、广告公司、公众代表共同组成，负责监督和调查消费者、同业竞争者以及各地营业质量促进局的指控或者投诉，有权要求违法广告者予以改正、进行仲裁或者提交联邦贸易委员会和联邦通信委员会处理。

同时消费者组织还建立了消费者信息网和消费者呼声组织等社会监督机构，负责处理消费者对广告的投诉。这些机构有权要求停播不法广告，在媒体上公开批评，或者向政府机构投诉，甚至以自己的名义提起诉讼。美国新闻媒体对于违法广告行为的报道也非常及时到位。

关于网络服务商法律责任的认定，美国国会公布了两个法案，一个是《在线版权损害责任法案》，另一个是《数字版权和技术教育法案》。《在线版权损害责任法案》设立的主要目的是要保护ISP（互联网服务提供商）和OSP（开放结算协议）服务商，避免因使用者实施侵权行为而承担过重的法律责任。《数字版权和技术教育法案》的规定则强调除ISP在收到著作权侵权通知且有合理机会限制所指控著作权侵权行为外，对传输内容没有编辑、修改权能的网络服务提供者不承担法律责任；对单纯提供连线、传输服务的ISP不承担直接、代理或者辅助等形式的著作权侵权责任。

在对某些不法网络广告的监管上，美国也针对性的出台了相应的法律来进行规制。美国是最早出台政策规范垃圾邮件的国家。1998年，美国华盛顿州通过了《反垃圾邮件法》，规定使用假的回复邮件地址或者故意隐瞒回复邮件地址的行为均属违法。2006年，美国众议院商业委员会以绝对的优势通过议案，对没有经过用户允许的商业性电子邮件进行规范。1995 年美国国会通过了《通信内容端正法》规定，在未满 18 岁的未成年人接触的互联网上，有制作等行为或者允许传播任何成人内容的言论、影像等，均被视为犯罪。1998 年美国国会通过《未成年人在线保护法》，规定商业性的成人网站不得让 17 岁以下的未成年人浏览，而成人网站则必须通过信用卡支付等方式，从而对未满 18 岁的未成年人进行必要的限制。2000 年美国国会又通过了《未成年人互联网保护法》，要求全国的公共图书馆为联网计算机安装色情过滤系统，否则图书馆将无法获得政府提供的技术补助资金。

互联网的飞速发展对个人隐私保护产生了巨大的威胁，对于网络中公民隐私权如何进行保护是一个世界各国普遍存在的难题。以美国为代表的国家采取的是行业自律模式。美国有以《隐私权法》为基本法的一系列公民隐私权保护的立法。但美国最高法院在有关计算机网络所产生的诉讼的判决上也对计算机网络服务提供商和其他与网络有关的各方当事人一直比较宽容，为相关产业的发展制造宽松的政策环境。具体到对网上个人隐私材料的保护上，美国不主张通过严格的立法，为计算机网络服务提供商施加过多的压力和义务。对于网络中公民隐私权的保护，美国在这方面倾向于通过互联网行业自律，并创造了许多新颖的形式。

对于违法广告的惩罚，美国法律采取的是重罚措施。以虚假广告为例，其中涉及食品、药品、医疗器械及化妆品的虚假广告又作为不实广告单列出来严加管制，联邦贸易委员会专门为虚假广告做出了定义，并制定了非常严厉的惩罚措施。任何人传播或导致传播虚假广告，如果是违反人故意，则犯有轻罪，将处 5 000 美元罚款，或不超过 6 个月的监禁，或者二者并用；如果被处罚者重新违反规定，则处以 10 000 美元以下的罚款，或一年以下的监禁，或者二者并用。在民事责任方面，一旦广告侵害了消费者的权益，将承担严厉的处罚。

二、欧盟的网络广告法律规制

欧盟 1995 年制定的关于个人资料的运行和自由流动的保护指令，其特点为强调对于资料隐私的强制执行和对于资料主体的救济，这是立法规制的典型。1998 年欧盟委员会制定《电子商务私人资料保护办法》开始生效，它十分严格的限定在传递和使用个人数据时必须遵守的规则。早在互联网的起步阶段，欧洲人就意识到了网络对现行法律的冲击，欧洲部长会议在有关欧洲网络未来的许多问题通过了《波恩宣言》，并于2000年批准了一项规范欧盟十五国的电子商务框架指令。这个被称为框架指令的法案是欧盟促进电子商务发展的核心法案，将成为另外几项重要的法律提案，例如，数字版权的保护、电子货币和金融服务的销售等。这个框架指令确立了欧盟在电子商务上的单一市场原则，目的是消除在泛欧范围内提供在线服务的法律障碍，消灭各国在法律上的分歧。为了达到这一目标，该提案为几项议题确定了一些通用准则，包括服务建立权、在线合同议定、违反版权规定进行非法传播的责任和对未成年人的保护等。框架指令同样寻求对消费者的高度保护，用户可以在本国进行登记，从而有权拒绝垃圾电子邮件。指令规定，在线服务提供商必须定期查阅这些登记。该框架指令还规定，如果网络服务提供商在收到非法传播物后，立即采取行动从网上删除它们或者让它们无法达到用户处，那么可免除非法传播材料的责任。当服务中包括储存信息时，如果网络服务提供商不掌握有关非法材料本质的真实信息，他们也将不负有法律责任。

德国政府没有专门的广告监管机构，也没用统一的广告管理法规，主要通过《反不公平竞争法》的有关规定或者单一的行业广告法规来解决。德国的行业组织也很发达，如德国广告行业委员会、禁止不公平竞争中心和消费者权益保护协会。德国广告行业委员会主要职责是制定广告行业自律规则，接受消费者投诉并开展调查，同时制止虽不违法但无益的广告，避免资源浪费。禁止不公平竞争中心主要保护生产商和销售商的利益，防止不正当广告行为对市场主体利益的侵害。消费者权益保护协会主要针对消费者权益开展保护，监督广告市场对消费者造成影响的行为，向消费者个人提供服务和帮助。

第六节 违法网络广告的法律责任

我国《广告法》规定了违法广告的民事、行政、刑事责任，但是对网络广告违法犯罪的问题基本没有任何的规定，出现了无法可依的局面，加强网络广告的违法犯罪立法就显得尤其迫切。因为网络的特殊性，网络广告违法行为并不像传统广告违法行为那么容易辨认。网络广告违法行为须具有以下几个方面的特征：第一，该行为具有社会危害性。这是网络广告违法行为最本质的特征。违法网络广告损害消费者利益，进行不正当市场竞争，破坏公序良俗，不仅影响网络广告自身的良性发展，对整个计算机网络环境也是严重的破坏。第二，该行为违反国家广告法律法规以及计算机网络管理相关法规。这是网络广告违法行为的法律特征。第三，该行为有过错。违法网络广告的行为人一般主观上都有过错。过错包括故意和过失两种。故意是网络广告的行为主体在进行网络广告活动时，明知该行为会产生具有社会危害性的后果，希望或者放任这种结果的发生。过失有两种情形，一种是违法网络广告的行为主体应该知道或者了解该行为的危害性和违法性，但是由于疏忽大意，没有预见到该行为的危害性和违法性，而实施了该行为；另一种是，违法网络广告的行为主体虽然预见到该行为的危害性和违法性，但是由于过于自信可以避免损害发生，仍然实施该违法行为。

网络广告违法行为有行政违法、民事违法、刑事犯罪三种，由此可见网络广告违法行为法律责任即为网络广告违法行为的行政责任、民事责任和刑事责任。

一、网络广告违法行为行政责任

网络广告违法行为行政责任，是指网络广告行为主体由于不履行网络广告相关法律法规规定的义务或者实施了法律法规所禁止的行政违法时，所应承担的后果。对于违反网络广告相关法律法规的广告主、广告经营者、广告发布者，一般由各级工商行政管理机关依法追究其行政法律责任。工商行政管理机关在查明网络广告违法事实、情节、危害的基础上，在相关法律法规规定的处罚幅度内实施相应的行政处罚。

网络广告违法行政责任的追究，可以是工商行政管理机关在市场监测过程中，主动发现，主动处罚；也可以是由受害人投诉或者其他单位或个人举报，工商行政管理机关得到这些线索后依法进行查处。

根据《广告法》的相关规定，对广告违法行为所给予的行政处罚主要是七种形式，因此，网络广告违法行为的行政处罚也应该是这七种形式，即责令停止发布网络广告、责令公开更正、责令改正、没收网络广告费用、没收非法所得、罚款、停止网络广告业务。网络广告违法行为人对监管机关的行政处罚不服，可以在15日内向上级监管机关提出行政复议，也可以直接向人民法院提请行政诉讼；对行政复议结果仍不服的，可以在15日内向人民法院提出行政诉讼。

二、网络广告违法行为民事责任

网络广告违法行为民事责任，是指网络广告主、广告经营者和发布者因进行网络广告违法活动，欺骗或者误导消费者，致使购买商品或者接受服务的消费者的合法权益受到损害，或者存在侵犯他人隐私权、知识产权等其他侵权行为时，应承担的民事法律责任。

网络广告违法行为民事责任的追究与行政责任的追究有很大不同。在追究的程序上，行政责任的追究主要是行政机关积极主动的行为，发现线索，就需要认真处罚；而民事责任的追究，主要途径有两个方面，一是双方当事人之间进行协商，确定民事责任的划分；二是在协商无果的情况下，受害人可以向人民法院提起民事诉讼，请求人民法院依法保护其合法权益，而行政机关在此也只能担当双方当事人的调解人。在追究性质上，行政处罚的前提是国家和社会公众利益受到损害，因此，不管受害人是否提出申请，只要行政监督管理机关发现违法行为的客观事实，就必须依法进行处罚；而民事责任则强调当事人的意思自主性，受害人可以主张自己的权利，也可以放弃自己的权利，他人无权干涉（除法律特别规定的情况下）。

《民法通则》规定我国民事责任的形式有十多种，这些承担民事责任的方式，可以单独适用，也可以合并适用。就网络广告违法行为民事责任而言，主要包括停止侵害、赔偿损失、消除影响、恢复名誉、赔礼道歉等。需要指出的是，在确定网络广告违法行为损害赔偿的范围时，应当遵循以下原则：其一，财产损失全部赔偿原则。财产损失包括财产的直接减少以及失去的可以合理预见的可得利益，这些财产损失，加害人都应该做出全部赔偿。其二，对人身赔偿，须赔偿因此引起的全部财产损失的原则。人身损害是一种非财产的损害，它包括对人的生命、健康以及人格权的损害以及伴随的财产损害，对于发生的财产损害，应当由加害人全部赔偿。根据损害程度不同，赔偿的范围可包括医疗费、住院费、误工工资、营养费、护理费、交通费等，致残的须赔偿残疾人补助费。其三，对精神损害，实行财产责任与非财产责任并重的原则。公民的姓名权、肖像权等都是受到法律保护的，受到侵害可以要求加害人停止侵害、恢复名誉、消除影响、赔礼道歉等，也可以要求精神损害的赔偿。

三、网络广告违法行为刑事责任

网络广告违法行为刑事责任是指网络广告主、网络广告经营者或者网络广告发布者所进行的网络广告行为，不仅违反了相关网络广告法律法规，而且情节严重，社会危害性大已构成犯罪，依照刑法典的规定应承担的法律责任。刑事责任的追究严格依照“罪刑法定”的原则，法无明文规定不为犯罪，而且依据必须是全国人大及常委会通过的法律，法无明文规定不处罚。

网络广告违法行为刑事责任的追究，一般由公安、检察、法院等司法部门根据职能分工的不同，进行依法追究。各级工商行政管理机关作为网络广告的监管机关，在查处网络广告违法案件时，对于情节严重，构成犯罪的，应及时移交司法机关处理。

根据现行法律，我国关于网络广告犯罪的规定主要体现在《广告法》的部分条款以及《刑法》的部分条款中。具体来说，利用网络广告实施犯罪的情形主要有以下几种：第一，虚假广告罪。是指行为人利用网络广告对商品或服务做虚假宣传，影响面大，情节特别恶劣的。第二，诈骗罪。利用虚假网络广告，设立骗局，诈骗他人财物，数额巨大的。第三，诽谤罪。利用网络广告捏造并散布传播虚假事实，损害他人商誉，情节恶劣，造成受害人重大损失的。第四，渎职罪。网络广告监管机关和网络广告审查机关工作人员玩忽职守、滥用职权、徇私舞弊，情节特别严重的，构成犯罪。第五，传播淫秽物品罪。利用网络广告，传播色情、淫秽物品，情节严重的构成犯罪。其他还有一些犯罪行为，如利用网络广告贩卖毒品、枪支、管制刀具等违禁物品、利用网络广告组织卖淫等色情活动等多种形式。

【本章思考题】

1. 什么叫网络广告？网络广告的特点有哪些？
2. 网络广告法律规制的必要性是什么？
3. 目前我国网络广告法律规制存在的问题有哪些？
4. 网络不正当竞争有哪些主要表现形式？
5. 网络隐形广告的主要表现形式有哪些？
6. 网络广告违法行为的法律责任有哪些？

第九章 网络人格权保护法律制度

【案例导入】 沈阳诉秦尘名誉侵权案①

原告：沈阳，广东中山市人，北京千龙新闻网编辑

被告：张明（网名秦尘），扬州大学学生

被告：北京博客网信息技术有限公司

原告沈阳诉称：被告人张明（网名秦尘）自2005年7月起不断在网上发表攻击其人格和明显带有侮辱和诽谤性质的文章，如《解剖沈阳——反微软垄断，保护民族网络产业》、《秦尘：沈阳式路演该停停吧!!!——大过年的，沈阳发什么疯》、《透视兽医网虫（总论）：沈阳，为什么大家都讨厌你呢》等，其文章内容严重地侵害了原告的名誉权，使其名誉受到了极大损害，生活和工作都受到严重的影响。被告北京博客网信息技术有限公司不仅没有尽到对文章内容的监管义务，而且没有及时删除秦尘所写的带有人身攻击性的文章而使原告名誉权受损，反而使这些文章成为博客网的首推文章，被数十个网站转载，在网络上广为流传，应负连带责任。原告要求两被告公开赔礼道歉并赔偿原告精神损失费1万人民币。

被告张明辩称：沈阳于2005年1月7日至15日，连续发文《透视扬州大学历史系学生“秦尘”的博客逻辑》，内含有对被告张明的攻击性语言。所以我才在网上写了反击的文章。我于2006年1月15日提出和解，但无故被博客网工作人员康国平、古川删除。

被告北京博客网信息技术有限公司委托代理人×××辩称：我们此前已删掉了沈阳、“秦尘”在网上“论战”的部分文章，并从中调解过，我们对于秦尘攻击沈阳的帖子删除过好多次，但是如果秦尘一直重复发，我们很难监督。

法院经审理查明，2005年1月沈阳发表文章《透视扬州大学历史系学生

① 案例来源：http：//blog. sina. com. cn/s/blog_ 48e9b85001000381. html.

“秦尘”的博客逻辑》，自7月起张明在博客网不断发表《秦尘：沈阳式路演该停停吧!!!——大过年的，沈阳发什么疯》、《透视兽医网虫（总论）：沈阳，为什么大家都讨厌你呢》等文章，其中还有部分对原告沈阳侮辱性的语言。以上事实有双方当事人所举书证、公证处对网页的公证，及双方当事人庭审陈述予以证实。

法院判决：

(1) 二被告立即删除网络中含有对原告沈阳侮辱性语言的文章；(2) 张明于本判决生效之日起三日内，在全国三家以上媒体公开赔礼道歉；(3) 张明赔偿原告精神损失费人民币5 000元；(4) 北京博客网信息技术有限公司赔偿原告精神损失费人民币2 000元。

【思考】网络上发表观点是否随心所欲？网络侵犯名誉权造成的痛苦，是来源于现实社会还是网络社会？

第一节　网络环境下人格权的保护

一、网络环境下人格权的特殊性

在网络环境下，人格权概念本身并没有发生变化，法律有关人格权的规定可以适用于网络环境下的人格权，但与现实生活中的人格权相比，网络环境下的人格权有自身的特点，主要表现为人格利益的特殊性：

（一）网络环境下的人格利益具有集合性

在网络环境下，各种人格利益通常是相互交织在一起的，对某一人格权或人格利益的侵害可能同时构成对其他人格权或人格利益的侵害。例如，在网络上非法披露他人隐私，可能既侵害隐私权，同时也构成对他人名誉权的侵害。这些人格利益和权利一起，组合成了人格权益。《侵权责任法》第三十六条中提到侵害民事权益，但没有具体列举被侵害的权益，从实践来看，在网络环境下遭受侵害的权益主要是人格权益。网络环境下的人格权保护不仅仅保护各种具体的人格权，还包括其他的人格权益。

（二）网络环境下的人格利益具有扩展性

与现实人格权一样，网络环境中的人格权以名誉、肖像、隐私等各种人格利益为客体，但因为网络的放大效应和受众的无限性，现实中并不重要的人格利益在网络环境中就成为需要保护的重要人格利益，从而体现了拓展性的特点。例如，自然人的声音虽然并非一种独立的人格权客体，但在网络环境下极易受到侵害，应将其作为一种网络环境下的重要人格利益而加以保护。要看到，在网络环境下，人格利益的范围较之以前任何时代都有所拓宽，除了具有个性化特征的声音，肢体语言、形体动作、可被利用的个人偏好信息都有被法律保护的意义。尤其要特别注意对个人信息的保护，例如，在网络上，利用搜索引擎和云计算技术可以将资料的碎片汇集到一起，从而实现对各种个人信息的收集、整理、加工等，这些个人信息一旦被商业机构收集和利用，将会给个体带来不良后果。这表明，在网络环境下，一旦个人信息被非法利用和擅自披露，就会对权利人的权益造成重大侵害。例如，在“网络暴力第一案”中，原告个人家庭住址等信息被被告在网上披露后，很多网民据此前来围堵，给原告生活安宁造成很大侵扰①。再如，在网络上披露某女明星的年龄，将导致该明星的演艺生涯受到影响②。当然，网络环境下的人格利益具有扩展性，并不意味着在网络环境下某些极易遭受侵害的人格利益就应上升为人格权，只是在客观上凸显了其保护的必要性和重要性。

（三）网络环境下的人格利益结合了虚拟性与实体性

一方面，网络环境具有虚拟性，即网络环境并非实体的空间，在非实名制的情况下，行为人往往使用不表彰其身份的网名，行为人与受害人之前并不存在直接的接触，侵害行为的发生通常是借助于虚拟网络环境而发生和实现。但网络人格权的虚拟性并不意味着，对其的侵害不会导致现实的损害后果。例如，在网络上侮辱他人也会导致受害人的社会评价降低，从而构成对名誉权的侵害。在网络环境下，人格权的侵害环境和手段都是虚拟的，甚至当事人也是通过网名隐匿的，但遭受侵害以后会导致现实的损害后果。另一方面，网络环境下的人格权本身也是实体性的权利，其侵害行为虽然是在虚拟空间发生，但其损害后果却是实际存在的，并会对权利人造成现实的损害。从这个角度来看，现实生活中的人格权和网络环境下的人格权是没有本质区别的。这也再次表明，网络环境下的人格权并非人格权的新类型，也并非产生了新的人格利益，只不过，某种人格利益在网络环境下，其表现形式、保

① 傅沙沙．网络暴力第一案：司法建议监管网民言论引争议［N］．新京报，2008－12－19.

② 泄漏女星年龄网站被告索赔［N］．参考消息，2011－10－19（9）.

护方式等具有特殊性。

（四）网络环境下的人格利益可商品化

互联网传播迅速、受众广泛、成本低廉，权利人极易实现对人格权益的积极利用，获取经济利益，实现人格权益的商品化。例如，某微博明星与某企业签订商品代言协议，将其为某企业所代言的商业广告短片上传到其微博，这就实现了姓名权、肖像权等人格权益的商品化利用。这意味着，在网络环境下，人格利益的可商品化现象十分明显。在实践中，一些商业网站常常通过收集、利用个人偏好信息等，来从事对个人构成不当侵扰的商业用途。当然，如果其广告宣传内容具有虚假性，所产生的后果也更为广泛和严重，并有可能对公共利益构成侵害。因此，有必要对网络环境下的人格权的商品化利用予以特别规范。

（五）网络环境下的人格利益的保护方式具有特殊性

在网络环境下，人格权是与网络联系在一起的，对网络人格权的侵害也大多借助于网络而发生。在手机和网络形成交互平台时，也可能借助于电信渠道来实施侵权行为。相应地，网络环境下的人格利益的保护方式应当具有特殊性。其主要表现在：一方面，救济方式具有特殊性。网络环境下的人格权救济方式应当考虑网络的便捷性和广泛性特点。例如，行为人的赔礼道歉声明通常应当在同一网络的首页进行；网络服务提供者可以采取删除、屏蔽、停止服务等网络上特有的方式保护受害人。另一方面，损害赔偿计算的特殊性。在网络环境下，受众具有广泛性，且信息发布成本低廉，一旦造成侵害，后果将极为严重。在损害赔偿的计算上，应当考虑损害后果的严重性，以及侵权行为的成本和后果的不对称性。此外，尽管侵权法对网络环境下的侵权提供了事后的救济，但其并没有对人格权的范围、界限、行使的规则等非常重要的内容加以规定，故应在人格权法中规定网络环境下的人格权。

二、网络环境下侵犯人格权的特征

网络环境下侵犯人格权的方式很多，这些侵权行为的共同特征主要体现为：

（一）主体具有一定的虚拟性

与现实世界所不同的是，在网络世界中，我们所面对的不是真实和可以辨识的个人，而是作为个人代号的网名、IP 地址等符号或数字。在现实生活中人格权都是由特定的主体所享有，主体具有确定性，但是在网络环境下，由于网络的虚拟性（非物质性），网上的交流具有几乎是实时的特点，双方所使用的往往都不会是真实的姓名，而只是注册的用户名或网名。尽管借助一定的技术手段，可以找到行为人的 IP 地址，但是对于行为人的确定却不容易，尤其是侵权人在开放性的计算机室（比如公用网吧）里上网发布侵害他人人格权的信息时更是如此。

（二）损害的易发性

在网络环境中，侵害他人权益的行为十分容易发生，例如，网络上随意剽窃他人文章，比现实世界中更为容易；发布针对他人的诽谤行为或者侵害他人隐私的言论，很容易完成，这类言论特别是在论坛、微博等平台中很容易发表，发表后又很容易得到他人的围观、评论和传播。在网络环境中，受害人和加害人身份角色之间更容易发生转换。一方面，所有人都可能成为网络诽谤行为的受害者，而并不仅限于名人；另一方面，每个普通用户如果发表或者有过失地转发此种诽谤言论，或者侵害他人隐私的言论，同样可以构成加害者。

（三）侵害客体的特殊性

如前所述，网络环境下的人格权具有集合性，侵害行为通常构成对多种人格权益的侵害，而并非仅是某一单项的人格权益。同时，网络环境下的人格权具有可商品化特点，对其进行侵害可能既构成对人格利益的侵害，同时也构成对权利人财产权益的侵害。例如，在网络环境下，各种个人信息的碎片都可能通过互联网数据加工处理，以数据资料的形式表现。个人的购物偏好，在现实生活中不一定具有现实意义，但是在网络环境下其经过整理加工之后所形成的数据资料具有经济价值。再如，在网络环境下，个人的肖像可以进行技术加工，一个人的头像可以与另一个人的身体嫁接，或者将一个人的肖像与他人的声音连接起来，这就使得网络环境下个人的肖像利益也具有其独特的特点。

（四）侵害方式在技术上的特殊性

这表现在：一方面，侵权行为具有隐蔽性、侵权地域具有不确定性。因为网络空间具有匿名性和分散性，所以在互联网空间发生的侵权行为往往很难确定实际侵权行为人，或者即使可以通过技术手段追踪，但维权成本也过高。例如，某人坐在家里，就可以以匿名的形式发布侵害他人名誉的言辞，使侵权行为更为隐蔽，对人格权的保护变得更为困难。另一方面，网络的技术性越来越强，使得对人格权的侵害更为复杂。网络环境下侵害人格权通常需要使用一定的技术手段。例如，Cookie 的运用，黑客用于远程攻击的木马程序、群发邮件技术等。而网络黑客通过各种手段侵入他人电脑窃取个人数据、证券交易的有关记录等行为，技术性就更强。此外，网络环境下，个人的信息和数据都可能会被进行数字化处理，而这种处理方式增加了个人数据被利用、查知、传播的可能性。所以，在网络环境下，个人信息数据权无法通过对隐私权的保护完全实现，有必要单独予以处理。欧盟的一些指令和德国的《个人数据保护法》就通过单行法的方式对个人信息数据予以保护，这表明传统的隐私权保护已经不能完全适应网络环境下的个人信息保护的需求。

（五）损害后果易扩散性

网络无边界、受众具有无限性、网络的超地域性，使得侵权言论一旦发表，就可以为全球用户所知晓；如果是诽谤性的不实言论，就会在大范围内造成对受害人名誉权的严重侵犯。如在网上传播他人的裸照，损害的后果可能短时间内向全世界传播，他人可以无数次地下载，由此造成的损害后果巨大而且不可逆转。网络环境下，主体在传统世界中所享有的权利，很容易遭受侵害，“人”在此种环境中具有很明显的脆弱性，特别是其名誉、隐私、肖像、姓名等精神性人格权，很容易遭到他人的侵犯。

（六）网络侵犯人格权的后果更为严重

由于互联网具有多维、多向、无国界、开放性等特点，通过网络手段侵害他人人格权，一旦特定信息在网上公布，则迅速地传播流转，影响极为广泛，损害后果无法准确确定，甚至可以说，会导致难以预测的后果。所以在网络环境中的侵权行为，其侵害后果具有不可逆转性，即使可以在一定范围内消除影响，但往往不易完全恢复原状。通过赔礼道歉等方式并不能及时、完全地消除损害后果，恢复到权利未受侵害的状态。网络侵权发生以后，是不可能恢复原状的，只能请求损害赔偿。就损害赔偿而言，在网络环境下，损害的范围难以完全确定，举证比较困难；另一方面，因为其波及面较广，这种损害相比实体环境下也更严重。在国内某个网站上发布了某些侵害他人人格权的信息，即便在国内各网站上被消除，但不能或很难删除国外网站上的信息，因而可以说，此种后果是很难彻底消除的。就损害赔偿而言，也因为隐私的传播及诽谤言辞，范围难以把握，所以，损害的确定性和损害的计算都很困难。

（七）责任主体有一定的特殊性

我国《侵权责任法》第三十六条第一款规定："网络用户、网络服务提供者利用网络侵害他人民事权益的，应当承担侵权责任。"在网络环境下，侵权责任主体具有复合性，除了网络用户之外，网络服务提供者如果符合《侵权责任法》第三十六条第二、三款规定的条件，也应当承担侵权责任。就网络用户而言，在网络环境下，信息发布者之外的其他传播者在一定条件下也可能需要承担侵权责任。例如，在网络上非法传播诽谤信息、非法传播他人的隐私，也可能构成侵权。就网络服务提供者而言，其所提供的网络服务有所区别，如BBS、贴吧、搜索引擎服务均不相同，这样，不同的网络服务提供者所应承担的责任应当有所区别，其注意义务也应该有所差别，在责任的认定上要根据不同服务的性质而具体确定。

（八）限制和免责事由具有特殊性

一方面，从加害人的角度看，在网络环境中，网络用户和网络服务提供者的注意义务不同，其免责事由也相应地有所差别。比如，网络用户在未经他人同意的情况下，擅自发布他人隐私等，就当然构成对他人人格权的侵害。而网络服务提供者的注意义务则与网络用户不同，如果其在不知情的情况下为网络用户提供了信息传播服务，则需要在受害人通知其采取相应侵害制止措施而未采取的情况下，方须承担侵权责任。另一方面，从受害人的角度看，在网络环境下，对公众人物人格权的侵害与对一般公众人格权的侵害，在责任限制和免责事由方面存在一定差别。与一般公众相比，公众人物的人格权应当受到适当限制。当然，在网络上的公众人物人格权限制规则的适用应当更加谨慎，公众人物也应当受到更多的保护，其家庭住址等个人信息不得随意发布。这主要是考虑到，在网络环境下，网络传播具有广泛性、及时性等特点，受害人可能遭受更严重的损害，而且，此种损害往往难以消除。此外，网络环境下还应当注重人格权保护与信息传播之间的平衡。在网络环境下，应当注重公民人格权的保护，同时也应保障公众的知情权以及信息传播的自由等。

我国《侵权责任法》第三十六条将网络侵权作为一种侵权形态进行了规定，但网络环境下所涉及的各项人格权益，侵权责任法并不能进行全面的列举，还需要通过人格权法来进行全面的确认。就侵权形态而言，侵权责任法的规定比较原则，仅仅从责任主体与责任后果方面进行规定，但对侵害方式、侵害客体、损害后果等没有进行全面的规定。

三、网络环境下人格权保护的内容

对网络环境下人格权的保护是各个法律部门共同的任务，也是整个民法适应社会生活需要所应当规范的重点。对网络环境下人格权的保护应当主要从两个方面进行，一方面是从权利的救济角度，即侵权责任角度，另一方面则是从确定权利的角度进行，即人格权法的角度。就网络环境下人格权的人格权法保护而言，主要应当从以下几个方面进行规定：

（一）全面确认网络环境下的各项人格权益

网络环境下的人格权主要涉及如下几类：

1. 姓名权

自然人的姓名权在网络环境下也是重要的民事权益，应当受到法律保护。姓名权的客体包括户口本上的姓名，也包括其别名、笔名等所有可以与特定自然人相联系的名称。网上侵害他人姓名权主要包括：恶意抢注他人的姓名作为自己的网络域名，恶意利用他人的姓名作为自己的网名，假冒他人的姓名从事侵权行为，等等。网名如果能够辨认为某个具体的个人，即与真实的个人联系在一起，具有可识别性，则和笔名、别名等一样可受到姓名权的保护①。如个人姓名、职务在现实生活中并不是隐私，但是在网络环境下则可能成为一种重要的隐私，披露者将承担相应的侵权责任。在网上擅自删除他人的网名，也可能构成对姓名权的侵害。

2. 名称权

法人名称权在网络环境下也需要保护，如以某公司的名称作为域名，或者未经许可，在自己的网站上使用其他企业名称进行广告宣传，不仅侵犯了

① 彭姣时，韩桂琼．侵害网络姓名权一案昨开庭审理未当庭宣判［N］．广州日报，2007－10－26.

该企业的名称权，而且导致消费者对服务主体造成混淆，扰乱了市场秩序，构成不正当竞争。

3. 名誉权

在网络环境下，侵害名誉权的行为较为普遍，具体表现形态主要有：在博客中攻击他人、在论坛中诽谤他人，等等。近年来，侵害网络名誉权的案件层出不穷，表现形态多种多样，既有对自然人名誉权的侵害，又有对法人名誉权的侵害，所以，在网络时代，名誉权的保护应当成为重要内容。

4. 隐私权

在网络环境下，对隐私权侵害的表现形态有多种，例如网上擅自披露他人的私生活秘密，公布他人的个人信息，都会对个人生活安定造成不当的侵害。尤其是随着人工搜索技术的发展，利用网络搜集个人信息更加方便，而这些信息一旦传播，对其恢复也更加困难。据此，很多学者认为，网络隐私权是信息网络时代的重要人权。在现实生活中，生活安宁表现为住所不受他人侵害；而在网络环境下，表现为个人虚拟空间安宁不受打扰，如个人电子邮箱不受他人侵入、窥探、垃圾邮件骚扰等。网络隐私形成了一种新的空间隐私。在网络隐私权下，权利人对其个人信息、生活安宁等都是在虚拟空间中享有的一种权利，而不是在现实生活中享有的权利，这也是网络环境的特殊性。

5. 肖像权

网络上经常出现以"晒某大学校花素颜照"、"富二代炫富"，甚至公布他人的裸体照片，将他人的头像与色情图片剪接在一起等，这些行为都侵害了权利人的肖像权。《民法通则》第一百条规定："公民享有肖像权，未经本人同意，不得以营利为目的使用公民的肖像。"但在网络环境下，对肖像权的侵害大都不是以盈利为目的的，或者营利性很难认定，这就凸现出《民法通则》的保护模式在网络环境下很难起到制裁加害人、保护权利人的功能。

6. 个人信息人格权

个人信息（Personal Data）也称个人数据，是指与特定个人相关联的反映个体特征的具有可识别性的符号系统，它包括个人出生、身份、工作、家庭、财产、健康等各方面信息的资料。个人信息，例如，家庭住址、手机号码等，可能成为网络环境下的重要人格利益。

7. 其他人格利益

例如，声音虽然在通常情况下不能构成独立的人格利益，但是，在网络环境下，声音可以成为重要的人格利益，在网络上侵害这些人格利益主要表现为，模仿他人的声音，或者对他人的声音进行修改。例如，在某著名喜剧演员起诉北京新浪互联信息服务有限公司和北京星潮在线文化发展有限公司侵犯肖像权案中，两公司通过全国多家卫视发布手机游戏下载广告，而此广告未经许可将该演员在小品中的表演形象篡改为动画形象，并配之以与该演员相类似的方言口音。

第二节　网络隐私权

一、隐私权与网络隐私权

隐私权作为一种基本人格权利，是指公民享有的私人生活安宁与私人信息依法受到保护，不被他人非法侵扰、知悉、搜集、利用和公开的一种人格权。一般认为，隐私权的主体只能是自然人，其内容具有真实性和隐私性，主要包括个人生活安宁权，私人信息保密权、个人通讯秘密权及个人隐私利用权等。隐私权是公民的人格权利中最基本、最重要的内容之一，伴随着人类对自身的尊严、权利、价值的认识而产生。

网络经济活动中的隐私权有其不同于一般隐私权的特点。日常生活中对于公民隐私权的侵犯一般出于行为人个人的主观恶意，对权利人造成的损害主要体现在精神方面，表现为主观精神痛苦，一般不涉及财产内容。由于精神痛苦是一种主观感受，难以明确界定，给隐私权立法保护带来一定的困难。但在网络经济活动中，隐私内容具有经济价值，经营者侵权的动因一般都是从营利目的出发。对于消费者而言，隐私权受侵害的后果除了造成精神上的痛苦，例如由于消费者没有机会再接触其个人资料进行必要的更正修改，使得消费者的个人真实形象可能受到侵害。但最主要的还是导致消费者财产上的损失或不得益，例如给用户的手机发送垃圾短信造成消费者额外的支出；将用户的个人信息例如身份证号码、信用卡账号透露给第三人更可能导致消费者的巨额损失。另外，隐私权客体的范围扩大，包括了传统经济活动下不属于隐私的内容，例如姓名、性别、年龄等，即消费者不想让别人知道的一切个人信息都属于信息时代网络活动中隐私权的内容。

网络隐私权主要是指：公民在网络中享有的私人生活安宁与私人信息依法受到保护，不被他人非法侵扰、知悉、搜集、复制、公开和利用的一种人格权。也指禁止在网上泄露某些与个人有关的敏感信息，包括事实、图像以及诋毁的意见等。

二、网络隐私权的内容

网络隐私权的内容是指公民对于自己在网络上的个人隐私信息享有哪些方面的权利。从广义上讲，网络隐私权的内容应该包括：网络隐私公开权、网络隐私支配权和网络生活安宁权。

（一）网络隐私公开权

网络隐私公开权是指公民对于自己在网上的隐私信息享有不为他人所知悉的权利。未经本人许可，任何人不得非法搜集、持有、传播或利用他人的网络隐私信息。公民在网上申请各种账户、参加各种活动时所填写的信息只能作为各网站建档、备案之用，未经本人许可，不得用于其他目的，更不得传于他人。时下常见的非法出售他人电子邮件地址的行为就是一种典型的侵犯他人网络隐私权的行为。当人们在网上申请某一项服务时，绝大多数网络运营商都会提供给网民一份格式合同，让你选择“同意”或“不同意”。依据《合同法》的有关规定，在这类格式合同中如有排除网民主要权利或免除网络运营商自己责任的条款，应视为无效。

（二）网络隐私支配权

网络隐私支配权是指公民对于自己的网络隐私信息享有使用、维护、修改和删除的权利。公民对于自己的网络隐私信息有使用权，可以依据自己的意愿来决定其使用的范围、时间、频率和使用的方式等，他人不得非法干涉。公民对于自己在网上的那些与他人利害无关的私人信息，享有修改、维护和删除的权利。当本人注销诸如会员资格、电子信箱等某种网络服务时，有权删除或有权要求删除自己的注册信息资料。

（三）网络生活安宁权

网络生活安宁权是指公民享有的私人网络活动不受他人干扰的权利。例如个人的浏览踪迹不受他人非法跟踪、监控；自己的电子邮箱、聊天账户等私人网络空间不受恶意访问，不受垃圾信息侵扰等。

三、网络隐私权侵权行为表现

在现今的网络环境中，侵犯网络隐私权主要表现为以下几点。

（一）个人的侵权行为

（1）个人擅自在网络上公开宣传或转让他人或自己和他人之间的隐私。《计算机信息网络国际联网管理暂行规定实施办法》第十八条规定："用户不得擅自进入未经许可的计算机系统，篡改他人信息；不得在网络上散发恶意信息，冒用他人名义发生信息，侵犯他人隐私。"在现行的法律规定下，可以适用于民法规定，对个人隐私权进行法律保护。

（2）个人未经授权而进入他人计算机系统收集，获得信息或骚扰他人。这类侵权者大多是黑客，他们利用各种技术手段侵入用户的计算机，窃取和篡改网络用户的个人信息，普通用户几乎无法发现，更无法进行抵御。这就需要一支高技术的网络警察队伍提供保护。

（二）商业组织的侵权行为

（1）专门从事网络调查业务的商业组织进行窥探业务，非法获取他人信息，利用他人隐私。大量的商业组织使用具有跟踪功能的 cookie 浏览工具，跟踪用户所进行的操作，cookie 会自动记录用户访问的网站和内容，并将详细资料发回到商业组织，商业组织根据这些资料掌握个人的情况，并建立庞大的资料库。这将使用户某些重要信息失窃，如：股票炒卖信息，信用卡支付资料等。对于 cookies 网站的这种侵权行为，法律应该制定强制性的规范，禁止网站使用 cookies 收集个人资料，禁止其进行非法地公开宣传，使用、炒卖等行为。如果因网站原因导致用户信息泄露，网站应承担法律责任。

（2）大量网站为广告商滥发垃圾邮件。要消除垃圾邮件，主要还得靠网站的自律，法律是比较难禁止的。因为法律讲求法律真实，对于客观真实很难认定。对某些经常性、有目的性、有针对性向特定的人发送垃圾邮件的，对侵权行为可以通过侵权法调整。但是对普通商业行为邮件，法律很难做出明文规定，实际可操作起来更加困难。所以加强网络商的行为自律是很有必要的。

（三）部分软硬件设备供应商的蓄意侵权行为

某些软件和硬件生产商在自己销售的产品中做下手脚，专门从事收集消费者的个人信息的行为。例如，某公司就曾经在其生产的某代处理器内设置“安全序号”，每个使用该处理器的计算机能在网络中被识别，生产商可以轻易地收到用户接、发的信息，并跟踪计算机用户活动，大量复制，存储用户信息。对于这种侵权行为的识别需要极高的技术要求，所以用户个人是极难得知的。要限制软硬件供应商的侵权行为，就需要全球共同合作，对于分散在各地的厂商及全球物流进行统一规范，以保护网民的合法权益。

（四）网络提供商的侵权行为

1. 互联网服务提供商（ISP）的侵权行为

网站经营者作为互联网服务提供商，可能在两个方面侵害用户隐私：

（1）互联网服务提供商具有主观故意（直接故意或间接故意）直接侵害用户的隐私权。互联网服务提供商把其客户的邮件转移或关闭，造成客户邮件丢失、个人隐私、商业秘密泄露。例如前段时间的“3Q”大战，360 宣称：“其发布的直接针对 QQ 的‘隐私保护器’工具，能实时监测曝光 QQ 的行为，并提示用户‘某聊天软件’在未经用户许可的情况下偷窥用户个人隐私文件和数据。引起了网民对于 QQ 客户端的担忧和恐慌。”对于这样的情况，笔者认为如果 360 公司所述属实，那么腾讯公司应该承担相应的民事责任，它侵权行为的本质和通过传统方式侵犯个人隐私权无区别，如果造成严重后果，根据《侵权责任法》第三十六条规定：“网络用户、网络服务提供者利用网络侵害他人民事权益的，应当承担侵权责任。网络用户利用网络服务实施侵权行为的，被侵权人有权通知网络服务提供者采取删除、屏蔽、断开链接等必要措施。”这是我国在立法上第一次对于网络侵犯个人隐私权有了明确的责任划分，不得不说是一种质的飞跃。

（2）互联网服务提供商对他人在网站上发表侵权信息承担的责任，这种情况下，虽然互联网服务提供商不具有直接故意，但互联网服务提供商对这种侵权行为放纵或无视的话，就应该追究相应的民事责任。根据《侵权责任法》第三十六条之规定“网络服务提供者接到通知后未及时采取必要措施的，对损害的扩大部分与该网络用户承担连带责任。网络服务提供者知道网络用户利用其网络服务侵害他人民事权益，未采取必要措施的，与该网络用户承担连带责任”，笔者认为互联网服务提供商虽然没有主观故意，但是也应当承担相应的因不作为而导致的责任。在我国的司法实践当中，互联网服务提供商的这类侵权行为所承担的法律责任为：停止侵害、恢复名誉、消除影响、赔礼道歉等，一般不适用损害赔偿。

2. 互联网内容提供商（ICP）的侵权行为

互联网内容提供商是通过建立网站向广大用户提供信息。关于互联网内容提供商的侵权行为，《计算机信息网络国际联网管理暂行规定实施办法》第二十条规定：互联单位、接入单位发现有害信息应当及时向有关管理部门报告，并采取有效措施，不得使其扩散。如果互联网内容提供商发现明显的公开宣扬他人隐私的言论，采取放纵的态度使其扩散，互联网内容提供商构成侵害用户隐私权，应当承担过错责任。

四、网络隐私权侵权给现今社会带来的问题及挑战

在互联网上，用户的个人资料作为一种重要的网络资源被收集和利用是无法避免的。这就会引发对用户的网络隐私权造成侵害。可以说，互联网的发展，使网络商的商业利益和个人的隐私权保护之间发生了明显的冲突。现在社会出现了一系列的网络隐私权侵权现象，例如，运营商随意扫描个人用户的个人信息导致信息外露，个人通过网络途径非法得到用户的个人信息倒买倒卖等，这一系列的网络隐私侵权行为在法律上迄今为止还没有被明确的界定，这就注定了网络这个新兴的产物会给现今的生活带来许多挑战。

首先，侵犯网络隐私权行为会对被侵权者正常的生活造成极大地干扰，当一个人的个人信息被其他人乃至社会大众所知悉，他很可能会受到巨大的社会舆论压力，受到一些偏激分子的骚扰，其人格尊严，人身安全和个人名誉等均可能受到损害，有时甚至对被侵权者的家庭和朋友也造成或多或少的不良影响。第二，除了精神上和身体上的打击，被侵权者还可能会蒙受经济上的损失。第三，当大量个体的私人信息被不法分子加以利用，还可能造成一些我们无法预估的恶果，如某些商家根据所获得的信息，对市场进行垄断和其他恶意操纵。第四，互联网具有虚拟性，这使侵犯特定个体隐私权的行为具有一定的难度，但部分类似当下正十分流行的校内网这样的网站，注册用户使用的不再是虚拟用户名而是自己的真实姓名，如果这些信息没有得到严格有效的保护，其后果不堪设想。此外，不久前校内网已被日本的软银赛富投资公司收购，这意味着大量中国网民，尤其是年轻一代网民的真实资料被另一个国家所掌握，这会带来什么样的后果呢，结果不得而知。第五，侵犯网络隐私权的行为还会造成大众对网络的不信任，不利于我国网络行业的发展，这也是阻碍我国新型产业发展的一个重要原因。

在互联网以及与之相关的整个信息产业迅速发展的趋势下，我国目前在网络隐私权立法和司法保护上的滞后甚至在一定程度上对互联网产业创造了有利条件。对“哪些行为是侵犯隐私权的行为”的界定在我国的立法中还没有完全的体现，所以现在对于网络隐私侵权行为的界定对于我国现有的法律仍旧是一个不小的难题。有人提出“我国民众在意识层面上对于网络个人隐私的注意程度远远达不到推动我国政府对互联网的政策和法律做出重大调整的程度，加上我国互联网业本身并不发达，种种原因促成导致了现在我国网络个人隐私保护方面的滞后”。但是这并不能成为对网络隐私权提供司法保护滞后的理由，因为我国关于传统隐私权的相关立法仍然滞后，它已经无法适应人们对隐私权日益增长的关注意识。

《中华人民共和国侵权责任法》第三十六条规定：“网络用户、网络服务提供者利用网络侵害他人民事权益的，应当承担侵权责任。网络用户利用网络服务实施侵权行为的，被侵权人有权通知网络服务提供者采取删除、屏蔽、断开链接等必要措施。网络服务提供者接到通知后未及时采取必要措施的，对损害的扩大部分与该网络用户承担连带责任。网络服务提供者知道网络用户利用其网络服务侵害他人民事权益，未采取必要措施的，与该网络用户承担连带责任。”

我国《计算机信息网络国际联网安全保护管理方法》第七条规定：“用户的通信自由和通信秘密受法律保护。任何单位和个人不得违反法律规定，利用国际联网侵犯用户的通信自由和通信秘密。”《中华人民共和国计算机信息网络国际联网管理暂行规定实施办法》第十八条规定：“用户应当服从接入单位的管理，遵守用户守则；不得擅自进入未经许可的计算机系统，篡改他人信息；不得在网络上散发恶意信息，冒用他人名义发出信息，侵犯他人隐私；不得制造、传播计算机病毒及从事其他侵犯网络和他人合法权益的活动。”《互联网电子公告服务管理规定》第十二条规定：“电子公告服务提供者应当对上网用户的个人信息保密，未经上网用户同意不得向他人泄露，但法律另有规定的除外。”这些规定对网络隐私权保护系统性不强，在审判实践中也缺少可操作性。但这些规定表明：网络隐私权的法律保护在我国已经开始呈现出部门化、独立化和特别化的趋势，制定旨在保护个人网络隐私权的单行法律法规将要走上议事日程。

第三节　网络名誉权

一、网络名誉权的概念及其特征

网络名誉权是指人们在网络环境下依法享有的保有和维护名誉的权利。其实质上仍等同于传统名誉权，只是由于人们保有和维护名誉的环境发生了变化，名誉权的主体、客体和内容在网络环境下又呈现出了一定的特殊性。

第一，名誉权作为基本的人格权之一，任何人都是其权利主体，但是只有参与到网络社会的人才能真正成为网络名誉权的权利主体。传统名誉权的产生环境在一定意义上是由相识的人所形成的“熟人社会”，人们受制于熟人的监督和道德意识的约束、威慑于法律手段的制裁。网络名誉权的产生环境却是以自由性、开放性著称的网络社会，在“熟人社会”中起着重要作用的道德、法律手段在网络社会中难免被忽视。匿名的网络生活状态与现实生活中真人生活状态的分离，在现代社会已经成为了一种普遍的现象。因此，同一个民事主体在现实环境和网络环境中很可能会有着截然不同的表现。但是这种现实生活状态与网络生活状态的分离并未超出民法理论中基于人格抽象性与现实生活多样性而形成的人格分层化的制度特征。概言之，网络名誉权的主体具有人格分层的特点。

第二，网络名誉权的客体虽然同样是名誉，但却具有了网络社会的属性。传统名誉一般指社会公众对自然人品行、思想、道德、作风、能力等人格价值的综合评价。在网络环境下，这种评价的方式和内容都产生了变化。在虚拟社区、网络游戏等网络行为中，一般是通过积分、排名、等级等因素对用户进行评价。这种评价能否认为是一种名誉的体现呢？在全国首例网络游戏纠纷引发的名誉权诉讼案中，法院最终判决被告联众公司应承担恢复原状、消除影响、恢复名誉、赔礼道歉、赔偿精神抚慰金等民事责任。该案基本上支持了原告的诉讼请求，但是对于原告要求恢复在该游戏中排名第一的主张，法院没有予以支持。其理由在于诉讼进行了这么久，时过境迁之后原告曾经第一的排名目前已经没有根据了。可见，在网络行为中经常采用的以积分、排名、等级等因素进行的评价方式完全可以作为评价网络用户名誉高低、好坏的方法之一。

第三，网络名誉权所包含的内容和传统名誉权无异，包括两个方面：一是名誉的享有和维护权；二是权利人有权排斥他人对其名誉权的侵害。但是网络环境自身的特点决定了权利人排斥他人对其名誉权实施侵害的方式与现实环境下的名誉侵权有所不同。如侵权表现形式的技术性、侵权行为实施的便利性、侵权传播的迅捷性、侵权影响范围的广泛性以及侵权主体的隐蔽性。

二、网络名誉侵权的构成要件和责任承担

我国内地的司法实践一般从受害人确有被损害的事实、行为人行为违法、违法行为与损害后果之间有因果关系、行为人主观上有过错等四个方面来认定名誉权侵权责任。台湾地区对该问题也持此观点，美国侵权行为法新编所列举的侵害他人名誉权之构成要件，与海峡两岸的规定亦大致相同。网络名誉权侵权的构成要件与传统名誉侵权虽为“大同”，但也有“小异”。

第一，有侵害他人名誉权的行为。关于某一行为是否构成侵害他人名誉权，一般可从三个方面进行考察：须有传播散布之行为，即该行为需为第三人所知悉；侵害行为系针对特定人为之；传播内容必须有妨誉性，即该内容具有贬损他人名誉、降低他人社会评价的性质。侵害网络名誉权的具体方式有：一是指向权利人的真实姓名、现实身份，对其进行侮辱、诽谤；二是仅指向“虚拟主体”，对其背后的民事主体进行侮辱、诽谤。

在“第三人知悉”的认定上，如果以上述第一种方式实施侵害行为，对“第三人知悉”的认定无异于传统名誉权侵权。如果采用第二种方式，即仅指向“虚拟主体”进行侮辱、诽谤，则对“第三人知悉”的认定应慎重。此时的可能性有三：一是受害人的真实身份在侵权行为发生之网络环境中已经被其他虚拟主体所得知；二是受害人所生活之现实社会中的民事主体能将该网络侵权行为所指向的“虚拟主体”与受害人的真实身份对号入座；三是受害人的真实身份不为他人所知。对于前两种情形，由于受害人的真实身份已经被公开了解，“第三人知悉”的认定与传统名誉侵权并无区别。问题在于，第三种情形是否能被确认为“第三人知悉”？严格地说，这种因互联网本身的虚拟性所导致的受害人真实身份不为第三者知悉，意味着侵权行为不能成立。然而，应注意的是，虚拟主体是由民事主体通过注册生成的，是民事主体借助数字化技术在虚拟空间的再现。换句话说，虚拟主体背后所体现的是实实在在的民事主体，其使用网名或者 ID 参与网络活动类似于民事主体利用笔名或者别名在报刊上发表文章，虚拟主体究其实质仍是民事主体。因此，如果

针对虚拟主体实施侵权，虽然受害人的真实身份不为他人所知，但只要有其他虚拟主体得知该侵权行为是针对某一特定人时也应当认定为“第三人知悉”，而不管该特定人现实身份是否被公开。

在“特定人”的认定上，如果以第一种方式实施侵权，则对该侵害行为是否针对特定人的认定较为简便。如果侵害行为是针对一个“虚拟主体”实施时，该“虚拟主体”能否被认定为特定人？ID在同一个虚拟空间之下是特定和唯一的，故而“虚拟主体”也是可特定的。因此，当侵害行为明确指向某一虚拟主体时，也应当认定为该侵害行为系针对特定人为之。

在传播内容妨誉性的认定上，基本上可参考传统名誉权，但又必须考虑网络语言的特点。有些在现实社会中被认为具有妨誉性的文字、图片，可能在网络环境下只是非常普通、随意的交流载体。

第二，该行为造成了权利人名誉权受到损害的事实。一般认为，损害具有三方面的特征：损害是侵害合法民事权利和利益所产生的后果；损害具有客观真实性和确定性；损害具有法律上的可补救性。由于网络名誉权是一种受到法律保护的合法民事权利，侵害网络名誉权的行为无疑是一种侵害合法民事权利和利益的行为。侵害网络名誉权所造成的后果或者表现是，降低他人在网络上的评价或者降低他人在现实生活中的社会评价。网络环境下也存在着一定的价值判断，因此对于一个在网络环境下享有较高评价的人来说，更容易在网络世界获得更多利益，在很多时候这些利益都能够转变为现实利益。因此，网络社会评价的降低也是一种实实在在的损害。对于网络名誉侵权，在现实生活中实行救济的同时，也可以要求行为人在网络环境下承担停止侵害、赔礼道歉、消除影响、恢复名誉等民事责任，从而恢复受害人的网络名誉权。因此，对网络名誉权的损害也完全具备上述三方面的特征。

第三，侵权行为与损害事实之间存在因果关系。网络环境的特性并没有对因果关系理论的具体适用导致任何特殊情况，在网络名誉权侵权案件中，因果关系理论没什么特别要求。

第四，侵权人主观方面存在过错。通常认为，侵权人主观方面存在过错是网络名誉权侵权不可或缺的构成要件。而过错在网络名誉权侵权中的具体适用，与传统名誉侵权无异，兹不赘述。

侵害网络名誉权应如何承担民事责任，则须依据不同情况下行为人的不同侵权行为而进行不同的规定，具体可分为以下三种情形：

一是侵权行为人的民事责任。民事救济的主要目的在于使各种民事法律关系恢复到损害发生以前的状态，侵权行为人除了需要在现实生活中承担侵害名誉的民事责任之外，还须在网络环境下承担相应的民事责任，从而使受到侵害的“虚拟主体”的名誉也得到恢复。

首先，如果名誉侵权行为处于一种持续性的状态，行为人就须承担停止侵害这一责任。网络名誉权侵权事件中，也存在持续发布侵权信息的情形，此时受害人自然也可要求侵害人停止侵害。

其次，互联网的特性决定了对网络名誉损害的恢复只有在网络环境下进行才能使受害人的名誉和人格尊严从根本上得以恢复，并可采用在相关网站上刊载致歉声明的方式来进行。第一，对刊载致歉声明之网站的选择应从侵权行为的传播、影响范围出发，适当考虑相关网站的“影响力”。第二，刊载致歉声明应确定一定的时间和相应的位置。网络信息的快捷性和易删除性，决定了网络致歉声明很可能会被责任人立即删除或者被网站上其他新的信息所“淹没”。同时，如果责任人只是在一个不容易被察觉的网页上刊载致歉声明，将很难达到理想的效果。第三，致歉声明中权利主体的称谓应明确、具体。实践中，很多网络名誉权侵权行为的实施是针对网名进行的，行为人可能根本没有提及受害人的真实姓名。那么在致歉声明中该如何称呼权利主体呢？既然侵权行为所实际侵犯的是真实主体的名誉权，那么就应当在致歉声明中明确网名背后主体的真实身份。但如果在该网络名誉权侵权行为中，受害人的真实身份自始至终未被公开，则由受害人决定是否披露其真实姓名。

再次，网络环境下的赔礼道歉既可以通过书面方式进行道歉，如上述的刊载致歉声明，或者向受害人发送具有道歉内容的电子邮件；也可利用一些网络语音技术以口头的方式赔礼道歉；还可通过 MSN、QQ 等一些即时的网络聊天工具进行道歉。

此外，网络环境下的损害赔偿包括名誉利益的损害、精神利益的损害以及附带的财产损害。关于名誉利益的损害和精神利益的损害，可比较最高人民法院 1993 年《关于审理名誉权案件若干问题的解答》、1998 年《关于审理名誉权案件若干问题的解释》及 2001 年《关于确定民事侵权精神损害赔偿责任若干问题的解释》处理。对于网络名誉侵权会给受害人造成的实际财产损害，行为人须承担的财产损害赔偿责任自不待言。但是，网络名誉权侵权案件往往涉及虚拟财产的赔偿问题。在处理虚拟财产赔偿问题时，现有司法实践是责令相关网络服务提供商将涉案“虚拟财产”恢复到损害发生之前的状态，该做法有失妥当。在以效率著称的网络环境下，原来排名第一的积分可能下一刻就被别人远远超出，如果仅仅从名义上笼统地说要将涉案虚拟财产“恢复原状”恐难达到应有的效果，只有从该虚拟财产的价值出发才能从根本上达到恢复原状的效果，如由第三方权威机构（如公证机关）根据受害人为获取该虚拟财产所投入的费用、受害人在获取虚拟财产时的技能及获得该技能所投入的时间、脑力和体力等因素进行鉴定和评估。但应注意的是，实践中原告滥讼和诉求过高的现象极为普遍。为合理配置司法资源，在不妨碍现有诉讼制度运行的前提下，我国内地法院有步骤地引进香港地区有关起诉保证金的制度，未尝不是一项值得考虑的可行途径。

二是网络传播者的民事责任。任何一个网络用户都有可能自觉或不自觉地接触到他人发布的侵权信息，由此可能涉及到传播者的民事责任问题。有学者认为：“每传出去一次，在法律上就等于一次发表或散布，这都可以被追究诽谤的责任。只要起诉人有办法查出你的身份，你就能被起诉。”另有人认为，传播行为扩大了侮辱、诽谤言论的不良影响，加剧了对他人名誉的贬损，因此同侮辱、诽谤言论的制作、提供行为一样，应当承担侵权的法律责任。此论有失偏颇。网络环境下侵权信息的传播者，其地位实际上类似于现实生活中通过口头语言的传递者。网络环境下的行为主要通过书面的形式作出的，用户在接触到一些自己比较感兴趣或者能激发他们好奇心的信息时，难免会用转贴文字的形式将这些信息传播出去。如果将侵权信息的内容以口头语言的形式散布到现实社会不需要承担责任，而将侵权信息以文字形式转贴到网络空间就需要承担责任，恐怕是极不公平的。正如美国 1984 年“莱曼”案的法官指出的，如果仅仅因为监视传播者转发的信息而加重他们的责任的话，会对言论自由造成不应有的负担。

三是 ISP 的民事责任。在网络环境中，行为人总是通过利用 ISP 的网络系统而“顺利”实施名誉侵权行为。尽管 ISP 没有直接参与到侵权行为当中，但客观上为侵权行为人提供了一定的网络设施、网络平台，同时其在很大程度上是作为控制网络运行的主要力量而存在的，因此，有学者认为，网络服务商也应当在营利的同时，承担维护网络上的公共安全、促进社会正义的责任。国外也有学者认为，ISP 之所以被牵扯到网络名誉侵权事件中，是因为他们从中获得了十分巨大的利益。目前，学界普遍认为 ISP 应在某些情况下就其用户的名誉侵权行为承担适当的责任。在“中国博客诽谤第一案”中，法院认为，中国博客网负有监管不力的责任，需要在自己的网站首页向原告刊登致歉声明并同时赔偿原告经济损失。在他人实施的网络名誉权侵权事件中，对有责任的ISP可比较最高人民法院2003年《关于审理涉及计算机网络著作权纠纷案件适用法律若干问题的解释》予以处理，如及时删除侵权信息、帮助恢复名誉和消除影响、保留和提供信息等。一般情形下，ISP只承担此三种民事责任，只有当ISP明知侵权行为存在而又不采取适当的措施或者怠于履行上述义务时才需就因其不作为引起的扩大的那部分损失承担损害赔偿责任。

三、我国网络名誉权的保护现状及制度完善

目前，我国已建立起了较为完整的名誉权保护机制，首先从宪法的高度确立了名誉权，然后从民法、刑法等多方位具体落实了对名誉权的法律保护。我国宪法第三十八条规定："中华人民共和国公民的人格尊严不受侵犯。禁止用任何方法对公民进行侮辱、诽谤和诬告陷害"。该条没有直接使用"名誉权"或"保护公民名誉权"的表达方式，但是其中的"人格尊严"显然包括了名誉权，而且，"侮辱"、"诽谤"是侵害公民名誉权最为常见的方式，禁止对公民进行侮辱、诽谤，实质上就是禁止对公民的名誉权加以侵害，因此这宪法条文的主要内容是保护公民名誉权的民法通则从民事基本法的角度将名誉权确定为具体人格权的一种。此外，我国的刑法、妇女权益保障法、残疾人权益保障法、未成年人保护法等也对名誉权作了规定。

尽管法律没有明文规定可以将调整传统名誉权的法律规范应用于互联网，但这种做法确是无可辩驳的，我国现有案例充分表明了这一点。西方国家对名誉权的保护历程也表明传统诽谤法可以被应用到任何一个新出现的传播媒介当中。但是互联网这一全新传播媒介的特点以及已有案例中出现的一些新问题又表明，仅用传统法律来保护网络名誉权显然是不够的，制定专门调整网络名誉权的法律规范或出台相应的司法解释实有必要。而且，我国现有相关法律一般仅笼统地规定不得发布侮辱或者诽谤他人的信息，对于一些具体问题则未加明确。鉴于网络环境下名誉权保护的特殊性，还有必要从其他各个角度发展出保护网络名誉权的方式，从而获得处理网络时代名誉权保护问题的可能途径。

一是完善我国网络犯罪立法。刑法所确立的有关犯罪和刑罚的制度以及刑法所特有的威慑力，都能有效地促使人们规范自己的行为。如果能完善我国网络犯罪立法，细化关于网络犯罪的刑罚规定，尤其是细化关于网络环境

下实施的侮辱、诽谤罪，将能为网络名誉权的保护机制提供最有力的支持。同时，我国现行立法关于计算机犯罪的规定不外乎我国现行刑法第二百八十五条的非法侵入计算机系统的犯罪、第二百八十六条的破坏计算机信息系统的犯罪、第二百八十七条规定的利用计算机网络实施金融诈骗、盗窃、贪污、挪用公款、窃取国家秘密或者其他犯罪的定罪处罚问题。显然，我国对于网络犯罪设定的罪名过少、保护范围过窄，不足以有效规制日益增多的网络犯罪。

二是提高网络用户的道德水平、净化网络风气。对网络名誉权进行保护有利于获得一个良好的网络环境，反过来说一个良好的网络环境也有助于网络名誉权的保护。因此，通过提高网络用户的道德水平来净化网络风气，从成功构建良好网络环境出发，充分发挥伦理道德的社会调节功能，为网络环境下的名誉权保护筑起第一道防线实属必要。

三是鼓励网络行业自律，充分利用技术手段，实现“网络自治”。有学者认为，网络从其诞生之日起就带有浓厚的“自治”的色彩。因此，在探寻如何以政府管理的方式对网络社会进行规范的同时，也应该充分考虑和尊重网络“自治”的传统，发展其他的辅助手段，如自我管理、私人管理和制度化方式。各种“自治”手段当中，网络行业自律无疑最具效果。网络产业的发展历程表明，各种不正当竞争行为虽然能够在短期内为网络业者带来利益，但其代价却是十分巨大。众多网络公司也已经意识到建立良好的网络环境远远要比其目前获得短期利益重要得多，这也是网络行业自律之所以能够得到广泛响应的原因所在。

四是加强行政监管，建立自律监管与行政监管的良性互动关系。行政监管既包括对网络行业的自律监管进行有效的行政监督，也包括对网络用户网络行为的监管。后者可以由“网络警察”——公安机关计算机及公共信息网络管理监察部门执行。若遇到网络侵犯名誉权事件，该部门有权采取技术措施停止侵害行为，对侵权人依法进行行政处罚等。

五是合理平衡网络名誉权保护和网络言论自由之间的利益关系。网络对人类的通讯传播方式乃至生活方式产生了深刻影响，与言论自由的传统法律界限也产生了激烈的冲突。如何平衡网络名誉权保护和网络言论自由是一个世界性的难题。英国曾有判例认为，对言论自由的损害不得大于受保护权利方面的利益。当言论自由和名誉权发生具体冲突的时候就需要从“两权平衡”的精神出发来进行协调。这当中存在着一个法律利益的选择，先满足最重要的和需要优先考虑的利益，然后使其他利益最少牺牲。网络是一个可以使言论达到最大程度多样化的空间。在协调两者的冲突时需要遵循既防止有害信息的泛滥，又不破坏这种多样性的原则。即：既要追究网络名誉权侵权责任，又要最大限度地保障网络言论自由；在保护个体的名誉、尊严和维护言论自由之间寻求一个合理的平衡。

第四节　网络个人数据

一、个人数据的概念及法律特征

总体而言，各个国家法律对于个人数据的概念的表述是不同的。英国在1984年制定的《数据保护法》对个人隐私权的规定相对全面、完整，较有代表性的。《数据保护法》规定："个人数据是由有关一个活着的人信息组成的数据，对于这个人，可以通过该信息（或者通过数据用户拥有的该信息的其他信息）识别出来，该信息包括对有关该个人的评价，但不包括对个人数据用户表示的意图。"本书认为：个人数据是能直接或间接反映该项自然人的确定性信息。个人数据包括任何数据控制人或其他任何人对自然人的观点动机的表达与暗示，比如宗教信仰，电子邮件地址，IP地址等。由此可以看出，个人数据具有如下法律特征：

（1）个人数据主体对自己的个人数据依法享有所有权，即具有占有、使用、收益和处分权。个人数据主体指的是个人信息被作为数据加以收集的自然人，而不是该数据的用户。

（2）个人数据是足以对主体构成识别的数据。对数据主体的识别可以是直接识别，也可以是间接识别。

（3）个人数据控制权丧失后具有不可恢复性。个人数据控制权的丧失并不意味着主体对该数据的物质形态失去了控制，而是对该数据价值形态失去了控制，即该数据为数据使用人所产生的利益是无从追索的。

（4）个人数据集合体的价值具有倍增性。在市场经济条件下，单一的个人数据的意义并不太大，但是，只要其收集的个人数据数量大到一定程度，如在"人肉搜索"中将个人数据从各个方面收集，其经济价值就可能大到令人难以测算的程度。

二、网络中对个人数据隐私权的侵权分析

（一）侵害个人数据隐私权的原因

1. 来自于行为人方面的原因

首先，最根本的是经济利益的驱动。侵犯网络个人数据隐私权行为之所以存在，其功利主义的倾向是非常明显的，即对互联网用户隐私权的侵犯，其根本的动因还是为了获得经济上的收益。其次，侵权行为的隐蔽性。由于网络的特殊性和虚拟性，要想追查“幕后黑手”，相对隐私权被侵犯来说，则十分困难，这使得一些“幕后黑手”十分猖狂。另外，惩罚机制的缺位。侵犯网络个人数据隐私权行为得以存在并呈扩散之势的另一原因在于缺少惩治这种行为的有效社会手段。目前对于侵犯网络个人数据隐私权的行为，虽然已经提出了众多的惩罚措施，但行之有效的却十分少见，尤其是最具威慑力的法律手段在这一方面更是相对落后。试想，当人们发现某种有违社会规范的行为不仅能带来相当丰厚的收益，而且能够避开惩罚时，不但相同的行为会被重复，而且还会引诱他们争相效仿，从而使得侵犯网络隐私权的行为蔓延开来。因此，如何在满足大量的个人信息需求与保护个人网络隐私权之间寻求平衡，才是我们面对这一问题时真正需要关注的焦点。

2. 受害人本身的原因

很多时候，受害人个人数据受到侵害，也有自身的原因。比如说自我保护意识不强，在网上通讯、购物、注册的过程中，把姓名、身份证号码、电子邮箱地址、信用卡号码等个人资料随意地在不正规的网站上登记，给一些居心不良者可趁之机。

3. 网络造成的原因

借助于电脑、网络，对个人数据隐私的侵害手法日趋技术化。大量侵犯隐私权的高科技产品的运用使得隐私权在网络环境中无处遁形，如识别系统的滥用，使得网络个人数据隐私权受到严峻的威胁。

4. 个人数据的正当收集者方面的原因

政府在对网络空间进行安全管理的同时极有可能侵犯个人隐私。如政府对我国国民的个人档案的收集和管理时，就存在着泄露和滥用个人隐私的可能。同时，企业或商家为了了解消费者的需求，总是力图收集大量消费者的个人资料，以便通过互联网和各种服务器直接同个人进行“一对一”的联系。

在未征得当事人同意的情况下，许多网站与其他网站共享网民的个人资料，或者泄露网民资料给第三方，侵犯他人隐私权。

（二）侵害网络个人数据隐私权的表现方式

互联网上侵犯隐私权一般表现为以下几种形式：

1. 非法收集个人数据

这主要是指未经登记的个人或组织在未经数据主体同意的情况下收集其个人数据的行为。对个人数据的收集必须取得数据主体的同意。采集方若对未成年人的个人数据进行采集时，还需征得该未成年人的法定代理人的同意。不仅如此，收集个人数据还需通过合法的手段，任何通过欺诈、胁迫、盗窃及黑客行为等不正当方式取得个人数据的行为都属于侵权的行为。

2. 对个人资料的不当利用

对商家而言，他们一般会对所收集到用户资料作为自己的客户资料库，通过对所收集到用户资料进行分析的结果制定相应的发展战略。如果通过正常途径、适当方式进行资料的收集，并且在收集前向用户告知了资料的使用范围，而且是按照当时所告知的使用范围进行使用，这样的使用则是合理的。反之，则构成对个人资料的不当利用，用户可据此要求赔偿。

3. 泄露他人的个人数据

对个人数据的合法使用者以及其他个人数据的持有者应在技术以及其他措施上保证他人的个人数据的安全性，不得将他人的网络个人数据加以随意公开，否则泄露他人的个人数据造成数据主体物质或精神上的损害，也得承担侵权的责任。

4. 运用所掌握的个人数据扰乱他人的生活安宁

网络个人数据的持有人尤其是非法持有人利用其掌握的个人数据资料扰乱别人的生活，给人们带来精神与物质上的损失。比如有名的“电子邮件炸弹”，就是他人电子邮件的持有人利用特殊的电子邮件程序，在短时间内自动向数据主体的电子邮件发送大量的、数据量庞大的无意义或乱码邮件，数据主体容量有限的电子邮件信箱容易被这些电子邮件充满，无法正常收发邮件。

虽然各国立法对公民的隐私权都给予了必要的保护，但是并不是说所有的收集、使用以及泄露个人数据的行为都是侵犯隐私权的行为。一般来说，在以下两种情况下，收集、使用以及泄露个人数据的行为不构成侵犯隐私权的行为：①为了社会公共利益和政治利益的需要。②公民为维护个人权利的需要在必要的范围内收集、使用和公开他人的个人数据。

三、我国网络个人数据隐私权保护现状

目前我国还没有个人数据保护方面的立法，也没有专门的个人隐私法。由于历史的原因，我国现行法律对隐私权的保护较为滞后，还没有形成完整的法律体系，仅在一些相关的法律中有些零散的规定。《宪法》第三十八、三十九、四十条分别规定了公民的人格尊严、住宅、通信秘密权不受侵犯，这些条文中虽然没有出现“隐私权”的字样，却隐含着对隐私权的认可和保护。最高人民法院《关于贯彻执行〈中华人民共和国民法通则〉若干问题的意见》第一百四十条规定，“以书面、口头等形式宣扬他人隐私，或者捏造事实公然丑化他人人格，以及用侮辱诽谤等方式损害他人名誉，造成一定影响的，应当认定为侵害他人名誉权的行为”。最高人民法院1993年《关于审理名誉权案件若干问题的解答》中第七项亦指出：“对未经他人同意，擅自公布他人的隐私材料或者以书面、口头等形式宣扬他人隐私致他人名誉受到损害的，按照侵害他人名誉权处理。”我国多数学者认为，隐私权作为一项独立发展的权利，虽与名誉权有着密切的关系，在有些情况下还可能会出现交叉，但不能不承认二者是两个相互区别的独立领域。2001年2月26日最高人民法院《关于确定民事侵权精神损害赔偿责任若干问题的解释》则将隐私权作为一项独立的人格利益，不失为立法的一大进步。在随后的《未成年人保护法》和《妇女权益保障法》这两部法律中，也分别对未成年人和妇女的隐私权做了明文规定。《未成年人保护法》第三十条规定：“任何组织和个人不得披露未成年人的个人隐私。”《妇女权益保障法》第三十九条规定：“妇女的名誉权和人格尊严受法律保护。禁止用侮辱、诽谤、宣扬隐私等方式损害妇女的名誉和人格。”2010年7月1日实施的《中华人民共和国侵权责任法》第二条规定：“本法所称民事权益，包括生命权、健康权、姓名权、名誉权、肖像权、隐私权、婚姻自主权、监护权、所有权、用益物权、担保物权、著作权、专利权、商标专用权、发现权、股权、继承权等人身、财产权益。”以及最高人民法院对《中华人民共和国侵权责任法》的司法解释第三十三条规定：“受害人因生命权、继承权、身体权、姓名权、名称权、肖像权、隐私权、人身自由权、性自主权、婚姻自主权等人格权以及监据权等身份权受到侵害的，受害人可以请求被侵权人承担精神损害赔偿责任。”可见我国已经明确将隐私权作为一项独立的人格权予以法律保护。此外，刑事诉讼法、民事诉讼法等法

律也规定了对涉及隐私内容的案件不公开审理的原则。至于网络隐私权的保护，仅在一些相关法律中涉及了这一问题，如《计算机信息网络国际联网管理暂行规定实施办法》第十八条规定："不得在网络上散发恶意信息，冒用他人名义发出信息，侵犯他人隐私权。"《计算机信息网络国际联网安全保护管理办法》第九条规定："用户的通信自由和通信秘密受法律保护，任何单位和个人不得违反法律规定，利用国际互联网侵犯用户的通信自由和通信秘密。"《中华人民共和国电信条例》第五十八条规定，任何组织和个人不得"利用电信网从事窃取或者破坏他人信息、损害他人合法权益的活动"。值得一提的是，早在2005年，我国第一部《个人信息保护法》就已经启动立法程序，但目前《个人信息保护法》还未制定。

第五节 网络肖像权

一、肖像权的概念和特征

肖像权是自然人所享有的对自己的肖像所体现的人格利益为内容的一种人格权。

肖像权作为一种具体的人格权，它直接关系到自然人的人格尊严及其形象的社会评价。因此，肖像权应具有如下法律特征：

（1）肖像权所体现的基本利益，主要是精神利益。比如自然人对自己形象享有维护其完整的权利，有权禁止他人非法毁损、恶意玷污以维护自己的尊严等。法律保护自然人的肖像权，就是为了保护这种精神利益。

（2）肖像权还体现一定的物质利益。肖像权与其他人格权相比，与财产有着较密切的关系。比如自然人的肖像作为艺术品，具有美学价值，而这种美学价值在市场经济中能转化为财产上的利益，享有肖像权，就可以获得财产上的利益。当然肖像权所体现的物质利益是由其精神利益所派生的。

（3）肖像权是自然人专有的民事权利。这种专有性首先表现为形象再现的专有性，即自然人是否允许他人再现自己的形象的权利；还表现为肖像使用的处分性，即肖像权人可以将自己对肖像的使用权转让给他人。当然肖像权的专有性是相对的，法律规定在特殊场合未经肖像权人同意而使用肖像的情况不在此限。

肖像权的基本内容包括：制作专有权、使用专有权、利益维护权和由专有权派生出来的肖像使用转让权。

二、网络肖像侵权的概念与特点

网络肖像侵权则是指行为人通过网络侵害他人肖像权，依法应承担民事责任的行为。与其他肖像侵权行为相比，具有如下特点：

（一）网络性

这是网络肖像侵权与非网络肖像侵权相区别的显著特点。在这种侵权行为中，网络是肖像侵权行为得以实施的媒体、工具和场所。换句话说，离开了网络，就不可能有网络肖像侵权行为的发生。

（二）全球性

全球性主要体现在三个方面：首先，侵权主体可以是全球性的。由于网络具有超地域性，全球上了网的法人、自然人及非法人组织，都可以通过网络对同一对象实施肖像侵权行为。其次，侵权对象也可以是全球性的。这就是说，某一特定的侵权主体可以对全球的网上法人、自然人及非法人组织实施肖像侵权行为。再次，侵权空间可以是全球性的，侵权的范围可以随着网络的不断扩展而扩展。

（三）蔓延性

蔓延性主要体现在图片的复制粘贴转载中。在网络中，图片一般都不大，而且在制作网页时，为了网页的美观效果，通常会使用一些图片。图片的需求很大，而复制粘贴又很容易，所以很多人并不是自己创作图片，而是拷贝他人的图片，这就可能造成侵权的那张图片传播的非常迅速。

（四）技术性

技术性主要是指要能利用网络来实施肖像侵权行为，侵权人首先必须掌握计算机及网络基本知识，具备娴熟的计算机操作能力，尤其是具备一些常用的图片编辑软件的使用技能，如网上用得最多的 photoshop 软件，否则只能是“心有余而力不足”。

（五）复杂性

由于网络具有虚拟性、超时空性、快速性、全球性等特点，使网络侵权行为复杂多变，为司法机关解决这类纠纷案设置了许多障碍。其一，从管辖上看，如何确定侵权行为实施地和侵权行为结果地就是目前司法实践中碰到的难题之一。其二，从举证上看，由于网上信息具有不稳定性和可变性特点，可以随时进行增删修改，从而使网上举证困难，网上证据容易失去法律效力。其三，从侵权主体上看，有些网络侵权行为的侵权主体就很难确定。如在，某网络侵犯肖像权案中，如果侵权人在 BBS 是用的署名而非真名，那么在这种既无密码又无账号、电子邮件也可能是伪造的情况下，如何确定侵权主体呢？其四，从损害赔偿上看，由于网上信息传播的超时空、无国界、全球性特点，那么该如何确定赔偿标准？如何核定、计算被侵害人所受到的经济损失？

（六）公共性或普遍性

由于网络肖像侵权通过网络进行，面向社会公众，因此网络侵权也必然具有公共性。其表现是：被侵权人是不确定的社会公众。这里的不确定指的是任何一个人都有可能成为网络肖像侵权的对象。当某个具体的人的肖像权被侵犯时，此时被侵权人是确定的。网络肖像侵权具有公共性，是由于上述蔓延性决定的，正是由于网络中图片蔓延的速度很快，因此肖像权人被侵权的可能性大大增加了。

三、网络肖像侵权的责任认定

网上肖像侵权有上述的特点，使得网上肖像侵权的责任认定在许多方面存在与传统肖像侵权不相同的地方，这主要表现在：

（一）责任主体的认定

在对侵权主体进行确认时，有必要就两种不同的情况进行分析。一种是提供真实身份进行注册的侵权行为人，一种是提供虚假个人信息进行注册的侵权行为人。前一种毫无疑问应当是侵权责任人，在后一种情况下，笔者认为侵权行为人也应当成为责任人。虽然在网上不提供真实信息，导致无法确认其真实身份的用户无法就其注册网名主张权利，但是对于侵权主体来讲，无论其提供的信息真实与否，均不影响责任主体的成立。因为行为人利用虚假信息进行网名注册并对他人人身权利加以侵犯，只不过是其改变侵权身份使得侵权行为更加隐蔽而已，该行为并不影响侵权行为的性质，所以，这种行为人也应当成为侵权责任主体。当然，当侵权行为人提供的是虚假信息时，对其真实身份的认定存在许多困难，如果不能查证其真实身份，将会导致诉讼无法进行。而查证其真实身份往往需要公安机关的帮助，这样，则维权成本过高。有学者认为可以通过责任人的追加来解决这个问题，即追加侵权行为人上网所使用的IP地址所连接的计算机用户作为侵权责任人。提供虚假信息注册的侵权行为人上网一般不外乎三种方式：一是用自己的计算机上网；二是在网吧上网，此种形式居多；三是在其他地方上网，如用朋友、单位等非营业性地方的计算机上网。在第一种情况下，该计算机用户与侵权行为人重合。后两种情况下追加计算机用户作为侵权责任主体，是因为他们有义务阻止他人利用网络发布违法信息和实施侵权行为，因而将他们作为侵权连带责任人是适当的。只是在第三种情况下，若该用户能证明侵权行为在人利用其计算机时未经自己的同意，而且自己对行为人利用自己的计算机上网也毫不知情，则可以免除责任。

以上观点有一定合理性，但笔者认为，现在随着网络技术的发展，尤其是ADSL技术的发展，以及网络用户的增多，IP地址的数量已经无法保证一个计算机使用一个IP地址，而且，一个计算机使用一个IP地址也是不经济的，通常一个网络用户一天上网为一两个小时，如果每个网络用户都有一个固定的IP地址的话，这个IP地址大部分时间就闲置了，造成了紧张的IP资源的浪费。所以现在ADSL技术使用的是动态IP技术，动态IP技术可以在网络用户间自由分配IP地址，当用户上网的时候，网络服务器就从未分配的IP中自动分配一个IP地址，当用户断网之后，这个IP又重新列入为分配的IP地址中，留作下次分配。由于并不是所有网络用户都是同时在线的，只要IP的数目能够满足网络最大在线人数就可以了，这样节约了IP资源。由于是动态IP，每个网络用户并没有一个固定的IP地址，网络服务器分配的是哪个地址就是哪个地址。因此这就造成了IP地址的非固定性，无法通过某个IP地址查出其使用人。另外一种情况是局域网下的IP确认问题，有的局域网中的IP地址是固定的，这个不会产生IP的确认问题，但有的局域网的IP地址不是固定的，尤其是某些上网人数多的场合，如学校等，每个人一个IP地址并不现实，因此，通常局域网IP地址的最后一位是自己设定的（这里考虑的是一般的小型局域网，有大型局域网的后两位甚至后三位都可以自己分配），这样也带来一个IP确认问题。

笔者认为，两种情况有点类似于一个路人被从天而降的花瓶砸到的情况，被砸的人可以选择花瓶所在楼房单元二到顶层的人当被告。根据《民法通则》第一百二十六条：建筑物或者其他设施以及建筑物上的搁置物、悬挂物发生倒塌、脱落、坠落造成他人损害的，它的所有人或者管理人应当承担民事责任，但能够证明自己没有过错的除外。这个一百二十六条规定的是无过错责任。因此除非二到顶层的住户能提供证据表明该花瓶不是自己的或自己没有过错，否则均须承担责任。类似的，同一个动态 IP 地址范围内，或同一个局域网内的网络用户也要提供证据表明自己没有过错，否则均须承担责任，即笔者认为这两种情况下，IP 使用人承担的是无过错责任。这两者的背后都是基于对被侵权人的保护，如果不规定侵权人的无过错责任，在被侵权人无法证明侵权人有过错的情况下，被侵权人的权利将处于无保护状态下。

但是，这两种情况下适用无过错原则也只是在某 IP 有固定的使用范围的。现实中存在另外一种情况，某个场所存在一个局域网，这个场所又是对公众开放的，每个在这个场所上网的人都是自己设置 IP 地址的，比如某个学校的教室，来这个教室上网的人是不固定的，这种情况下，是无法查明 IP 的使用人的，而且也无法适用无过错原则，因为这种情况下，来到该场所上网的并非固定的一群人，不可能让所有人都证明自己没有过错。因此，这就涉及到网络侵权的另一个责任承担主体——网站经营者。

网站经营者的责任包括：（1）制定保护政策和措施；（2）说明和提示义务；（3）对搜集到的个人资料的合理使用；（4）对网站内容的监视和删除；（5）提供侵权者真实登陆资料的义务。

我们知道，网络基本的单位是网站，网上所有的内容都是放在网站上的。而建设网站是需要登记的。首先，网站的域名是需要登记的；其次，如果是营利性的网站的话，还需要办理《中华人民共和国电信与信息服务业务经营许可证》（ICP）登记。因此，当发生网络侵权案件的时候，侵权的网站是确定的。当网站无法提供侵权者登陆资料的时候，就应承担过失责任。这就解决了无法确定侵权人时的责任归属问题。这里，笔者认为可以根据不同网站系统，确定网站经营者的责任归属原则。一般的网站，如企业宣传所使用的网站，其内容是网站经营自己上传得，因此适用无过错原则。另一类网站，比如 BBS、BLOG 系统，网站的内容并非网站经营者所上传，而且由于 BBS、BLOG 系统下，网络用户的数量是十分庞大的，网站经营者无法将所有用户发布的信息进行监控，如果还要网站经营者承担无过错责任的话，显然对网站经营者不公平。因此，在这些特殊系统下，可以要求网站经营者承担过错责任，即只有在未尽到自身义务情况下，如因侵权者注册时未加审查而无法提供侵权者真实登陆资料的时候，承担过错责任。

（二）侵权的主观过错问题

过错是侵权行为成立的主观要件。在网上人身侵权中，由于不存在对物质型人格的侵犯，故一般应以故意为其主观要件。但是网上侵权故意的认定采取什么标准，则要分情况而定。关于故意的认定在学理上有三种观点，即主观说、客观说、折中说。主观说认为过错是违法行为人对自己的行为及其后果所具有的主观心理状态；客观说是法国学者安德列蒂克的主张，即过错是与任何善良公民行为相偏离的行为，主张通过行为人的客观行为来认定其是否为过错；折中说认为过错既是一种心理状态，又是一种行为活动。我国传统观点对故意认定一般采取的是主观说。但是网络是虚拟的，侵权人的主观意图很难把握，此时，对行为人的主观过错上的故意认定主要是依据其行为而判定的。因此，对网上侵权的故意认定时，在一般情况下采用折中说，在一定情况下，可以采用主观说。

（三）损害事实问题

损害事实是指一定行为致使权利主体权利受到侵害并造成财产利益和非财产利益的减少或灭失的客观事实。损害事实是构成侵权责任的必备要件之一，对于肖像权来讲，受到损害事实是指肖像中的精神利益和物质利益受到损害，包括有形损害和无形损害。无形损害主要是针对精神利益而言，包括一般人格利益的损害，即由于肖像的非法使用而导致的人格评价的降低，及受害人的精神创伤和精神痛苦。

【本章思考题】

1. 网络环境下侵犯人格权的特征有哪些？
2. 网络隐私权的内容有哪些？网络隐私权侵权行为的表现有哪些？
3. 网络名誉权侵权的构成要件是什么？
4. 侵害网络个人数据隐私权的表现方式有哪些？
5. 如何认定网络肖像侵权行为？

第十章　网络知识产权保护法律制度

【案例导入】 网络侵犯著作权罪①

高某某、王某和周某某等3人均为湖北省十堰市无业人员，作为“80后”的他们，尽管学历不高但均为网络高手。其中，高某某和王某，从小都是喜欢玩电脑的好朋友，自2005年起又合伙在网上做生意买卖手机、笔记本电脑赚钱，平均每月的收入约2万元。后来，又认识了周某某。2007年12月，3人在十堰市租借了三室一厅的房屋，各自带着女朋友各住一间，厅里放着4台电脑使用。不久，王某借用周某某女友的身份证申请了宽带，并安装了一台路由器连接4台电脑。平常情况下，3人就在家中利用网络赚些钱：周某某帮人制作程序，王某帮人处理图片，高某则帮人做些网络安全方面的维护。

2008年1月上旬，高某某和王某在搜豆网看到，有出售“海盗王”游戏的服务端程序。精通该程序的高某某和王某知道，有了该程序就可以开设“海盗王”的私服赚钱。为此，他们便购买下了该程序，再从官方网站下载了客户端程序，测试后觉得可以用，3人便着手开设私服网。为此，周某某注册了一个名为www.falvwangzhan.com的域名，从广东湛江租用了两台服务器，开设了该网站。高某某负责架设服务器和远程维护，网站的页面由周某某制作，王某做些美工方面的修改。

案发后，法院审理查明，从2008年1月18日至2月27日间，该海盗私服网站通过出售虚拟的武器、装备给玩家牟取利益，违法所得达人民币18.6万余元。3人被抓后，在亲属帮助下退缴了非法所得。

法院判决：

上海市静安区人民法院一审以侵犯著作权罪分别判处高某某、王某和周某某等三名被告人各有期徒刑3年，缓刑3年，分别并处罚金。

---

① 案例来源：中国刑法学网。

【思考】计算机软件是著作权法上的作品吗？网络上知识产权有哪些？

第一节 网络著作权保护

一、网络著作权的概念和内容

网络著作权是指著作权人在网络环境下对其作品所享有的权利，包括下列人身权和财产权：

（1）发表权，即决定作品是否公之于众的权利；

（2）署名权，即表明作者身份，在作品上署名的权利；

（3）修改权，即修改或者授权他人修改作品的权利；

（4）保护作品完整权，即保护作品不受歪曲、篡改的权利；

（5）复制权，即以印刷、复印、拓印、录音、录像、翻录、翻拍等方式将作品制作一份或者多份的权利；

（6）发行权，即以出售或者赠与方式向公众提供作品的原件或者复制件的权利；

（7）出租权，即有偿许可他人临时使用电影作品和以类似摄制电影的方法创作的作品、计算机软件的权利，计算机软件不是出租的主要标的的除外；

（8）展览权，即公开陈列美术作品、摄影作品的原件或者复制件的权利；

（9）表演权，即公开表演作品，以及用各种手段公开播送作品的表演的权利；

（10）放映权，即通过放映机、幻灯机等技术设备公开再现美术、摄影、电影和以类似摄制电影的方法创作的作品等的权利；

（11）广播权，即以无线方式公开广播或者传播作品，以有线传播或者转播的方式向公众传播广播的作品，以及通过扩音器或者其他传送符号、声音、图像的类似工具向公众传播广播的作品的权利；

（12）信息网络传播权，即以有线或者无线方式向公众提供作品，使公众可以在其个人选定的时间和地点获得作品的权利；

（13）摄制权，即以摄制电影或者以类似摄制电影的方法将作品固定在载体上的权利；

（14）改编权，即改变作品，创作出具有独创性的新作品的权利；

（15）翻译权，即将作品从一种语言文字转换成另一种语言文字的权利；

（16）汇编权，即将作品或者作品的片段通过选择或者编排，汇集成新作品的权利；

（17）应当由著作权人享有的其他权利。

实际上，之所以出现“网络著作权”这个概念，是因为随着计算机网络技术的发展，使得作品的复制、传播等方式发生了改变，为更好地保护权利人的权利，各国将传统著作权的相关规则延伸到网络环境下，比如说“复制权”，传统的复制权仅控制印刷、复印等方式的复制行为，但随着计算机网络技术的出现，使得数字化的复制方式也成了“复制权”控制的方式。再比如说“信息网络传播权”，在计算机网络技术出现以前，权利人并不享有这项权利，但随着计算机网络技术发展，权利人的作品可以以数字化形式上传到互联网上去，这样就使得他人能够在其选定的时间和地点获得权利人该作品，这样就达到了传统意义上出版发行一样的结果，即广泛传播开去。为此，各国法律都规定，为保护权利人的合法权益，这种行为应当得到法律的规制，因此我国《著作权法》就特别赋予了权利人“信息网络传播权”。

总之，“网络著作权”的概念是随着网络技术的出现而出现的，权利人的专有权利也将随着网络技术的发展而不断得到扩展。

二、网络著作权的几个问题

（一）网页的作品性问题

近年来，国内外网站之间因网页引发的著作权纠纷日益增多。著作权意义上的作品是指文学、艺术和科学领域内，具有独创性并能以某种有形形式复制的智力创作成果。网页的形式和内容一般具有独创性，并以数字化形式储存在服务器的硬盘上，可以打印等方式复制，具有可复制性。网页还具有可传播性，公众可以借助网络和计算机终端接触复制网页。可见，网页符合作品的法定构成要件，应属于著作权法保护的作品。对此，学术界和司法界并无太大争议，下面讨论网页的作品归类以及网站所有网页集合的作品性问题。

1. 网页的作品归类

如果一个网页上刊登的只是一篇文章，则属于文字作品，如果刊登的只是一件美术作品，则属于美术作品，依此类推。但纯粹的只有文字或图画等单一内容的网页是很少的，通常的网页是文字、图形、声音和动画等多种信息形态的组合，即多媒体网页。对于多媒体的定义，国内外学术界众说纷纭。笔者认为，如果网页的某一部分内容如文字和图形符合作品的条件，自然可以将其分别归类于传统作品而获得保护。但是，如果网页的形式和内容在选择和编排上构成智力创作，则应当认定网页为一种汇编作品。至于视听作品，虽然也是包含文字、声音、图像等内容的综合性作品形式，但是，视听作品的客观表现形式是图像、声音或两者的结合，而网页如果不具有声音和活动影像，就很难归之于视听作品一类了。因此，我们认为，在现阶段将网页定为汇编作品是最为合理的。

2. 网站所有网页的集合的作品性问题

网站的所有网页并不是无序排列和组合的，在内容上，需要投入大量的人力物力来采集、整理、编录有关信息，在页面的形式上，要体现独特构思，包括逐级页面、检索栏目、检索项目和检索方式等，这一切与汇编作品极为类似。而对网页的选择和安排，是具有相当的智力创作成分的，因此，我们认为，将网站的所有网页视为一个整体，只要其内容选择或安排构成智力创作，就认定为汇编作品。

（二）网络特有的在线交互式作品问题

交互性是网络的主要特征之一，它是指网络的最终用户不再是信息的被动接收者，也不限于自主地选择所需信息，而是可以传递信息以参与作品的创作，从而实现了信息的双向交流。交互性或许在非网络环境中也可能产生，但网络的特殊性在于产生了在线的交互式作品，以网上著名的“Chinaren”网站的“同学录”数据库为例，凡在中国就学过的人，均可以在“同学录”上搜寻所在学校、班组的同学信息，可以在上面登载自己的信息（包括事实信息如姓名、联系方式和有可能存在创作因素的信息，如留言、对老师的寄语等）。如果在该数据库上还没有所在学校或班组的信息，第一个访问的人可以自己创建所在学校或班组的信息。如果全中国的人都上网登记，可以设想这是多么庞大的一个数据库。但该数据库的内容完全是由访问的用户自己完成的，“Chinaren”只是提供了一个创意和技术条件以及资金支持（软件、服务器及日常维护），对数据内容并无任何输入行为，所以，这个巨大的在线数据库是由出资者、创意人、软件设计人和用户共同完成的，而且用户的人数也是不确定的，因为“同学录”上登记的人并不一定就是数据的输入者，还存在着他人代为输入的可能性。而且数据库的内容也是不确定的，不仅登记的内容每天甚至每小时都会更新，而且已经登记的人也可以删除登记信息。

此外，作为某个学校或班组信息的创建者（班主）还享有某种权利，可以保留或删除某些信息。这种数据库与将传统条件下制作的数据库上网是完全不同的概念。我们将这类作品定名为在线交互式作品，它有以下一些特征：①只能在网络环境下才可能产生，非网络环境不可能产生“即时”的交流；②交互性已经完全突破了阅读者和创作者之间的界线，很难说谁的创作更有价值；③作者很难确定；④内容是不确定的；⑤参与创作的用户享有的权利，在很大程度上取决于契约，即网站制作的格式合同。当然，称之为作品的前提是其材料的选择与安排构成智力创作。如果仅仅是事实材料的堆积而没有创作意义上的选择和编排，还不能认定其为作品，只能享受类似数据库的弱保护。

由于在线交互式作品是网络环境下特有的作品形式，因此，著作权归属也应考虑其特殊性。我们认为，这类作品的著作权归属应当考虑以下一些因素：一是参与创作的人数众多，而且呈即时动态变化；二是参与创作的人员无法确定，署名并不能代表实际参与创作者；三是参与创作的人对作品创作的贡献无法确定，但这类作品的构思（体现为主题的选择、栏目的顺序、检索的方式等具体的软件设计）更为重要，尽管参与者的数量直接影响作品的价值，但同样的材料在不同的构思下，其价值也是不同的；四是这类作品需要巨额的资金支持，如果没有网站的开办、软件的设计或购买、系统的维护和更新，在线交互式作品就很难存在了。因此，相对于普通作品来说，投资人一般要承担更大的投资风险，而且网站还可能承担作品责任；五是如果授予参与创作的人以作者身份，其署名权也很难行使。

在线交互式作品的上述特性与电影作品类似，电影作品中导演、演员、编剧、词曲作者、摄影师等都对作品的创作提供了实质性的贡献，但为了权利行使的方便以及促进电影作品传播的需要，中国、美国、加拿大、澳大利亚等国将电影作品的著作权归属于制片者（投资者），或者将署名权留给导演、演员、编剧、词曲作者、摄影师等实际参与创作的人，著作权中的其他权利都归属于制片者。还有的国家如英国则允许电影制片人与作者们通过合同方式来确定财产权利归属，但署名权在任何情况下都归电影作品的导演所有，如果导演是制片人的雇员，制片人享有修改权。电影作品权利归属的特殊性不仅在在线交互式作品中都有体现，而且有些还比电影作品程度更甚。如果人数更多，则参与创作的人对创作的贡献就更难以确定，该项投资不仅巨大，而且需要持续性投资等。基于上述理由，我们认为，对在线交互式作品的整体著作权应当参照电影作品而归属于投资人，即网站的所有者，或者允许网站与用户通过合同的形式来确认著作权的归属（注：当然，该作品中能够独立构成作品的部分仍然由作者享有著作权，这里只是就在线交互式作品的整体而言）。鉴于此类作品的构思者的作用，也可以考虑授予作品的构思设计者以署名权，如同电影作品中的导演一样。当然，这里讲的构思不是单纯的创意，而是已经形成具体方案且具体可实施的构思。

（三）网络作品作者身份的确定问题

一般情况下，公众只能通过作品上的署名来判断作品的作者，因而，在作品上署名是作者表明其身份的最直接有效的方式。但是，网上的作者署假名或笔名之风盛行，给公众确定作品的作者造成很大的障碍。

在陈卫华诉成都商情报社案中，原告、被告双方对涉案文章《戏说 MAYA》是享有著作权的作品这一点并无争议，争议的只是作者的身份。由于文章发表在个人主页上，而文章的署名又与个人主页的署名一致（都是“无方”），所以，从某种意义上说，原告只要证明自己是个人主页的所有人，即可证明自己是文章的作者。在该案中，原告没有提供关于其个人主页的原始注册资料，只是演示了他可以修改该个人主页的密码和上传或删除文件，这虽然是证明个人主页所有者的必要条件，但从技术上来说，并不是充分条件，即还有可能存在不是个人主页所有者但是掌握密码的人，如电脑黑客或其他知道密码的人。由于被告在原告演示登录该个人主页过程之后没有再对原告的作者身份提出质疑，所以法院可以认定原告就是作者。

但是，如果被告提出了异议，应当说也是一种合理的怀疑，此时，原告如何证明自己就是个人主页所有者，或者法院如何来查明原告是否个人主页所有者呢？除了在个人主页上上传文章以外，网络用户还可能向 BBS 提交文章，此时，如果署的是笔名或假名，同样面临着难以确定作者身份的问题，甚至可能更为复杂。

首先，要由 BBS 经营者提供证据，证明该文系从作者的某个电子邮箱中发出的；其次，要由作者证明自己就是该电子邮箱的合法使用者，如果是使用电信服务商如中国电信公司提供的电子邮箱，则可以由电信服务商提供书面的原始登记资料来证明邮箱所有者，作者必须证明自己是邮箱所有者或经所有者同意许可的合法使用者（如邮箱所有者的同住家庭成员）。如果文章是从作者免费注册的电子邮箱中发出的，则作者必须证明自己就是该免费邮箱的所有人。由于这类电子邮箱的申请和取得也是通过电子邮件在网上完成的，有关资料也完全可以虚拟，所以，证明自己是电子邮箱所有人与证明自己是个人主页所有人的要求是一样的。如果文章是从网吧、单位等使用网络的公众场所发出的，则几乎没有办法可以证明自己就是作者，除非当时正好有人看到你在发送该文，而在这类情况下，证人证言的可信性是需要严格审查的。对此，国内有三个解决方案：①由网络服务商提供证据[①]；②法院公告，即由法院公告要求网上作品的真正作者在指定期限内前来法院办理登记手续，逾期视为弃权；③用技术手段确认电子人格，例如用电子签名来辨别网络上个人的身份。

个人主页是由网络服务商提供一部分硬盘空间供个人使用的，个人主页申请时的注册资料也保存在网络服务商处，由网络服务商提供原始注册资料应当说是最有说服力的。但是，这里仍然存在两个问题：一是网络服务商保存原始注册资料只是其权利而非义务，如果网络服务商丢失有关原始注册资料，又该如何处理？况且，原始注册资料如果保存在联网的服务器上，还有可能被黑客“攻入”系统后删除或修改。二是申请者在填写注册资料时不一定会填写真实身份，出于对保护隐私权的需要和对网络可能泄露个人信息的恐惧，申请者不填或填写不真实情况的目前占有很大比例。

法院公告方案也存在着难以逾越的障碍。首先，根据著作权自动产生原则，没有任何法律依据可以由法院来作出逾期除权决定，如果逾期之后真正的作者举出了确切的证据来证明其作者身份，法院就应当撤销原判，这样，法院公告后的确权没有任何实质性意义，权利的归属仍然处于不确定状态。其次，如果届时多人前来申报作者身份，又都可以提供密码和演示登录过程，则法院如何裁决？可见，法院公告的方案没有真正解决问题。而电子人格方案在目前的技术条件下还只是一种设想，从技术发展的角度来看，如果将来技术上可行，法律又予以确认，则查询假名作品或匿名作品的作者就变得可能了。但是，网络给人们带来的便利之一是其隐匿性，如果存在着这样一种确认网上人格与现实人格同一的技术手段，有可能会产生人们对政府监控公民思想和言论的恐惧感，导致人们对该方案的排斥，这是在考虑作者身份及确认问题时不得不重视的问题。

---

① 注：在张晓辉诉检察日报社侵犯著作权纠纷案中，网站管理者北京市鹤鸣日新公司出具了涉案文章作者系张晓辉的证明。

对于上述难题，有人提出，虽然作者享有署真名、署假名或不署名的权利，但在网络环境下，应当慎重考虑自己的署名方式。但严格地说，即使署的是真名，作者也有责任证明自己就是作者。因为同名同姓者大有人在，而且还有可能是冒用他人署名发表，如果仅以网上文章的署名来认定作者，其后果也是严重的。在文章内容违法或侵权时，被冒名的人却有义务证明自己不是该文章的作者，这对于该被冒名者是不公平的，也几乎是做不到的。所以，实际上对于网上所有作品的署名都存在证明和确认的问题。对于作者身份的确认问题，在现有条件下似乎没有完全合理可行的方案。

（四）作品在网络上的传输权问题

在王蒙等六作家诉世纪互联公司网上著作权侵权案中，我国司法界明确指出，作品在国际互联网上传播，本质上都是为了实现向社会公众的传播使用，使观众或听众了解到作品的内容。作品传播方式的不同，并不影响著作权人对其作品传播的控制权利。

至于以何种权利来控制网络上的作品的传输，国际上主要有两种思路：一种是将原有的著作权概念予以新的理解或扩张，以包含网络上的作品传输；另一种是新创设一个权利术语。具体来说，有以下几种方案：①发行权方案，即将作品在网络上的传输纳入发行权的范围；②出租权方案，即将作品在网络上的传输纳入出租权的范围；③公开表演权方案，即将作品在网络上的传输纳入公开表演权的范围；④不包括广播和私人通讯的向公众传播权方案，即将作品在网络上的传输纳入向公众传播权（但该项权利不包括广播和私人间的通讯）的范围；⑤WIPO 的总解决方案。1996 年 12 月召开的世界知识产权组织外交会议认为，与其在为用何种权利而争论不休，不如确定保护的原则，以一种不受具体法律特征影响的技术中立的立场来描述权利，从而为各国留有立法空间。这就是 WIPO 的“总解决方案”。

上述方案均存在一定缺陷，我国的现行著作权法和实施条例中关于著作权各项财产权利的规定，从字面上看是无法包含网络传输作品行为的。如将表演定义为“演奏乐曲、上演剧本、朗诵诗词等直接或者借助技术设备以声音、表情、动作公开再现作品”，虽然没有限定技术设备的种类与功能，但在表现形式上却限定为“以声音、表情、动作”的方式。对于播放则界定为“通过无线电波、有线电视系统传播作品”，明文排除了适用于网络的可能性。作品在国际互联网上进行传播，与著作权法意义上对作品的出版、发行、公开表演、播放等方式均有不同之处，因此，尽管可以对法律法规作扩大解释来包含作品在网络上的传输，但由于人们对于现有的几种作品使用方式已经有了通常的理解，勉强解释还不如另行创设一种新的权利。在修改著作权法时，增设一项“网络传输权”似乎很有必要。

（五）限制著作人身权利保护水平问题

由于制作多媒体产品和万维网网页需要大量使用甚至修改他人的作品，而且网络条件下署名有着种种不便，所以，在网络界及法律界就产生了限制著作人身权利保护水平以适应信息产业发展的主张。

有人认为，在互联网上按照传统方式保护著作人身权利，会遇到许多实际困难，这就在客观上要求对著作人身权利保护作某种变通，例如出版周期较长的传统期刊，使讨论者有足够的时间旁征博引，而网络上通讯的迅捷，则要求人们在短时间内发表观点和接受反馈。笔者认为，这里或许存在着比较不当的思维缺陷。因为在网络上要求短时间内发表观点和接受反馈的是电子布告板和聊天室，这其实就相当于人们日常生活中的口头谈论，而电子邮件就相当于来往信件，这些与期刊不可同日而语，作者从来没有、法律也不会要求人们在日常谈话时、往来信件中引用其作品时要声明作者和出处。同样，网络谈话和信件也不会有这样苛刻的要求（这可以适用合理使用），而更新时间相对较长的网页，版主理所当然地要在使用他人作品时尊重他人的著作人身权利。试想，版主在看到自己精心制作的网页被他人抄袭、仿冒时，会不会因网络通讯的迅捷而心平气和呢？同样，向网络传输自己作品的人也需要别人的尊重。在大多数的学术性网页中，文章都有注释和参考书目，与传统期刊的规范程度大致相当。

事实上，整个国际社会的立法并没有显示出限制著作人身权利的趋势。尽管网络环境与传统条件之间存在着一些不同，但人身权利与作品正常使用、传播的互动作用以及如何将人身权利保护维持在一个适当水平，这并不是网络时代所特有的话题，现有的人身权利保护水平并没有对网络发展造成无法克服的阻碍作用。

对于各种不同的著作权保护客体，其人身权利保护的尺度从来都不是“一视同仁”的。如对于建筑物，为了不影响建筑物的美观，联合国教科文组织及世界知识产权组织就建议对建筑作品的署名权应当善意行使。又如，在计算机软件成为著作权新的客体之后，连保护人身权利态度很僵化的法国，都规定作者不能行使人身权利中的修改权和收回权。而我国现有的著作权法不仅对各种不同的著作权客体规定同样的人身权利（计算机软件除外，作者没有修改权），而且对行使人身权利没有任何要求和限制，这种整齐划一的高标准保护不仅对作品在网络上的传播有碍，就是在传统条件下也显得不甚合理。所以，应当在著作权法中增加著作权人对人身权利应当善意行使原则、构成侵犯修改权必须是有损作者名声的歪曲、篡改等较为原则的要求，具体认定交由法院根据个案自由裁量，以防止人身权利的过高保护水平妨碍网络的发展。

针对现有的一些将人身权利保持在适当水平的方案，“允许作者放弃人身权利”和“不保护假名或匿名作品”两个主张应该摒弃。人身权利放弃有两个特性，一是不可逆性，权利一旦放弃就不能再收回；二是对世性，作者对一个人放弃人身权利就是对所有的人放弃了人身权利，包括本国和外国（注：如果认为人身权利可以仅对某个人放弃，那这种放弃实际上就是转让，与人身权利的性质格格不入）。基于此，人身权利放弃对于作者而言是极为严重的后果。而相对而言，在著作权市场上，作者的地位总是弱于作品传播者（如出版商），如果以保证和维护著作权产品在市场上的流通为名义，允许作者与使用者通过契约来约定人身权利的放弃与否，恐怕迫于情势，作者的人身权利真的岌岌可危了。正如一些基本人权和自由的不可放弃和不可转让性一样，人身权利这种与作品、作者的人格密切相关的权利是不应当允许放弃的。至于假名和匿名作品的不受保护问题，这并不是网络所特有的问题，虽然国外有不保护无法确认作者身份的假名或匿名作品的人身权利立法例，但这只是由于作者身份不明不便行使人身权利而已，反过来说，如果有人冒称自己是某匿名作品的作者，法律会允许这种假冒吗？所以，这归根结底是一个证明的问题，而不是放纵对他人作品（包括假名或匿名作品）的人身权利的侵犯。

著作权制度为适应网络环境而进行的修正，实际上是根据著作权人和社会公众之间的利益平衡原则进行的利益再调整，这是必需的，也是必然的。但我国的立法讨论基本上属于价值判断，而缺乏量化资料的论证，如允许用户在网上浏览作品究竟会对著作权人的利益造成多大的利益损失，如果对网络服务商追究严格责任将对服务商的业务发展带来多大的负面影响等，这些因“数字化”而产生的问题都没有数字来体现和说明。

三、网络著作权侵权行为

（一）网络著作权侵权的构成要件

1. 网络著作权侵权行为的客体要件

根据《著作权法》第三条的规定，文字作品、计算机软件本身就属于法律保护的作品的范围，多媒体作品涉及网络作品著作权侵权的构成要件的文字、美术、摄影、音乐等作品也应当属受保护的范围。即只要符合著作法所规定的作品的条件和特征，就应当受到著作权法的保护，在著作权法中没有明确规定的，他人的智力成果也不可以任意复制，创作者的权益不能随意侵犯。

2. 网络著作权侵权行为的主体要件

依据行为主体在计算机网络传输中的作用，网络作品著作权侵权的主体可分为两类：一类是网络使用者，一类是网络服务商。其网络使用者的数量庞大，这类主体通过读取信息、下载资料、设立网页、传递电子邮件、进入论坛等方式，当网络使用者具有民事权利能力和民事行为能力，实施了侵犯网络作品著作权的行为，则为侵权主体，对其行为应承担法律责任。

3. 侵权行为的客观要件

要认定网络作品著作权侵权的客观要件，应具备两个条件：一是使用的作品和表演、录音录像制品、广播电视节目是受著作权保护的客体；二是必须是未经著作权人和与著作权人有关的权利人的许可，不按著作权法规定的使用条件，擅自使用作品以及表演、录音录像制品和广播电视节目的行为，则构成侵权。

4. 网络著作权侵权行为的主观要件

侵权行为的主观方面是指侵权行为实施者对自己的违法行为及其损害后果所抱的心理态度，包括故意和过失两种形式。网络使用者或网络服务商通过网络自行实施侵犯他人著作权的行为，或参与他人著作权侵权活动；网络服务商教唆、帮助用户实施著作权侵权行为等，都是作为的侵权行为，在主观上存在明显故意，故应对自己的行为承担法律责任。不作为的侵权行为主要是提供内容服务的网络服务商实施的。提供内容服务的网络服务商对其传输内容有控制、监督、增删编辑的权利和义务，当其明知网络上存有侵害他人著作权的信息内容时，应当在技术可能、经济许可的范围内采取措施移除侵权内容。如果拒不移除，采取放任或支持的态度，在主观上则有过错，应当承担连带侵权责任。

（二）网络著作权侵权的基本类型

我国网络出现的著作权侵权案件日益增多而且侵权方式及对象也呈多样化趋势，司法实践中，侵犯网络著作权的诉讼主要有：①著作权人作为原告起诉网站。对文学、艺术、科学等作品享有著作权的公民个人或组织对网络提出的侵权诉讼。②媒体作为原告起诉网站。即报刊、电台等传统媒体就网站未经许可使用其作品而形成的侵权。③网站作为原告起诉其他网站。网站之间因栏目抄袭、文章转载等发生的纠纷不断出现。④网站作为原告起诉传统媒体。即媒体将网站上的文章、图片等信息下载而引发的纠纷。⑤邻接权人作为原告诉网站侵权。主要指表演者、录音、录像制品未经作者等对其制作、表演的作品被网站播放所引发的纠纷。

下面重点讨论几种侵犯网络著作权的情形：

（1）以抄袭剽窃为特征的网络著作权侵权。由于网络作品修改的灵活性和随意性，网络作品在计算机上被他人擅自侵权易如反掌。与此同时应该注意认定抄袭剽窃的几个问题：①抄袭剽窃与合理使用的区别。第一，二者的目的不同。合理使用是为了个人学习、欣赏及教育、科研事业等；剽窃、抄袭的使用意图则完全不同，一般是为了谋取非法利益。第二，二者使用原作品的量不同。合理使用在一般情况下，使用他人作品的部分与原整个作品的比例要适当。第三，原作品有无发表不同。合理使用所引用的作品必须是他人已经发表的作品，将他人未发表的作品引用在自己作品中加以发表则构成剽窃、抄袭行为。第四，注明出处不同。合理使用他人作品必须注明作者的姓名及作品的名称等；剽窃、抄袭是将他人的作品当作自己的作品予以发表。②剽窃、抄袭与演绎作品的区别。一般演绎作品是由原作品著作权人许可的，在原作品的基础上，通过再创作或以另一种形式表现相同内容。作者的创造性主要表现在对原作品进行改编，将其译成其他语言文字，经作者创造性的劳动，创作出了新的作品。剽窃、抄袭与演绎作品的主要区别就是：演绎作品的作者付出了创造性劳动，创作出了新的作品；而剽窃、抄袭者最多只是把他人作品的个别内容和词句略作变动，便作为自己的作品发表，根本谈不上创造。

（2）侵犯网页著作权。①网络使用者或者网络服务提供商在自己设立的网页、论坛非法复制、传播、转载他人享有著作权的作品。②将在网络上传输的他人作品下载并复制成光盘。③行为人将他人熟知的著作权的文件传到网络并从网络上下载进行非法使用。④未经许可将他人作品提供到网络上进行公众交易或者传播。

（3）因链接而产生的网络著作权侵权。对浏览者来说，网络链接起导航作用，但设置链接并不需要被链接者的同意，设链者完全可以在被链者浑然不知的情况下设置，因此链接者已经侵犯了他人的网络著作权。

（4）随意下载音乐的侵权纠纷。目前在全球网络上至少已经有 100 万个站点有音乐作品并传递，每天都有超过 50 万人从网上下载音乐作品。而这些下载不会都经过著作权人的同意，大部分都是在著作权人未知的时候下载，侵犯了音乐人的网络著作权。

第二节　网络商标权保护

一、商标和商标专用权概述

商标是由文字、图形、颜色等各种要素构成的一种区别不同商品经营者的标志，商标的使用对象是商品，离开了商品，商标就失去了存在的依据。按照商标的不同用途和作用，可以将商标分为商品商标、服务商标、集体商标和证明商标等。我国商标法规定，经商标局核准注册的商标受法律保护，如果是驰名商标，将会获得跨类别的商标专用权法律保护。

注册商标必须具备的条件为：①应当具备法定的构成要素。任何能够将自然人、法人或者其他组织的商品与他人的商品区别开来的可视性标志，包括文字、图形、字母、数字、三维标志和颜色组合，以及上述要素的组合，均可以作为商标申请注册。视觉不能感知的音响、气体等商标不能在我国注册。②商标应当具有显著特征。商标的显著特征可以通过两种途径获得：一是标志本身固有的显著性特征，如立意新颖、设计独特的商标；二是通过使用获得显著特征，如直接叙述商品质量等特点的叙述性标志经过使用取得显著特征，并便于识别的，可以作为“第二含义”。

依据《商标法》第三条第一款“经商标局核准注册的商标为注册商标；商标注册人享有商标专用权，受法律保护”之规定，商标权利人依法享有国家法律赋予的垄断性的商标使用权，商标专用权具有如下法律特征：

1. 独占性

又称专有性或垄断性，指商标注册人对其注册商标享有独占使用权。这种专用权表现为三个方面：

（1）商标注册人有权依据《商标法》的相关规定，将其注册商标使用在其核准使用的商品、商品包装上或者服务、服务设施上，任何他人不得干涉；

（2）商标注册人有权禁止任何其他人未经其许可擅自在同一种或类似商品上使用与其注册商标相同或者近似的商标；

（3）商标注册人有权许可他人使用自己的注册商标，也可以将自己的注册给他人，这种许可或转让要符合法律规定并履行一定的法律手续。

2. 时效性

指商标专用权的有效期限。在有效期限之内，商标专用权受法律保护，超过有效期限不进行续展手续，就不再受到法律的保护。我国商标法规定的商标专用权的有效期为十年。《商标法》第三十八条规定："注册商标有效期限届满，需要继续使用的，应当在期满前六个月内申请续展注册，在此期间未能提出申请的，可以给予六个月的宽展期。宽展期满仍未提出申请的，注销其注册商标。每次续展注册的有效期为十年。续展注册经核准后，予以公告。"

3. 地域性

指商标专用权的保护受地域范围的限制。注册商标专用权仅在商标注册国享受法律保护，非注册国没有保护的义务。在我国注册的商标要在其他国家获得商标专用权并受到法律保护，就必须分别在这些国家进行注册，或者通过《马德里协定》等国际知识产权条约在协定的成员国申请领土延伸。

4. 财产性

商标专用权是一种无形财产权。商标专用权的整体是智力成果，它凝聚了权利人的心血和劳动。智力成果不同于有形的物质财富，它虽然需要借助一定的载体表现，但载体本身并无太大的经济价值，体现巨大经济价值的只能是载体所蕴含的智力成果。比如"可口可乐"商标、"全聚德"商标等，其商标的载体：可乐、烤鸭等不是具有昂贵价值的东西，但其商标本身却是具有极高的经济价值。

二、目前互联网上商标权保护面临的主要挑战

目前互联网上商标权保护面临的主要挑战之一就是网络域名与商标的冲

突。域名是对应于互联网地址（IP 地址）的层次结构式网络字符标识，是进行网络访问的重要基础。一方面，域名的构成，可以使用英文字母，也可以使用中文文字。另一方面，商标的构成要素可以是“任何能够将自然人、法人或者其他组织的商品与他人的商品区别开的可视性标志，包括文字、图形、字母、数字、三维标志和颜色组合，以及上述要素的组合”。文字商标、字母商标与域名的冲突自不待言，即使是其他形式的商标，使用人出于便于呼叫和宣传的需要，也几乎都有文字要素与其他要素进行组合。在这种情况下，用作网络域名的字母或文字倘若与他人在先注册的商标或者商标中的文字、字母要素发生重叠或者近似，就有可能导致网上用户对该域名的使用者同该商标的使用者发生混淆，从而损害商标权人的利益。

网络主页上的商标侵权是目前互联网上商标保护面临的又一主要挑战。这主要包括将他人商标移作自己网页的图标，或者将他人注册商标设计为自己网页的一部分，足以使人产生混淆，以及在自己网页上将他人的注册商标用作链接标志足以误导网络用户两种情形。擅自使用他人注册在先的商标当作自己网页上的图标，或者在自己网页上将他人注册在先的商标用作链接标志，使自己经营的电子商务与商标权人的商务足以造成混淆，势必会损害商标权人的利益。

（一）网络域名与商标的冲突及其对策

1. 域名与商标的冲突

域名是连接到因特网上的计算机的地址，使用域名最初的目的是为了便于人们发电子邮件或访问某个网站，它本身原本没有很大的商业价值。但是，随着互联网的迅速膨胀，域名如同现实生活中自然人和法人的姓名、名称一样，成为网络虚拟世界中人们最重要的可识别性标志；域名因其易记且便于使用，已被广泛地用作一种商业标记，因而承载了很大的商业价值。商家的域名越来越广泛地用于广告宣传中，成为商家在网上拥有一个地盘的标志。尤其，众多商家基于网站在发展电子商务中的巨大潜力而纷纷将自己的商标、商号乃至擅自将其他知名企业的商标、商号作为自己的域名使用注册，以吸引尽可能多的消费者，扩大自己在网上的知名度。域名与商标的结合与冲突日益明显。

域名与商标是如何冲突的呢？相同或近似的商标分属经营不同种类商品或服务的市场主体时，若它们都上网建自己的网站，则只能由其中之一将该商标注册为域名使用，谁在先注册，谁就获得注册域名，这就出现了某个市场主体的域名同他人的注册商标相同或近似的情况。这时由于双方均享有商标权，因此不能简单地认定域名注册就一定构成商标侵权。

实践中，域名与商标的冲突有两种形式：一是恶意抢注。人们上网有一种习惯，即在没有域名地址簿的情况下，人们要想访问某一企业的站点，第一反应往往是输入该企业的“商标或商号 + COM”。这样，“商标或商号 + COM”结构的域名比其他结构的域名就有了更高的经济价值。域名具有唯一性。因此人们的网络习惯和域名特点共同作用导致了“域名抢注”。域名恶意抢注判断的标准在“恶意”上，表现为抢注的域名使用了他人知名度较高的商标或商号；抢注的目的有牟利性质。二是巧合雷同。在某些情况下，域名注册人并无抢注的恶意，而是出于自身原因使用了某个域名，造成与他人商标或商号的巧合雷同。由于域名的唯一性，这种冲突是难免的。

使用与他人商标相同或近似的域名是否构成商标侵权呢？对此，观点不一。我们认为，使用与他人商标相同或近似的域名，会给商标权人带来许多危害。一方面，域名注册人可能在电子商务中经营与商标权人相竞争的商品或服务，这样就会无偿利用商标权人已经建立起的商誉；即使域名注册人不从事与商标权人相竞争的商品或服务的经营，而经营其他有损于商标权人商业形象的商品或服务，也会令商标权人的商誉间接受到损害。另一方面，一些域名注册人将他人的商标注册为域名，目的并非是自己使用，而是反过来将该域名向商标权人或其竞争对手推销，以此获取高额利益；更有甚者，某些域名注册人将他人的注册商标注册为域名，自己不用，也不让别人使用，这样无形之中就限制了商标权人将自己的商标用做域名的权利，同时也就限制了商标权人使用自己商誉的机会。可见，将他人的商标注册为域名客观上确实有损于他人的商标权。

2. 域名与商标冲突的对策

首先，鉴于目前域名与商标冲突现象日益严重，商标制度与域名制度又存在立法上的错位，要想尽可能减少域名与商标冲突，促进网络经济的发展，第一位的任务便是宣传、鼓励企业尽快上网，注册自己的域名。尤其中小企业对网络麻木者多，热情者少，如若不尽快建立自己的网站，便有他人将我们的商标抢注为域名之虞，所以采取有效措施，推动企业上网迫在眉睫。

其次，当企业的商标或商号与域名发生冲突时，有两种可尝试的办法来加以解决。一是通过域名注册机构解决。当发现本企业的商标或商号被他人注册为域名时，商标权人或商号使用人应及时向域名注册机构提出异议。二是通过司法机关解决。如果企业有一定知名度的商标与他人域名发生冲突，商标权人认为他人的域名注册足以在实践中与自己的商标发生混淆而令自己受损，确实侵犯了自己的商标权，可以依据我国《商标法》或《反不正当竞争法》提起诉讼。一方面，抢注驰名商标作为域名可认定为侵权。由于驰名商标在市场所占据的特殊定位和对商家的重要意义，法律对驰名商标的法律保护采取扩大保护范围的做法，即把驰名商标的保护扩大到非类似商品或者服务上。另一方面，通过反不正当竞争法保护被抢注的商标要考虑以下因素：以他人的注册商标抢注的域名是否在商业上使用；是否利用域名经营或者从事与商标权人同类的商品或者服务；是否抢注大量他人商标意图勒索；使用他人注册商标是否给网上商业同行和用户造成了实际的混淆和误认。

再次，当企业的商标或商号与他人的域名冲突时，与在先注册自己知名商标、商号为域名的当事人协商，索回本属自己的域名。此举虽属下策，但在现行相关法律制度对此提供明确解决办法之前，也是保持自己的商誉，进一步树立自己商标和域名形象的明智之举。这是因为，他人的域名与自己商标、商号相同或相似，无疑会给各方今后的商务实践带来诸多麻烦，如一方加大对商标商号的广告宣传投入，会不得不担心客观上可能为别人做了宣传；自己加大销售、质量上的管理，担心会提高对方的信誉；一方信誉上出现差错，会导致两败俱伤等。因此他人不管是恶意抢注，还是巧合雷同，在不能或不便通过其他途径解决冲突时，通过友好协商致使对手无偿或低价转让其域名也是可行的。

最后，明确域名的知识产权地位，依法保护域名。域名的知识产权性质问题在学术界尚有争议，有人将域名与商标、商号并列为商业标记权，有人主张法律应赋予域名的注册人以专门的域名权，作为一种全新的独立的知识产权范畴。也有的认为域名并非纯商业性使用的标志，不能简单地划入知识产权的范畴。但“域名是使用在商业活动中的重要商业标志，具有很大的商业价值。不论其是否为知识产权，都应得到应有的法律保护”。因此，网络用户的域名被人侵犯，应当可以依据我国《反不正当竞争法》有关“假冒”、“误导”的条款维护自己的权益。如果域名使用人没有注册商标，或者自己的域名与自己注册的商标不一致，应当尽快将自己的域名作为商标申请注册，这样可以用我国比较完善的商标法律制度弥补域名制度的不完善，充分维护自己的域名权益。

（二）网络主页上的商标侵权及其对策

1. 网络主页上商标侵权的表现

一是将他人商标移作自己网页的图标，或者将他人注册商标设计为自己网页的一部分，足以使人产生混淆。根据商标法规定，商标的构成要素可以是任何能够将自然人、法人或者其他组织的商品与他人的商品区别开的可视性标志，包括文字、图形、字母、数字、三维标志和颜色组合，以及上述要素的组合。商标应当具有显著特征，便于识别。这就是说，对注册商标构成要素的使用是否构成侵权的根本依据是能否将行为人的商品或服务与商标权人的商品或服务区别开来。擅自使用他人注册商标当作自己网页上的图标，或者将他人注册商标设计为自己网页的一部分，使自己经营的电子商务与商标权人的商务足以造成混淆，当然构成商标侵权。

二是在自己网页上将他人的注册商标用作链接标志。因特网上存储于不同服务器上的文件可以通过文本标记语言链接起来。所谓超文本链接就是网络用户用鼠标点击网页上被称作“锚”的一些字符或图形，另一个网页或网页的另一部分内容就呈现在用户的计算机屏幕上，这种网上文件的转换和跳跃的过程就是“链接”。实践中，由于每个网页的主人都希望自己的网页漂亮动人，因此“锚”也便设计得色彩斑斓，各具特色。行为人未经许可在自己网页上使用他人的商标或者包含了他人商标的域名、网上地址作为链接到该商标权人网页的“锚”，此种行为是否构成商标侵权，取决于网上用户能否对设链者及被链接者所提供的商品或服务产生混淆，是否会误认为两者之间存有着某种授权关系或者其他方面的联系。显然，当被用作链接标志的商标具有一定的知名度时，就可能在消费者中产生混淆，并且被用作链接标志的商标知名度越高，产生混淆的可能性就越大。

三是将他人的商标埋置在自己网页的原代码中，当消费者使用网上引擎查找该他人商标时，行为人的网页就会位居搜索结果的前列。有学者称此为“隐形商标侵权纠纷”。在美国此类一起案件中，被告在自己网页上未使用“可见”的原告注册商标，但却将原告的注册商标埋置在其网页的关键词中，只要用户以原告注册商标为主题通过搜寻引擎查询原告的信息，都被搜索引擎指引到被告的网页。该案最后由法院下永久性禁令禁止被告的此种“埋设”行为。

2. 网络主页上商标侵权的对策

对网络主页上的商标侵权，依照《商标法》向工商行政管理机关申诉或向人民法院起诉，有两个方面的法律规定可作依据。一方面，《商标法》第五十二条列举了侵犯注册商标专用权的行为表现，其中对“（五）给他人的注册商标专用权造成其他损害的。”应作广义理解。《商标法》应当规范网络环境下的商标行为，因此上文列举的“将他人商标移作自己网页的图标，或者将他人注册商标设计为自己网页的一部分，足以使人产生混淆”以及“隐形商标侵权”均应理解为《商标法》第五十二条“（五）给他人的注册商标专用权造成其他损害的”行为。另一方面，我国《商标法》第十三、十四条，《驰名商标认定和管理规定》以及我国参加的一些国际条约或协定等都对驰名商标的认定和保护作出了相应的规定。行为人在网上侵犯商标权如果涉及驰名商标，则可援引驰名商标特殊保护的规定。

对网络主页上的商标侵权，依照《反不正当竞争法》申诉或起诉，可作依据的法律规定主要有，该法第二条规定“经营者在市场交易中，应当遵循自愿、平等、公平、诚实信用的原则，遵守公认的商业道德。”不正当竞争“是指违反本法规定，损害其他经营者的合法权益，扰乱社会经济秩序的行为。”第五条规定：经营者不得“擅自使用他人的企业名称或者姓名，引人误以为是他人的商品。”第九条规定：“经营者不得利用广告或者其他方法，对商品的……生产者、产地等作引人误解的虚假宣传。”商标权人只要能够证明其商标有一定的知名度，行为人在网页上擅自使用了自己的商标，就可以认定行为人违反了公平、诚实信用的原则以及公认的商业道德，并且在电子商务中足以造成混淆，是一种扰乱市场秩序的不正当竞争行为。

网上商标的保护应当采取多种多样的形式。一方面，通过法律途径来保护商标权，要特别注意原始证据的收集与管理。这是因为，网上内容总是不断更新不断变化的，人们通过键盘或鼠标的简单操作即可对网上内容做较大的修改或增删，且令以前的内容难以复现。因此原始证据对网上商标权诉讼意义重大。平时就应养成收集证据的习惯，防止诉讼开始后被告修改网上内容，给胜诉带来不便。另一方面，网上商标保护可以通过法律途径，但也不可忽视其技术保护。如有一种肉眼看不到的电子水印能隐藏在数字化图像中，无论怎样编辑、修改，水印都不能被消除，权利人即可借辨别水印将其识破。这种新的技术手段对商标的设计很有借鉴意义，也不失为防止商标侵权的一种有效措施。

第三节 网络商业秘密保护

一、商业秘密概念及商业秘密的构成要件

根据我国《反不正当竞争法》第十条的规定，商业秘密是指不为公众所知悉，能为权利人带来经济利益，具有实用性并经权利人采取保密措施的技术信息和经营信息。商业秘密可以分为四种：技术秘密、交易秘密、经营秘密和管理秘密。当然其他方面信息符合商业秘密本质特征的，也应当受到法律的保护。

根据法律和国际条约的规定，受到法律保护的技术信息和经营信息等商业秘密，应当具备法律要求的以下条件：①该项信息具有秘密性。商业秘密首要的构成条件就是该项信息应当具有秘密性，即没有被任何人向社会公开，不为公众所知悉。所谓向社会公开，是指向不特定的人员透露。②该项信息具有商业利益性。一项信息，不一定会立即转化为经济利益。因此，所谓能够为权利人带来经济利益，包括潜在的经济利益，包括能够为权利人带来竞争优势。只要一项信息是有价值的信息，就能够满足这一条件的要求。没有价值的信息，既然不能为权利人带来经济利益，也就不具有保护价值。③该项信息具有实用性。所谓具有实用性，是指该信息能够被权利人实际使用于生产或者经营。如果该项信息是一项纯粹理论，是不能实现的错误构思，则不能作为商业秘密保护，是否受其他法律保护，应当根据其他法律处理。一项信息具有实用性，并不意味着必须能够直接用于生产经营。如果该项信息能够为权利人的生产经营活动提供间接的、有益的帮助，该项信息仍然应当认定为具有实用性。例如，阶段性的技术成果，往往不能直接用于生产经营，但是，它是权利人进一步开展研究工作的基础，对技术成果的最终完成具有重要作用，它就应当被认定具有实用性。④权利人采取了保密措施。这是认定商业秘密受保护的一项重要因素。如果权利人对一项信息没有采取保护措施，对该项信息采取放任其公开的态度，则说明他自己就不认为这是一项商业秘密，或者其并不要求保护，那么，法律也就不会给予保护。

二、网络环境下的侵犯商业秘密的行为

网络技术的发展，使商业秘密的保护面临了从未有过的新挑战。涉及网

络对商业秘密的侵犯最经常的技术方式是通过电子邮件的方式，此外，以FTP传输文件、BBS电子公告板方式、新闻组和远程登录（Telnet）等方式都可以泄露或窃取等造成对商业秘密的侵害。

（一）侵犯商业秘密行为的认定

我国反不正当竞争法第十条规定，“经营者不得采用下列手段侵犯商业秘密：（一）以盗窃、利诱、胁迫或者其他不正当手段获取权利人的商业秘密。（二）披露、使用或者允许他人使用以前项手段获取的权利人的商业秘密。（三）违反约定或者违反权利人有关保守商业秘密的要求，披露、使用或者允许他人使用其所掌握的商业秘密”，该条还规定，“第三人明知或者应知前款所列违法行为，获取、使用或者披露他人的商业秘密，视为侵犯商业秘密”。上述规定是认定侵犯商业秘密行为的法律依据。

目前，较常见的侵犯商业秘密的情形有：①在人员流动过程中，单位职工带走原单位的商业秘密，到新的单位披露、使用；②他人以利诱方式，使单位职工泄露本单位商业秘密；③直接盗窃他人的商业秘密，包括盗窃技术图纸和资料，盗窃实验样品，盗窃经营计划等文件；④职工为泄私愤而泄露单位商业秘密等。

在实践中，确定是否侵犯商业秘密主要从以下几个方面进行：

首先，应当确定权利人是否存在一项有效的商业秘密。不仅应当弄清楚所称的商业秘密的内容，还应当认真审查该项要求保护的信息，是否满足商业秘密的构成要件，即从是否具有秘密性，是否能够带来经济利益，有无合理的保密措施等方面来确定该项信息应否受到保护。在审查是否存在商业秘密问题上，要由原告陈述其商业秘密的内容，以及其所采取的保密措施，并作举证。被控侵权人对权利人所持商业秘密的内容、保密措施等有异议的，应当由其为此举证。至于是否存在商业秘密和是否为公众所知悉，是案件事实的审查认定，可能涉及专业技术问题。因此，人民法院一般委托鉴定部门或者鉴定人对是否存在商业秘密进行鉴定。在专业技术鉴定的基础上，由法院从法律上判断确认该项经营信息或者技术信息是否受法律保护。

其次，应当查明被控侵权人所掌握的该项秘密信息的来源。被控侵犯商业秘密的人，经常辩称其商业秘密是通过合法途径得到的，因此，查明其信息的由来十分重要。在多数案件中，查明被控侵权人有关信息的由来，对于查明侵权人是否采取了不正当手段至关重要。

再次，要确认被控侵权人是否采用了不正当手段。这是确定被控侵权人是否实施了不正当竞争行为的必要条件。只有侵权人采取了不正当手段获取、披露、使用他人的商业秘密，才承担相应的法律责任。不正当手段主要有胁迫、利诱、盗窃等。其他违反公认的商业道德的手段，也属于不正当手段。对于采取不正当手段获取、使用、披露商业秘密的，可以直接认定行为人有过错，要求其承担法律责任。在审查确认被控侵权人是否采取了不正当手段时，应当注意：①如果被控侵权人根据公开的各项资料通过整理研究获得了权利人的经营信息秘密的，不属于采取了不正当手段。②如果被控侵权人通过“反向工程”获得了权利人的技术信息秘密的，不属于采取了不正当手段。所谓“反向工程”，是指他人对权利人公开出售的产品进行拆卸、测绘、研究，从而获知权利人关于产品的技术秘密或者获知权利人制造该产品的技术秘密。反向工程是经营者合法获得他人技术秘密的一项重要手段，能够为经营者节省研究成本和时间。权利人无权禁止他人以反向工程的手段获得其技术秘密。

（二）通过网络侵犯商业秘密和滥用商业秘密的救济与应对

通过网络对商业秘密的侵犯，往往后果严重，有些更构成对国家安全的影响。而美国正是根据对国家安全的考虑，将对商业秘密的侵犯作为刑罚处罚的对象，并不惜动用实力雄厚的联邦调查局承办案件的侦破。在我国对商业秘密的侵犯可能构成民事侵权或者是刑事犯罪，因而对侵犯商业秘密的救济措施一是要求追究民事法律责任；二是要求追究刑事法律责任；同时我国工商行政管理局的公平交易局对侵犯商业秘密的行为作为反不正当竞争行为给予行政处罚的追究。

近年来投诉到人民法院的侵犯商业秘密的案件越来越多，诉讼标的越来越大。由于员工流动而产生的纠纷占较大的比例。作为企业来说，遇到商业秘密纠纷或者自己的商业秘密受到侵犯，首先要搞清自己的商业秘密范围，是否具有可靠的书面、电子等载体，受到侵犯的范围、程度，侵权者行为的证据等。向法院提起民事诉讼，可以要求停止侵权、消除危险、排除妨碍、赔偿等。如果经过评估认为所失商业秘密价值巨大后果严重，证据又比较充分，可以向当地公安机关投诉要求追究行为人的刑事责任。这对于“跳槽”人员偷走图纸向他人或企业透露等的情况比较合适。对于商业秘密本身权属就争议较大、涉及相当多的专业技术问题等纠纷，宜于向人民法院提起诉讼。

对于市场发现对商业秘密侵权的商品等，是非分明，无需太多的证据，也可以采取向工商行政管理局投诉要求行政查处的办法。不过应当注意同时提出赔偿要求，有时工商管理局只注意对侵权行为行政罚款，而忽略对受害人的经济赔偿。对于数额巨大、情节严重有犯罪嫌疑的，不宜到工商行政管理局要求行政查处，因为从法律上对犯罪不能进行行政处罚；另外会耽误侦查时机，有的行政机关甚至"以罚代刑"，只罚款，不将犯罪嫌疑人移送公安机关处理，放纵了犯罪，使企业遭到了更大损失。

对于侵犯商业秘密的行为，除采取以上救济措施外，权利人还可以考虑自我救济方式，通过和对方交涉，甚至可以双方当事人达成使用许可合同，通过收取技术秘密使用费的方式了结纠纷。这不但可以省去不少麻烦，还扩大了技术秘密的使用收益。否则商业秘密一旦被他人掌握，即使对方承担了责任，也保证今后不再使用该秘密，但始终使你处于被动地位，担心商业秘密又再次被泄露。当然对于涉及重大利益不宜培育潜在竞争对手给本身造成威胁的技术秘密，不能采取此种对策。

以上措施目的在于停止侵权、消除影响或者通过赔偿弥补自己的经济损失。其实更重要的是在平时的经营管理中注意对商业秘密的保护。这就是说，企业等可以采取一定防范措施，防止和杜绝商业秘密受到侵犯。如：区分资料信息的秘密等级，并明确予以标识，分等级分别管理；规定各个员工包括不同业务主管接触秘密的权限，每个员工不得接触自己无权接触密级的档案资料；专人管理商业秘密，定岗定责，不能无人负责，上级主管应当定期予以监督检查；要求员工对自己使用的密码经常更换，不能给窃密者造成机会；企业高层管理者（雇主）对员工使用网络行为进行监视；采取加密措施；利用合同方式保护商业秘密。此外在计算机安全上，还有一些对防止商业秘密受到侵犯的技术措施，同时这些措施对计算机网络入侵、破坏类型的犯罪、侵权都有一定的效果，也是当前经常使用的措施。

国际贸易中，我国各类民事主体除了加强保护自己的商业秘密外，还应当慎重自律，避免误入他人侵犯商业秘密陷阱，要防止他人对商业秘密权的滥用。具体应对措施可考虑如下方面：

首先，建立严格适当的商业秘密引进、转让的正当程序，端正投机取巧等不当获取市场上他人商业秘密的心态。这不但可以免受外国经济间谍法的困扰，而且是面对入世激烈市场竞争应当具备和立于不败之地最基本的思想和心理准备之一。

其次，要研究世界贸易组织的法律和主要交易国家、地区的法律，尤其是美国的法律。而在此点上我国企业等准备不足，要知道今后面临全球的机遇和挑战，更多的是对外贸易，如果不研究外国法律，在他国遇到法律纠纷，他们是不管你懂不懂法，都要执法的。

再次，要警惕别国经济间谍法的秘密侦查手段，尤其是诱捕手段。我国企业等民事主体往往经验不足，有可能面对陷阱而麻痹大意、无所警觉，有的则有占便宜的想法，殊不知这可能就是陷阱。所以对涉及对方的商业秘密事项，尽管是关系多年的经营伙伴也要警惕，特别是与不代表该公司的员工之间交往，注意识别对方的真实意思表示，辨别真伪，采取主动措施。

第四，建立严格的企业等主体内部保护商业秘密制度和员工教育机制，管理好内部，使自己的商业秘密避免泄漏。

第四节 网络专利权保护

一、专利权概述

专利权是指依法批准的发明人或其权利受让人对其发明成果在一定年限内享有的独占权或专用权。专利权是一种专有权，一旦超过法律规定的保护期限，就不再受法律保护。

（一）专利权的性质

专利权的性质主要体现在三个方面：

1. 排他性

也称独占性或专有性，专利权人对其拥有的专利权享有独占或排他的权利，未经其许可或者出现法律规定的特殊情况，任何人不得使用，否则即构成侵权。

2. 时间性

时间性，指法律对专利权所有人的保护不是无期限的，而有限制，超过这一时间限制则不再予以保护，专利权随即成为人类共同财富，任何人都可以利用。

3. 地域性

地域性，指任何一项专利权，只有依一定地域内的法律才得以产生并在该地域内受到法律保护。这也是区别于有形财产的另一个重要法律特征。根据该特征，依一国法律取得的专利权只在该国领域内受到法律保护，而在其他国家则不受该国家的法律保护，除非两国之间有双边的专利（知识产权）保护协定，或共同参加了有关保护专利（知识产权）的国际公约。

（二）专利权的客体

专利权的客体，也称为专利法保护的对象，是指依法应授予专利权的发明创造。根据我国专利法第二条的规定，专利法的客体包括：

1. 发　明

发明，是指对产品、方法或者其改进所提出的新的技术方案。根据专利审查制度的规定，发明分为产品发明、方法发明两种类型，既可以是原创性的发明，也可以是改进型的发明。产品发明是关于新产品或新物质的发明。方法发明是指为解决某特定技术问题而采用的手段和步骤的发明。能够申请专利的方法通常包括制造方法和操作使用方法两大类，前者如产品制造工艺、加工方法等，后者如测试方法、产品使用方法等。

2. 实用新型

实用新型，是指对产品的形状、构造或者其结合所提出的适于实用的新的技术方案。实用新型专利只保护产品。该产品应当是经过工业方法制造的、占据一定空间的实体。一切有关方法（包括产品的用途）以及未经人工制造的自然存在的物品不属于实用新型专利的保护客体。

3. 外观设计

外观设计，又称为工业产品外观设计，是指对产品的形状、图案或者其结合以及色彩与形状、图案相结合所作出的富有美感并适于工业上应用的新设计。外观设计的载体必须是产品。产品，是指任何用工业方法生产出来的物品。不能重复生产的手工艺品、农产品、畜产品、自然物不能作为外观设计的载体。

（三）专利权的内容

专利权内容通常包括：

1. 实施许可权

实施许可权，它是指专利权人可以许可他人实施其专利技术并收取专利使用费。许可他人实施专利的，当事人应当订立书面合同。

2. 转让权

转让权，专利权可以转让。转让专利权的，当事人应当订立书面合同，并向国务院专利行政部门登记，由国务院专利行政部门予以公告，专利权的转让自登记之日起生效。中国单位或者个人向外国人转让专利权的，必须经国务院有关主管部门批准。

3. 标示权

标示权，它是指专利权人享有在其专利产品或者该产品的包装上标明专利标记和专利号的权利。

二、网络商业方法专利保护

（一）网络商业方法的概念

传统的商业方法是指人们在社会经济活动中总结出来的，符合经济发展规律，并为社会所接受且普遍使用的商业活动基本规则和实现方式。传统的商业方法由于属于智力活动的规则和方法范畴，缺乏技术特征，因而被各国的专利排除在保护范围之外。随着计算机基础技术、数据处理技术、通信技术以及信息处理技术的发展，支撑商业基础机构的技术基础发生了转变，传统的商业方法被重新架构在基于计算机网络技术及通信技术的基础之上，即网络商业方法，这种商业方法是传统商业经营方法结合特定网络技术的延伸，是技术与方法相结合的产物，其目的主要是为了提高交易效率。

网络商业方法较之传统的商业方法而言，实现商业经营活动的方式和方法都发生了变化，不再是单纯人类的智力活动，而是借助了信息化革命带来的计算机信息网络技术和通信技术的最新技术成果，这必将给专利制度中的传统观点带来冲击。网络商业方法是将传统商业方法、计算机程序以及计算机、通讯设备等各种软件和硬件融为一体，使得传统商业方法技术化、程序化，形成的崭新的交易方法。它可以表现为以下几个主要特点：首先，网络商业方法以计算机网络技术为其实现的技术基础，并以通过一系列的电子装置和特定的信息处理与传递而使某种电子商务或商业活动得以进行的商业方法为核心；其次，网络商业方法表现为使用计算机软件驱动的由各种软硬件和相应的方法组成电子系统，其产生过程为：先将普通商业活动过程中的信息分析与数据处理过程进行归纳，使之抽象成为数学算法并编制成计算机程序，然后在计算机网络中运行，最后使人们期望的商业活动脱离人的思维而得以实现；最后，网络商业方法具有创造性，并非只是传统商业方法在网络上的简单再现。

（二）网络商业方法可专利性的认定

可专利性主题是指能够获得专利授权的对象或客体，可专利性主题一般受到以下三个条件的限定：一是可专利性主题必须是一种技术方案；二是这种技术方案限于产品、方法等范围；三是必须在产业上能够制造或者使用。所谓产业上能够制造或使用，是指上述技术方案是自然法则，具有技术特征的可实施的技术方案，即通常所说的实用性。要判断某项网络商业方法是否属于可专利性主题，其实质就是看其是否符合上述条件。

能否给予网络商业方法专利保护有不同观点。赞成者认为，应将网络商业方法与其他任何发明一样看待，认为只要花费了人力、物力资源，开发新的商业方法模式与其他领域的发明一样应该得到回报。电子商务网络创新应该而且完全可以得到知识产权保护，而运用专利的形式对其进行保护将是今后电子商务网络创新发展的必由之路。反对者认为，在互联网上从事商业活动不构成专利法上所说的发明，授予网络商业方法专利与专利法的宗旨背道而驰。同时反对者指责授予网络商业方法专利将妨碍电子商务和损害互联网经济。商业方法专利将限制其他使用有关的商业模式，使得电子商务的发展变得困难重重。

本书持赞同者观点，认为网络商业方法具有可专利性。传统的商业方法，亦即纯粹的商业方法是处理、解决商业经济活动、事务的基本方法，本身是一种智力活动的规则或抽象的思想体现而排除在可专利性主题之外。但是，网络商业方法不同于纯粹的商业方法，网络商业方法是计算机软件和硬件的结合，具有明显的技术特征，商业方法与计算机网络技术相结合，会产生前所未有的技术上的效果，这种技术上的效果比传统方法所产生的技术效果会增强几十倍乃至几百倍。由于网络商业方法不容忽视的技术性和凸现的实用性，从各国现有的专利制度框架下来审视，网络商业方法作为一种解决具体的技术问题、利用技术手段并产生了技术效果的技术解决方案从根本上具有了成为可专利性主题的属性。

国外，在网络商业方法专利的问题上，美国、欧洲、日本的政策已经明朗，授予专利保护已经不存在问题[①]。而在我国并没有明确对网络商业方法授予专利切实可行的依据。如果我国对于网络商业方法不予以专利保护或者保护力度很小，那么对于大量的商业方法，国内企业可以原封不动或者仅仅经过些许修改加以制造或使用，由于不必投入大量的研发经费，也不必支付专利许可使用费，可以预见此种现象必然十分普遍，其后果将是该项电子商务商业方法几乎遍及我国市场，成为事实上的技术标准。而该发明的持有者便随时可能提出专利的权利要求，全面收取专利许可使用费。一直以来，发达国家的“超前要求”对于我国专利保护水平的提高起了极大的作用，这也是我国参与世界经济一体化的内在要求。在发达国家掀起网络商业方法专利保护热潮的情势下，与其等到他们将主要的网络商业方法专利一览无余再施加压力要求我国进行保护，不如我国“主动出击”，在网络商业方法尚处在新兴专利领域发展之初，就采取措施促进国内产业的发展壮大。

（三）网络商业方法专利保护的确定

1. 网络商业方法专利权的取得

网络商业方法专利权取得的实质条件即网络商业方法专利的“三性”的确定。

（1）新颖性，是指发明创造在申请专利之前是现有技术中所没有的，未被公知公用的。各国均把新颖性作为取得专利权的首要条件，而对现有技术的判断是衡量新颖性的重要标准，其是指在某个时间之前已经被公众所知所用的技术的总和。如果申请专利的发明创造属于现有技术范围，则不具备新颖性。对网络商业方法来说，它是由商业方法加技术方案组合而成，这两个部分都是网络商业方法的缺一不可的重要组成部分，因此对其新颖性的考察，应从网络商业方法整体上共同进行。对于网络商业方法专利而言，由于网络的开放性，电子商务运营的无国界性与专利权地域性的矛盾，给其新颖性判断带来了一定的困难。由于网络的超地域性，应当在坚持采用混合新颖性判断标准的原则下，对网络商业方法实行特殊的审查规则，即采用世界新颖性标准，某种网络商业方法只要在世界上任何地方以任何形式公开都构成新颖性的丧失。

---

① 在这方面，我国台湾地区已经走在了内地的前头，到1999年，台湾在美国当年获得的专利件数已跃升为全球第四名，仅次于美、日与德国。说明我国内地的企业有关在国外申请专利的意识还是非常淡漠。参见：法律文摘编委会．透视专利权［M］．长春：吉林人民出版社，2002：231－232.

（2）创造性，是指要求申请专利的发明创造在技术上比现有技术先进，不能仅是对现有技术的简单重复或演绎推理，而必须与现有技术在技术性上有本质的不同。即遵循对“同一技术领域的一般技术水平的人”而言，具有非显而易见性。判断网络商业方法的创造性，当然应遵照以上规则。但对于确定“同一技术领域的一般技术水平的人”时，由于网络商业方法往往涉及商业、金融、计算机等多个领域，难以确定一个一般综合技术人员。在把握网络商业方法的创造性问题上，可以借鉴美、日、欧对于网络商业方法创造性的最低标准进行考虑，即仅仅是通过普通的计算机程序予以实施而得到的发明不具有创造性。网络商业方法发明是否具有显著的进步性，即同现有方案相比，其技术效果产生“质”的变化，具有新的性能，或者产生“量”的变化，超出人们的预期和想象，这种“质”的或者“量”的变化，对所属相应技术领域的技术人员来说，事先无法预测或者推理出来。如果该网络商业方法发明是使用计算机信息、技术来进行系统化的动作，其所达到的效果只是单纯地实现“能够更快处理”、“能够处理大量的信息”、“可以减少出错的概率”等计算机化之后所必然伴随的一般的效果，不应认定具备创造性。

（3）实用性，是指能够在产业中制造或使用并具有积极的效果。其内涵包括两层含义：一是发明的主题必须能够在实践中制造或者使用，具备实践性；二是发明的应用能够产生积极的技术、经济和社会效果，具备有益性。判断网络商业方法是否具有实用性也应该从这两个层次加以考虑。在实践中，对网络商业方法实用性的判断主要考察其在商业运用中是否能在商业上带来一定经济效益，产生积极的效果。

2. 网络商业方法专利权的保护

网络商业方法专利权的保护问题上最重要的就是要确定其保护范围。《专利法》第五十六条既是一般专利权保护范围的确定依据，同时也是网络商业方法专利权保护范围的确定原则。从《专利法》第五十六条的字面理解，其揭示了两层字面意思：第一，权利要求的文字限定了专利的保护范围；第二，同时可以选择性地参考说明书和附图对权利要求的保护范围进行解释。这就是网络商业方法专利保护的确定原则。

对于网络商业方法专利，由于其本身具有商业问题与技术问题交织，商业方法的有关流程或模式与计算机网络及通信技术手段融合的特点，因而其权利要求的文字描述中经常出现商业领域的用语，如果仅从相关计算机、通信等技术领域来对权利要求进行一般的文字理解，容易出现歧义。因此对网络商业方法专利权利要求进行解释时需要注意到其不同于一般专利的特殊之处。网络商业方法专利保护中的解释规则中应强化如下几个方面：

其一，一般解释原则，按照惯常的、普通的字面含义解释权利要求中的文字和措辞。在商业方法专利申请中，专利权人有按照其本人意愿选择技术术语和表达方式的权利，即允许其采用措辞的含义与该措辞的普通含义有所不同。当然这样做的前提是申请文件的说明书本身满足清楚的公开要求。

其二，外来技术特征原则。同一个专利的每一项权利要求都是相对独立的。如果一项权利要求里的某个技术特征在另一项权利要求里没有出现，那么这个技术特征对于另一项权利要求而言，即属于外来技术特征。就一项商业方法专利申请而言，如果提出使用在先的一项商业方法专利申请为优先权，那么在先申请中没有作为优先权基础的权利要求中的技术特征对于在后的相关申请而言就是外来技术特征。基于这一原则，就不能必然认为在先申请中的所有内容都可以当然作为在后申请的原始公开的内容。

其三，差别权利要求原则。如果同一个专利的两项权利要求使用了两个不同的文字和措辞，法院就可以推定出这两项权利要求的范围是不同的，否则就会造成二者的重复。根据这一原则，网络商业方法的专利权人使用不同措辞实际上是表明其保护范围由于措辞的不同而不同，也就是说由于专利权人放弃使用相同措辞表达相同范围的意愿，因而在后程序不得做出与前述认定相反的主张。

最后，功能性限定特征的解释原则。如果一项产品权利要求不是采用结构技术特征来限定发明，而是采用组成部件在发明中起的作用、功能或者所产生的效果来定，则称作功能性限定特征。《最高人民法院关于审理侵犯专利权纠纷案件应用法律若干问题的解释》第四条规定：对于权利要求中以功能或者效果表述的技术特征，人民法院应当结合说明书和附图描述的该功能或者效果的具体实施方式及其等同的实施方式，确定该技术特征的内容。

通常，产品权利要求应当由反映该产品结构或组成的技术特征组成，网络商业方法专利是一种特殊的专利，鉴于其特殊性，几乎所有的网络商业方法专利都采用功能性限定特征来描述产品权利要求的保护范围，而方法权利要求应当由反映该方法的具体步骤和操作方式的技术特征组成。

第五节　计算机软件的专利保护

一、计算机软件概述

在我国，计算机软件是指计算机程序及其有关文档。计算机程序，是指为了得到某种结果而可以由计算机等具有信息处理能力的装置执行的代码化指令序列，或者可以被自动转换成代码化指令序列的符号化指令序列或者符号化语句序列。同一计算机程序的源程序和目标程序为同一作品。文档，是指用来描述程序的内容、组成、设计、功能、规格、开发情况、测试结果及使用方法的文字资料和图表等，如程序设计说明书、流程图、用户手册等。因此，计算机软件包含了计算机程序并且不局限于计算机程序，还包括与之相关的程序描述和辅助资料。

计算机软件具有以下特点：①软件是一种逻辑实体，不是具体的物理实体，具有抽象性。与计算机硬件和其他工程对象有着明显的差别。人们可以把它记录在纸面上，保存在计算机的存储器内部，也可以保存在磁盘、磁带和光盘上，但却无法看到软件本身的形态，而必须通过观察、分析、思考、判断，去了解其功能、性能和其他特性。②软件的生产与硬件不同，在其开发过程中没有明显的制造过程，也不像硬件那样，一旦研制成功，可以重复制造，在制造过程中进行质量控制。软件是通过人的智力活动，把知识与技术转化成信息产品。一旦某一软件项目研制成功，即可大量复制，所以对软件的质量控制，必须着重在软件开发方面下工夫。也正是由于软件的复制非常容易，因此出现了对软件产品的保护问题。③在软件的运行和使用期间，不会出现硬件的机械磨损、老化问题。任何机械、电子设备在使用过程中，其失效率大都遵循“浴盆曲线”。在刚投入使用时，各部件尚未做到配合良好、运转灵活，容易出现问题，经过一段时间的运行，即可稳定下来。而当设备经历了相当长的时间运转，就会出现磨损、老化，使失效率越来越大，当达到一定程度时，就达到了寿命的终点。而软件不存在磨损和老化问题只存在退化问题。在软件的生命周期中，为了使它能够克服以前没有发现的问题使它能够适应硬件、软件环境的变化以及用户的新的要求，必须多次修改（维护）软件，而每次修改又不可避免引入新的错误，导致软件失效率升高，从而使软件退化。④软件的开发和运行常常受到计算机系统的限制，对计算机系统有着不同程度的依赖性。软件不能完全摆脱硬件而单独活动。有些软件依赖性大，常常为某个型号的计算机所专用，有些软件依赖于某个操作系统。⑤软件的开发至今尚未摆脱手工艺的开发方式。软件产品大多是“定作”的，很少能做到利用现成的部件组装所需的软件。⑥软件本身是非常复杂的。软件的复杂性可能来自它所反映的实际问题的复杂性，例如，它所反映的自然规律，或是人类社会的事物，都具有一定的复杂性；另一方面，也可能来自程序逻辑结构的复杂性。软件开发，特别是应用软件的开发常常涉及其他领域的专门知识，这对软件开发人员提出了很高的要求。软件的复杂性与软件技术的发展不相适应的状况越来越明显。

二、计算机软件的专利权保护

对于软件是否使用专利保护，争议很大，目前国际上只有少数国家肯定了对软件的专利权保护，并在具体适用中做了较为严格的规定。由于计算机软件版权保护的局限性，随着计算机应用的普及和软件对人类生产生活及经营活动的影响，计算机软件的专利权保护被重新提出并越来越受到重视。

众所周知，计算机网络发端于美国，在知识产权保护领域，美国的研究水平和保护是首屈一指的。同样，在对计算机软件的专利权保护方面，美国也走在了世界的前列。

1981 年，美国联邦最高法院在 Diamond v. Diehr 案中第一次向软件专利打开了大门，成为美国计算机软件专利史上的一个重要里程碑。该案的基本案情是：Diehr 的专利为处理橡胶于模具当中最佳硫化的时间，其利用由模具内部所量取的实际温度，自动输入一台利用 Arrhenius 方程式不断重新计算橡胶硫化时间的电脑内。当利用方程式所计算的时间与实际花费的时间相等时，便可以自动打开压模机。1976 年，专利局认为其专利请求书中新颖的部分是利用计算机软件控制而进行的步骤，认定其不属于法定标的物，而其余部分皆为常规的和该工序所必不可少的。1979 年，关税与专利上诉法院推翻了专利局的决定，认为此专利利用计算机软件完成先前须以人工方式完成的步骤，是方法上的改进，属于可专利标的。即一项发明是否可获得专利，关键不在于它是否涉及电脑的使用，只要专利申请的内容符合专利法的规定，即使该发明在实施过程中涉及了电脑，也应能够获得专利。该项申请的专利要求并没有导致数学算法或改进的计算方法，而是一种通过解决橡胶产品压模中产生的实际问题，进行橡胶产品压模的改进工序，可以授予专利。1980 年，专利局要求最高法院复审，最高法院支持了关税与专利上诉法院的判决，决定授予该项发明专利权。在判决书中，法院首先承认了专利保护的对象不及于自然法则、自然现象和抽象观念，并总结道：某属于法定主题的权利要求并不会仅仅因为它利用了数学公式、计算机程序或数字计算机而变得不属于法定主题。1971 年起草的《欧洲专利公约》第五十二条第二款明文排除了计算机软件的可专利性，被认为第一个将计算机程序本身排除在发明之外的国际公约。欧洲专利局 1978 年的专利审查基准也表示，一项发明对既有技术的贡献若仅表现在计算机程序，则应驳回其专利申请，而不论其专利请求范围如何表现此项发明。根据该审查基准，载体上的计算机程序本身不具备可专利性。这种限制使得软件产业在欧洲无法获得对抗竞争者商业活动所需要的最大保护而广受各界批评。然而在事实上，该局至 2000 年初为止核发软件相关之发明专利已有 15 000 件，其专利种类繁多，涉及专家系统、神经网络、商业及生产管理系统、计算机辅助设计、制造系统、计算机绘图、应用程序、自然语言处理、最佳化软件、科学分析、仿真、语音辨识、语言组合、电子表格、教学系统及文字处理软件等。与此同时，欧洲一些国家如德国虽在专利法中遵循《欧洲专利公约》的上述规定，但德国最高法院却一再表示计算机程序与专利之技术思想并非对立、互斥之概念，一项发明是否具有可专利性与其是否被定性或称为或包含计算机程序无关。依据这类判决，计算机程序可分为技术性与非技术性两大类。前者与技术工具及技术处理过程结合，自然属于技术领域而具备可专利性；反之，后者只有在“为数据处理设备提供新颖的建构方式，或该设备可从中得出以往既非常见亦非显而易见之新的使用方式时”，始具有可专利性，范围很小。德国联邦法院在司法判决中明显放宽承认计算机程序具备技术性质之情形，使得直接涉及计算机本身功能并且使得计算机之组件得以共同作用者亦具备技术性与可专利性。2000 年 10 月 30 日欧洲专利立法机构（即行政理事会）关于欧洲专利公约修正草案的决议已经决定删除将计算机程序本身排除在专利对象之外的规定。从发展趋势上看，计算机软件尤其是其中的程序部分与专利法的关系可能会越来越密切。一台计算机如果没有程序，只是一堆硬件的堆砌，不能实现任何技术功能。只有在其中安装了系统程序后，计算机才可能在系统程序的指挥下实现其最为基本的功能。根据特定的需求编制专门的软件，安装在计算机中便可使计算机具备所需要的特定功能。当第一次将某种硬件与程序组合在一起构成一台具有某种新功能如运算、控制等功能的机器，这台机器应当可以获得专利。

现在，美国专利局、欧洲专利局和日本特许厅都已经修改了专利审查指南，为涉及计算机软件的专利申请的权利要求开发了绿灯。在我国，关于计算机软件的专利保护在专利法和专利法实施细则中并没有明确的规定，而是体现在国家知识产权局发布的《专利审查指南》之中。根据2001年国家知识产权局《专利审查指南》，凡是为了解决技术问题，利用技术手段，并可以获得技术效果的涉及计算机程序的发明专利申请属于可以给予专利保护的客体。因此，涉及计算机程序的用于工业过程控制或用于测量或测试过程控制的或用于外部数据处理的发明创造主题，以及涉及计算机内部运行性能改善的发明创造主题属于可给予专利保护的对象。

以专利法保护计算机软件，优势在于：一是当一项计算机软件发明取得专利权后，专利权人在一定的时间、地域内就拥有了对该项软件发明的专有权，从而使得发明人在控制市场占有及后续产品的开发上具有更多优势，而且还有利于打破大公司的技术垄断；二是专利权的取得，以公开技术方案为前提，计算机软件源代码的公开，能够有效避免公众对已有软件的重复开发，也在一定程度上控制了公司垄断技术；三是专利权的保护期较短，对于软件的保护较之版权法，更具有合理性；四是专利法较之版权法，有一套完善的鼓励发明创造的机制，有利于软件技术的创新；五是计算机软件的核心在于程序，而不在于相关文档，对程序的保护更接近对技术方案的保护，而不像版权法仅仅保护程序的表达方式。但是用专利法保护计算机软件也有其不足之处：一是对计算机软件发明专利的审查周期长，而软件的生命周期一般较短；二是各国专利法对专利的审查规定了严格的实质要件、审查标准和流程，因此要获得专利权较之获得版权要困难得多；三是高昂的专利维持费，增加了软件的保护成本。

在实践中，一种比较流行的看法是，只有将计算机程序与某种设备相结合，使其成为该设备功能的一部分时，相应的计算机程序方能通过专利审查，获得专利权。而当计算机程序，尤其是未与任何“硬件”相结合时，就不能获得专利权。但是，从中国专利局的《专利审查指南》上，我们其实无法得出上述结论。相反，该《指南》已经清楚地表明：凡是为了解决技术问题，利用了技术手段且能够产生技术效果的发明，即使是一个计算机程序，同样可授予专利权。

【本章思考题】

1. 网页应该归于著作权权法哪一类作品？
2. 网络著作权侵权的基本类型有哪些？
3. 网络主页上侵犯商标权的表现有哪些？
4. 如何解决域名与商标的冲突？
5. 什么叫网络商业方法？网络商业方法能否授予专利权？
6. 对计算机软件如何合理进行知识产权保护？

第十一章　电子证据法律制度

【案例导入】　2003 年 7 月 19 日，甲工具制造有限公司（以下简称甲公司）与乙电子商务有限公司（以下简称乙公司）签订电子商务服务合同 1 份，约定：乙公司为甲公司安装其拥有自主版权的 IteMS20001.0 版国际贸易电子商务系统软件 1 套，在安装后 1 年之内最少为甲公司提供 5 个有效国际商务渠道。乙公司对甲公司利用其软件与商情获得的成交业务，按不同情形收取费用，最高不超过 50 万元。如果在 1 年之内，乙公司未能完成提供有效国际商务渠道的义务，则无条件退还甲公司首期付款 5 万元并支付违约金。合同签订后，乙公司在甲公司处安装了软件平台，并代甲公司操作该系统。2004 年 10 月，甲公司以乙公司违约，未能提供有效国际商务渠道为由起诉至法院，要求解除合同，返还已付款项并支付违约金。乙公司在举证期限内提供了海外客户对甲公司产品询盘的 4 份电子邮件（打印文件），以此证明乙公司为甲公司建立的交易平台已取得业务进展，至于最终没有能够成交，是由于甲公司提供给外商的样品不符合要求。

法院判决：

一审法院认为，电子邮件的资料为只读文件，除网络服务提供商外，一般外人很难更改，遂认定了电子邮件证据的效力。

甲公司不服判决并上诉。

二审法院认为，乙公司提供的电子邮件只是打印件，对乙公司将该电子邮件从计算机上提取的过程是否客观和真实无法确认，而乙公司又拒绝当庭用储存该电子邮件的计算机通过互联网现场演示，故否认了 4 份电子邮件的证据效力。

【思考】 对乙公司提供的 4 份电子邮件如何进行认定？电子证据取证程序应注意什么？

第一节 电子证据概述

一、电子证据是科技发展的产物

在很长的历史时期内，物证在司法活动中的运用一直处于随机和分散发展的状态。直到18世纪以后，与物证有关的科学技术才逐渐形成体系和规模，物证在司法证明中的作用也才越来越重要起来。随着科学技术的突飞猛进，各种以人身识别为核心的物证技术层出不穷。例如，继笔迹鉴定法、人体测量法和指纹鉴定法之后，足迹鉴定、牙痕鉴定、声纹鉴定、唇纹鉴定等技术不断地扩充着司法证明的“武器库”。特别是20世纪80年代出现的DNA遗传基因鉴定技术，更带来了司法证明方法的一次新的飞跃。

随着计算机技术的发展和广泛应用，尤其是电子商务的发展，电子证据逐渐成为新的诉讼证据之一。电子商务不仅涉及技术方面，如电信基础设施、信息技术标准、保密与安全手段，而且涉及大量的法律问题，如商业准则，知识产权，电子合同的形成、订立与生效，电子支付、出口管制和网络商务的规则等。因此，在电子商务活动中，需要使用数据电文作为证据，甚至是关键性证据。

北京大学电子邮件案就是一起这方面的典型案例。1996年4月9日，北京大学研究生薛某收到美国密执安大学通过因特网发给她的电子邮件。内容是该校将为她提供1.8万美元的奖学金。但她久等不见正式通知后，怀疑同寝室的张某从中作梗。于是，便委托他人从密执安大学取回两份证据：一份是4月12日上午10：16分从北京大学心理系临床实验室以薛某的名义发给密执安大学的电子邮件；另一份是4月12日上午10：12分从同一台计算机上发给美国密苏里—哥伦比亚大学刘某的署名“Nannan”的电子邮件。接着，薛某从北京大学计算机中心取到了4月12日的电子邮件记录。记录表明，上述两封电子邮件是在前后相距4分钟的时间内从临床实验室一台记号为“204”的计算机上发出的。当时，张某正在使用这台计算机。技术试验结果表明，张某使用这台计算机时，别人没有时间盗用。

在校方调解未果的情况下，薛某到北京市海淀区法院，状告张某以她的名义伪造电子邮件使她失去出国深造的机会，并要求其赔礼道歉，赔偿经济损失。1996年7月9日，经过北京市海淀区法院调解，原、被告双方当事人自愿达成协议：被告以书面形式向原告道歉并赔偿人民币共计1.3万元。电子证据在本案的审理中起到了关键性的作用。

随着电子商务的日渐普及，用于商务目的的电子邮件也越来越多，一些公司为保护自身的利益对电子邮件的使用作了种种规定，如在美国，有关公司电子邮件的使用已形成一条不成文的法律，即凡是使用公司的邮箱系统接收或发送的E-mail信件都属于公司的财产。这种法律如今也在香港地区的公司执行。其原因就是只要你用E-mail进行信息交流，就将留下不可抹去的痕迹，高超的计算机专家可凭借尖端技术将删去的文件再现出来，成为司法取证的有力证据。

二、电子证据的概念和特征

（一）电子证据的概念

电子证据的概念，可谓众说纷纭。有学者认为电子证据是以电子形式存在的用作证据使用的一切材料及其派生物，或者说是借助电子技术或电子设备而形成的一切证据，也有学者认为是借助于现代数字化电子信息技术及其存储、处理、传输、输出的一切证据，还有学者认为是计算机产生的证据，即以电子计算机为载体，以计算机数据为表现、储存、传输形式的证据种类。具体来说，司法实践中常见的电子证据可分为三类：一是与现代通信技术有关的电子证据，如电传资料、传真资料、手机录音证据等；二是与计算机技术或网络技术有关的电子证据，如电子邮件、电子数据交换等；三是与广播技术、电视技术、电影技术等其他现代信息技术有关的电子证据。

（二）电子证据的特点

电子证据是现代高科技发展的重要产物和先进成果，是现代科学技术的发展在诉讼证据上的体现，它与其他证据相比主要有以下特点：

1. 技术含量高

电子证据是以数字化的信息编码的形式出现的，能准确地储存并反映有关案件的情况，对案件具有较强证明力的介于物证与书证之间的独立的证据。电子证据是以计算机技术、存储技术甚至网络技术为基础的，如果没有外界的蓄意篡改或差错的影响，它很少受主观因素的影响具有较强的证明力。大多数信息犯罪是通过程序和数据等这些无形的操作来实现，正是由于信息犯罪作案不受时间、地点的限制，犯罪行为实施后对机器硬件之类的信息载体可以不造成任何损坏，甚至不留下任何痕迹，所以犯罪行为不易被发现、识别，因此，电子证据的收集和审查判断，往往需要计算机专家凭借尖端技术来进行。

2. 易被伪造、篡改

计算机登记、处理、传输的资料信息均以电磁浓缩的形式储存，信息本身是看不见、摸不着的，犯罪分子作案的直接对象也通常是那些无形的电子数据和信息，这使得犯罪分子很容易转移或毁灭罪证。在日益普及的网络环境下，数据的通信传输又为操纵计算机提供了更便利的机会，而行为人往往具有各种便利条件，变更软件资料，随时可以毁灭证据。而且计算机操作人员的差错或供电系统、通信网络的故障等环境和技术方面的原因都会使电子证据无法反映真实的情况。

3. 复合性

由于多媒体技术的出现，信息在计算机屏幕上的表现形式是多样的，尤其是在网络环境下，全球已结成了一个庞大的信息网，其使用之多、发展之快、内容之广泛都是空前的，更使电子证据具有复合性的特点。现代计算机信息所表现出的内容一般不是单一的数据、文字、图像或声音，而是表现为图、文、声并茂，甚至人机交互处理。这种以多媒体形式存在的电子证据几乎涵盖了所有传统证据类型。

4. 间接性

一些国家已通过法律法规对电子证据的证明力作出规定。但对于作为间接证据使用还是作为直接证据使用各国的做法并不相同。计算机存储信息根据其输出被人所感知的图像、声音、打印等形式来看，西方证据理论中有学者把它视为文书证据，也有学者将其视为物证。但无论是视为文书证据还是视为物证，均是以形式相似为出发点的，都不能准确反映电子证据的特点。我国《民事诉讼法》第六十九条规定“人民法院对视听资料，应当辨别真伪，并结合本案的其他证据，审查确定能否作为认定事实的根据”。由于电子证据容易被伪造、篡改，再加上电子证据由于人为的原因或环境和技术条件的影响容易出错，由于我国现阶段执法人员和专业技术人员的实际水平还很难做到电子证据遭破坏后还原，所以，在很多情况下，电子证据常常作为间接证据使用。间接证据虽不能单独、直接地证明待证事实，但在电子商务争端的仲裁或诉讼中却具有很重要的意义，因为电子商务中确定各方的权利和义务的各种合同和单证都是采用电子形式的。

此外，电子证据由其本身的特性决定了它具有无形性、易收集性、易保存性、可以反复重现等特性。

第二节 电子商务对传统证据法律制度的冲击与挑战

一、电子证据在我国的证据界定

如何界定证据的概念，一直是我国法律上一个颇有争议的问题。我国民事诉讼法并未对证据的概念作出明文规定，学术界一般参照刑事诉讼法第四十二条第一款的规定来解释民事证据。该条款规定："证明案件真实情况的一切事实，都是证据。"于是，我国许多学者据此得出"证据就是证明案件真实情况的事实"这样的证据定义。暂且不论这样的证据定义是否科学，单就其用于电子证据而言，就显得更难以让人信服。从目前的实践来看，人们经常面对并且普遍接受的电子证据包括电子邮件（E-mail）、电子公告（BBS）、电子聊天（E-chat）、电子数据交换（EDI）与电子签名（E-signature）等，那么，试问它们中哪一个属于事实（Fact）呢？再者，由于电子数据只能处于一种虚拟的环境中，它们很容易遭受篡改且不易被发觉，司法人员又如何确保他们所用的电子数据必然是真实的呢？如果上述回答是否定的话，则显然那种认为"（电子）证据是指证明案件真实情况的（电子形式的）事实"的观点不能成立。

证据的分类是我国证据法律上的另一个论争点。2012 年修订前的我国民事诉讼法第六十三条规定："证据有下列几种：（一）书证；（二）物证；（三）视听资料；（四）证人证言；（五）当事人的陈述；（六）鉴定结论；（七）勘验笔录。"至于这种法律分类的隐含标准是什么，法律上未作明确规定，学理上亦不能统一，多数人认为是证明机制。在不突破这种七分法的前提下，我国学术界对电子证据如何定位陆续共提出过六大观点，分别认为应将电子证据划归为视听资料、书证、物证、鉴定结论、新型的独立证据或者作为几种证据的混合体。不妨分别称之为"视听资料说"、"书证说"、"物证说"、"鉴定结论说"、"独立证据说"与"混合证据说"。

随着 2012 年新《刑事诉讼法》和新《民事诉讼法》正式将"电子数据"规定为法定证据种类之一，电子证据在诉讼中取得了合法地位。2012 年新

《刑事诉讼法》第四十八条规定：可以用于证明案件事实的材料，都是证据。证据包括：（一）物证；（二）书证；（三）证人证言；（四）被害人陈述；（五）犯罪嫌疑人、被告人供述和辩解；（六）鉴定意见；（七）勘验、检查、辨认、侦查实验等笔录；（八）视听资料、电子数据。2012 年新《民事诉讼法》第六十三条证据包括：（一）当事人的陈述；（二）书证；（三）物证；（四）视听资料；（五）电子数据；（六）证人证言；（七）鉴定意见；（八）勘验笔录。

二、电子商务对我国取证制度的冲击与挑战

作为现代电子技术的产物，电子商务活动所产生的电子证据具有明显的特殊性。它通常的表现形式是存储在各种电子介质上，其本身并不能为人们所直接认识，而且容易遭到篡改，这就给取证活动带来了困难。

就电子证据的提取而言，我国迄今尚无相应的法律法规与部门规章，更无这一方面的行业标准。实践中的做法很不规范，基本上属于摸索阶段。例如，如何对计算机现场进行勘查，如何对网络进行有效监听，如何确定搜查范围，如何对电子数据进行扣押，如何对所取得的数据进行备份，在什么情况下可以对电子证据进行鉴定，以及如何科学评判关于电子证据的鉴定结论等，所有这些问题均无定论。再加上我国还不存在类似“网络侦探”和“电子证据发现公司”的辅助人们收集电子证据的专业人员或机构，这些都使得我国同许多先进国家相比也有相当大的差距。

就电子证据的保全而言，一套理想的保全制度至少应包括平时的电子档案化管理制度与诉讼保全制度。目前，我国一般的商业单位（包括专门电子商务企业在内）仍未能真正实现办公无纸化，大多数还是采用双套归档制来保存电子文件档案，即便那些采用办公自动化（OA）管理的集团公司，虽然在系统内部行文可以采用电子文件的方式，但是在案卷归档、对外交往及诉讼实务中仍还原为纸质文件进行。应该说，这种“双套管理”制是在我国电子档案管理制度、管理技术、方法、设备、标准存在这样那样问题且得不到有效解决情况下的一种不得已而为的过渡型做法，它或多或少反映了人们在管理方面的无奈。至于电子证据的诉讼保全制度则更不能令人满意。一方面，如果将那些适用于传统证据的常规保全方法如扣押、缩微、复制、存档等，适用于电子证据时会显得捉襟见肘，达不到好的效果；另一方面，所谓的“网络公证”虽然在我国有了一定的发展，但实际上其许多环节还是通过传统

手段完成的，处于研发阶段，有着诸多亟待完善之处。对于网络公证的前景如何，需要假以时日，通过实践检验来回答。

三、电子商务对我国举证制度的冲击与挑战

要求提交原件、原物的举证规则是我国民事证据法的一项传统规则。如我国民事诉讼法第六十八条规定：“书证应当提交原件。物证应当提交原物。提交原件或者原物确有困难的，可以提交复制品、照片、副本、节录本。”这一举证规则为电子商务中电子证据的使用设置了新的障碍，即如何判断电子证据的原始性质呢？以及如何将原始的电子证据与派生的电子证据进行比较核对以确定两者之间没有实质差异呢？以典型的“B to B”电子商务为例，如果买方通过 E-mail 方式向卖方发出了一份要约，此时这样的一份 E-mail 将至少在买方的计算机、买方的网络服务商的计算机硬盘中以及卖方的计算机、卖方网络服务商的计算机硬盘中有备份或留存，那么，究竟买方计算机中的数据备份或留存还是卖方计算机中的数据备份或留存是电子证据的原件？还是保留在第三方即买方或卖方的网络服务商计算机硬盘中数据备份或留存系电子证据的原件？如果是前者，则仍然存在电子证据的原件是电子形式还是打印或显示形式的问题；如果是后者，则存在究竟以哪一个网络服务商的数据为准的问题。

显而易见，只要法律上还存在关于出示原件、原物的举证规则，人们就必须寻找到用于区分电子证据的原件（或原物）与复制件（或复制品）的标准，而这一标准肯定有别于传统证据。否则，我国现行的要求提交原件、原物的举证规则，就不可能适用于电子商务案件。

四、电子商务对我国质证制度的冲击与挑战

我国最高人民法院《关于民事诉讼证据的若干规定》第五十五条规定：“质证时，当事人应当围绕证据的真实性、关联性、合法性，针对证据证明力有无以及证明力大小，进行质疑、说明与辩驳。”这为我国开展电子证据的质证提供了法律依据，但其中隐含有操作方面的困难：首先，电子证据真实与否离不开其所处的计算机系统及网络环境。从理论上讲任何有关电子数据的非法篡改都表现为计算机的二进制运算，与电子数据的正常生成、存储、转移、与复制等活动并无二致。这样一来，要求那些仅具有普通知识的当事人及其代理律师对电子证据在传递、保管的各个环节是否发生过潜在的实质变

化进行识别，通常会让他们显得力不从心，有点勉为其难。其次，电子证据的质证是一种技术性很强的活动，往往需要使用专门的软件工具，故那些仅具有普通知识的当事人及其代理律师对电子证据的取证活动是否合法也会缺乏起码的判断力。他们很难直接判断那些通过技术取证方式获得的电子证据是否属于我国现行法律规定的"非法证据"范畴，即是否属于《关于民事诉讼证据的若干规定》第六十八条界定的"以侵害他人的合法利益或者违反法律禁止性规定的方法取得的证据"范围。

那么，如何保证在法庭质证时对电子证据的真实性与合法性开展质疑、说明与辩驳的质量？一个有效而现实的选择是建立辅助专家证人制度。我国以前没有这种制度，这一状况一直延续到最高人民法院《关于民事诉讼证据的若干规定》颁布。其中第六十一条规定如下："当事人可以向人民法院申请由一至二名具有专门知识的人员出庭就案件的专门性问题进行说明。人民法院准许其申请的，有关费用由提出申请的当事人负担。审判人员和当事人可以对出庭的具有专门知识的人员进行询问。经人民法院准许，可以由当事人各自申请的具有专门知识的人员就案件中的问题进行对质。具有专门知识的人员可以对鉴定人进行询问。"这一条文的确立，意味着我国民事诉讼中开始了建立这项制度的初步尝试。但其实际效果如何，还不得而知。特别是在我国尚未建立计算机法庭专家证人名册的情况下，如何挑选并审查适合的专家证人恐怕仍是一个难题。

五、电子商务对我国认证制度的冲击与挑战

认证是指法官对证据的认定，它主要包括采纳与采信两个方面，即可采性认定与证明力认定两个方面。我国法律对于证据的采纳标准与采信标准只作了形式上规定，而未作实质性规定。依照我国学理的主流意见，某一证据必须具有关联性、合法性与真实性才能作为定案的根据，证据证明力的大小取决于确实性与充分性。上述标准似乎理所当然适用于电子证据。一般来说，关联性和充分性在很大程度上是一个事实问题，电子证据是否具有关联性与充分性同传统证据相比并无特别之处。但是，合法性标准与真实性标准肯定会构成我国判断电子证据可采性的难题，确实性标准也肯定会构成判断电子证据证明力的难题。

我国目前确立的是有限的非法证据排除规则，对于不具有合法性的电子证据是否予以排除，客观上存在一个利益衡量的问题。换言之，对于电子证

据是否符合合法性标准而言，我国的审判人员必须审查其生成、传递、存储、显现等运行各环节中是否出现了不合法因素，以及这些不合法因素是否足以导致必须对其排除。然而，众所周知电子商务所处的网络空间是一个传统法律难以涉足、新式法律又极不健全的世界，我国的情况更是如此，在缺乏既定法律的情况下认定某一电子证据合法或不合法岂不属于贸然行事？例如，我国国家主管部门对于电子商务活动中可使用什么样的计算机程序尚未作出明文的法律规定，如果民商事主体使用了未经核正许可的计算机软件程序进行电子商务的运作，甚至使用了非法计算机软件程序进行电子商务的运作，由此产生的各种电子记录或数据是否具有合法性呢，是否可以被采纳为证据呢？

电子商务对计算机系统具有依赖性，各种电子数据的生成、存储、传递都必须借助计算机系统，任何一个方面的差错都有可能导致电子数据出现不为人们觉察的改变，加上电子商务所依赖的计算机系统还容易受到外部攻击，有关电子数据有可能遭受修改且不易留痕，因此人们普遍对电子证据的真实性存在担心。从技术抗制的角度上讲，要想百分之百地保证电子证据真实可靠是不现实的，即便通过计算机专家采用法庭科学技术鉴定手段方法也有力所不及之处。这正是国际贸易中未能彻底实现无纸化办公的深层次原因。将该难题反映到司法实践中来，就要求我国必须避开直接认定电子证据真实性的方法，另辟蹊径，找到合适有效的间接认定方式。那么，我们可以确定哪些认定电子证据真实性的替代措施和替代制度呢？

证据的确实性也称为可靠性，是指证据的真实可靠程度，这是一种实质上的真实性。它反映了用于定案的电子证据可能处于一种“亦黑亦白”的灰色状态，而不是将其按照“非真即假”的逻辑进行简单处理。一般来说，电子证据具有很高的科技含量，特别是数字（码）技术的不断发展，法官在认定电子证据可靠性方面存在很大的难度。例如，如果出现了对纸面文件的伪造、变造，法官可以聘请文书专家进行鉴定，一般通过物理方法、化学方法等专门方法很快就能识别真伪；如果出现了对模拟电子技术制成的录音带的伪造、变造，法官也可以聘请声纹专家进行鉴定，一般也能很快通过分析各种参数识别真伪；如果出现了对数字电子技术制成的数字文件的伪造、变造，则除非具备苛刻的条件，计算机专家也很难识别真伪。这样一来，仅借助传统方法从正面着手审查判断电子证据的生成、存储、传送、收集等环节，就不一定能够有效地对电子证据可靠性作出认定。

此外，判断电子证据可采性与证明力是否还有其他的标准，也是需要我国考虑的问题。比如，在许多外国电子证据法中都将完整性（Integrity）作为考察电子证据证明力的一个特殊指标，如联合国国际贸易法委员会《电子商务示范法》，此后加拿大《1998 年统一电子证据法》、印度《1999 年信息技术法》与菲律宾《电子证据规则》相继使用了这一术语。所谓电子证据的完整性，是指“数据电文的内容保持完整和未予改动”。之所以确定这项指标，是因为电子证据所处的环境特殊，它在运行的每个环节中都有可能添加上一些信息。有些添加是属于必要的添加，例如在一份数据电文“原件”的末尾添加一份电子证书来证明该数据电文的“原件性质”，或者由电脑系统在数据电文前后自动添加数据以便进行传递，这种添加将视为等同于对书面“原件”的一纸补充，或者等同于用来寄发书面“原件”的信封和邮票，故一般不认为相关电子证据的完整性受到破坏；有些添加则属于非必要的添加，例如在数据电文中添加了附加条款等内容，则一般认为相关电子证据已不具有完整性。我国法律目前尚未将完整性作为审查各种证据证明力的一项指标，这是一项亟待解决的立法问题。

从外国先进立法的经验来看，许多国家在认定电子证据可采性与证明力的问题上都采取了间接认定的方式，包括自认、推定与具结等。我们称之为替代措施与制度。与此形成对比的是，我国现行法律并没有关于自认、推定与具结的类似规定。如何将上述先进经验吸收到我国法律之中，确立通过间接方式解决电子证据可采性与证明力的制度，也是一个值得深究的课题。

六、电子商务对我国证明责任制度的冲击与挑战

我国现行民事诉讼法确立了“谁主张、谁举证”的证明责任分配原则，最高人民法院《关于民事诉讼证据的若干规定》进一步明确为“当事人对自己提出的诉讼请求所依据的事实或者反驳对方诉讼请求所依据的事实有责任提供证据加以证明”，并规定了诸如医疗行为之侵权诉讼等实行证明责任倒置的八种情况。但所有规定均未专门涉及电子商务案件的证明责任分配问题。

从理论上讲，有些电子商务纠纷很难完全实行上述证明责任的一般分配原则。例如，假如在“B to C”电子商务中，一个消费者从商务网站点击购物而发生纠纷，进而提起诉讼的，这时作为被告的商务网站往往在证据的占有和取得上处于优势地位，作为原告的消费者处于劣势地位，因而就有必要实行证明责任倒置，否则便会违反公平原则。至于电子商务中还有哪些情况需

要实行证明责任倒置，是值得进一步探究的问题。

第三节 电子证据的认定

一、电子证据的可采性认定标准

关于电子证据，何家弘教授曾有过精辟的评说：“就司法证明方法的历史而言，人类曾经从‘神证’时代走入‘人证’时代；又从‘人证’时代走入‘物证’时代，也许，我们即将走入另一个司法证明时代，即电子证据时代。”这一方面说明电子证据与传统证据的巨大差别，另一方面也说明电子证据对我们现存证明制度的颠覆性冲击。因此，电子证据与传统证据在认定标准上有很大的区别。电子证据的可采性认定规则解决的是何种电子证据能够进入诉讼程序和其他证明活动中，何种电子证据应被排除在诉讼程序或其他证明活动之外的问题。主要从客观性、关联性、合法性三个方面进行认定。

（一）电子证据的客观性标准

首先，电子证据的形式必须是客观的。从电子证据存在形式看，电子数据是以电磁、光盘等物理形式存在于半导体芯片、磁盘等载体上，尽管用于记载数据信息的电磁等不能被人们直接感觉到，但它是一种切实存在，承载电子数据的载体，如半导体芯片、磁盘、光盘等介质。因此，“如果单从电子数据存在形式看，所有的电子数据都是客观的。”

电子证据是否具有客观性，还要看其内容是不是客观事物的反映。具体地说，产生电子数据信息的计算机软硬件系统应当正常运行和工作，电子数据所反映的内容应当是在进行正常业务中形成且在业务完成或稍后输入的。电子证据的真实性具有重要的意义。对于存在疑点的电子证据和电子证据中比较专业的问题可以通过鉴定的方式对电子证据的生成、传输、储存、输出全过程及电子证据本身做出判断结论。一般情况下以下的电子证据可以认定为真实可靠：适格证人向法庭提交的在法律上可采纳作证据的书面陈述；使用者经常使用的正常的计算机系统生成和存储的电子证据；经公证证明为真实可靠的电子证据；经专家鉴定为真的电子证据；有确切证据证明电子证据复印件与原件完全等同的电子证据；当事人之间经长期业务往来所形成的电子合同；双方当事人均认可的电子证据。

（二）电子证据的关联性标准

电子证据的关联性是指作为证据的事实必须与案件中的待证事实有客观的联系，能够证明案件中的有关待证事实，证据的关联是客观存在的事实能够成为诉讼证据的决定性因素。对电子证据而言，如想被法官采纳，它必须能以其内容有效地解决诸如以下问题：首先，这个电子证据能够证明什么事实；其次，这个事实对解决案件中的争议问题有没有实质性意义；最后，法律对这种关联性有没有具体的要求。通过回答这三个问题，人们就可以比较准确地把握具体的电子证据的关联性了。

（三）电子证据的合法性标准

证据的合法性是指作为证据的某些事实必须是以法律规定的特殊形式存在，并且证据的提供、收集、调查和保全符合法定程序。由此可见，作为证明根据的材料无论是否具备合法性，都可以用以证明案件情况，但并不是每一件证据都能在具体的司法和执法活动中被采用。合法性是采用证据的重要标准之一。电子证据作为一种新的证据形式，与传统证据相比有其特殊性。一般认为，储存在计算机内的数据都可以被销毁、改变，所以应将储存在计算机内的数据打印出来。而且各种加密技术都有解密的可能。此外，发生争议的双方将原始数据稍加改变，就可能改变最初始自动生成的原始文件内容，从而出现电子证据能否被法院接受的问题。为了解决这一问题，我国和其他国家关于电子证据的合法性问题作出了相应规定。

《中国电子商务法（示范法）》规定“在任何民事诉讼中，具备下述情形之一的电子证据应予以排除：（一）非通过核证程序得来的电子证据；（二）经鉴定遭到过修改、攻击的电子证据；（三）通过非法窃录、搜查、扣押等方式获得的电子证据；（四）对于计算机生成的电子证据，有证据表明在生成该证据之际计算机系统处于不正常状态的；（五）普通的证据法律法规规定的、加以排除的其他情形；（六）对于计算机存储的电子证据，有证据表明在转录过程出现实质性差错的。”该法规定：“如果电子形式的报告、备忘录、记录或数据汇编系在业务活动中以正常程序制作的，则不得以系传闻为由，对该备忘录、报告、记录或数据汇编予以排除，但如果有证据证实，该备忘录、报告、记录或数据汇编在传达、存储方式或环境方面存在失实情况，则应予以排除。”

二、电子证据的审核认定

电子证据的审核认定规则的第一个层面的问题就是电子证据的证据资格认定问题，对电子证据的资格构成直接威胁的就是法律关于证据原件、书面形式和完整性的要求。

（一）原件推定

电子证据是以电磁等介质为载体，没有传统观念上的原件，电子证据产生于计算机并以数字方式储存于计算机磁盘之上，用肉眼是不可能看到其内容的，它只有通过转换、复制而显示在屏幕或打印到其他介质上才能被肉眼所见。因而，电子证据不是没有原件，而是这个原件不能为肉眼所见，当它以某种方式显示时，已失去原件属性。我国的诉讼证据法中并没有对电子证据原件规则的进行规定，但我国《电子签名法》采用功能等同法，推定电子证据满足“原件”的形式要求。如该法第五条规定：“符合下列条件的数据电文，视为满足法律、法规规定的原件形式要求：（一）能够有效地表现所载内容并可供随时调取查用；（二）能够可靠地保证自最终形成时起，内容保持完整、未被更改。”

（二）书面形式的推定

传统的书面文件，是由有形的纸张和文字表现出来、可以被阅读的有形物；而数据电文的表现形式是通过调用储存在磁盘中的文件信息，利用电脑在屏幕上显示或者打印设备打印的文字或图像等来表现的，它的存在介质是电脑硬盘或其他介质等。虽然非纸质的数据电文与传统的书面文件相差很大，但是它们都具备了相应载体和可阅读或复制的特性。为了使电子证据在形式上符合现诉讼证据法关于书面形式的要求，我国《合同法》第十一条规定了书面证据包括合同书、信件和数据电文等形式之后，《电子签名法》第四条采用功能等同法，规定了“能够有形地表现所载内容，并可以随时调取查用的数据电文，视为符合法律、法规要求的书面形式”。我国《合同法》和《电子签名法》的这些规定，解决了我国法律对电子证据书面形式的要求。

（三）完整性推定

电子证据要求的完整性有两层意义：一是电子文件本身的完整性，二是电子文件所依赖的计算机系统的完整性。但是，任何事物的完整性都是相对的，特别是运用证据材料证明过去的事物的完整性更是如此。因此，对于电子证据只要满足一定条件，在法律上就推定其符合完整性标准的要求。我国现行法律对电子证据的完整性还没有具体规定。我国《电子签名法》第六条“数据电文的格式与其生成、发送或者接收时的格式相同，或者格式不相同但是能够准确表现原来生成、发送或者接收的内容；能够识别数据电文的发件人、收件人以及发送、接收的时间”的规定从一个侧面表明了电子证据完整性推定的要求。

基于以上对电子证据资格的认识，我们认为电子证据应当有独立的审核规则。从证据学原理来讲，审核认定证据要从证据的真实性和证明力即证据合法性和关联性几个方面去审查判断。

（1）电子证据的真实性审查。根据我国诉讼法确立的举证责任的负担原则，应当确定电子证据真实性证明义务应当在于主张者，从理论上讲，电子证据所遭到的篡改往往是难以察觉的，如果一味强调举证方必须证明其真实可靠，有时是过于苛求的。因此，对电子证据真实性可靠性的认定，可以转向对相关否定因素的排除。如果电子证据所依赖的计算机系统的软硬件是可靠的，该系统有防止出错的监测或查核手段，其运行过程是正常的，而且电子数据没有被删改过，那么该电子证据就已经具备了足够的可靠性保障，应当推定其真实可靠，除非另有相反的证据。从我国《电子签名法》第八条的规定和诉讼证据法的相关规定中可以得出电子证据的真实性审查需要考虑以下因素：第一，生成、储存或者传递数据电文方法的可靠性；第二，保持内容完整性方法的可靠性；第三，用以鉴别发件人方法的可靠性；第四，其他相关因素，如证人或访问通信和信息系统的人的素质，电子数据信息或电子文档为基础的通信和信息系统的性质和质量，法官或者其他裁判者认为影响电子文档或电子数据信息正确性或完整性的其他因素等。只有经过真实性审查，并符合其他证据资格条件的电子证据，才能用于定案的根据。

（2）电子证据证明力的审查。证据的法律效力，就是法律对其证据资格和证明力的认可。由于本质上不属于原件以及易变性等特性，数据电文能否赋予证据的法律效力，曾经有极大争议。但是，计算机技术、网络技术等现代技术是信息时代的支柱，如果否定电子证据的法律效力，将严重影响交易的安全和妨碍社会进步。所以我国的立法和司法界都确认了电子证据的法律效力，我国《电子签名法》第七条规定：“数据电文不得仅因为其是以电子、光学、磁或者类似手段生成、发送、接收或者储存的而被拒绝作为证据使用。”在证据效力规则方面，我们还应确立不得歧视电子证据的原则，应当等同对待电子证据。我国《电子签名法》第十四条规定，“可靠的电子签名与手写签名或者盖章具有同等的法律效力。对于电子证据的合法性和关联性的审查判断，我们也应基于现行诉讼证据法的相关规则，从电子证据的特性出发，结合和吸收国际上的惯例对电子证据的存在形式、收集方式以及与案件事实的关联程度来审查判断，以认定其可采信性。电子证据证明力的审查应当注意：公证保全的电子证据证明力大于其他证据；一些电子证据虽然经过法定程序收集或保全，但其证明力仍需要有其他证据佐证或其证明力只能及于案件事实的一部分。

三、国外的电子证据认定规则

随着计算机的普及和网络大众化的趋势，电子证据逐渐为人们所熟悉。一些英美国家的立法机关和法院十分关注电子证据的相关立法。在证据被采纳的问题上，英美法系国家的证据规则也适用于电子证据。

（一）电子证据与传闻规则

传闻规则也就是传闻证据排除规则，意思是传闻证据不具有可采性，在审判中不能作为证据使用。英美法系的国家大多都规定了传闻规则，主要的代表国家英国和美国在证据法中都规定了传闻规则，但这两个国家的规定有着很大的区别。

美国规定的传闻证据是：首先制定排除传闻证据的总规则，其次在能提供真实性保证的条件下规定许多例外情况。传闻证据的排除效果使得采纳电子证据很困难。因为电子数据一般情况下不是由亲身所知的人输入的。另外，在法庭上，将电子文本作为证据提出的人通常对信息并不亲身所知。《联邦证据规则》第八百零三条第六款规定以下电子证据可采用：①ATM 交易的摘要；②计算机生成的电话费单；③计算机记录薪金册；④记录进入美国的车辆报单次数的计算机记录；⑤关于毒物分析的计算机打印物；⑥从另一个来源转录的打孔机操作员形成的计算机打印物；⑦计算机打印物。由于很多时候，采纳传闻证据非常有必要，所以，现在许多英美法系国家，认为传闻证据是可以采纳，只要显示其自身是可信赖的，且采纳它对于案件的裁定是必要的。

英国规定了在诉讼中对传闻证据一般情况予以采纳，例外情况下予以排除。英国《1968 年民事证据法》第二条第一款规定：“在民事诉讼中，某个人，不论其在诉讼中是否被传为证人，所作的某项陈述，不论是书面的还是口头的，在符合本条和法院规则的条件下，可以被采纳，只要其所作的直接口头证据可以被采纳的。”按照该法第十条的扩大解释，文书除书写的以外，同时还包括地图、图表、图纸、照片、唱片、录音带以及其他资料的装置，这些声音或其他资料需借助于其他装置进行复制，同时也包括影片、底片，这些影片等收录了图像并能进行复制。

（二）电子证据与最佳证据规则

最佳证据规则也称为反对第二位证据规则，是指诉讼的一方当事人必须提出案件性质许可的最佳证据。所谓第一位证据是指文书的原件；第二位证据是指文书的次级或替代证据，即文书的副本。如果在审判中提供电子证据时，最佳证据规则可能需要认定计算机的打印物是原件还是复制件。

美国规定计算机输出件根据《联邦证据规则》被认为是原件，因此大部分州以《联邦证据规则》为基础编撰了证据规则。根据《联邦证据规则》第一千零三条，复制件与原件在同等程度上一般具有可采性，但以下情况排除在外：如果许可采纳复制件替代原件可能会导致不公平；对原件的真实性发生了怀疑。

另外，最佳证据规则也有成文法规定的例外情况，如英国的《1968 年民事证据法》第五条规定，可以采纳计算机输出文件的抄本，关于微型胶卷只需要向法院证明符合计算机输出的文件，但是判例法和成文法都未明确所谓符合的标准。

（三）电子证据与鉴证规则

鉴证是电子证据可采性的一个重要的标准。鉴证是文件的可靠性和真实性得以确立的过程。文件必须得到鉴证才能被采纳。如果提供的是文件的复制件而不是文件的原件，那么需要基础证据来证明文件复制过程的可靠性。

首先需要鉴证电子证据有没有被伪造、变造、篡改。相对于传统形式存储的信息，电子形式存储的信息更容易受到故意变化或意外改变的损坏。软件故障、系统问题、网络上黑客进入文件等都有可能改变电子证据。

其次目前关于鉴证证据的方法主要有两种：第一种是自认，即对方当事人自认某个文件的真实性，那么在审判中不需要提出其他证据对文件进行鉴证；第二种是证人作证，即法庭可以传唤证人来证实证据的真实性。同时也可以通过签署者对文件的鉴证或通过能够鉴别笔迹的一方当事人的证言提供鉴证证据。

美国的《美国笔录和陷阱法》、《美国电子通讯隐私法》等有关网络犯罪的法律中包含了电子证据条款，同时规定电子证据认证的法律主要有《美国联邦证据规则》。另外还有很多关于电子证据的判例。美国的判例把电子证据分为两种，一种是计算机的存储记录，由于包含人类的陈述，该类电子证据须接受传闻规则的检验并对其进行鉴证，才可以用来证明事实；另外一种是计算机的生成记录，由于几乎都是由计算机制作出来的，所以该类电子证据不需要考虑传闻规则，只需要进行鉴证。

国外关于电子证据的认定规则具有以下特点：①对电子证据分类对待，根据实际情况划分不同种类，有利于正确判断电子证据的可采性。②对电子证据采用非歧视原则，从“质疑”和“歧视”电子证据的阶段，后来逐渐发展到将其和其他证据等同对待的阶段。③电子证据合法性问题，许多国家收集电子证据的措施进行特别立法，比传统证据合法性问题更受关注，如美国还制定了指导怎样收集电子证据的司法手册。④电子证据的原件问题，电子证据原件的范围被扩展，准确反映电子证据的信息且能被直接感知的输出物，被较多国家视为电子证据原件。⑤鉴证规则的内容，要求必须有证据证明提议者所提出的电子证据就是其所说的事项，且还要证明电子证据具有可靠性和完整性。

对电子证据的认定必须遵循一定规则。所以，如何确立电子证据认定规则，对证据的运用和认定意义重大。对电子证据规则的确定，至少要考虑以下两个因素：首先要能发现案件真实并能对人权有效保障。其次要能在诉讼中发挥其应有的功能，理想的电子证据认定规则应能满足发现案件真实和人权保障两方面的功能。

四、我国电子证据认定存在的问题

（一）电子证据认定缺乏健全的法律支持

从我国目前情况看，在电子证据的可采性认定方面，缺乏较健全的法律支持。电子技术对当今社会生活最大的影响之一，是冲击了传统意义上的

"书面"、"原件"、"文书"等概念。相应地，一些传统证据规则阻止了电子数据等被纳为证据的可能性。造成的结果是，大量的诉讼因缺少证据而得不到公正的处理。目前我国规定电子证据收集、认证等方面内容的大多是司法解释，其内容零散不成体系，缺乏刚性条款，没有较健全的法律支持。只有《中华人民共和国合同法》第十一条、最高人民法院《关于民事诉讼证据的若干规定》第二十二条、《中华人民共和国刑事诉讼法》第四十八条、《中华人民共和国民事诉讼法》第六十三条以及最高人民法院《关于侦查机关侦查工作贯彻刑诉法若干问题的意见》第三部分第五条等部分法律条文涉及诉讼中的电子证据问题，但对电子证据的适用范围、采纳条件、可采性原则等方面均缺少明确规定。

（二）司法人员缺乏高科技知识，鉴定机构不够健全

由于电子证据涉及的专业技术性强，大多数司法人员又缺乏高科技知识，导致在采信电子证据过程中受到专业知识的限制。《公安机关办理刑事案件程序规定》第二百三十四条规定："鉴定的范围，包括刑事技术鉴定、人身伤害的医学鉴定、精神病的医学鉴定、扣押物品的价格鉴定、珍稀动植物及其制品鉴定、违禁品和危险品鉴定、电子数据鉴定等。"另外，《刑事诉讼法》第一百一十九条规定："为了查明案情，需要解决案件中某些专门性问题的时候，应当指派、聘请有专门知识的人进行鉴定。"目前虽然有相关法律规定鉴定电子证据，但面向社会从事电子证据鉴定机构尚未出现，将带来诉讼中电子证据的认定难题。鉴于电子证据具有的系统依赖性、高技术性等特点，对电子证据的收集过程有较高的技术要求，即使是长期从业的司法工作者，也很难专业地提取电子证据。所以，需要委托拥有较高电子信息技术人才的机构进行电子证据的鉴定工作。

（三）缺乏电子证据的认定和保全机制

从目前看，除了抢劫、遗弃等需要身体接触时才可实施的犯罪外，绝大多数犯罪行为都可以利用网络来实施。电子证据在诉讼中发挥着不可替代的作用。关于扣押电子证据的程序规定有：《刑事诉讼法》第一百一十六条规定："侦查人员认为需要扣押犯罪嫌疑人的邮件、电报，经公安机关或者人民检察院批准，即可通知邮电机关将有关的邮件、电报检交扣押。"这里的邮件应当理解为包括电子邮件。其他的相关规定，如《人民检察院刑事诉讼规则》

第一百九十二条、《公安机关办理刑事案件程序规定》第二百一十五条、第二百一十六条、第二百一十七条。诉讼中电子证据的保全对证据的认证也有着十分重要意义，收集到电子证据后要进行保全。相关规定有最高人民检察院《关于检察机关在侦查工作贯彻刑诉法若干问题的意见》第三部分第二、六、七条、《公安机关办理刑事案件程序规定》第二百一十七条、二百一十八条等。而目前对电子证据的认定、保全都没有建立系统、可操作性的法律制度。因此，我国应从立法上建立一套完备的电子证据认定操作流程。

第四节　电子证据的举证责任分配和证据保全

一、电子证据的举证责任分配

证据的举证基本原则是谁主张谁举证，这一基本原则同样也适用于电子证据。但是要考虑到电子证据的特殊性，特别是权利人在网络环境下一般处于弱势、举证困难的地位，需要结合具体案情和公平正义等因素综合界定电子证据的举证责任。《最高人民法院关于民事诉讼证据的若干规定》第七条明确在法律没有具体规定，依本规定及其他司法解释无法确定举证责任的承担时，人民法院可以根据公平原则和诚实信用原则，综合当事人举证能力等因素确定举证责任。

当事人的举证责任。当事人提供电子证据，应当对该证据的来源、制作手段、制作技术等做出释明。当事人一方对他方提出的电子证据表示异议的，人民法院可以通知电子证据的制作人到庭接受询问、聘请专家进行鉴定。当事人提供的电子证据，其本身要形成一个完整的证明体系，客户端与服务端信息相互印证才能作为证明案件事实的依据。所以提出电子证据的当事人应当将有关的在线时间记录、登录网站记录、拨接电话号码、IP 地址或电脑主机及其运行资料、磁盘及其解读资料、光盘等一并提交法庭，对于设有密码、电子签名账号或其他户头号的电子证据，当事人应当举证证明该密码、账号、电子签名的设立人、使用人、所有人以及账号或户头号的使用情况。当事人提供上述电子证据信息可以向网络服务提供者调查取证，网络服务提供者应当依法提供不得推托，当事人有必要可以申请人民法院依法调查取证。

网络服务提供者的举证责任。网络服务提供者所提供的中介服务一般分为两种：一是连线服务，指为信息传输提供光缆、路由、交换机等基础设施，或者为了上网提供接入服务，或者为用户提供电子邮件账号等。该种提供信道服务简称为IAP。由于完全实行技术手段自动处理，因此IAP记载的电子证据的真实性是能够得到保证的。二是内容服务，简称ICP一般按照用户选择传输或者接收信息，自身并不组织编写所传播的信息，在技术上除了自动技术处理外，人为地可以对信息进行一定的编辑控制，因此网络服务提供者应当承担相应的举证义务。

网络服务提供者的举证责任是法定义务，相关的法律规定是：①2000年9月国务院颁布的《互联网信息服务管理办法》规定：互联网信息服务提供者发现其网站传输的信息明显属于违法信息的，应当立即停止传输，保存有关记录，并向国家有关机关报告；从事新闻、出版以及电子公告等服务项目的互联网信息服务提供者，应当记录提供的信息内容、发布时间、互联网地址或者域名；互联网接入服务提供者应当记录上网用户的上网时间、用户账号、互联网地址或者域名、主叫电话号码等信息；互联网信息服务提供者和互联网接入服务提供者的记录备份应当保存60日，并在司法机关依法查询时予以提供。②《网络著作权纠纷解释》第六条规定：当著作权人确有证据证明被侵权，并向网络服务提供者提出请求时，网络服务提供者有义务向权利人提供侵权行为人在网络上的注册资料。违反此项义务，人民法院可依据民法通则第一百零六条的规定判令网络服务提供者承担相应的侵权责任。上述规定从立法上确立了网络服务商的举证义务及其不作为的法律后果。因此对网络服务提供者来说，应积极履行法定义务，对用户的身份、信息内容、上网时间、互联网地址或域名及其他注册资料进行的登记或备案资料不全或者丢失的，应当承担举证不能的法律后果。

二、电子证据保全

电子证据本身的数字性，使之在“涂改、更改”等方面表现出很强的脆弱性，加之网络本身安全漏洞的存在，或者操作不当，都可能使原始的数据电文的内容变更，或使整个证据灭失。此种情况，对任何一方当事人而言都是不愿看到的。因此电子证据的固定、保全就显得极为重要。证据保全的作用并不仅仅体现在保全最初的数据电文内容上。现今互联网络中的侵权案件非常多，尤其表现在侵犯知识产权，侵犯公民人身权，侵犯公民隐私权方面。由于互联网网页上的信息是动态更新的，所以，发生网上侵权时的取证就显得非常重要。一旦错失取证时机或取证手段不佳，一般情况下当事人就不会再得到有充分证明力的证据了。另外，被侵权的当事人若自行取证，由于证据的脆弱性，又面临着侵权方对证据证明力的怀疑与否认。此种情况下，若由公证机关或司法机关对电子证据进行固定、保全，则对电子证据的保存、证据内在证明力都有充分的法律保障。

电子证据的保全主要有两个方面的内容，一是当事人通过公证机关对于讼争的电子证据采取的保全；另外是当事人申请法院对于讼争的电子证据采取的保全。

电子证据的公证保全。我国《公证法》第十一条规定，经自然人、法人或者其他组织申请，公证机构有权办理证据保全公证事项。根据该法第三十六条规定，证据公证保全的作用，不仅可以防止证据灭失或者以后难以取得，而且主要是赋予被保全的证据作为认定事实根据的法律效力。公证机关对电子证据的公证保全程序上，必须做到合法、正当。公证保全的电子证据，必须保证是从正常运行的计算机系统网络中得到的，且该数据电文所在系统安全、可靠，数据电文本身操作正当、有序。只有在公证保全过程中做到严密有序，并保证电脑系统、网络安全可靠，此时公证保全的电子证据才有充分的说明力、证明力。

电子证据的司法保全。民事诉讼法第七十四条规定："在证据可能灭失或者以后难以取得的情况下，诉讼参与人可以向人民法院申请保全证据，人民法院也可以主动采取保全措施。"在网络环境下维护权利人的利益、规范网络环境秩序，除当事人申请外法院也可以适当地主动采取保全措施。根据《最高人民法院关于民事诉讼证据的若干规定》第二十四条的规定，人民法院进行证据保全的方法有查封、扣押、拍照、录音、录像、复制、鉴定、勘验、制作笔录等九种，上述九种方法当然也适用于电子证据的保全。但电子证据的保全更应注意其技术性，必要时可以请专业技术人员到场采取必要的技术手段对电子证据进行固定或分析。电子证据的司法保全应当和人民法院的调查取证相连接在一起的，当事人申请人民法院调查取证后应适时地申请保全证据，当然司法保全的电子证据并不都是人民法院调查收集的证据。电子证据的诉前保全很重要。在我国诉前证据保全制度的框架建立的比较成熟的领域主要是知识产权和海事诉讼领域，而恰恰在这两个领域中电子证据运用得比较广泛。电子证据司法保全还涉及一个担保的问题，因为很多电子证据是当事人或利害关系人的重要计算机运行系统或保密的资料，一旦错误地提取或封存很可能造成很大的损失，这也是当事人申请电子证据保全要考量的。

【本章思考题】

1. 电子证据的特点有哪些？
2. 电子商务对我国传统证据法律制度有哪些冲击和挑战？
3. 对电子证据应如何审查认定？
4. 目前我国电子证据认定存在哪些问题？
5. 电子证据的举证责任应如何分配？

第十二章　电子商务交易纠纷解决及司法管辖

【案例导入】 支付宝付款方式购物纠纷案件合同履行地的确定①

2012年8月，居住地为江苏省沭阳县的晏某某通过网络采用支付宝付款方式在被告百丽电子商务（上海）有限公司（简称百丽公司）经营的网店购买运动鞋一双，收货地为宿迁市宿豫区某处。双方因故产生纠纷。2012年9月10日，原告向宿迁市宿豫区人民法院提起诉讼。在答辩期限内，被告百丽公司提出管辖权异议称，因合同纠纷提起的诉讼，由被告所在地或者合同履行地人民法院管辖，本案被告的所在地在上海市虹口区；双方对合同履行地没有书面约定，但按照电子商务行业的惯例和实践，合同履行地为网店经营者的发货地即百丽公司所在地；合同法第六十二条第三项规定："履行地点不明确的……其他标的，在履行义务一方所在地履行。"本案既非交付货币，亦非交付不动产，涉案合同的履行义务一方应为被告，故合同履行地为被告所在地。故本案应由上海市虹口区人民法院管辖。

法院判决：

江苏省宿迁市宿豫区人民法院经审查认为，因合同纠纷提起的诉讼，由被告住所地或者合同履行地人民法院管辖。买卖合同双方当事人在合同中对交货地点有约定的，以约定的交货地点为合同履行地。原、被告之间通过电子数据交换的形式并通过第三方交易平台支付宝订立了书面买卖合同。因原、被告自愿选择使用支付宝服务进行交易，《支付宝争议处理规则》（以下简称《规则》）应作为双方买卖合同的组成部分，对双方均具有约束力。《规则》约定："交易双方可以自行约定货物的交付地点，没有约定或者约定不清的，以买家留下的收货地址作为货物交付地点。"因此，本案中的合同履行地为买家原告留下的收货地址，而该收货地址在宿迁市宿豫区，故宿迁宿豫法院和

① 案例来源：http：//www.110.com/ziliao/article－463245.html.

上海虹口法院对本案均享有管辖权。法院裁定：驳回被告百丽公司对本案管辖权提出的异议。

被告不服，提起上诉。

江苏省宿迁市中级人民法院经审查认为，双方当事人通过第三方交易平台达成买卖协议，并约定了收货地址，该收货地应为本案买卖合同的履行地。双方约定的收货地在宿迁市宿豫区，故宿迁宿豫法院对本案享有管辖权。法院裁定：驳回上诉，维持原裁定。

【思考】“交货地”、“收货地”、“交付地”三个概念是否一样？

第一节　电子商务交易纠纷的解决途径

解决电子商务交易纠纷不仅需要实体法还需要程序法。解决电子商务交易纠纷的机制有协商和解、仲裁和民事诉讼等，此外还有较新颖的在线争议解决方式。

一、协商和解

协商和解是指发生纠纷的双方在争议发生后，就与争议有关的问题进行协商，在自愿、互谅的基础上，通过直接对话摆事实、讲道理，分清责任，达成和解协议，使纠纷得以解决的活动。协商和解是一种快速、简便的争议解决方式，无论是对消费者还是对经营者，它都不失为一种理想的途径。事实上，日常生活中大量的消费者权益争议都是通过协商和解解决的。

在实践中，协商和解可以在其权益受到侵犯时，带上有关证据，如购货凭证或者服务单据以及受损失证据，找到经营者，向其负责人或者主管解决纠纷的部门说明情况，并提出自己的意见和要求。如果经营者觉得消费者的意见和要求合理，就会接受。如果经营者觉得消费者的要求过高，就会要求消费者降低其要求。经过一番“讨价还价”后，达成一个双方都愿意接受的协议时，争议就解决了。

许多企业愿意并重视通过协商和解的方式与消费者解决纠纷。他们认识到，积极主动解决与消费者之间的纠纷，使之对其提供的商品或服务满意，并将有关情况公布于众，一方面企业可以吸引更多的消费者成为自己的顾客，另一方面企业可以从消费者的意见和投诉中获得商品及服务的信誉、消费范围等信息。因此，当消费者向其交涉时，大多能作出答复，妥善解决。有的还对解决情况跟踪调查。通过调解方式解决争议具有及时、直接、平和等特点。对于标的较小的纠纷或讲信誉、重质量的经营者来说，采用此种方式解决争议能获得较为圆满的结果。

但协商和解由于缺乏国家的强制力和约束力，不能排除少数经营者漠视消费者的利益，故意推诿、逃避责任，拖延时间，使消费者的利益受到损害。因此，消费者在采取协商和解方式不能解决争议的情况下，还可以采取其他方式解决。

二、仲　裁

仲裁一般是当事人根据他们之间订立的仲裁协议，自愿将其争议提交由非官方身份的仲裁员组成的仲裁庭进行裁判，并受该裁判约束的一种制度。仲裁活动和法院的审判活动一样，关乎当事人的实体权益，是解决民事争议的方式之一。

仲裁协议有两种形式：一种是在争议发生之前订立的，它通常作为合同中的一项仲裁条款出现；另一种是在争议之后订立的，它是把已经发生的争议提交给仲裁的协议。这两种形式的仲裁协议，其法律效力是相同的。

《仲裁法》的第二条规定："平等主体的公民，法人和其他组织之间发生的合同纠纷和其他财产权益纠纷，可以仲裁"。这里明确了三条原则：一是发生纠纷的双方当事人必须是民事主体，包括国内外法人、自然人和其他合法的具有独立主体资格的组织；二是仲裁的争议事项应当是当事人有权处分的；三是仲裁范围必须是合同纠纷和其他财产权益纠纷。

根据仲裁法的规定，有两类纠纷不能仲裁：①婚姻，收养，监护，扶养，继承纠纷不能仲裁，这类纠纷虽然属于民事纠纷，也不同程度涉及财产权益争议，但这类纠纷往往涉及当事人本人不能自由处分的身份关系，需要法院作出判决或由政府机关作出决定，不属仲裁机构的管辖范围。②行政争议不能裁决。行政争议，亦称行政纠纷，行政纠纷是指国家行政机关之间，或者国家行政机关与企事业单位，社会团体以及公民之间，由于行政管理而引起的争议。外国法律规定这类纠纷应当依法通过行政复议或行政诉讼解决。

《仲裁法》还规定：农业集体经济组织的内部的农业承包合同纠纷的仲裁，由国家另行规定，也就是说解决这类纠纷不适用仲裁法。这是因为，农业集体经济组织内部的农业承包合同纠纷虽然可以仲裁，但它不同于一般的民事经济纠纷，因此只能另作规定予以调整。

仲裁种类主要有：①国内仲裁和涉外仲裁。根据所处理的纠纷是否具有涉外因素，仲裁可分国内仲裁和涉外仲裁。前者是该国当事人之间为解决没有涉外因素的国内民商事纠纷的仲裁；后者是处理涉及外国或外法域的民商事务争议的仲裁。②机构仲裁和临时仲裁。根据是否存在常设的专门仲裁机构，仲裁可以分为临时仲裁和机构仲裁。临时仲裁是当事人根据仲裁协议，将他们之间的争议交给临时组成的仲裁庭而非常设性仲裁机构时进行审理并作出裁决意见书的仲裁。机构仲裁是当事人根据其仲裁协议，将它们之间的纠纷提交给某一常设性仲裁机构所进行的仲裁。③依法仲裁和友好仲裁。根据仲裁裁决的依据不同，仲裁可分为依法仲裁和友好仲裁。依法仲裁是指仲裁庭依据一定的法律规定对纠纷进行裁决。友好仲裁则是指依当事人的授权，依据它所认为的公平的标准作出对当事有约束力的裁决。

我国仲裁法在总结中国仲裁经验、借鉴国外经验的基础上，提出了三项基本制度，即协议仲裁制度，或裁或审制度，一裁终局制度。①协议仲裁。这是仲裁中当事人自愿原则的最根本体现，也是自愿原则在仲裁过程中得以实现的最基本的保证，仲裁法规定仲裁必须要有书面的仲裁协议，仲裁协议可以是合同中写明的仲裁条款，也可以是单独书写的仲裁协议书（包括可以确认的其他书面方式）。仲裁协议的内容应当包括请求仲裁的意思表示，约定的仲裁事项，以及选定的仲裁委员会。②或裁或审。或裁或审是尊重当事人选择解决争议途径的制度。其含义是，当事人达成书面仲裁协议的，应当向仲裁机构申请仲裁，不能向法院起诉。人民法院也不受理有仲裁协议的起诉。如果一方当事人出于自身的利益或者其他原因，没有信守仲裁协议或者有意回避仲裁而将争议起诉到法院，那么被诉方当事人可以依据仲裁协议向法院提出管辖权异议，要求法院驳回起诉，法院按照仲裁法的规定，将对具有有效仲裁协议的起诉予以驳回并让当事人将争议交付仲裁。③一裁终局。《仲裁法》第九条规定："仲裁实行一裁终局的制度，裁决作出后，当事人就同一纠纷再申请仲裁或者向人民法院起诉的，仲裁委员会不予受理。"一裁终局的基本含义在于，裁决作出后，即产生法律效力，即使当事人对裁决不服，也不能就同一案件向法院提出起诉。所以一裁终局，不仅排除了中国沿用多年的一裁二审的可能性，同时也排除了一裁一复议和二裁终局的可能性。

我国民事仲裁采取"一裁终局"制，解决争议比较迅速。不过，仲裁机构对自己作出的裁决，无权强制执行，若当事人不履行，另一方当事人只能请求人民法院强制执行。根据仲裁的这些特点，当事人可以选择以何种方式解决争议。

三、民事诉讼

民事诉讼是指法院在当事人和其他诉讼参与人的参加下，以审理、判决、执行等方式解决民事纠纷的活动，以及由这些活动产生的各种诉讼关系的总和。民事诉讼动态地表现为法院、当事人及其他诉讼参与人进行的各种诉讼活动，静态地则表现为在诉讼活动中产生的诉讼关系。

民事诉讼的特征有：

（1）公权性。与调解、仲裁这些诉讼外的解决民事纠纷的方式相比，民事诉讼是以司法方式解决平等主体之间的纠纷，是由法院代表国家行使审判权解决民事争议。它既不同于群众自治组织性质的人民调解委员会以调解方式解决纠纷，也不同于由民间性质的仲裁委员会以仲裁方式解决纠纷。

（2）强制性。强制性是公权力的重要属性。民事诉讼的强制性既表现在案件的受理上，又反映在裁判的执行上。调解、仲裁均建立在当事人自愿的基础上，只要有一方不愿意选择上述方式解决争议，调解、仲裁就无从进行，民事诉讼则不同，只要原告起诉符合民事诉讼法规定的条件，无论被告是否愿意，诉讼均会发生。诉讼外调解协议的履行依赖于当事人的自觉，不具有强制力，法院裁判则不同，当事人不自动履行生效裁判所确定的义务，法院可以依法强制执行。

（3）程序性。民事诉讼是依照法定程序进行的诉讼活动，无论是法院还是当事人和其他诉讼参与人，都需要按照民事诉讼法设定的程序实施诉讼行为，违反诉讼程序常常会引起一定的法律后果，如法院的裁判被上级法院撤销，当事人失去为某种诉讼行为的权利等。诉讼外解决民事纠纷的方式程序性较弱，人民调解没有严格的程序规则，仲裁虽然也需要按预先设定的程序进行，但其程序相当灵活，当事人对程序的选择权也较大。

（4）特定性。民事诉讼的对象具有特定性。它解决的争议是有关民事权利义务的争议。不是民事主体之间民事权益发生争议，不能纳入民事诉讼程序处理，如伦理上的冲突、政治上的争议、宗教上的争议或者科学上的争议等不能成为民事诉讼调整的对象。对于无讼争性的非讼事件，虽然各国的普遍做法是由法院主管，但都规定了与民事诉讼程序不同的非讼程序来处理。

（5）自由性。民事诉讼反映民事主体权益之争，民事主体不论在实体上还是在程序上，都有依法处分其权利的自由。民事诉讼中的原告有权依法处分其诉讼权利和实体权利，被告也有权处分其诉讼权利和实体权利。正因为如此，民事诉讼形成了自己特有的机制，诉讼中的和解制度和调解制度，对当事人处分其权利具有独特地意义和作用。对法院发生法律效力的判决，胜诉的一方当事人可以申请执行，也可以不申请执行。但是，在刑事诉讼和行政诉讼中情况则不同，刑事诉讼中公诉人与被告人不能进行和解或调解，行政诉讼中就行政法律关系的争议，也不适用调解方式解决，作为当事人一方的行政机关胜诉后也无权放弃自己的权利。

(6) 规范性与正当性。民事诉讼法以及其周边法律制度如法院组织法和法官法等保障着民事诉讼的正义性，确保当事人的实体权利和程序利益不受侵蚀。程序规则的严格性并不等同于程序的复杂性，其含义是指确保当事人权益的强行性规定不得违反，否则即产生一定的程序制裁。民事诉讼的严格规范性限制了法官的恣意，消除了对社会统一规范的背离，满足了国家和社会维护统一的法律秩序的要求。

(四) 在线争议解决方式 (Online Dispute Resolution，ODR)

见本章第二节。

第二节 在线争议解决方式

一、产生背景

电子商务在给传统的商业交易和经营模式带来革命性的变革的同时，其自身也面临种种挑战和障碍。电子商务这种轻松跨越时空和国界的交易方式，使电子商务中的纠纷及其解决显得更为复杂。特别是在 B2C 模式下的电子商务，消费者不仅对交易对象的真实性、交易过程的安全性等心存疑虑，而且一旦出现了纠纷，比如产品质量不合格或者没有即时送货等，消费者如何要求“异国他乡”的商家进行赔偿？这不仅面临一大堆繁琐的法律程序，而且需要花费大量金钱和时间。这种情况极大地影响消费者从事网上消费的信心。

在离线状态 (Off-line) 下，消费者与商家间的交易活动，由于受到地理因素制约，大量是近距离的面对面的交易。虽然也有大量纠纷的出现，但一般是在同一法律效力空间范围和司法管辖范围内，因而其解决不会面临大量、频繁的管辖争议、实体法选择以及裁决效力的承认和执行等问题。而在线状态（On-line）的电子商务环境，大量跨国界、跨地区的交易，必然引起大量的跨国界、跨地区的纠纷。传统的司法管辖和实体法适用原则，已经不能适应这种全球性的、快捷高效的电子商务的需要。于是在全球范围内，特别是电子商务发达的欧美，兴起了一种替代性的“在线纠纷解决机制”，简称ODR（Online Dispute Resolution）。实践证明，这可能是一种有效的、适应全球电子商务环境的纠纷解决机制。

二、ODR 的主要模式和特点

ODR 是从替代性纠纷解决机制 ADR 演化而来的，字面意思是在线纠纷解决机制。因此，其主要模式是把 ADR 的方法和经验运用到全球电子商务环境中，以解决大量出现的在线纠纷的一种机制（当然也可用来解决离线纠纷，但最主要是解决在线纠纷）。ODR 并没有一个固定的涵义和范围，它包括全球电子商务环境中，传统的司法机制之外，解决 B2C 电子商务各种纠纷的方法和模式。

正如 ADR 一样，ODR 的出现，不是要代替司法解决纠纷的机制，而是弥补司法机制的不足。在全球电子商务环境下，以地域和国家主权概念为基础的司法机制，在解决迅速发展的电子商务所引起的大量纠纷面前，将不得不面临一系列复杂的法律、经济问题。例如管辖问题、适用的实体规范问题、裁决的承认和执行问题，以及费时的拖延、昂贵的诉讼费用等。这一系列的问题在发展 B2C 模式电子商务中，显得尤为突出。在 B2C 模式下，商家直接面对的是全球的消费者，相反也一样。因此，其间发生的纠纷可能牵涉多国的法律，不同司法辖区的管辖，完全陌生环境下的诉讼，以及远远超出交易本身的费用和时间。这一切将极大地影响 B2C 电子商务中消费者和企业进行全球电子商务的信心。因此，世界上许多电子商务企业、商业组织、政府机构、国际组织，都积极提倡并推广 ODR；把 ODR 作为保障电子商务交易安全，增进消费者和电子商务企业间的信任和信心，为电子商务的发展建立良好环境的重要方面；成为许多国家和政府组织，积极促进电子商务发展的法律政策框架的重要内容。

ODR 最常用的方法是在线交涉、在线调解、在线仲裁。

（1）在线交涉。当有一项争议发生时，争议双方可以通过提供这种服务的网站，传递信息，交换各自的观点和请求。网站实质上起的是一个提供场所、加强沟通、促进交流的作用。这种方法简便、迅速，很多争议通过彼此沟通便很快得到解决。用这种方法处理争议，往往可以通过某种计算机程序全自动的进行。

（2）在线调解。当一项争议发生时，争议双方以在线的方式提交争议，然后由中立的调解员调解。调解员必须具有相关的专业知识或技能。调解员按照规定的程序以及公平的原则，帮助争议双方分析争议焦点，明确双方的利益，找出可能的解决途径，帮助当事人之间达成自己的解决方案。在整个争议解决过程中，调解员并不评价争议双方的对错，也不由调解员作出调解协议。在线调解是 ODR 中使用最多、最重要的一种方式。

（3）在线仲裁。在线仲裁是 ODR 中比较正式的一种纠纷解决方式。一般是通过交涉、调解还不能解决的争议，才使用在线仲裁。在线仲裁一般需要有争议双方愿意将争议交予仲裁的协议。仲裁员需要听取双方的陈述，审查相关的事实和证据，然后作出裁决。其裁决一般只对争议双方有拘束力，而无司法执行力，所以严格说不同于传统的经济仲裁或国际商事仲裁，因为目前它还不能被《关于承认和执行外国仲裁裁决纽约公约》所容纳。在线仲裁方式在解决在线争议中使用较少。

除上述几种方式之外，还有一些其他方法。比如企业内部设立的“在线消费者投诉处理程序”；结合互联网、传统电话等方法的“半在线（semi-online）争议处理方式”等。而其中每一种形式的具体运行方式和程序环节，在不同的商业、技术环境下，针对不同的纠纷类型又有不同。一个 ODR 服务提供者可以只采用其中一种方法，也可以综合采取所有的方法，因此在现代网络技术的帮助下，呈现出多种多样的 ODR 模式。而这种多样化的程序往往被一些国家和组织确定为是保证新技术的运用，为消费者提供可选择的多样化的救济途径的重要原则。

就目前情况来看，ODR 的模式主要有三种：

（1）不公开报价和请求的处理模式。这种模式往往是通过一种计算机程序自动化地处理的模式。由于在程序进行中，双方的报价和请求对另一方都是不公开的，下面以 Clicknsettle 网站为例简要说明。Clicknsettle 网站采用的是一种自动化的专业计算机系统，它的基本程序和技术是一种叫做“Negotiation Model”的模式：当一项争议发生后，投诉方、被诉方通过 Clicknsettle 的“Negotiation”系统进行交涉。首先由投诉方进入系统，输入自己的请求数额和被告相关信息。系统处理原告的信息后，自动发出一封电子邮件给被诉方。被诉方收到邮件后，认为自己有给付或赔偿的责任，也进入相同的系统，提出自己愿意偿付的数额，于是双方的交涉程序开始。整个交涉的过程被限制在60天内，而双方交涉的次数没有限制，但是每次增加和减少报价的限度不能超过5%。如果被诉的报价高于投诉方，则以投诉方的请求为准，解决纠纷；如果原告的请求虽然高于被诉方，但只要其在被诉方的报价30%以内，则仍以两者的中间值解决纠纷。双方在交涉的时候，都不能看到对方的报价和请求，以便在纠纷解决不成而进入其他救济程序时，不会暴露自己请求和报价的底限。上述交涉规则和案件处理都是在专门的计算机程序监控下自动进行。如果在60天内，纠纷还不能解决，系统允许用户决定是否将案件移送到它的离线仲裁调解机构去解决。Clicknsettle的收费是针对争议双方的。

（2）在线ADR模式。这种模式实际上是运用现代的网络技术，如电子邮件、聊天室、网络会议、视频会议等，甚至可以是传统的电话、传真，把离线状态下ADR的服务运用到网络环境下，以营造一个虚拟的调解或仲裁的场所，解决争议。例如SquareTrade网站主要采取调解的方法解决纠纷，但它不是单纯的在线调解，还包括在线交涉和在线仲裁。当事人可以首先通过SquareTrade系统，进入一个需要用户口令的案件页面进行交涉。如果交涉不成，可以要求在线调解，调解是不公开进行的。如果调解还不能解决纠纷，则可以进一步要求在线仲裁，在线仲裁是公开进行的。使用SquareTrade的系统提起案件，以及当事人双方在系统程序的辅助下进行交涉都是免费的，而要求调解则要收取一定的费用。SquareTrade解决纠纷的过程一般只要10—14天。为了让商家愿意通过SquareTrade的程序解决与消费者的争议，并保证处理结果能够获得遵守和执行，SquareTrade还实行一种网站徽章程序的电子商务自律规范。企业遵守SquareTrade设定的行为准则，愿意将纠纷交SquareTrade的ODR程序解决，并承诺执行通过SquareTradeODR程序作出的处理，就可以获得SquareTrade的徽章，标示在自己的网站上，说明企业具有良好的信用，同时也向消费者表明，如果与之发生争议，可以通过SquareTrade的ODR，及时、公正、便宜的获得解决。如果企业不遵守上述要求，SquareTrade可收回徽章。

（3）计算机支持交涉模式。这种模式，把各方的争议分解成可量化的要素，然后通过一种专门设计的计算机程序，辅助争议各方都能达成最大满意的综合解决方案。这种模式据说可以解决多数主体的、多个争议点的复杂纠纷。目前采取这种模式的是SmartSettle网站。SmartSettle的特点是要采用最先进的技术，同步的在线回应、多主体多争议复杂纠纷的处理、利用先进的算法程序对争议各方的主张进行分析和优化、达成全体争议方都能接受的解决方案、提供完全自动化的简单争议解决程序等。

从以上介绍的 ODR 各种模式看，在线纠纷解决机制与传统的纠纷解决机制包括离线 ADR 相比，具有以下特点：

（1）采用最新的科技，特别是网络科技。这里包括计算编程技术，如编制各种计算机程序以及数据库以接受、存储、管理、处理当事人的案件；各种先进的网络通讯技术，如电子邮件、ICO、网络视频会议等；各种保障信息安全的技术，如防火墙技术、数字签名技术、加密技术、不可复制的徽章等。新兴的互联网和计算机技术正在改变，并将进一步改变各种争议和纠纷的解决途径和形式，产生出更加多样的模式和解决方案。

（2）以业界自律为基础的运行机制。目前在网络空间提供各种选择性纠纷解决服务的几乎都是私人性的非营利机构。大量的企业通过网站徽章、信任标记、商业行为规范等业界自律机制，自愿将自己与消费者之间的争议交 ODR 服务者处理，并承诺执行 ODR 的处理结果，以建立企业与消费者之间的信任关系，发展自己的电子商务。ODR 正是企图通过业界的自律和私人的机制，跨越国家司法权在全球电子商务环境下解决纠纷的重重障碍，提供另一条有利网络纠纷快速、便宜、公正地解决的可选择途径。

（3）全球化的解决方案和运行模式。ODR 是在电子商务全球化的背景下提出的，其主要目的是解决全球性网上交易产生的各种纠纷。因此所有的 ODR 网站都是建立在国际互联网上，当事人不管身在何处，只要能有连接 INTERNET 的终端设备（目前主要是计算机），都可以把自己的纠纷提交“异国他乡”的 ODR 服务提供者进行处理。大部分 ODR 网站处理争议的全部程序和环节都可以完全通过互联网进行。网站使用方法、程序规则、费用、时间和结案率等都可在网站页面免费查阅。为了克服文化和语言的障碍，一些 ODR 网站还开设了多语言的界面，在全球范围聘仲裁员，并积极寻求海外的合作伙伴。因此，充分地体现了互联网“随时随地”和全球开放的特性。

三、全球 ODR 的发展现状

ODR 出现，使人们看到了解决全球电子商务环境下企业和消费者之间纠纷的新途径。正是如此，大量的企业、私人组织、政府、研究机构，以及国际社会都积极提倡推行 ODR。ODR 正成为在网络环境下保护消费利益、建立“电子信任”的重要机制，成为各国电子商务法律框架的重要组成部分。

ODR发展最快的是美国。不仅互联网上绝大部分ODR网站是美国的，而且美国政府也积极参与推动ODR的发展。美国联邦贸易委员会和美国商业部在2000年6月举行了一个公开的论坛会议。该论坛会议有120多名代表参加，分别来自各研究机构、企业、消费者组织和政府部门。他们就ODR的全球方案、采用新技术、保证它的公平与效率以及对消费者和企业的ODR教育等方面，提出了大量的方案和建议。

欧盟也是ODR的积极倡导和推动者。欧盟在其1998年的《电子商务指令》，第一部分第十七条中要求成员国的法律不应妨碍消费者通过各种法院外途径包括电子方式解决纠纷。2000年3月，欧盟在布鲁塞尔召开了一个论坛会议，以促进人们对在线纠纷解决机制在技术、法律和商业方面各种问题的理解。参加的代表有来自欧盟、美国、加拿大等地的企业、消费者组织、政府、研究机构等100多名。

2000年12月18日，欧盟和美国共同发表了“美国、欧盟关于建立电子商务环境下消费者的信心和ADR地位的声明”的文件，充分肯定了促进和发展在线ADR重要性，并主张企业、政府、消费者组织以及学术机构应共同合作推动ODR的发展。

经济合作与发展组织（OECD）也是ODR的积极推动者。1999年经合组织就发布了《在电子商务环境下消费者保护指南》。这个指南鼓励企业、消费者代表和政府应共同努力，提供给消费者可以公平、及时地通过在线ADR途径解决纠纷，特别是跨国界的纠纷的途径，而不会被过分的解决费用所累。2000年12月经合组织与海牙国际私法大会、国际商会联合举行一个名叫“建立在线环境中的信任——B2C争议的解决”的大会。大会致力于国际社会推进在线ADR机制的讨论，分享相关经验、信息；探求是否能够，以及如何通过在线ADR建立全球电子商务环境下的信任机制。

亚太经合组织（APEC）电子商务指导小组也于2000年7月20号在曼谷召集了一个消费者保护的论坛会议，其中一个很重要的议题就是：通过有效的消费者保护立法和建立自律规范，提供消费者处理争议的救济手段，包括在线ADR手段，以建立电子商务环境下消费者信心。

上述大量的国家政府、国际组织、私人组织在ODR领域的交流、合作，其目的除了积极推动全球范围内ODR机制的建立之外，还有一个重要方面在于为ODR的发展和运行确立一些基本的准则。为此欧盟委员会、美国政府、全球商业对话组织、跨大西洋消费者对话组织等，纷纷提出标准或原则，以指导政府、企业规范 ODR 的运作。这些原则归纳起来主要有：①ODR 在解决网络纠纷，建立全球电子商务消费者信心方面的重要性；②政府、企业、社会的通力合作，促进 ODR 的发展和规范；③公正、高效、透明、便宜和容易使用的 ODR 系统和运行机制；④ODR 不应造成限制和剥夺消费者的基本权利（如司法救济）；⑤技术方案的多样化和不断创新。

总之，从上述的介绍可以看出，ODR 在世界范围内，特别在欧美等发达国家已经得到很大的发展，而且企业、消费者组织、学术机构、各国政府以及许多国际组织正通力合作，努力使它成为全球电子商务环境下解决 B2C 电子商务纠纷，建立消费者信心，促进电子商务发展的重要机制。

但是，由于 ODR 是建立在不断发展的计算机和互联网技术基础上的，全球性的，新型纠纷解决机制，因此其自身也面临诸多需要不断解决的问题，概括起来主要是：

（1）经济社会问题。经济社会因素对 ODR 的影响，特别是对解决跨国界纠纷时的影响主要有，语言的障碍、文化的差异、经济发展的不同以及信息获取的差别。例如，在国际互联网上的 ODR 网站使用的语言主要是英语，这就给使用英语以外的广大消费者通过 ODR 解决争议带来了困难。又如，消费者对 ODR 提供者以及它的调解、仲裁人员的认同和信任问题。消费者同样会对远在异国他乡的 ODR 心存疑虑，不愿把自己的争议交由一个完全陌生的环境下的网站去解决。

（2）法律问题。法律的因素主要有：一国国内法律对 ODR 这种纠纷解决模式的承认。是否应该，以及如何设立标准，保障 ODR 的公正和效率，防止 ODR 中可能发生的各种不规范和欺诈。ODR 处理结果的承认和执行。ODR 在解决跨国界纠纷时适用的实体规则等。

（3）技术问题。技术因素主要有：互联网环境和系统协同性的技术不断革新；保证交易安全和消费者隐私的技术的发展，如加密技术、数字签名、认证技术等。网络通讯技术如各种网络互动技术、网络视频会议的发展。提供多样化的 ODR 程序的技术等。ODR 是建立在高度技术化的基础之上的纠纷解决机制，因此必须有不断创新的科技，才能为全球的消费者提供易于获取、便利高效、公正多样的救济途径。

（4）消费者和企业的教育问题。目前，许多消费者和企业对 ODR 并不了解。因此应不断地对消费者和企业进行 ODR 的宣传和教育。对于消费者首先要让他们了解有哪些选择性的纠纷解决方式（ODR），以便他们能够确定和不同的企业进行交易。同时还要对消费者进行消费者权利的教育，使他们了解ODR与司法救济的关系，以及其他保护消费者权益的途径等。对于企业，要教育他们认识采取ODR的好处，以及把ODR机制运用到他们的商业实践中去。

第三节　电子商务纠纷解决的法律适用

一、解决电子商务纠纷的法律适用的一般原则

传统合同纠纷案件通常是根据当事人选择的法律来进行审判，在缺乏选择的情况下，根据与交易或当事人而言具有最密切联系国家的法律进行审判。在欧洲，涉及因合同问题产生的纠纷的公约有罗马公约和布鲁塞尔公约。两公约均适用于“涉及不同国家的法律选择情况下所有合同义务”，因此该公约应适用于网络交易产生的纠纷。根据两个公约的规定，在线合同首先受当事人选择的法律的调整，在缺乏当事人选择的情况下，罗马公约采用的基本原则是合同受将要实际履行合同的一方当事人的住所地国家的法律的调整。

电子商务交易纠纷中的法律适用并不存在各国均接受的区别于传统纠纷解决机制的规定，也缺乏一些获得了广泛承认的判例。在德国，根据民法典第二十七条的规定，最主要的原则还是在合同中对适用的法律作出选择。德国的电子商务立法多没有涉及这些问题。在英国，1990年合同法关于准据法的规定与罗马公约的规定几乎完全一致。根据美国有关法院就网络纠纷的判决来看，存在两种不同的方法：一种方法是适用原告住所地或主要营业所所在地的法律，另一类案例是适用被告居住地的法律，这些地方通常也是互联网传输开始的地方。

我们认为，在各国就网络交易应适用的法律包括实体法和程序法达成一致的协议之前，准据法的确定的基本原则是首先由当事人以协议的形式对准据法进行选择，在缺乏当事人明示或默示的选择的情况下，根据最密切联系原则来确定准据法。

二、合同当事人对准据法的选择

当事人在合同中对准据法进行选择是各国均承认的一项原则，这一原则对于在电子交易环境下解决法律适用问题具有重要价值。这一原则在各国的

具体做法并不完全一致，有的国家允许当事人完全自由地选择，而另一些国家则为当事人的选择设定了某种限制，如有的国家要求当事人的选择必须有一定的基础，即合同与该国要有某种程度的联系。

（1）电子合同法律选择条款的效力。网络交易中的法律选择条款通常以电子文件的形式出现，且表现为一种格式合同。目前，各国对于表现为电子文件或数据电文形式的合同或条款的效力随着联合国贸法会的电子商务示范法的颁布已经得到了普遍的承认。但是，这些法律选择条款还要遵守一系列法律的调整，最重要的是各国合同法关于标准条款的规定，如要向有关当事人进行提示，在必要时作出说明，否则这些条款可能面临法院不予认可的局面。

（2）法律选择条款的种类。通常当事人在电子合同中对准据法的选择可以采用两种形式：①明示选择。从目前各国的规定来看，当事人明示选择的法律可以是与合同没有任何联系的法律，但不能选择非国家的法律制度或“一般法律原则”，如罗马公约规定，这种选择将不构成明示的法律选择。但也有学者建议修改罗马公约，以允许当事人选择一个非国家的法律，如选择海牙国际私法会议的国际商事合同通则或欧洲合同法原则作为调整合同的准据法。②默示选择。当事人对准据法的选择可以是默示的，即从当事人交易的具体情况中得出当事人选择适用某一法律的结论。如 1985 年海牙公约第七条款规定了明示的选择和通过合同条款或当事人的行为清楚地表明的选择。根据国外的实践，默示选择的确定是十分微妙的，假如一个合同是被经常使用的标准形式合同，该合同的准据法是明确的，法院可据此推断出法律选择，这种情形的典型例子是劳埃德的海事保险单。当事人从前进行的交易也可能被用来确定当事人进行了所谓默示选择，假如当事人之间以前的合同或交易关于法律选择有确定的规定，法院可能会推论目前的合同也适用以前的法律选择。在一些国家，对管辖法院的选择也可能构成默示的合同准据法的选择，假如一个合同明确授予一个法院以管辖权，它也就默示地选择了该法院所在地的法律。甚至提及某一法律制度也可能构成对某一法律作为准据法的默示选择。

（3）关于网络交易法律适用的强制性规定。有的国家或国际组织要求对特定的合同不能由当事人随意进行选择应予适用的法律，如欧盟的指令就规定消费者合同中，如果当事人的选择剥夺了消费者根据欧盟指令所享有的保护，那么当事人适用的法律的选择将无效。加强对网络交易中消费者的保护构成了欧盟电子商务立法的一个重要内容。网络交易的消费者中消极的消费者（即他们进行交易是受到了外国企业的诱惑，从而与外国企业签订了合同）

占有相当的比重，如何对这种情况进行认定是一个紧迫的问题。例如，如何来确定一个消费者是否在主动地寻找外国的企业进行交易？一个网站是否构成在另一个国家的广告？网上商店的店主只意图与某些特定的国家的消费者进行交易是否应该获得支持？

所以，一些点击合同或网站合同中的法律选择条款并不一定总是有效的。此外，罗马公约第三条第三款还规定：“当事人选择了某个外国法律的事实，不管是否伴随着对一个外国法院的选择，在进行法律选择时与当时情形有关的其他因素均只与一个国家存在联系时，将不能排除该国法律的适用，只要这些法律是不能通过合同进行变更的，下称强制性规范。”

我国合同法第一百二十六条第一款没有对是否适用于电子合同作出明确的规定，但答案应该是肯定的，即在电子交易中，当事人可以通过合同的法律选择条款来确定电子合同的准据法。对于选择的方式，应做扩大解释，即根据当事人的交易的具体情况和当事人的行为，法院可以作出当事人默示选择法律适用的结论。

三、关于最密切联系原则

在缺乏当事人的选择的情况下，最密切联系原则是确定合同的准据法的一条重要原则。然而，各国法院甚至一国内不同的法院对这一原则的理解却是差别很大。前述罗马公约在第四条第二款中规定：“合同将被假定与该国具有最密切的联系，只要将要履行的构成合同的本质特征的义务的当事人在签订合同时在该国具有习惯居住地，或在公司或非公司组织的情况下，其中央管理所在地在该国。”上述规定在合同的实际履行地或情况表明合同与另一国家有更密切的联系时不予以适用。但罗马公约强调的不是合同的实际履行地，而是要实际履行合同的当事人的惯常居住地或营业所在地。这一原则太抽象和笼统，各国均可根据各种的需要和利益作出不同的解释。我国合同法简单地规定了最密切联系原则，但却没有对之作出解释。在一个合同纠纷中，合同的签订地、履行地、标的物所在地、各方当事人的营业所所在地、住所地等都可被各法院解释为某一合同的最密切联系地。如在罗马公约中，一般情况下，在当事人没有就合同的准据法进行约定的情况下，卖方营业所所在地的法律将会适用。而如果一个合同在买方的国家进行谈判，并在当事人在场的情况下签订时，则该合同纠纷应适用买方所在地的法律。这一问题随着电子商务的发展变得更为复杂，如一个合同的履行地在电子交易中可能会被理解为更多的地方，而合同的签订地随着国际贸易法委员会关于电子商务的示范法的颁布而渐趋统一。

在合同法颁布生效之前，最高人民法院对《中华人民共和国涉外经济合同法》作出过一个司法解释，该解释对各种合同的最密切联系地作了一个指导性的规定。这一司法解释已经随着涉外经济合同法的废止而不再产生约束力。但在实践中，我国法院仍然可以参考这一司法解释的规定来确定电子商务合同纠纷的管辖权，尤其是该司法解释中关于国际货物买卖的准据法的规定。

第四节 电子商务交易纠纷的司法管辖

一、电子商务对纠纷管辖权的挑战

传统的确立管辖权的原则都要求具有一个相对稳定的、明确的关联因素，如当事人的住所、国籍、财产、行为、意志等。但在网络空间中，以下三个方面的因素导致了这些因素都变得非常模糊，进而使得传统的确立管辖权的原则适用于网络空间中的纠纷时，遇到了极大的挑战。

（1）因特网和传输信息的机器的物理位置没有重要的联系，没有必要将因特网的地址和一个特定的法域联系在一起。这意味着因特网允许当事人在互相不知道对方的物理位置时进行活动。唯一重要的是构成计算机网址的“位置”。

（2）因特网经常使用高速缓冲存储器，这是服务器用来复制信息的方法，使得以后对于某一网址的访问能够节省时间。为了更好地管理信息包的传输，因特网服务器设计得可以将经常访问的网址中的资料部分或全部的复制并储存下来。这一过程对于提高网络的速度非常重要。因特网的用户不会知道由缓冲存储器储存的信息和最初的信息之间的差别，从用户的计算机上显示出来的信息，表面上都是从信息的来源地发送来的，而不论实际上是来自信息的来源地，还是缓冲存储器。

（3）因特网的一个实用价值是超链接，可以允许不同网址不论位置而相互连接。因此，当一个网址可能位于法院的管辖内时，通过链接的第二个网址就不一定也位于该法院的管辖。

二、电子商务纠纷管辖权的确定

在传统国际贸易中，确定管辖权的规则并不统一。欧洲主要适用布鲁塞尔公约和1988年洛加诺公约。两个公约均规定管辖权的确定主要依赖是否合同的一方当事人在一个成员国有住所。

在普通法国家[①]，当被告的住所地不在欧盟成员国时，或因为其他原因布鲁塞尔公约不适用时，则关于管辖的普通法将会适用。

（1）在确定电子合同纠纷的管辖法院时，首先应该尊重合同当事人的选择权，即当事人可以在合同中就将来管辖该合同纠纷的法院进行约定。在当事人没有作出选择的情况下，根据有关国际私法规则来确定管辖法院。如果某一纠纷所涉各国是国际公约的成员国，则可按照该国际公约来确定管辖法院。此外，各国法律规定的专属管辖权应受到尊重。

（2）关于电子合同的履行地的确定。在电子商务交易中，没能履行义务通常涉及未能履行为得到的货物或服务支付款项的义务。普通法通常的观点是：“一般规则是在没有明示或默示地规定付款地时，债务人必须找出他的债权人。”这样，当一个客户向一个在线卖方付款时，履行地是卖方的所在地。假如客户未能付款时，他可在卖方所在地被起诉。而一个在线卖方未能履行交付货物或交付的货物存在有缺陷时，则不能在客户的所在地被起诉。英国上议院在一个判例中认为，履行的实质性部分在卖方的所在地当他将货物装载时发生，而不是买方的所在地。因此，一个英国客户可能因为被告住所地和履行地位于国外而不能在英国法院起诉一个违反合同的外国商人。此外，消费者合同构成被告住所地原则的另一个例外。布鲁塞尔公约第十四条规定，一个消费者可在被告住所地或消费者自己的住所地起诉被告即卖方。另一方面，消费者仅能在其自己的住所地被起诉，这一例外规定减轻了消费者起诉或应诉的负担。但根据公约的规定，货物销售的消费者合同均应适用这一规定，而提供服务的合同则需要满足两个条件：商人对位于其住所地的消费者进行了诱惑，如直接邮寄或广告，且消费者必须在其住所地完成了订立合同

① 普通法法系，又称英美法系，是指以英国普通法为基础发展起来的法律的总称。它首先产生于英国，后扩大到曾经是英国殖民地、附属国的许多国家和地区，包括美国、加拿大、印度、巴基斯坦、孟加拉、马来西亚、新加坡以及非洲的个别国家和地区。到18世纪至19世纪时，随着英国殖民地的扩张，英国法被传入这些国家和地区，英美法系终于发展成为世界主要法系之一。英美法系的主要特点是注重法典的延续性，以判例法（简单解释判例法就是以前怎么判，现在还是怎么判）为主要形式。

的所有步骤。我国司法实践对合同的履行地的理解与此并不相同。

（3）消费者合同的管辖法院的确定。网络交易中消费者合同占了相当的比重，在确定这些电子合同纠纷的管辖权时，欧洲各国的做法是将立法的重点放在消费者的保护上。2000 年 12 月 22 日，欧洲联盟基于现行的布鲁塞尔公约而采用一套关于管辖权和承认与执行判决的新的规则，即布鲁塞尔规则 44/2001，该规则已于 2002 年 3 月 1 日生效。该规则允许消费者在他们自己的国家起诉设立于其他成员国的在线商人，欧盟执行机构欧洲委员会司法事务发言人指出：消费者信心的缺乏是阻碍这里电子商务发展的主要因素。通过将跨国界纠纷的管辖权交给消费者所在国家的法院，规则将鼓励消费者网上购物。根据规则的规定，如果一个网站没有特别指明一个国家，则应认为该在线公司是以全世界作为其做生意的目标。规则和传统的关于确定管辖权的规则一样，允许企业通过合同条款选择一个国家的法院来行使管辖权。

（4）关于网站和电子邮件是否构成对消费者的引诱问题。根据一些国家的做法，在提供服务时，是否对有关消费者进行引诱对于管辖权的确定的原则是不一样的。如银行和网页设计等服务通过网上广告，那么随后签订的合同是否会通过消费者保护条款而得到保护呢？根据欧洲调整管辖权问题的布鲁塞尔公约第十三条的规定，引诱是指在消费者所在的国家，在合同签订之前收到一个针对他的特别邀请或广告。根据这一规定，电子邮件引诱有可能被认为是特别的邀请，因为他们是有针对性的引诱。然而，网页上的广告的地位则是不清楚的。

（5）关于网络服务器的地位问题。公司将他们的网络服务器置于世界上不同的地方，且这些地方与在线商人的实际的所在地并不一致。网络服务器所在地是否应该被视为一个在线商人的营业所在地？较为一致的观点是：网络服务器所在地不应被视为营业所在地。因为从事电子商务的网络服务器的实际位置与签订合同的地方是完全不相干的；同时，如果将网络服务器视为营业所在地可能会削弱法院行使对狡猾地将他们的网络服务器设置在不同的地方的企业的管辖权的能力。这也为联合国国际贸易法委员会在其关于电子订约的公约草案中所支持。

（6）关于普通法国家中的令状可否通过网站进行送达从而取得管辖权的问题。普通法国家的对人管辖以能够对被告进行送达作为主张管辖权的基础。在电子交易中，一些人建议，一个单纯的外国公司在一国建立一个网络服务器，当其服务针对该国消费者时，网络服务器可能会被认为属于营业所在地，因它可以进行实质性的广告和商业交易活动。有学者认为，网络服务器满足了对营业所在地的关于一定程度的持久性和可承诺性的要求。因此有学者主张可以通过网站送达令状，这样某些法院可据此获得管辖权。笔者认为，通过网络进行的令状送达不能成为普通法国家主张对人管辖的基础。

三、我国有关电子商务网络管辖权的规定

最高法院在2000年11月出台的《关于审理涉及计算机网络著作权纠纷案件适用法律若干问题的解释》第一条对著作权案件的管辖权问题作出了规定："网络著作权侵权纠纷案件由侵权行为地或者被告住所地人民法院管辖。侵权行为地包括实施被诉侵权行为的网络服务器、计算机终端等设备所在地。对难以确定侵权行为地和被告住所地的，原告发现侵权内容的计算机终端等设备所在地可以视为侵权行为地。"

2001年6月最高人民法院《关于审理涉及计算机网络域名民事纠纷案件适用法律若干问题的解释》第二条也对涉及域名的管辖权问题作出了规定："涉及域名的侵权纠纷案件，由侵权行为地或者被告住所地的中级人民法院管辖。对难以确定侵权行为地和被告住所地的，原告发现该域名的计算机终端等设备所在地可以视为侵权行为地。"

从我国关于管辖权纠纷的案例和最高法院的这两个司法解释来看，至少在侵权纠纷领域，法院依然采用了侵权行为地或者被告住所地人民法院管辖的基本原则，但同时也规定，对于难以确定侵权行为地或者被告住所地的，原告发现侵权内容（或域名）的计算机终端等设备所在地可以视为侵权行为地。因此，从该两条规定的适用上来说，至少原告在发现侵权内容时所适用的计算机终端等设备所在地的法院是拥有管辖权的，也就是说如果原告在某一地点（并不限于原告的住所地或营业地）接入了该网址，发现侵权内容，就可以在该地起诉被告。

【本章思考题】

1. 电子商务交易纠纷的解决途径有哪些？
2. ODR的主要模式和特点有哪些？
3. 简述解决电子商务纠纷的法律适用的一般原则。
4. 简述电子商务纠纷管辖权的确定。
5. 我国相关法律对电子商务网络管辖权是如何规定的？

[41] 吴晓玲．论电子商务中的电子证据［J］．互联
[42] 李学军．电子数据与证据［J］．证据学论坛，
[43] 刘满达．论数据电文的证据价值［J］．法学，
[44] 常怡，王健．论电子证据的独立地位［J］．法
[45] 张虹．电子证据的证明力刍议［J］．重庆邮
2006（3）．
[46] 翟灿．网络侵犯名誉权的法理学分析［J］．中
[47] 张力．论互联网上的人格与人格权［J］．理论
[48] 王立海．浅议网络名誉权的保护［J］．科技资
[49] 吴星，高海荣．国际互联网上的名誉侵权及其
青年管理干部学院学报，2005（2）．
[50] 董皓，张楚．牵住网络安全的“牛鼻子”——
责任制度的建立［J］．计算机安全，2004（5）
[51] 袁冰．数字版权［M］//郑成思．知识产权文
政法大学出版社，1999．
[52] 杨立新，尹艳．侵害肖像权及其民事责任［J］
[53] 赵媛．网络侵权的法律问题［J］．情报学报，
[54] 吕彦，张异琴．关于网上人身权保护的几个问
2002（1）．
[55] 刘德良．个人信息的财产权保护［J］．法学研
[56] 陈起行．资讯隐私权法理探讨——以美国法为
（台湾），2000（64）．
[57] 洪海林．个人信息保护立法理念探究——在
［J］．河北法学，2007（1）．
[58] 刘品新．电子证据的地位观［N］．人民法院报
[59] 张西安．论计算机证据的几个问题［N］．人民
[60] 张虹．电子证据证明力研究（硕士学位论文
学，2004．
[61] 秦前红，陈道英．网络空间言论自由的法律界
之评述．http：//www. t135. com．
[62] 张西明．从 Non-regulation 走向 Regulation——
由．http：//www. cctv. com/tvguide/tvcomment/t

参考文献

[1] 常怡．中国民事诉讼法学［M］．北京：中国政法大学出版社，2002．
[2] 李适时．各国电子商务法［M］．北京：中国法制出版社，2003．
[3] 梁慧星．民商法论丛：第 20 卷［M］．香港：金桥文化出版有限公司，2001．
[4] 杨立新．人身权法论［M］．北京：中国检察出版社，1996．
[5] 王利明，杨立新，姚辉．人格权法［M］．北京：法律出版社，1997．
[6] 张文显．法理学［M］．北京：法律出版社，1997．
[7] 王冠玺．两岸名誉权保护与言论自由的限界［M］．台北：元照出版公司，2001．
[8] 黄茂荣．法学方法与现代民法［M］．北京：中国政法大学出版社，2001．
[9] 杨立新．侵权行为法案例教程［M］．北京：中国政法大学出版社，1999．
[10] 徐立根．物证技术学［M］．第二版．北京：中国人民大学出版社，1999．
[11] 张新宝．互联网上的侵权问题研究［M］．北京：中国人民大学出版社，2003．
[12] 屈茂辉，凌立志．网络侵权行为法［M］．长沙：湖南大学出版社，2002．
[13] 刘凤景，管仁林．人格权［M］．北京：中国社会科学出版社，1999．
[14] 魏振瀛．民法［M］．北京：高等教育出版社，2000．
[15] E. 博登海默．法理学法律哲学与法律方法［M］．邓正来，译．北京：中国政法大学出版社，1999．
[16] 大卫·约翰斯顿，森尼·汉达，查尔斯·摩根．在线游戏规则——网络时代的 11 个法律问题［M］．张明澍，译．北京：新华出版社，2000．
[17] 蒋志培．网络与电子商务法［M］．北京：法律出版社，2001．
[18] 游伟，夏元林．计算机数据的证据价值［M］．北京：法律出版社，2001

(3).
[19] 何家弘．证据学论坛：第四卷［M］．北
[20] 何家弘．证据学论坛：第二卷［M］．北
[21] 皮勇．刑事诉讼中的电子证据规则研究
学出版社，2005.
[22] 刘善春，毕玉谦，郑旭．诉讼证据规
社，2000.
[23] 沈达明．英美证据法［M］．北京：中信
[24] 刘品新．中国电子证据立法研究［M
社，2005.
[25] 刘品新．美国电子证据规则［M］．北京：
[26] 蒋平，杨莉莉．电子证据［M］．北京：清
[27] 乔恩·R，华尔兹．刑事证据大全［M］．
京：中国人民公安大学出版社，2004.
[28] 何家弘．证据学论坛：第九卷［M］．北京
[29] 孟霜．电子商务与法律［M］．北京：中国
[30] 杨坚争，王锋，王华杰，罗晓静．计算机
理工大学出版，2006.
[31] 何家弘．新编证据法学［M］．北京：法律
[32] 蒋红珍．专利保护：电子商务网络创新发
学，2002（1）.
[33] 杨丽．论网络商业方法的可专利性［J］．
[34] 巫玉芳．美国互联网上商业方法专利保护
权．2002（4）.
[35] 杨静．网络空间隐私权的法律保护［J］．
[36] 沈木珠．论电子证据的法律效力［J］．河
[37] 白雪梅，等．电子证据中的法律问题［N］
[38] 张彩云．网络犯罪中电子证据有关问题
(7).
[39] 王宇．浅析电子证据及其提取固定［J］．
(4).
[40] 沈益平．析数据电文的证据效力［J］．现代